国家出版基金项目
“十三五”国家重点出版物出版规划项目
安徽省文化强省建设专项资金项目

猎人笔记

Записки охотника

[俄] 屠格涅夫◎著
力 冈◎译

安徽师范大学出版社
·芜湖·

图书在版编目(CIP)数据

猎人笔记 / (俄罗斯) 屠格涅夫著; 力冈译. — 芜湖: 安徽师范大学出版社, 2018.1

(力冈译文全集;15)

ISBN 978-7-5676-3265-3

Ⅰ. ①猎… Ⅱ. ①屠… ②力… Ⅲ. ①中篇小说 - 俄罗斯 - 近代 Ⅳ. ①I512.44

中国版本图书馆CIP数据核字(2017)第258864号

猎人笔记
LIEREN BIJI

[俄]屠格涅夫◎著　力 冈◎译

责任编辑: 彭　敏
装帧设计: 刘　畅　桑国磊
出版发行: 安徽师范大学出版社
芜湖市九华南路189号安徽师范大学花津校区
网　　址: http://www.ahnupress.com/
发 行 部: 0553-3883578　5910327　5910310(传真)
印　　刷: 浙江新华数码印务有限公司
版　　次: 2018年1月第1版
印　　次: 2018年1月第1次印刷
规　　格: 880 mm×1230 mm　1/32
印　　张: 14.625
字　　数: 345千字
书　　号: ISBN 978-7-5676-3265-3
定　　价: 96.00元

力冈先生文学翻译的历史意义

——序《力冈译文全集》

刘文飞
中国俄罗斯文学研究会会长

在力冈先生诞辰91周年的今天，在力冈先生去世20年后的当下，在洋洋19卷23册的《力冈译文全集》面世的此刻，我们终于可以试着归纳一下他的文学翻译所具有的历史意义了。

一

力冈先生的文学翻译苦行僧形象是具有典型意义和感召力量的，这是中国老一辈俄苏文学翻译家留下的一个苍凉背影，也是他们为自己建起的一座“非人工的纪念碑”。翻译是一项苦差事，是需要坐冷板凳的，是一项付出和回报往往不成正比的工作，是一种注定要与孤独和寂寞为伴的工作。文学翻译至少需要出色地掌握两种语言，而好的外语或许能让人找到另外一种更为轻松、更有利可图的工作，好的翻译家若用其母语来进行创作，大约自己也能写出像样的文学作品来。可是，文学翻译似乎像电子游戏、像吸食鸦片一样是一种能让人上瘾的事情，一旦上手，一旦品味到其中的甘苦，往往便欲罢不能。始自玄奘的翻译姿态和翻译精神，似乎成了中国一代又一代译者的宿命，即专注和吃苦，苦修和执着。

力冈先生1926年生于山东乡间，自幼失去母亲，生活贫苦，到他上中学时，家乡被日寇占领，他流亡河南、甘肃、陕西等地。1950年，他考入哈尔滨外国语专门学校俄语专业，毕业后志愿来到安徽师范大学任教，不久就开始了文学翻译工作，陆续在报刊上发表一些短篇译作，至1956年，他的单行本译作《里雅希柯小说集》已由上海新文艺出版社推出。然而次年，他便在反右运动中蒙冤，被开除公职，押往新生耐火材料厂劳教。1960年7月，他因"劳动表现突出"被摘掉右派帽子，重返学校，他在教学之余立即重拾译笔，在短短数月间便译出苏联作家艾特马托夫的中篇小说《查密莉雅》，这篇译作在《世界文学》杂志1961年第10期刊出，引起轰动，"力冈"这一译家大名从此进入人们的视野。就在力冈先生准备大展宏图、施展拳脚的时候，"文化大革命"却突如其来，1968年，他再度被逐出校园，下放至宣城地区新田公社劳动改造，直到"文革"结束后的1978年方得以重返讲台，此时他已过天命之年，用他自己的话说就是："噩梦醒来，已是人生的黄昏。"文学翻译需要天赋，但也是一种力气活，在对于一位翻译家而言的黄金时期，即30—50岁，力冈先生却两度蒙冤，两度再拾译笔，重新开始，这需要何等的勇气和坚韧！他两落三起的翻译经历，几乎就是20世纪五六十年代中国的俄苏文学翻译家们跌宕起伏的人生经历的缩影，就是那一时代中国知识分子命运的象征。令人惊讶的是，重返译坛的力冈先生以超乎常人的工作激情和翻译速度，在1978年后的20年间陆续出版20余部译著，平均每年一部，总字数达700余万。在20世纪80年代，最初几部译著的出版使力冈先生挣到了以当时标准看相当不菲的稿酬，甚至成为所谓“万元户”，但他似乎无暇也无意去享受自己的劳动成果，依然粗茶淡饭，素衣裹身，与此同时却以更大的热情继续译事，终日伏案，不懈地爬格子。1997年2月，力冈先生因肝癌病在芜湖弋矶山医院逝世，据家人说，他在生命的最后时刻仍在念叨着未译完的最后一部译作《罪与罚》。我们或许可以说，他是被文学翻译累死的；我们肯定可以说，文学翻译是他最为看重的毕生事业。

力冈先生少年时四处漂泊，中年时命运多舛，老年时病魔缠身，他的一生似乎都不是给最需要安宁和平静的翻译家所准备的；力冈先生的职业是教师，他偏居小城，又不善交际，这些似乎都不构成他迅速成长为一位全国著名翻译家的前提条件。但是，正如吴笛教授在他纪念力冈先生的文章中所言：“他的一生就是用出人意料的成就表现了悲怆的境界。面对种种意想不到的遭遇和不公，他并没有沉沦，也没有片面地记恨，而是在艰难的岁月中怀着对人性的憧憬，将厄运升华为创作的动力，在逆境中不忘呼唤人性和仁爱，将种种遭遇视为生命中的财富，在悲怆的境界中抒写诗意人生，毫不气馁地追求生命的意义，在自己所献身的俄罗斯文学翻译事业中，做出了杰出的贡献。”

普希金说过：“译者是文明的驿马。”笔者曾对此说法加以引申：“如果说广义的译者是文明的驿马，那么专事文学翻译的人士便是‘文学的驿马’了。凑巧的是，在汉语中，译者的‘译’和驿马的‘驿’不仅同音，而且在词源、词形和词义上也很相近，区别似乎仅在于后者为‘马儿’而前者是‘文人’（言者）。……用在驿站间往复奔波的马儿来形容译者，每个有过译事经验的人大约都能在这个比喻中品味出某种艰苦和辛酸，甚至是束缚和无奈。……既要有出众的能力还要有忍辱负重的秉性，日复一日的奔波只能换得微薄的粮草，还得时刻提防路途中遍布的坑洼和沼泽，能善此业者非驿马莫属也。”力冈先生就是这样一匹忍辱负重、砥砺前行的“文学的驿马”。力冈先生以他的作为告诉我们，文学翻译是一项可以托付终生的事业，是一种富有意义的存在方式；力冈先生及其文学翻译活动是一种燃烧生命的举动，一个与命运抗争的典范，同时是他的翻译意志奏出的一曲凯歌。

二

力冈先生是在中国改革开放的热潮中展开他最积极的翻译活动的，他的大部分译作出版于20世纪80年代。浏览一下力冈先生的译作书目，可以发现出版于80年代的译著有十余部之多，计有格鲁兹杰夫的《高尔基传》（与济凯合译，江西人民出版社1980年版）、冈察尔的《爱的归宿》（安徽人民出版社1983年版）、巴巴耶夫斯基的《野茫茫》（浙江文艺出版社1983年版）、艾特马托夫的《白轮船》（外国文学出版社1984年版）、阿列克谢耶夫的《儿时伙伴》（山东文艺出版社1984年版）、波利亚科夫的《别林斯基传》（黑龙江人民出版社1985年版）、普希金的《暴风雪》（春风文艺出版社1985年版）、肖洛霍夫的《静静的顿河》（漓江出版社1986年版）、帕斯捷尔纳克的《日瓦戈医生》（与冀刚合译，漓江出版社1986年版）、帕斯捷尔纳克的《含泪的圆舞曲——帕斯捷尔纳克诗选》(与吴笛合译,浙江文艺出版社1988年版)、卡里姆的《悠悠儿时情》(安徽文艺出版社1989年版)和格罗斯曼的《风雨人生》(漓江出版社1991年版)等。从这个目录还可以看出,力冈这一时期的译作总体上以苏联当代文学作品为主要翻译对象。

20世纪80年代是中国当代史上的一个特殊时期,那是一个文化转型期,甚至可以说是中国现当代的一场文艺复兴,是一个文化觉醒的黄金时期。在那场汹涌壮阔的思想解放运动中,在整个改革开放后中国当代文化的建构过程中,对外国文学和外国文化的翻译和介绍起到了无可替代的重要作用,中国当今的现代化,从某种意义上说就是一种"被翻译过来的现代化"。那是一个文学的时代,也是一个翻译文学的时代;那是一个开放的时代,更是一个对外国优秀文学和文化开放的时代,在精神上饥寒交迫的国人首度面对外国文学的盛宴,饕餮之余,最应该感谢的就是那一时代的翻译家。在中国改革开放后出现的外国文学翻译热潮中,俄苏文学也是重要的译介对象之一,力冈先生的译著也和其他众多翻译作品一样,是对改革事业的添砖加瓦,是为思想解放运动注入的燃料,对当时中国社会的文化重建、国民文化性格的重塑起到了重要作用。

中国的俄国文学翻译始自19世纪末,在五四时期出现第一个高潮,如今人们在探讨五四运动的起因时,常将俄国的文学与德国的马克思主义和法国的启蒙思想并列为三大思想资源,由此不难看出俄国文学在当时中国社会所发挥的强大思想作用。后来,在抗日战争时期,在新中国成立之后的50—60年代,俄苏文学再度发挥“军火”和“样板”功能，而在改革开放时期，包括俄苏文学在内的外国文学，又一次成为国人解放思想、放眼世界的意识形态工具和思想武器。如果说，鲁迅那一代翻译家是“给起义的奴隶偷运军火”的人，那么，改革开放时期的这一代中国翻译家同样是为国人“盗火”的普罗米修斯，功莫大焉，没有包括力冈先生在内的这一代翻译家的辛勤工作，国人的思想解放就是难以想象的。如果我们把出生在19、20世纪之交的翻译家如鲁迅、瞿秋白、蒋光慈、茅盾、巴金、耿济之等视为中国第一代俄国文学翻译家，那么20世纪第一个十年前后出生的姜椿芳、曹靖华、戈宝权、查良铮、汝龙、满涛、叶水夫等就是第二代，而力冈以及去年去世的草婴和刚刚去世的高莽等人则构成中国的俄国文学翻译家的第三代方阵，这一代翻译家同样以自己的辛勤努力为中国的思想启蒙和文化构建做出了历史性的贡献。

中国第三代俄国文学翻译家的工作也对当代中国文学的发展进程产生了深远影响。在20世纪80年代初起，俄苏文学在中国的译介出现一个“井喷”现象，十余年间，全国近百家出版社先后出版的俄苏文学作品多达近万种，在译作的种类和印数上，可能要高出此前所有同类出版物的总和。在这样一种铺天盖地的外国文学译介热潮中，受益的不仅仅是中国的读者，自然也包括中国的作家。王蒙在他的《青春祭》（作家出版社2006年版）一书中写道：“我们这一代中国作家中的许多人，特别是我自己，从不讳言苏联文学的影响。是爱伦堡的《谈谈作家的工作》在50年代初期诱引我走上写作之途。是安东诺夫的《第一个职务》与纳吉宾的《冬天的橡树》照耀着我的短篇小说创作。是法捷耶夫的《青年近卫军》帮助我去挖掘新生活带来的新的精神世界之美。在张洁、蒋子龙、李国文、从维熙、茹志鹃、张贤亮、杜鹏程、王汶石直到铁凝和张承志的作品中，都不难看到苏联文学的影响。张贤亮的《肖尔布拉克》、张承志的《黑骏马》以及蒋子龙的某些小说都曾被人具体地指认出苏联的某部对应的文学作品；这里，与其说是作者一定受到了某部作品的直接启发，不如说是整个苏联文学的思路与情调、氛围的强大影响力在我们的身上屡屡开花结果。”这里提到的张承志，就对力冈先生的译作赞不绝口，曾感慨："我恨不得倒背如流！”由此不难窥见力冈先生的译作对改革开放时期中国作家产生的影响。

三

1984年，漓江出版社推出力冈先生重译的《静静的顿河》，这是新时期名著重译的第一部，而自90年代起，力冈先生更将名著重译当成首要任务，相继重译了多部俄国文学经典，如托尔斯泰的《复活》(译林出版社1992年版)和《安娜·卡列尼娜》(浙江文艺出版社1992年版)、屠格涅夫的《猎人笔记》(河北教育出版社1994年版)、莱蒙托夫的《当代英雄》(河北教育出版社1994年版)等，他作为翻译家的最后一项工作，就是重译陀思妥耶夫斯基的《罪与罚》。力冈先生是俄国文学经典著作重译的倡导者和先行者之一，他几乎将他翻译艺术炉火纯青的最后十年都用在了名著重译上。

文学名著重译始终是译界的一个有趣话题。中外文学史上的名作原著，无论出现在什么时代，一代又一代读者捧读的均为同一个文本，而文学名著的译本，即便是著名的译本，却常常会随着时间的推移而“衰老”，会被所谓“新译”所取代。日本著名斯拉夫学者、契诃夫的日译者沼野充义有一次曾对笔者说，被译成日语的契诃夫作品每20—25年便要新译一次，以适应新一代的读者。他的话让笔者大吃一惊，可转而一想，外国文学作品的汉译其实也有着大致相同的命运，尽管其存活期未必一定就是20—25年。汉语文学中的原创名著，如唐诗宋词元曲，如《三国演义》《水浒》《西游记》《红楼梦》，自然在任何时代都不需要也不允许做任何文字加工，可汉语文学中的翻译名著，即便是近现代翻译大家们的著名译作，如严复译的《天演论》、林纾和魏易译的《黑奴吁天录》、鲁迅译的《死魂灵》等，如今也会让人觉得不无“过时”之感，至少会让当下的读者阅读不畅。也就是说，文学名著是永恒的，不朽的，它们的译作却是相对短命的。笔者曾在一篇文章中对名著重译现象作过一番思考：首先，从读者方面看，读者为什么会在面对原作和译著时持有不同的阅读态度呢？他们对于原作和译作这种不同的阅读取舍究竟源自何种阅读心理呢？这种厚此薄彼的取向究竟是先天的还是后天的，是产生在翻译活动出现之后还是之前，这种倾向与文学名著重译这两者之间究竟存在着什么样的互动关系呢？其次，从译者的角度看，在进行重译和新译时究竟该如何面对已有的译作，尤其是已有的优秀译作，是刻意回避，还是尽量汲取原有译作的经验和精髓呢？如果对原有译作尤其是名译作的经验和精髓有所汲取，又该如何避免抄袭的嫌疑和版权的纠纷呢？如果对前辈翻译家宝贵的翻译经验视而不见，每位新译者均另起炉灶，真的能做到青出于蓝吗？如果新译在翻译质量上无法与旧译比肩，甚至不如旧译，那么重译的意义和价值又何在呢？最后，从翻译实践活动自身来看，用16、17世纪的汉语去翻译莎士比亚当然是可笑的，但是，用21世纪的汉语网络语言去翻译莎士比亚就一定具有历史的必然性和合理性吗？不断地重译、新译，会在多大程度上减少或抹去原作的时代感和历史感，把每一部新译作都作为当下的作品来读，是不是一种最大程度的误读呢？

力冈先生在进行文学名著的重译时，不知是否也曾遭遇此类问题，但他在晚年义无反顾地执着于重译，一定是一种有意识的抉择。我们猜度，他在他翻译事业的黄金时段做出这一重大转向，可能有如下几种原因：首先，他觉得在他之前的译本还有继续加工的余地，还有再度提升的空间。力冈先生重译的这几部俄国文学名著在他之前早已有过出自名家的名译，它们是不止一代中国读者捧读的对象，但力冈先生却不畏权威，另辟蹊径，公开与多位前辈翻译大家打擂台，这或许是力冈先生个人性格的一种显现，但他敢于“叫板”，无疑因为他自信他可以比之前的译著译得更好，或至少能译出他自己与众不同的特色。其次，在译出十多本书后，作为一名富有经验的翻译家，力冈先生大约也会产生出如何超越自己的问题，重译名著，既可以与前辈译家一较高低，同时也能时刻与俄国文学史上的名著及其作者进行跨越时空的深度交流，这无疑是一种更富有挑战也更富有趣味的工作。最后，名著之所以成为名著，就因为它们往往具有更为完满的艺术价值和更为恒久的艺术生命，翻译这样的作品，无疑更能呼应社会的阅读需求，赢得更大的社会意义。

力冈先生晚年重译的多部名著如今仍在一次又一次地再版，这说明力冈重译的俄国文学经典具有长久的生命力，也说明他当年重译名著的抉择是正确的。一位翻译家，只要他的译作还能出版，还能被人阅读，这位翻译家就还活着，好的译作就是译者的生命之延续。从更为广泛的意义上说，力冈先生是我国改革开放之后名著重译之风的倡导者之一，而名著重译，对于深化我们对外国文学经典的理解和认识、对于发展我们的翻译实践和理论而言，都是极具历史意义的。

四

力冈先生是一位翻译家，也是一位大学老师，教书育人是他的本业。作为恢复高考后步入安徽师大外语系俄语专业的20名学生之一，笔者有幸受教于王老师（力冈本名王桂荣，我们当时都称他“王老师”）。记得先生1978年从插队的宣城乡村回到安徽师大后，不久就开始给我们授课，他教的是“文学选读课”。先生是一个颇为“另类”的老师：他上课不用现成的教材，没有固定的教案，就以他当时正在进行的翻译工作为授课内容；他在教室里不来回走动，几乎不做板书，仅端坐讲台，摊开那本他正在翻译的原著，一旁摆着一摞他最新出炉的译稿，按部就班、一句一句对照着讲下去。对文学没有兴趣、对文学翻译没有兴趣的学生，听这样的课或许会感到无味，当时王老师课的课堂气氛也的确有些沉闷单调，但王老师并不在意，只管自顾自地讲下去，他会讲他为什么要这样译，讲到兴奋处，他会突然提高嗓门，用带有山东腔的口音高声朗读他最得意的译文段落，读完后，他会抬起眼睛，久久地盯着天花板，似在掩饰眼里涌出的泪水。记得是在讲解《当代英雄》时，他时时指出其他译者，甚至是非常著名的翻译家的错误，并向我们分析这些错误之所以出现的可能的原因，他也时常让我们在他的译文中“挑错”或为他的译文“润色”，如果我们偶有所得，他往往显得比我们还要高兴。与王老师的文学选读课构成呼应的，是我们在大三时学的翻译课，翻译课教师张本桂先生常常给我们一些原文片段，让我们动手翻译，并在下一次翻译课上让译文出色的同学朗诵其译文，并对他认为好的译文再逐字推敲。正是在力冈先生以及张本桂先生和其他老师的精心培养下，安徽师大俄语专业涌现出一大批俄罗斯语言文学专业的人才，其中多位如今已成为国内知名的翻译家，有译著面世的人更多达十余位，如吴笛、张杰、周启超、吴嘉佑、冯华英、朱少华、陈建硕和刘文飞等。名不见经传的安徽师大俄语专业，在短短二三十年间居然成为中国的俄语文学翻译家的摇篮，王老师在天之灵也会因此而深感欣慰！

我们这个俄国文学译者群体的崛起，在很大程度上要归功于力冈先生及其同事们的言传身教。首先，他在课堂上逐字逐句的中俄文对照讲解，他关于译者甘苦的诉说，对于有志于文学翻译的学生而言弥足珍贵，这其实就是一个文学翻译的工作坊和实验室，让我们当年在初步掌握俄语后不久便接触到了俄语翻译的真谛,亲眼目睹了一位翻译家的工作过程和工作方式。其次,他既与我们分享他的翻译过程,也与我们分享他的翻译收获,记得我们在校时,他和济凯先生合译的《高尔基传》已经出版(江西人民出版社 1980 年版),他送给全班同学每人一本译著,并用规整的笔迹在扉页上题字签名,不难想象,我们接到这样的馈赠时会多么激动,同时也会觉得译书和出书不再是一件遥不可及的事情。最后,他以他的翻译行为和翻译意志告诉我们大家,庙小并不妨碍念经,更不妨碍修身。他在翻译课上不畏权威,真诚地点出翻译名家们的长处和短处,让我们较早地感受到某种翻译民主精神,并从而确立自己的翻译人格。在他之前的大翻译家往往都生活和工作在大城市,而他在成名后却安居小城,潜心译事,他的存在方式构成一种垂范和激励,使我们很早就意识到,一位翻译家原本可以在任何环境里成长和工作。力冈先生作为一位翻译家的作为和风骨,为他的学生们树立起一个光辉的榜样。

五

力冈的文学翻译有着其鲜明独特的文字风格。译者作为一部作品中的“被动创作者”,究竟应不应该体现其风格,这也是翻译学中一个争论已久的问题,一个见仁见智的问题,有人认为,译者的责任就在于原封不动地传导原作的风格,而不能擅自发挥,喧宾夺主。但是,译作毕竟是由译者用另一种语言进行的文学再创作,译者个人的修辞习惯和语言风格不可避免地会在其译作中得到体现，也就是说，所谓“译者风格”实际上是难以避免的。在这种情况下，如何让译者的风格与作者的风格相互接近、相互吻合，往往就成了决定译作成败的关键因素之一。译者无法在作品的风格范畴里肆意妄为，但译者毕竟有权利选择与自己相近的原著，或者说，选择自己较容易处理的翻译对象，或者说，在一部作品的翻译过程中更注重在自己的风格较易发挥的地方施展拳脚。原作风格和译者风格的吻合虽是一个可遇不可求的事情，但一旦相遇，便是译者的幸事，也是原作者的幸事，更是读者的幸事。

在力冈先生的译著中，较之于人物对话和心理描写，大段落的抒情和大场面的写景似乎得到了译者更为精心的处置，他往往能借助这些段落营造出一种悲凉壮阔、哀婉抒情的氛围，更确切地说，他往往能细腻精准地传导出原作中的此种氛围。力冈先生钟情于这样的段落，钟情于这种文学氛围的营造和传导，无疑与他饱经沧桑的生活经历相关，也是他既刚正不阿又侠骨柔情的性格使然，更是他的审美趣味和文字风格的要求。他的几部译著在书名翻译上的处理，就在一定程度上体现了他的这一追求。巴巴耶夫斯基的小说原名 ***Приволье***，这是一个很“地道”的俄语单词，意为“广阔的地方”“无拘无束”等，力冈成功地将其译成《野茫茫》，这个译名既契合小说描写苏联斯塔夫罗波尔草原地区生活的主题，也暗含着我国著名的北朝民歌《敕勒歌》所具有的苍茫壮阔的抒情力量。卡里姆的小说原题 ***Долгое-долгое детство***，力冈先生最初发表在《世界文学》上的译文题为《漫长漫长的童年》，后来出版单行本时，他将书名改为《悠悠儿时情》，

“漫长漫长的”和“悠悠”这两种均使用了叠词的译法都是对原文题目中的修辞手法和诗意情绪的准确再现，但“悠悠”较之“漫长漫长的”似乎更符合中文习惯，再加上之后的“儿时情”，无疑更有抒情味。冈察尔的小说 *Берег любви* 通常被译为《爱的彼岸》或《爱之岸》，力冈先生却译为《爱的归宿》，译者似乎也是在有意地“拓展”作为小说描写对象的爱情的辐射范围。力冈最重要的译作之一《生活与命运》最初的译名是《风雨人生》，力冈是在20世纪80年代末结束此书的翻译的，想必他在译完这部作品时，回顾自己和社会遭遇的种种磨难，不禁百感交集，故将格罗斯曼的原书名 *Жизни и судьба* 译成《风雨人生》。需要说明的是，在广西师范大学出版社不久前再版力冈先生的这部译著时，笔者建议将译著的书名改为《生活与命运》，因为这部小说如今已与托尔斯泰的《战争与和平》并列，而作者格罗斯曼在为这部小说取名时也的确是对托尔斯泰那部史诗的有意模仿，“生活与命运”和“战争与和平”，都是对人类生活最高程度的归纳和概括。

我们或许可以将力冈先生的文学翻译风格概括为“大气的诗意”或“壮阔的悲凉”，即一种融悲剧与抒情于一炉、广阔的画面感与内在的节奏感相互呼应、一气呵成的连贯调性和力透纸背的史诗感相映成趣的译文风格。在他精心翻译的《静静的顿河》和《日瓦戈医生》等巨著中，他的译笔很好地传达出了原著中原本就饱含的由抒情性、悲剧性和史诗性抱合而成的小说整体氛围，而在《生活与命运》的翻译中，他的这一风格又得到了更为充分的彰显。请读一读这部史诗长篇的结尾：“在这种宁静中，会想起去年的树叶，想起过去的一场又一场风雨，筑起又抛弃的窠巢，想起童年，想起蚂蚁辛辛苦苦的劳动，想起狐狸的狡诈和鹰的强横，想起世间万物的互相残杀，想起产生于同一心中又跟着这颗心死去的善与恶，想起曾经使兔子的心和树干都发抖的暴风雨和雷电。在幽暗的凉荫里，在雪下，沉睡着逝去的生命——因为爱情而聚会时的欢乐，四月里鸟儿的悄声低语，初见觉得奇怪、后来逐渐习惯了的邻居，都已成为过去。强者和弱者、勇敢的和怯弱的、幸福的和不幸的都已沉睡。就好比在一座不再有人住的空了的房子里，在和死去的、永远离开这座房子的人诀别。但是在寒冷的树林中比阳光明丽的平原上春意更浓。在这宁静的树林里的悲伤，也比宁静的秋日里的悲伤更沉重。在这无言的静默中，可以听到哀悼死者的号哭和迎接新生的狂欢……”这一史诗性的小说结尾写得好，译得也好，善于再现悲剧抒情风格的翻译家力冈先生的功力和风格在这里体现得淋漓尽致，炉火纯青！

俄国诗人叶夫图申科在1986年访问中国之后，深为中国俄苏文学翻译家们忍辱负重、坚持不懈的精神所感动，写下一首题为《中国翻译家》的诗作，在由笔者译成中文的这首诗的最后，诗人写道：“知识分子的良心，/就是一家出版社，/它仍能工作，/即便没有印刷机，/无论监狱、痰迹还是侮辱，/它仍能用诗句的春燕/把各个民族连系。/翻译家们在做什么？/他们让各国人民相互走近，/越过国境，/越过谎言的沼泽地。/总有一天，要用他们的姓氏/为巨轮命名，/稻穗和麦穗，/会向他们鞠躬致敬。/伟大的译文，/就像神的预言。/翻译过来的细语，/会成为震耳的呼喊。/但愿能有一座纪念碑，/献给无名的翻译家，/那最为可敬的基座，/就由无数的译著垒成！”我们相信，力冈先生的译著，应该也被垒入这座纪念碑的基座；力冈先生的名字，应该也被刻上这座纪念碑的碑身！

二〇一七年初秋于京西

目　录

霍尔和卡里内奇[①]

谁要是从波尔霍夫县来到日兹德拉县，大概会对奥廖尔省人和卡卢加省人的明显差别感到惊讶。奥廖尔省农人的个头儿不高，身子佝偻着，愁眉苦脸，无精打采，住的是很不像样的山杨木小屋，要服劳役，不做买卖，吃得很不好，穿的是树皮鞋；卡卢加省代役租农人住的是宽敞的松木房屋，身材高大，脸上又干净又白皙，流露着一副又大胆又快活的神气，常常做奶油和松焦油买卖，逢年过节还要穿起长筒靴。奥廖尔省的村庄（我们说的是奥廖尔省的东部）通常四周都是耕地，附近有冲沟，冲沟总是变为脏水塘。除了少许可怜巴巴的爆竹柳和两三棵细细的白桦树以外，

①最初刊于《现代人》杂志1847年第1期，同时带有副标题“摘自《猎人笔记》”。作品发表后，受到读者热烈欢迎，这给准备放弃文学事业的屠格涅夫以巨大的鼓舞。《现代人》，俄国文学杂志，1836年由普希金创办，总部设于彼得堡，于1866年被勒令停办。曾发表过普希金的《上尉的女儿》《青铜骑士》，屠格涅夫的《猎人笔记》《林》，托尔斯泰的《童年》《少年》等一系列著名的写实作品。

周围一俄里之内看不到一棵树；房屋一座挨着一座，屋顶盖的是烂麦秸……卡卢加省的村庄就不一样，四周大都是树林；房屋排列不那么拥挤，也比较整齐，屋顶盖的是木板；大门关得紧紧的，后院的篱笆不散乱，也不东倒西歪，不欢迎任何过路的猪来访……对一个猎者来说，卡卢加省也要好些。在奥廖尔省，所剩无几的树林和丛莽再过五六年会全部消失，就连沼地也会绝迹；卡卢加省却不同，保护林绵延数百俄里，沼地往往一连几十俄里，珍贵的黑琴鸡还没有绝迹，还有温顺的沙锥鸟，有时忙忙碌碌的山鹑会噗啦一声飞起来，叫猎人和狗又高兴又吓一跳。

有一次我到日兹德拉县去打猎，在野外遇到卡卢加省的一个小地主波鲁德金，就结识了这个酷爱打猎、因而也是极好的人。不错，他也有一些缺点，比如，他向省里所有的富家小姐求过婚，遭到拒绝而且吃了闭门羹之后，就带着悲伤的心情向朋友和熟人到处诉说自己的痛苦，一面照旧拿自己果园里的酸桃子和其他未成熟的果子作礼物送给姑娘的父母；他喜欢翻来覆去讲同一个笑话，尽管波鲁德金先生认为那笑话很有意思，却从来不曾使任何人笑过；他赞赏阿基姆·纳希莫夫的作品和小说《宾娜》①；他口吃，管自己的一条狗叫“天文学家”；说话有时带点儿土腔；在家里推行法国膳食方式。据厨子理解，这种膳食的秘诀就在于完全改变每种食品的天然味道，肉经过他的高手会有鱼的味道，鱼会有蘑菇味道，通心粉会有火药味道。可是胡萝卜不切成菱形或者梯形，决不放进汤里去。然而，除了这少数无关紧要的缺点，如上

①阿基姆·纳希莫夫（1782—1814），俄国19世纪初诗人、寓言作家；《宾娜》是马尔科夫的作品，被别林斯基斥为“呓语”。

所说，波鲁德金先生是个极好的人。

我和他相识的第一天，他就邀我到他家去过夜。

“到我家有五六俄里，”他说，“步行去不算近；咱们还是先上霍尔家去吧。”（读者谅必允许我不描述他的口吃。）

“霍尔是什么人？”

“是我的佃户……他家离这儿很近。”

我们便朝霍尔家走去。在树林中间，收拾得干干净净、平平整整的林中空地上，是霍尔家的独家宅院。宅院里有好几座松木房屋，彼此之间有栅栏相连；主房前面有一座长长的、用细细的木柱撑起的敞棚。我们走了进去。迎接我们的是一个年轻小伙子，二十来岁，高高的个头儿，长相很漂亮。

“噢，菲佳！霍尔在家吗？”波鲁德金先生向他问道。

“不在家，霍尔进城去了，”小伙子回答，微笑着，露出一排雪白的牙齿，“您要车吗？”

“是的，伙计，要一辆车。还要给我们弄点儿克瓦斯来。”

我们走进屋子。洁净的松木墙上，连一张常见的版画都没有贴；在屋角里，在装了银质衣饰的沉重的圣像前面，点着一盏神灯；一张椴木桌子，不久前才擦洗得干干净净；松木缝里和窗框上没有机灵的普鲁士甲虫在奔跑，也没有隐藏着沉着老练的蟑螂。那年轻小伙子很快就来了，用老大的白杯子端着上好的克瓦斯，还用小木盆端来一大块白面包和十来条腌黄瓜。他把这些吃食儿放到桌子上，就靠在门上，微微笑着，打量起我们。我们还没有吃完这顿小点，就有一辆大车轧轧地来到台阶前。我们走出门来，一个头发蜷曲、面色红润的十四五岁男孩子坐在赶车的位子上，正在吃力地勒着一匹肥壮的花斑马。大车周围，站着五六个大个头男孩子，彼此十分相像，也很像菲佳。“都是霍尔的孩子！”波鲁德金说。“都是小霍尔，”已经跟着我们来到台阶上的菲佳接话说，“还没有到齐呢，波塔普在林子里，西多尔跟老霍尔上城里去了……小心点儿，瓦夏，”他转身对赶车的孩子说，“赶快点儿，把老爷送回去。不过，到坑坑洼洼的地方，要小心，慢点儿，不然，会把车子颠坏，老爷肚子也受不住！”其余的小霍尔们听到菲佳的俏皮话，都嘿地笑了。波鲁德金先生庄重地喊了一声：“把‘天文学家’放上车！”菲佳高高兴兴地举起不自然地笑着的狗，放进大车里。瓦夏放开马缰，我们的车子朝前驰去。波鲁德金先生忽然指着一座矮矮的小房子，对我说：“那是我的办事房。想去看看吗？”“好吧。”他一面从车上往下爬，一面说：“这会儿已经不在这儿办事了，不过还是值得看看。”这办事房共有两间空屋子。看守房子的独眼老头儿从后院跑了来。“你好，米尼奇，”波鲁德金先生说，“弄点儿水来！”独眼老头儿转身走进去，一会儿带着一瓶水和两个杯子走了回来。“请尝尝吧，”波鲁德金对我说，“这是我这儿的好水，是泉水。”我们每人喝了一杯，这时候老头儿向我们深深地鞠着躬。“好，现在咱们可以走啦。”我的新朋友说，“在这儿，我卖了四俄亩树林给商人阿里鲁耶夫，卖的好价钱。”我们上了马车，半个钟头之后，就进了主人家的院子。

“请问，”在吃晚饭的时候，我向波鲁德金问道，“为什么您那个霍尔单独居住，不跟其他一些佃农在一块儿？”

“那是因为他是个精明的庄稼汉。大约在二十五年前，他的房子叫火烧了；他就跑来找我的父亲，说：‘尼古拉·库兹米奇，请

允许我搬到您家林子里沼地上去吧。我交租钱，很高的租钱。'
'可你为什么要搬到沼地上去？''我要这样；不过，尼古拉·库兹米奇老爷，什么活儿也别派给我，您就酌情规定租金吧。''一年交五十卢布吧！''好的。''你要当心，我可是不准拖欠！''知道，不拖欠……'这么着，他就在沼地上住了下来。打那时起，人家就叫他霍尔[①]了。"

"怎么样，他发财了吗？"我问。

"发财了。现在他给我交一百卢布的租金，也许我还要加租。我已经不止一次对他说过：'你赎身吧，霍尔，嗯，赎身吧！'可是他这个滑头却总是说不行，说是没有钱……哼，才不是这么回事儿呢！……"

第二天，我们喝过茶以后，马上又出发去打猎。从村子里经过的时候，波鲁德金先生吩咐赶车的在一座矮小的房子前面停了车，大声呼唤道："卡里内奇！"院子里有人答应："来啦，老爷，来啦，我系好鞋子就来。"我们的车子慢慢前进，来到村外，一个四十来岁的人赶上了我们。这人高高的个头儿，瘦瘦的，小小的脑袋瓜朝后仰着。这就是卡里内奇。我一看到他那张黑黑的、有些碎麻子的和善的脸，就很喜欢。卡里内奇（正如我后来听说的）每天都跟着东家外出打猎，给东家背猎袋，有时还背猎枪，侦察哪儿有野物，取水，采草莓，搭帐篷，找车子。没有他，波鲁德金先生寸步难行。卡里内奇是个性情顶愉快、顶温和的人，常常不住声地小声唱歌儿，无忧无虑地四处张望，说话带点儿鼻音，微笑时眯起他的淡蓝色眼睛，还不住地用手捋他那稀稀拉拉的尖下巴胡。

①霍尔是音译，本义是"黄鼠狼"。

他走路不快，但是步子跨得很大，轻轻地拄着一根又长又细的棍子。这一天他不止一次同我搭话，伺候我时毫无卑躬屈膝之态，但是照料东家却像照料小孩子一样。当中午的酷暑迫使我们找地方躲避的时候，他把我们领进了树林深处，来到他的养蜂场上。卡里内奇给我们打开一间小屋，里面挂满一束束清香四溢的干草，他让我们躺在新鲜干草上，自己却把一样带网眼的袋状东西套到头上，拿了刀子、罐子和一块烧过的木头，到养蜂场去给我们割蜜。我们喝过和了泉水的温乎乎的、透明的蜂蜜，就在蜜蜂单调的嗡嗡声和树叶簌簌的絮语声中睡着了……一阵轻风把我吹醒……我睁开眼睛，看见卡里内奇坐在半开着门的门槛上，正在用小刀挖木勺。他的脸色柔和而又开朗，就像傍晚的天空，我对着他的脸欣赏了老半天。波鲁德金先生也醒了，我们没有马上起身。跑了很多路，又酣睡过一阵子之后，一动不动地在干草上躺一躺，是很惬意的。这时候浑身松松的，懒懒的，热气轻轻拂面，一种甜美的倦意叫人睁不开眼睛。终于我们起了身，又去转悠，直到太阳落山。吃晚饭的时候，我谈起霍尔，又谈起卡里内奇。“卡里内奇是个善良的庄稼人，”波鲁德金先生对我说，“是个又勤奋又热心的人；干活儿稳稳当当，可是却干不成活儿，因为我老是拖着他。天天都陪我打猎……还干什么活儿呀，您说说看。”我说，是的；我们就躺下睡了。

次日，波鲁德金因为和邻居比丘科夫打官司，上城里去了。邻居比丘科夫耕了他的地，而且在耕地上打了他的一名农妇。我便一个人出去打猎，快到黄昏时候，我顺路来到霍尔家。我在房门口遇到一个老头儿，秃头顶，小个头儿，宽肩膀，结实健壮，这就是霍尔了。我带着好奇心把这个霍尔打量了一下。他的脸型很像苏格拉底：额头也是高高的、疙疙瘩瘩的，眼睛也是小小的，鼻子也是翘翘的。我们一同走进房里。还是那个菲佳给我端来牛奶和黑面包。霍尔坐在长凳上，泰然自若地捋着他那卷卷的下巴胡，跟我聊起来。他大概觉得自己是有分量的，说话和动作都是慢腾腾的，有时那长长的上嘴胡底下还露出微笑。

我和他谈种地，谈收成，谈农家生活……不论我说什么，他似乎都赞成；只是到后来我才感到不好意思起来，我觉得我说的不对头……这情形颇有点儿奇怪。霍尔说话有时令人费解，大概是因为谨慎……下面是我们谈话的一例：

"我问你，霍尔，"我对他说，"你为什么不向你的东家赎身呀？"

"我为什么要赎身？眼下我跟东家处得很好，我也交得起租……我的东家是个好东家。"

"不过，有了自由，总归好一些。"我说。

霍尔斜看我一眼。

"那当然。"他说。

"那么，你究竟为什么不赎身？"

霍尔摇了摇头。

"老爷，你叫我拿什么来赎身呀？"

"哼，算啦，你这老头儿……"

"霍尔要是成了自由人，"他好像自言自语似的小声说，"凡是不留胡子的人[①]，都要来管霍尔了。"

①指各级官吏。尼古拉一世时代，严禁官吏蓄须。

“那你也把胡子刮掉嘛。”

“胡子算什么？胡子是草，要割就割。”

“那你怎么不割呢？”

“噢，也许，霍尔要成商人呢；商人日子过得好，商人也留胡子嘛。”

“怎么，你不是也在做生意吗？”我问他道。

“做点儿小买卖，贩卖一点儿奶油和焦油……怎么样，老爷，要套车吗？”

我在心里说：“你说话好谨慎，你这人真机灵。”

但我说出声的话是：“不用，我不要车，我明天要在你家周围转一转，如果可以的话，我想在你家干草棚里过夜。”

“我欢迎。不过，你在干草棚里舒服吗？我叫娘儿们给你铺上褥单，放好枕头。喂，娘儿们！”他站起身来，喊道，“娘儿们，到这儿来！……菲佳，你带老爷去吧。娘儿们都是些蠢东西。”

过了一刻钟，菲佳提着灯把我领到干草棚里。我扑倒在芳香的干草上，狗蜷卧在我的脚下；菲佳向我道过晚安，门吱扭响了一声，就关上了。我很久不能入睡。一头母牛走到门口，哼哧哼哧地呼了几口气，狗神气十足地朝母牛吠叫起来；一头猪从门外走过，若有所思地哼哼着；附近什么地方有一匹马嚼起干草，还不住地打响鼻……到后来，我终于睡着了。

黎明时分，菲佳叫醒了我。我很喜欢这个愉快、活泼的小伙子。而且我也多少有些看出来，老霍尔也特别喜欢这个儿子。这爷儿俩常常很亲热地彼此开点儿玩笑。老头儿出来迎住我。不知是因为我在他家里歇了一夜，还是别的什么缘故，霍尔今天对待我比昨天亲热多了。

“茶已经烧好了,”他微笑着对我说,“咱们去喝茶吧。”

我们在桌旁坐了下来。一个健壮的娘儿们,是他的一个儿媳妇,端来一钵子牛奶。他所有的儿子一个个走进屋里来。

“你家儿子一个个都这样高大!”我对老头子说。

“是啊,”他一面咬着小小的糖块,一面说,“对我和我的老婆子,似乎他们没什么可抱怨的。”

“他们都跟你一起住吗?”

“都在一起。都愿意在一起,那就在一起吧。”

“都娶亲了吗?”

“就这个滑头鬼还没有娶亲,”他指着依然靠在门上的菲佳,回答说,“再就是瓦夏,他还小,还可以等几年。”

“我干吗要娶亲?”菲佳反驳说,“我就这样才好。要老婆干什么?要老婆吵架解闷儿,还是怎的?”

“哼,你呀……我才知道你的心思哩!你是风流哥儿……只想天天跟丫头们鬼混……‘不要脸的,讨厌!’”老头子模仿丫头们的口气说,“我才知道你的心思哩,你这个图自在的鬼东西!”

“讨老婆有什么用处?”

“老婆是个好长工,”霍尔很严肃地说,“老婆是伺候男人的。”

“我要长工干什么?”

“这不是,就图自个儿快活自在。我就知道你这鬼东西的心思。”

“好,要是这样,你就给我娶亲吧。嗯?怎么啦!你怎么不说话呀?”

“哼,算啦,算啦,你这调皮鬼。瞧,咱们也不怕吵得老爷心烦。我会给你娶亲的,放心吧……噢,老爷,别见怪,孩子还小,不懂事。”

菲佳摇了摇头……

“霍尔在家吗?”门外传来熟悉的声音,卡里内奇走进房来,手里拿着一束草莓,这是他采来送给他的好友霍尔的。老头子亲亲热热地把他迎住。我惊讶地看了卡里内奇一眼:说实话,我没想到一个庄稼人会有这种“温情”。

这一天我出门打猎比平常晚三四个钟头。随后三天我也都是在霍尔家过的。两位新相识使我很感兴趣。不知道是我哪一点博得了他们的信任,他们跟我谈话毫不拘束。我很愉快地听他们谈话,观察他们。这两个朋友彼此一点都不像。霍尔是个认真、务实的人,有经营管理头脑,是个纯理性主义者;卡里内奇则相反,属于理想家、浪漫主义者,属于热心肠、好幻想的一类人。霍尔讲求实际,所以他造房子,攒钱,跟东家和其他有权有势的人搞好关系;卡里内奇穿的是树皮鞋,日子过得勉勉强强。霍尔有一大家人,一家人和和睦睦,全都听他的;卡里内奇曾经有过老婆,他很怕老婆,一个孩子也没有。霍尔看透了波鲁德金先生的为人;卡里内奇非常崇敬自己的东家。霍尔很喜欢卡里内奇,常常袒护他;卡里内奇也很喜欢霍尔,十分尊重他。霍尔很少说话,不时笑一笑,有什么看法放在心里;卡里内奇很喜欢说话,虽然不像能说会道的人那样花言巧语……然而卡里内奇有不少特长,就连霍尔也是承认的,比如:他会念咒止血,能治惊风和狂犬病,能驱蛔虫;他会养蜂,他的手气好。霍尔当着我的面请他把新买的一匹马牵进马棚,卡里内奇带着又认真又笃定的神气把马牵了进去;霍尔不见到事实,总是不肯轻易相信的。卡里内奇更接近自然,霍尔更接近人和社会。卡里内奇不喜欢深思熟虑,对一切都盲目相信;霍尔自视甚高,以至于常常用嘲弄的目光看待人世。霍尔见多识广,我跟他学到不少见识。比如,我从霍尔的叙述中得知,每年夏天,割草季节快到的时候,就会有一辆式样特别的小四轮车来到各个村子里。车上坐一个穿长衣的人,来卖大镰刀。如果用现钱,他要一卢布二十五戈比至一个半卢布纸币;如果赊账,他要三卢布纸币至一个银卢布。不用说,所有的庄稼人都是赊账。过两三个星期,他再来收钱。庄稼人刚刚收完燕麦,有钱清账了。庄稼人跟买卖人一起上酒店去,就在酒店里清账。有些地主想点子,用现钱把镰刀买下来,也按那样的价钱分别赊给庄稼人,庄稼人却很不高兴,甚至非常懊丧。因为这样一来就失去不小的乐趣,不能用手指弹弹镰刀,听听声音,在手里转来转去,也不能向油滑的小商贩问上二十遍:“喂,怎么样,伙计,镰刀不咋样吧?”买卖小镰刀也用同样一套办法,不同的是,这时候娘儿们也参与了,有时缠得小贩子不得不打她们,只要一动手,她们就能捞到便宜了。不过娘儿们最吃苦的还是做另一种买卖的时候。造纸厂的原料采办人委托一些专门人员收购破布,这些人在有些县里被称为“鹰”。这种“鹰”从商人手里领得二三百卢布纸币,便出来打食儿。但是,他和他因而得名的那种高贵的鸟完全不同,不是公开地、大胆地扑向食儿,而是使用狡诈和花招儿。他把自己的车子停在村子附近树棵子丛里,自己却来到人家的后院或后门口转悠，装作过路人或者无事闲逛的人。娘儿们凭感觉猜测到他的到来，就偷偷地前去跟他会面，匆匆忙忙中把交易做好。为了换取几个铜板，娘儿们交给“鹰”的不仅是所有无用的破布，甚至常常有丈夫的小褂和自己的裙子。近来娘儿们发现一种顶合算的办法，那就是把自己家里的大麻，特别是大麻布偷出来，用同样的办法出卖，这么一来，“鹰”的收购业务就扩大了、完备了！不过，男子汉们也学乖了，稍微有一点儿可疑，一听到远处有“鹰”来到的响声，就又快又麻利地采取变动和防范措施。说真的，这不是够窝囊的吗？卖大麻是男子汉的事，而且他们的确也在卖大麻，不是到城里去卖，到城里卖，还要亲自运去，是卖给外来的小贩。这些小贩因为不带秤，总是拿四十把当做一普特。诸位该知道，什么叫一把，俄罗斯人的手掌是什么样的，特别是当手掌“竭诚效劳”的时候！像这样的事，我这个涉世不深、没有在农村里“滚过泥巴”（如我们奥廖尔省人常说的）的人，真是听了不少。不过，霍尔不是一个劲儿地自己讲，他也问了我许多事。他听说我到过外国，他的好奇心就来了……卡里内奇也不比他差。不过，卡里内奇喜欢听我描述自然风光，描述高山、瀑布、奇特的建筑物和大都市；霍尔感兴趣的却是行政管理和国家体制方面的问题。他逐个儿对一切进行分析、询问：“这种事儿在他们那儿跟咱们这儿一样，还是不一样？……你说说，老爷，究竟怎样？……”卡里内奇在听我叙说的时候却只是表示惊讶：“啊！哎呀，天啊，有这种事！”霍尔则不作声，皱紧浓眉，只是有时插一两句：“这种事在我们这儿可是不行，能像这样才好，才合道理。”我无法向读者诸君一一转述他的询问，而且也无此必要；但是从我们的交谈中,我得到一种信念,这恐怕是读者怎么也预料不到的,这信念就是:彼得大帝表现了俄罗斯人的主要特征,他的俄罗斯人特征就在于他的革新精神。俄罗斯人非常相信自己的力量和刚强,不怕改变自己;很少留恋自己的过去,勇敢地面对未来。凡是好的,他都喜欢;凡是合理的,他都接受;至于这是从哪里来的,他一概不问。他的健全的头脑喜欢嘲笑德国人干巴巴的理性;但是,拿霍尔的话来说,德国人是一些很有意思的人,他也愿意向他们学习。霍尔由于他地位的特殊和实际上的独立性,跟我谈了许多话,这些话从别人嘴里是听不到的,如一些庄稼人说的,是用棍子撬不出、用磨也磨不出来的。他确实很明白自己的地位。我和霍尔交谈,第一次真正听到纯朴而机智的俄罗斯庄稼人语言。就一个庄稼人来说,他的知识是非常渊博的,但是他不识字;卡里内奇却识字。“这鬼东西识字,”霍尔说,“他养的蜂从来也不死。”“你有没有让你家孩子识字?”霍尔沉默了一会儿。“菲佳识字。”“别的孩子呢?”“别的孩子不识字。”“为什么呢?”老头子没有回答,并且转换了话题。可见,不论他多么聪明,他还是有偏见,在某些方面很顽固。比如,他从心眼儿里瞧不起妇女,在他高兴的时候就取笑和嘲弄妇女们。他的妻子是个爱唠叨的老婆子,一天到晚不离炕头,不住地嘟囔,骂人;儿子们都不理睬她,可是媳妇们却像怕上帝一样怕她。难怪在一支俄罗斯民歌里婆婆这样唱:“你不打老婆,不打年轻妻子,算什么成家的人,算我什么儿子……”有一回我想为媳妇们说说话,试图唤起霍尔的怜悯心,但是他心安理得地反驳我说:“何必管这些……小事,让娘儿们吵去吧……不叫她们吵,反而更糟,再说,也犯不着去管这些乱七八糟的事。”有时凶恶的老婆子从炕上爬下来，把看家狗从过道里唤出来，嘴里嘟哝着：“狗，你来，你来！”拿拨火棍照干瘦的狗背直打，或者站在敞棚底下，跟所有过路的人“吵骂解闷儿”（这是霍尔的说法）。不过，她还是怕丈夫，只要他一声令下，她马上就回到自己的炕上去。不过，特别有趣的是听听卡里内奇和霍尔的争论，尤其是在问题涉及波鲁德金先生的时候。卡里内奇说：“霍尔，你别在我面前说他。”霍尔反驳说：“那他干吗连一双靴子也不给你做呀？”“啊，靴子，瞧你说的！……我要靴子干什么？我是个庄稼人……”“我也是庄稼人嘛，你瞧……”霍尔说到这里，把脚抬起来，让卡里内奇看看他的皮靴，那皮靴好像是用毛象皮做的。卡里内奇回答说：“哎哟，别人怎么能跟你比？”“那至少也要给几个钱买树皮鞋，你天天跟他出去打猎，恐怕一天要一双树皮鞋吧。”“他给我树皮鞋钱。”“是的，去年赏过你十个戈比。”卡里内奇懊恼地扭过头去，霍尔便哈哈大笑起来，这时候他那一双小小的眼睛成了两条缝儿。

卡里内奇唱歌唱得很好听，还弹了一阵子三弦琴。霍尔听着听着，忽然把头一歪，用伤感的调子唱了起来。他特别喜欢《我的命运呀，命运！》这支歌。菲佳不放过取笑父亲的机会：“老人家，怎么伤心起来啦？”可是霍尔依然用手托着腮，闭着眼睛，只顾抱怨自己的命运……可是，在别的时候，再没有比他更勤劳的人了：一双手总是不闲着——不是修理大车，就是整修栅栏，检查马套。不过他不喜欢特别干净，有一次我提到这一点时，他回答说：“屋子里要有人住的气味。”

“你去看看，”我反驳他说，“卡里内奇的蜂房里多么干净啊。”

“老爷，要是不干净，蜜蜂待不住呢。”他叹着气说。

有一次他问我说：“怎么样，你也有领地吗？”“有。”“离这儿远吗？”“大约一百俄里。”“那么，老爷，你住在自己领地上吗？”“住在领地上。”“恐怕多半是打打野味消遣了？”“说实在的，是这样。”“这也不坏，老爷，只管打你的松鸡吧，不过村长要经常换换。”

第四天傍晚，波鲁德金先生派人来接我。我跟老头子依依难舍。我和卡里内奇一同上了大车。“好啦，再见吧，霍尔，祝你健康。”我说……“再见吧，菲佳。”“再见，老爷，再见，别忘了我们呀。”我们动身了。晚霞刚刚发出火红色。“明天准是好天气。”我望着明朗的天空说。“不，要下雨啦。”卡里内奇却说出不同的看法，“瞧，鸭子拼命在泼水呢，再说青草发出的气味又这么浓。”我们的大车来到树丛里，卡里内奇在驾车座位上轻轻颠动着，小声唱起歌来，并且一次又一次眺望晚霞……

次日，我离开了波鲁德金先生好客的家。

叶尔莫莱和磨坊主妇[1]

傍晚，我和猎人叶尔莫莱一起去打“伏击”……不过，什么叫伏击，也许不是所有我的读者都清楚的。诸君，那就听我说说吧。

春日里，在日落前一刻钟，您带上枪，不要带狗，到树林里去。您在林边找个地方，四下里望望，检查检查引火帽，和同伴交换交换眼色。一刻钟过去，太阳落山，但树林里还很明亮，空气明净而清澈，鸟儿叽叽喳喳地叫着，嫩草闪烁着绿宝石般悦目的光彩……您就等着吧。树林里渐渐黑暗；晚霞的红光慢慢地从树根和树干上滑过，越升越高，从低低的、几乎还是光秃的树枝移向一动不动的、沉睡的树梢……终于树梢也暗了，绯红的天空渐渐变蓝。树林的气息渐渐浓烈，微微散发出暖烘烘的湿气；吹进来的风到您身边便停息了。鸟儿渐渐入睡，不是所有的鸟儿一齐睡去，而是各类鸟儿有先有后：最先睡着的是燕雀，过一会儿是红胸鸲，然后是黄鹂。树林里越来越暗，一株株树木渐渐融汇成黑黑

①最初刊于《现代人》杂志1847年第5期。

的一大片；蓝天上羞羞答答地出现第一批星星。所有的鸟儿都睡了。只有红尾鸲和小啄木鸟还在无精打采地叫着……终于红尾鸲和小啄木鸟也安静了。在您的头顶上再一次响过柳莺那清脆的鸣声，黄莺不知在哪里凄婉地叫了一阵，夜莺初启歌喉。您正等得心焦，忽然——不过，只有猎人才懂得我的话——忽然在一片寂静中响起一种很特别的呱呱声和沙沙声，可以听见敏捷的翅膀有节奏的鼓动声——就有丘鹬姿态优美地弯着自己的长嘴，轻快地从黑郁郁的白桦树后面飞出来迎接您的枪弹了。

这就叫“伏击”。

就是说，我和叶尔莫莱去伏击。不过，诸君请原谅，我得先把叶尔莫莱给你们介绍一下。

这人四十五岁上下，瘦高个儿，又长又细的鼻子，窄窄的脑门儿，灰灰的小眼睛，蓬乱的头发，宽阔的嘴唇带着嘲笑的神气。这人无冬无夏穿一件黄黄的德国式土布褂，但腰里却系一条宽腰带；穿一条蓝色灯笼裤，戴一顶羊羔皮帽，是破落的地主一时高兴送给他的。腰带上系两个袋子，一个袋子在前面，巧妙地扎成两半，分装火药与霰弹；另一个袋子在后面，是装猎物的。至于棉絮，叶尔莫莱则是从他那魔袋似的帽子里去掏。他本来可以很容易用卖猎物所得的钱为自己买一个弹药袋和背袋，但是他甚至从来没想过买这类东西，只管用老办法装他的枪，保险不会使霰弹和火药撒落，也不会混杂，其手法之巧妙，使观者吃惊。他的猎枪是单筒的，装有燧石，而且天生有猛烈“后坐”的坏脾气，因此叶尔莫莱的右颊总是比左颊肥胖。他怎样能用这支猎枪打中野物，连最机灵的人也无法设想，但是他却常常打中。他也有一条猎狗,名叫“杰克”,是一个十分奇怪的东西。叶尔莫莱从来不喂它。“我才不喂狗哩,”他断然说,“再说,狗是聪明畜生,自己能找到东西吃。”确实也是,尽管那狗瘦得出格,连漠不关心的过路人见了也吃惊,但是它照样活着,而且活得很长久;甚至于,不管境遇多么可怜,一次也没有逃跑过,而且从来没有想离开自己的主人的表现。年轻时谈情说爱,有一次离开过两天,可是那股傻劲儿很快就过去了。“杰克”最了不起的特点是它对世上的一切都异常淡漠……如果这说的不是狗,那我要用“悲观”这个字眼儿了。它常常坐着,把短短的尾巴蜷在身子底下,皱着眉头,不时地哆嗦几下,从来不曾笑过。(大家都知道,狗是会笑的,而且笑得非常可爱。)它的模样儿奇丑无比,不论哪个闲着没事儿的仆人,一有机会就毫不客气地嘲笑它这副尊容;但是“杰克”对这类嘲笑甚至挨打却毫不在乎。每当它由于不光是狗才有的弱点,把饥饿的嘴伸进暖烘烘的、香喷喷的厨房的半掩着的门里时,厨子们就立刻丢下手头的活儿,又叫又骂地追赶起它来,那是厨子们特别开心的事儿。在出猎的时候,它从不感到疲劳,而且嗅觉极其灵敏。但是,如果偶然追到一只打伤的兔子,它就远远躲开用种种听得懂的和听不懂的方言喝骂的叶尔莫莱,钻到凉阴里绿树棵子底下,津津有味地把兔子吃得只剩下一点骨头。

叶尔莫莱是我的邻村一个旧式地主家的人。旧式地主一般都不喜欢“鹬鸟”,而喜欢吃家禽。除非在特殊情况下,例如在生日、命名日和选举的日子里,旧式地主家的厨子才烧起长嘴鸟,因为俄国人一向是越不懂怎么做越上劲儿,一旦来了劲儿,就会发明千奇百怪的调制法儿,以至于大部分客人只能又好奇又出神地注视着端上桌的美味,决不敢动口尝一尝。规定叶尔莫莱每月给东家的厨房送两对松鸡和山鹑,其余的一切由他,想到哪儿就到哪儿,想干什么就干什么。人们都不和他交往,认为他一无所长,像我们奥廖尔人说的,“窝囊”。火药和霰弹自然是不发给他的,这是有章法可循的,就像他不喂狗一样。叶尔莫莱是一个非常古怪的人,像鸟儿一样无忧无虑,很喜欢说话,表面看来又懒散又笨拙;非常喜欢喝酒,不喜欢在一个地方久住,走起路来两脚擦地,摇摇摆摆,就这样两脚擦地,摇摇摆摆,一昼夜能够走五六十俄里。他经历过各种各样惊险事儿,在沼地里、树上、屋顶上、桥底下睡过觉,不止一次被关在阁楼里、地窖里、棚子里,失去了枪、狗和最后一件衣服,被人痛打,痛打很久,然而过不多久,他又回家来了,衣服穿得好好的,而且带着枪和狗。不能说他是一个快活人,虽然他的心情几乎总是非常好的。总而言之,他很像是一个古怪人。叶尔莫莱很喜欢和有教养的人聊聊,尤其是在喝酒的时候,不过,聊也聊不久,常常站起来就走。“你这鬼东西,上哪儿去呀?天已经黑了。”“到恰普林村去。”“你跑十来俄里,到恰普林村去干什么?”“到那儿的庄稼人索夫龙家里去过夜。”“你就在这儿过夜嘛。”“不,不行。”于是叶尔莫莱就带着他的“杰克”走进沉沉的夜幕,穿过一丛丛树棵子和一道道水沟向前走去,而那个庄稼人索夫龙也许不让他进门,说不定还要打他两记耳光,不准他打扰清白人家。然而叶尔莫莱有些本事是没有人能比的,如在春汛期间捕鱼,用手捉虾,凭嗅觉寻找野物,招引鹌鹑,训练猎鹰，捕捉那些会唱“魔笛”“夜莺飞来”[①]的夜莺……只有一样他不会，就是训练狗，他没有耐性。他也有老婆，每星期他去她那儿一次。她住在一间破破烂烂、快要倒塌的小屋里，凑凑合合、勉勉强强活着，今天不知道明天能不能吃饱，总之，一直过着很苦的日子。叶尔莫莱这个无忧无虑、心地善良的人，对待她却又无情又粗暴，他在家里摆出一副又威风又严厉的神气，可怜的妻子简直不知道怎样才能讨他的欢心，一看到他的眼神就发抖，她常常用最后一文钱给他买酒；当他大模大样地躺到炕上酣睡的时候，她总是低三下四地给他盖上自己的皮袄。我也不止一次看到他脸上无意中流露出的阴沉的凶狠神气，我很不喜欢他在咬死受伤的野禽时脸上那股表情。可是叶尔莫莱从来没有在家里待过一天以上，一到别的地方，他又变成“叶尔莫尔卡”[②]——周围一百俄里以内的人都这样称呼他，有时他自己也这样称呼自己。最低下的仆役也觉得自己比这个流浪汉高贵，也许正因为这样都对他非常亲热。许多庄稼人起初像对待田野里的兔子一样，喜欢撵他和逮他取乐儿，过一会儿就把他放了，等到知道他是一个怪人，就不再碰他，甚至给他面包，跟他聊天……我就是带了这个人出猎，和他一起到伊斯塔河畔一个很大的桦树林里去伏击。

俄罗斯有许多河流同伏尔加河一样，一边是山，另一边是草地，伊斯塔河也是这样。这条小河曲曲弯弯，蜿蜒如蛇行，没有半俄里是直流的，有的地方，从陡峭的山冈上望去，十几俄里的小

①喜欢夜莺的人都熟悉这些名称：这是莺啼中最美妙的唱段。——作者注

②“叶尔莫莱”的卑称，其谐音在俄语中是“小瓜皮帽”。

河，连同堤坝、池塘、磨坊、一片片以爆竹柳作篱的菜园和茂盛的果园，尽收眼底。伊斯塔河里的鱼真是多极了，尤其是雅罗鱼（庄稼人在热天里常常用手在树棵子底下捉这种鱼）。小小的滨鹬啾啾叫着在点缀着一处处冰凉而清澈的泉水的岩石岸边飞翔；野鸭向池塘中央浮游，小心翼翼地四面打量着；苍鹭伫立在河湾中峭壁下的阴影里……我们伏击了大约有一个小时，打到两对山鹬。我们想在太阳出山以前再来碰碰运气（早晨也可以打伏击），就决定到附近的磨坊里去过一夜。我们走出树林，下了山冈，河里翻滚着暗蓝色的波浪；空气由于充满夜间的潮气，越来越浓。我们敲了敲大门。院子里有几只狗一齐狂叫起来。“谁呀？”响起一个沙哑的、带有睡意的声音。“打猎的，我们来借个宿。”没有回答。“我们付钱。”“我去对东家说说……嘘，该杀的狗！……还不都给我死掉！”我们听到这雇工走进屋里去了，他很快就回到大门口来。“不行，东家说，不让进来。”“为什么不让进去？”“他怕嘛，你们是打猎的，说不定你们会把磨坊烧掉，因为你们带着火药呢。”“胡扯什么！”“前年我家磨坊就烧过一回了，有一帮牲口贩子来借宿，不知怎的就烧起来了。”“可是，老弟，我们总不能在外面过夜呀！”“那就由你们了……”他呱嗒呱嗒地拖着靴子走了。

叶尔莫莱骂了他许多难听的话。“咱们到村子里去吧。”到末了，他叹了一口气说。但是离村子有两俄里……“咱们就在这儿，在外面过夜吧，”我说，“今天夜里很暖和，给几个钱，让磨坊老板送一些麦秸出来。”叶尔莫莱也就同意了。我们又敲起门来。“你们干什么呀？”又传出雇工的声音，“已经说过不行嘛。”我们就把我们的意思对他说了说。他去和东家商量了一下，就和东家一起走了回来。旁边的小门吱呀一声开了，磨坊老板走了出来，高高的个头儿，肥头大耳，肚子又圆又大。他答应了我的要求。在离磨坊百步远处，有一座四面通风的小小的敞棚。他给我们抱来一些麦秸和干草，抱到敞棚里；那个雇工在河边草地上架起茶炊，蹲下来，就热心地用管子吹气生火……炭火一闪一闪的，照亮了他那年轻的脸。磨坊老板跑去叫醒他的老婆，到末了自己提出要我到屋里去睡；可是我还是愿意在外面过夜。磨坊老板娘给我们送来牛奶、鸡蛋、土豆、面包。茶炊很快就烧开了，我们就喝起茶来。河面上升起一股股雾气，没有风，秧鸡在周围咯咯高叫，磨坊的水轮边，响着轻微的声音，那是水点从轮翼上往下滴，水从堤坝的闸门里往外渗。我们生起一个不大的火堆。就在叶尔莫莱在火灰里烤土豆的时候，我打起盹儿……压得低低的、轻轻的絮语声使我惊醒。我抬起头来，看到磨坊老板娘坐在火堆旁一只倒放着的木桶上，在和我的同伴说话儿。我先前从她的服装、行动和口音已经看出她是地主家的女仆——不是农妇，也不是小市民家女子；只是现在我才看清了她的容貌。看样子她有三十岁，消瘦而苍白的脸上还保留着美艳动人的风韵，我尤其喜欢那双忧郁的大眼睛。她把两肘放在膝盖上，用手托着腮。叶尔莫莱背对我坐着，正在往火里添木柴。

“任尔杜赫村又流行瘟疫了，”磨坊老板娘说，“伊凡神甫家死了两头母牛……上帝保佑吧！”

“你家的猪怎么样？”叶尔莫莱沉默了一会儿之后，问道。

“活着呢。”

“能给我一头小猪就好啦。”

磨坊老板娘沉默了一会儿，随后叹了一口气。

“和您一道的是什么人？”她问。

“一位老爷，科斯托马罗夫村的。”

叶尔莫莱把几根枞树枝儿扔进火里，树枝儿立刻一齐发出毕剥声，浓浓的白烟往他脸上直扑。

“你丈夫为什么不让我们进屋里去？”

“他害怕。”

“瞧，这胖子，大肚子……亲爱的，阿丽娜·季莫菲耶芙娜，给我弄杯酒喝喝吧！”

磨坊老板娘站起来，消失在黑暗中。叶尔莫莱小声唱起歌儿：

为找情妹妹，
靴子都穿碎……

阿丽娜带着一小瓶酒和一只杯子回来了。叶尔莫莱欠身起来，画了一个十字，一口气把酒喝干了。“真好呀！”他说。

阿丽娜又在木桶上坐下来。

“怎么样，阿丽娜·季莫菲耶芙娜，你还是常常生病吗？”

“总是不舒服。”

“怎样不舒服？”

“一到夜里就咳嗽，很难受。”

“老爷好像睡着了，”叶尔莫莱沉默了一小会儿之后说，“你没去看医生，阿丽娜，病越看越厉害。”

“我是没去看呀。”

“到我那儿去玩玩儿吧。”

阿丽娜低下头。

“到那时候我把我那个，把我那个老婆撵出去，”叶尔莫莱继续说……“真的。”

“您最好还是把老爷叫醒，叶尔莫莱·彼得罗维奇，您瞧，土豆烤好了。”

“让他睡个够吧，”我的忠心的仆从心平气和地说，“他跑累了，所以睡得很熟。”

我在干草上翻起身来。叶尔莫莱站起来，走到我身边。

“土豆烤好了，请吃吧。”

我从敞棚底下走出来，磨坊老板娘从木桶上站起身来，想走。我就和她说起话儿。

“这磨坊你们租下很久了吧？”

“去年三一节租下，已经一年多了。”

“你丈夫是哪儿人？”

阿丽娜没有听清我的问话。

“你丈夫是啥地方人？”叶尔莫莱提高声音又问了一遍。

“他是别廖夫人。别廖夫城里人。”

“你也是别廖夫人吗？”

“不，我是地主家的人……原来是地主家的。”

“谁家的？”

“兹维尔科夫老爷家的。现在我自由了。”

“哪一个兹维尔科夫？”

“亚历山大·西雷奇。”

“你是不是他太太的丫头？”

“您怎么知道？就是的。”

我带着加倍的好奇心和同情心望了望阿丽娜。

“我认识你家老爷。”我又说。

“您认识吗？”她小声说，并且低下了头。

应该对读者说说，我为什么带着这样的同情心望着阿丽娜。我在彼得堡期间，碰巧和兹维尔科夫先生相识。他担任要职，是一个出名的博学和能干的人物。他的夫人十分肥胖，多愁善感，又爱哭，又凶狠，是一个庸俗而乖僻的女人；他还有个儿子，是一个十足的少爷，又娇气又愚蠢。兹维尔科夫先生的相貌很难令人恭维，那宽宽的、几乎是四方形的脸上，一双小小的老鼠眼睛滴溜溜地转悠着，又大又尖的鼻子向上翘着，鼻孔向外翻着；那皱皱巴巴的额头上，剪得短短的白发向上竖着，薄薄的嘴唇不住地嚅动，令人肉麻地笑着。兹维尔科夫先生站着的时候，总是叉开两条腿，把两只肥胖的手插在口袋里。有一次我和他两人乘马车到城外去，我们聊了起来。兹维尔科夫是一个见过世面的能干人，就开导起我来，教我走“正道儿”。

“恕我直言，”到末了他用尖嗓门儿说，“你们年轻人对一切事物的判断和解释都是盲目的；你们都不怎么了解自己的祖国：先生们，你们不熟悉俄罗斯，就是这么回事儿！……你们读的都是德国书。比如，您现在对我谈这个，谈那个，谈奴仆的事……很好，我不争论，您说的这一切都很好；不过您不了解他们，不了解他们是一些什么样的人。(兹维尔科夫先生大声擤了擤鼻涕，又闻了闻鼻烟。)比如，有一桩可笑的事，让我对您说说，也许您会感兴趣。(兹维尔科夫先生咳嗽了两声,清了清嗓子。)我太太是个什么样的人,您是知道的,比她更善良的女人,恐怕难找了,这您自己想必也承认。她的婢女们过的可不是一般人过的日子,简直是人间的天堂……可是我的太太给自己立下一条规矩:不用出嫁的丫头。那确实也不行,一生下孩子,这事儿,那事儿,这丫头怎么还能好好地伺候夫人,照料她的饮食起居呢?这丫头已经顾不到这些,不把这些事放在心上了。这也是人之常情嘛。我说的是,我们有一次乘车经过我们的村子,这事儿有些年了,怎么对您说好呢,照实说,有十五六年了。我们看到,村长家有一个小姑娘,是他的女儿,长得非常好看,举止态度也很讨人喜欢。我太太就对我说:'柯柯——您可知道,她是这样称呼我的——咱们把这个女孩子带到彼得堡去吧;我喜欢她,柯柯……'我说:'咱们就带她走,我很高兴。'不用说,村长向我们下跪道谢:您要知道,这种福气是他想也不敢想的……自然,小姑娘一时想不开,还哭过一阵子。开头这是有点儿可怕,要离开父母的家嘛……总之……这一点儿也没有什么奇怪的,不过她很快就跟我们处惯了。起初把她分拨到婢女室里,自然,要叫她学学。您猜怎么样?……这女孩子表现出惊人的进步;我太太很快就对她另眼相看,简直就离不了她,终于撇开别人,把她升为贴身侍女……这可是不容易呀!……也应该为她说句公道话,我太太从来不曾有过这样的好丫头,绝对不曾有过;她又勤快,又持重,又听话,一切都如人意。可是,说实话,我太太也太宠她了:给她穿好的,让她和主人吃一样的饭菜,喝一样的茶……真的,还能怎样呢!她就这样服侍了我太太十来年。忽然,有一天,真想不到,阿丽娜——她的名字叫阿丽娜——没有禀报就走进我的房里，扑通一声向我跪下……不瞒您说，这种事儿我是不能容忍的。一个人不论什么时候都不能忘记自己的身份，不是吗？‘你怎么啦？’‘亚历山大·西雷奇，老爷，请您开恩。’‘什么事呀？’‘请准许我出嫁。’说实话，我当时十分惊愕。‘混账东西，你可知道，太太身边没有别的丫头呀？’‘我还照旧服侍太太。’‘胡说！胡说！太太不用出嫁的丫头。’‘玛拉尼娅可以顶我的位子。’‘别打这种主意吧！’‘随您怎样吧……’说实在的，我简直呆了。可以对您说，我这个人呀，最痛恨的就是忘恩负义……不必对您说，您是知道的，我太太是怎样一个人，简直是天使，心肠好得不得了……就是顶坏的人，也舍不得她。我把阿丽娜赶出房去。心想，她也许会回心转意的。您可知道，我真不愿意相信一个人会那样坏，那样忘恩负义。可是，您猜怎么样？过了半年，她又来找我，又提出那个要求。不瞒您说，我这时非常恼怒地把她赶了出去，说了一些很厉害的话，并且说要告诉太太。我恼火极了……可是，还有更使我吃惊的哩：过了一些日子，我太太来找我，两眼泪汪汪的，非常激动，使我吓了一跳。‘出了什么事吗？’‘阿丽娜……’您明白……这事儿我说不出口。‘不会有的事！……是谁呢？’‘是听差彼得路什卡。’我大发雷霆。我这个人呀……就是不喜欢马虎！……彼得路什卡……没有罪。要惩罚他也可以，可是据我看，这事儿怪不得他。阿丽娜嘛……哼，就是的，哼，哼，这还有什么好说的？当然啦，我立刻吩咐把她的头发剃了，给她穿上粗布衣服，把她送到乡下去。我太太少了一个得力的丫头，但这也是没有办法，总不能让人把家里弄得乌七八糟。烂肉最好还是一刀割掉……唉，唉，您现在就想想吧,您是了解我太太的,要知道,这,这,这……毕竟是一个天使呀！她实在舍不得阿丽娜呀,阿丽娜知道这一点,就干起了无耻的事儿……不是吗？您就说说看……不是吗？这实在没什么好说的！总而言之,这是没有办法。在我自己来说,因为这姑娘忘恩负义,伤心和难过了很久。不管怎么说……在这种人里面是找不到良心和情义的！你喂狼不管喂得多么好,狼总是想往树林里跑……这是今后的教训！不过我只是想向您说明……”

兹维尔科夫先生没有把话说完,就转过头去,把身子更紧地裹在自己的斗篷里,雄赳赳地压制着不由自主的激动。

读者现在大概已经明白,我为什么带着同情心望着阿丽娜了。

“你嫁给磨坊老板已经很久了吗?”最后我问她道。

“两年了。”

“怎么,是老爷准许的吗?”

“是出钱给我赎身的。”

“谁出的钱?”

“是萨维利·阿列克谢耶维奇。”

“他是什么人?”

“就是我丈夫。(叶尔莫莱不露声色地笑了笑。)怎么,难道老爷对您说起过我吗?”阿丽娜在沉默了一小会儿之后,又问道。

我真不知该怎样回答她的问话。“阿丽娜！”——磨坊老板在远处喊叫起来。她就站起来走了。

“她丈夫人还好吗?”我问叶尔莫莱。

“还好。”

“他们有孩子吗？”

“有过一个，可是死了。”

“怎么，是磨坊老板看上她了，还是怎的？……他为她赎身花了很多钱吧？”

“那就不知道了。她识字，这在他们这一行里……常常是很有用的，所以他看上了她。”

“你和她早就认识吗？”

“早就认识。我以前常到她主人家里走走。他们的庄园离这儿不远。”

“你也认识听差彼得路什卡吗？”

“彼得·瓦西里耶维奇吗？当然认识。”

“他现在在哪儿？”

“当兵去了。”

我们沉默了一会儿。

“她身体似乎不怎么好吧？”最后我问叶尔莫莱。

“身体怎么会好呢！……哦，明天这场伏击大概很不坏。您现在不妨睡一会儿。”

一群野鸭高声叫着在我们头顶上飞过，我们听出来，这群野鸭就落在离我们不远的河上。天已经完全黑了，而且也渐渐冷起来，夜莺放开嗓门儿在树林里歌唱。我们往干草里一钻，就睡着了。

莓　泉[1]

八月初，常常热得难受。这时候，从十二点到三点，最有决心、最迷恋打猎的人也不能出猎，就连最忠心的狗也只是“跟着猎人的靴子转”，也就是一步一步跟着猎人走，难受地眯起眼睛，舌头耷拉得老长，听到主人责骂，只是可怜巴巴地摇摇尾巴，脸上露出难为情的神气，但是不肯往前面跑。有一回，我就是在这样的日子出去打猎。我一直勉强支撑着，虽然我真想躺到什么地方的凉阴里去，哪怕躺一会儿也好；我的不知疲倦的狗也一直在树棵子里搜索着，虽然它显然并不指望自己的狂热行动会有什么结果。窒人的炎热迫使我考虑保留最后的体力和能力。我好不容易来到我的宽容的读者已经熟悉的伊斯塔河边，下了陡坡，踩着潮湿的黄沙，朝着附近一带闻名的、名叫“莓泉”的泉走去。这泉水从岸边一条裂缝中涌出，裂缝渐渐变成一条狭窄然而很深的峡谷，泉水就在二十步远处带着滔滔不绝的、快活的潺潺声汇入小

①最初刊于《现代人》杂志1848年第2期。

河中。峡谷的两边斜坡上长满了橡树棵子；泉的周围一片碧绿，长满了矮矮的、天鹅绒般的青草，阳光几乎从来照不到那清凉的、银色的泉水。我走到泉边，草地上放着一个桦树皮做的瓢，这是过路的庄稼人留给大家用的。我喝足了泉水，就在凉阴里躺下来，并且向周围望了望。在泉水注入小河处，形成一个河湾，正由于泉水与河水交汇，这儿总是荡漾着碧波，就在河湾旁，坐着两个老汉，背对着我。其中一个相当健壮，高高的个头儿，穿一件整洁的深绿色上衣，戴一顶绒线小帽，正在钓鱼；另一个又瘦又小，穿一件打补丁的绵绸外衣，没戴帽子，膝盖上放着装蚯蚓的小瓦罐，不时地用手抚摩一下自己的白发苍苍的头，似乎是担心自己的头被太阳晒坏。我更留神地打量了一下，才认出他就是舒米欣村的斯焦布什卡。请允许我把这个人介绍一下。

在离我的村子几俄里的地方，有一个很大的舒米欣村，那里有一座为圣科齐马和圣达米安建立的石头教堂。教堂对面，当初曾经有一座煊赫一时的宏伟地主宅第，宅第周围有各种各样的房屋棚舍、作坊、马厩、地下室、车棚、澡堂、临时厨房、客人住的和管理人员住的厢房、温室、民众游艺场和其他一些用处大小不同的房舍。住在这座宅第里的是一家大财主，他们的日子本来过得好好的，可是忽然有一天早晨，这一切财富付之一炬。财主一家迁到别处去了，这座宅第就荒废了。广大的废墟变成了菜园，有些地方留着一堆一堆的砖头、残缺的屋基。用幸免于火灾的圆木草草钉成一间小屋，用十年前为了建造哥特式凉亭买来的船板作屋顶，就让园丁米特罗方带着他的妻子阿克西尼娅和七个小孩子住进去。派定米特罗方种植蔬菜，供应一百五十俄里之外的主人家食用。分派阿克西尼娅看管一头罗尔种的母牛，母牛是花大价钱在莫斯科买的，但是可惜丧失了生殖能力，因此买来以后就没有产过奶；她还照管一只烟色的凤头公鸭，这是唯一的一只"老爷家的"家禽。孩子们因为年纪还小，没有指派他们干什么，不过这并不妨碍他们变为十足的懒虫。我曾有两次在这个种菜园的汉子家过夜，路过时常常在他那儿买黄瓜，天晓得是什么原因，这些黄瓜在夏天就长得老大，味道儿又淡又差，皮又黄又厚。我就是在他那儿第一次看到斯焦布什卡的。除了米特罗方一家和寄住在独眼寡妇的小屋里的年老耳聋的教会长老盖拉西姆以外，就没有一个仆人留在舒米欣村了，因为我要介绍给读者的斯焦布什卡不能算人，尤其不能算仆人。

任何人在社会上都有一个地位，不论是什么样的地位，都有交往，不论是什么样的交往。任何仆人，即使不领工钱，至少也要领所谓"口粮"，斯焦布什卡却从来没得到过任何补助，无亲无故，没有谁知道他的存在。这个人甚至也没有来历，没有人谈起他，人口普查也未必查得到他。有一种模模糊糊的传闻，说他当年做过某人的侍仆；然而，他是什么人，从哪儿来的，是谁的儿子，怎么成了舒米欣村的居民，怎样得到那件绵绸的、开天辟地以来他就穿在身上的长外衣，他住在哪儿，靠什么过日子——关于这些，绝对没有谁知道一丁点儿，而且，说实话，也没有谁对这些问题感兴趣。特罗菲梅奇老人家是熟悉所有仆人的家谱，能够追溯到上四代的，就连他也只是有一次说到，记得已故的老爷阿历克赛·罗马内奇旅长出征回来时用辎重车载回来一名土耳其女子，那女子是斯焦布什卡的亲戚。就是在节日里，节日里是按照俄罗斯古老风俗用荞麦馅饼和绿酒普遍赏赐和款待众人的时候，就是在这样的日子里，斯焦布什卡也不上餐桌，不走近酒桶，不行礼，不去吻老爷的手，不在老爷注视之下一口气喝干管家的胖手斟得满满的祝老爷健康的酒。除非有哪个好心肠的人从他身边走过，给这个可怜的人一块吃剩的馅饼。在复活节的日子里，大家也和他接吻，但是他不必卷起油乎乎的衣袖，也不必从后面的口袋里掏出自己的红鸡蛋，不必呼哧喘着，眨巴着眼睛，把红鸡蛋献给少爷，或者甚至献给太太。他夏天住在鸡埘后面的储藏室里，冬天住在澡堂的更衣室里，天气太冷的时候，他就在干草棚里过夜。大家见惯了他，有时甚至踢他一脚，但是谁也不和他说话，他自己也好像生来就不曾开过口似的。在那场大火之后，这个没人过问的人就住到，或者如奥廖尔人说的，“躲到”看园子的米特罗方家里。米特罗方不睬他，不对他说：你住在我这儿吧——但也不撵他。斯焦布什卡也不是住在米特罗方家里，他是生活、栖息在菜园里。他来来去去、一行一动都悄无声息；打喷嚏和咳嗽都免不了战战兢兢，用手捂着；他总是像蚂蚁一样忙活着，操劳着；一切都是为了糊口，仅仅为了糊口。确实，如果他不是从早到晚为吃饭操心的话，我的斯焦布什卡早就饿死了。早晨还不知道晚上有没有什么东西吃，实在是很痛苦的事！有时斯焦布什卡坐在墙脚下啃萝卜或者嚼胡萝卜，或者把一棵肮脏的卷心菜掰成一片一片的；有时哼哧哼哧地提着一桶水到什么地方去；有时在小砂锅底下生起火来，从怀里掏出几块黑乎乎的东西扔进锅里去；有时拿木头在自己的小棚屋里敲来敲去，钉钉子，做放面包的架子。他做这一切都是悄没声的，就像是背地里干的，只要有人看他，他就躲藏起来。有时他也外出三两天。当然，没有谁注意他是否在家……一转眼，他又出现了，又在墙脚下悄悄地架起砂锅生起火来。他的脸小小的，眼睛黄黄的，头发一直抵到眉毛，鼻子尖尖的，耳朵老大，而且透亮，像蝙蝠的耳朵，胡子好像是两个星期之前剃过的，永远这样，不再短也不再长。我在伊斯塔河边就是遇到这个斯焦布什卡和另外一个老头儿在一起。

我走到他们跟前，打过招呼，就挨着他们坐下来。我看出，斯焦布什卡的同伴也是我认识的：这是已经解放了的彼得·伊里奇伯爵家的家奴米海洛·萨维里叶夫，外号叫“雾”。他住在一个害肺病的波尔霍尔小市民家里，那是我常常投宿的一家旅店的老板。在奥廖尔大道上经过的年轻官吏和其他一些闲人（裹着花条羽毛褥子的商人顾不到这些）到现在还可以看到，在离特罗伊茨基大村子不远处有一座完全荒废了的、一直抵到大路的木结构二层楼房，房顶已经塌了，窗户也钉死了。在阳光明丽的日子，在中午时候，这座废墟显得无比凄凉。当年在这儿住的彼得·伊里奇伯爵是一位以好客闻名的豪富的世家显贵。有时，全省的人都汇集到他家里，在家庭乐队的震耳欲聋的乐声中、在花炮和焰火的噼啪声中尽情地歌舞、欢笑。如今经过这座荒废的贵族宅第而叹息和怀念流逝的时光和逝去的青春的，恐怕不止是风烛残年的老妪。伯爵一年又一年举行宴会，一年又一年亲切地笑着回旋在百般奉承的宾客之中；但是，可惜他的家产不够他一生挥霍。他完全破产之后，就到彼得堡去谋职位，没有得到任何结果，就死在旅馆里。“雾”就是在他家里当管家，在伯爵生前就获得解放证书的。这人有七十岁上下，有一张端正的、令人愉快的脸。他几乎总是在笑，笑得又和善又庄重，现在只有叶卡捷琳娜时代的人才会这样笑。说话时嘴唇轻启慢闭，亲切地眯着眼睛，说话略带鼻音。他擤鼻涕、闻鼻烟也都从容不迫，好像在做要紧的事。

“喂，怎么样，米海洛·萨维里叶夫，钓了不少鱼吧?”

“请您看看鱼篓里吧，已经钓到两条鲈鱼和五六条大头鲲了……斯焦布什卡，拿来看看。”

斯焦布什卡把鱼篓递给我。

“斯捷潘[1]，你近来日子过得怎样?”我问他。

“噢……噢……噢……没……没什么，老爷，还过得去。”斯焦布什卡讷讷地回答说，仿佛舌头上拴了秤砣。

“米特罗方身体好吗?”

“身体好的，可……可不是，老爷。”

这可怜的人转过头去。

“鱼不怎么上钩。”“雾”说起话来，“天太热了，鱼都躲在树棵子底下睡觉呢……斯焦布什卡，你给我装一个鱼饵。(斯焦布什卡拿出一条蚯蚓，放到掌心里，拍打了几下，套到钓钩上，吐了两口唾沫，就递给‘雾’。)谢谢你，斯焦布什卡……哦，老爷，”他又对我说，“您是打猎吗?”

“可不是。”

“噢……您的猎狗是英国种还是纽芬兰种?”

这老头儿喜欢借机会卖弄一番，那意思就是说俺也是见过世面的!

“我不知道这是什么种，不过蛮好。”

①斯捷潘是正名，斯焦布什卡是卑称。

“噢……您还有狗吗？”

“我有两群呢。”

“雾”笑了笑，摇了摇头。

“确实不错，有的人喜欢狗喜欢得不得了，有的人白给他都不要。我这简单的头脑是这么想的：养狗，可以说，多半是为了摆派头……什么都要有气派，马要有气派，看狗的人也要有气派，一切都要有气派。已故的伯爵——愿他升入天堂！——其实不是什么猎人，可是也养着狗，并且每年都出去打一两次猎。身穿镶金绦红外套的看狗人集合在院子里，吹起号角，伯爵大人走出门来，仆人把马牵过来，扶大人上马，狩猎主管把大人的脚放进马镫，然后摘下帽子，把缰绳放在帽子里捧上去。伯爵大人的鞭子一声响，看狗人齐声吆喝，走出院子。马童骑马跟在大人后面，用绸带牵着老爷宠爱的两条狗，就这样照料着……那马童高高地骑在哥萨克马鞍上，红光满面，一双大眼睛不住地转悠着……当然啦，这种场面少不了宾客。又开心，又显得气派……哎呀，挣脱了，这鬼东西！”他忽然把钓竿一拉，说道。

“听说，伯爵一生日子过得很快活，是吗？”我问道。

老头儿往鱼饵上吐了两口唾沫，把钓钩抛出去。

“那还用说，他是一位大富大贵的人嘛。彼得堡常常有人，可以说，常常有头等要人来他这儿。常常有一些佩蓝色绶带的人在他家吃喝。再说，他也很会招待宾客。常常把我叫了去，说：‘明天我要几条活鲟鱼，“雾”，你叫人给我送来，听见吗？’‘是，大人。’那一件件绣花外套、假发、手杖、上等香水和花露水、鼻烟壶、大幅的油画，都是从巴黎订购来的。他一举行起宴会，天哪，真不得了！焰火冲天，车水马龙！有时还放大炮。光是乐手就有四十个人。还养着一个德国人当乐队指挥，可是德国人傲慢起来：他要和主人一家同桌吃饭。伯爵大人就叫人把他赶走了，说：我家乐队不要指挥也行。当然啦，什么事儿都要依照老爷的心意。一跳起舞来，就跳到天亮，跳的都是拉柯塞斯、玛特拉杜拉舞……哎……哎……哎……上钩了，好样的！(老头儿从水里拉出一条不大的鲈鱼。)拿去，斯焦布什卡。老爷倒是一个好老爷，"老头儿把钓钩抛出去之后，又说下去，"心肠也是很好的。有时候打你几下子，可是一会儿就忘了。只有一样就是养姘头。唉，这些姘头，都不是东西！就是她们弄得他破产的。要知道，那都是从下等人里面挑出来的。说起来，她们还有什么不满足呢？可是，你就是把全欧洲最值钱的东西都给了她们，还是不行！可也是，为什么不好好地过过快活日子，那是老爷的事……不过弄得破产总是不应该的。特别是有一个姘头，叫阿库丽娜的，现在已经死了，愿她升入天堂！她是一个很普通的姑娘，西托夫的甲长的女儿，可是太凶恶了！有时打伯爵的耳光。她使他着了魔。我侄儿往她的新衣服上溅了点儿可可，就被送去当了兵……送去当兵的还不止他一个。是啊……不过那时候可是真好呀！"老头儿深深地叹了一口气，又说了一句，就低下头，不说话了。

"我看，你家老爷很厉害吧？"沉默了一会儿之后，我开口说。

"那时候就兴这样呀，老爷。"老头儿摇摇头，反驳说。

"现在不像那样了。"我注视着他，说道。

他瞟了我一眼。

"现在当然好些。"他嘟哝了一句，就把钓钩抛向远处。

我们坐在树荫下，但就是在树荫下也很闷热。窒闷、炎热的空气仿佛呆住了。火热的脸焦急地盼风来，可是没有风。蓝蓝的、有些发乌的天上，太阳火辣辣地照着；在我们正对面的岸上，是一片黄澄澄的燕麦田，有些地方杂生着一丛丛野蒿，那麦穗一动也不动。在稍微低些的地方，有一匹农家的马站在齐膝深的河水里，懒洋洋地摇摆着湿淋淋的尾巴；低垂的树棵子下面，偶尔浮出一条大鱼，吐一阵水泡，又悄悄沉入水底，留下一圈圈细细的水波；蝈蝈在褐色的草丛里叫着，鹌鹑叫得似乎很不情愿；老鹰从容地在田野上空飞翔，常常在一个地方停住，很快地拍打着翅膀，把尾巴展成扇子形。我们热得难受，只有一动不动地坐着。忽然在我们后面的峡谷里响起走动声，有人朝莓泉走来。我回头一看，就看到一个五十岁上下的汉子，满面风尘，穿着小褂，脚蹬树皮鞋，背着一只背篓和粗呢上衣。他走到泉边，大口大口地喝了一通水，这才站起身来。

“啊，是符拉斯吧？”“雾”打量了他一下，就叫了起来，“你好呀，老弟。你这是从哪儿来？”

“你好，米海洛·萨维里叶夫，”那汉子一面说，一面朝我们走来，“我从远地方来。”

“你上哪儿去了？”“雾”问他。

“去了一趟莫斯科，找老爷。”

“为什么事？”

“去求他。”

“求他什么？”

“求他把代役租减轻些，或者改成劳役租，要么让我换个地方……我儿子死了，现在我一个人实在不行。”

“你儿子死了？”

“死了。”那汉子沉默了一会儿之后，又补充说，“他以前在莫斯科赶马车。不瞒你说，以前都是他替我缴租。”

“怎么，你们现在还要缴代役租吗？”

“要缴代役租。”

“你家老爷怎么样呢？”

“老爷怎么样吗？他把我赶出来了！他说，你怎么敢直接来找我，管家是干啥的？他说，你首先得报告管家……再说，我能给你换什么地方？他说，你先把欠的租缴清了再说。他简直火极了。”

“怎么，你就回来了吗？”

“就回来了。我本想问清楚，我儿子身后是不是留下什么东西，可是没问出什么结果。我对他的东家说：‘我是菲利浦的爹。’可是他对我说：‘我怎么知道？再说，你儿子什么也没有留下；他还欠我的债呢。’这样，我就回来了。”

这汉子是带笑对我们说这些事的，好像说的是别人的事情，但是他那小小的、皱得紧紧的眼睛里噙着泪水，嘴唇抽搐着。

“那你现在怎么样，回家去吗？”

“要不然往哪儿去呀？当然是回家。我老婆恐怕现在饿得够受了。”

“你最好还是……那个……”斯焦布什卡忽然开口说，却又发起窘来，不说了，在鱼饵罐子里翻弄起来。

“那你去找管家吗？”“雾”不免诧异地看了斯焦布什卡一眼，

又问道。

“我去找他干什么？……我还欠着租呢。我儿子在死以前害了一年病，他自己的租也还欠着……不过我没什么好担心的，反正向我要不出什么了……哼，不论你有多少点子，都没有用，我管不了那些了！（这汉子大笑起来。）金齐良·谢苗内奇嘛，不论他想什么点子，反正……”

符拉斯又笑起来。

“怎么样？这事儿不妙呢，符拉斯老弟。”“雾”一字一顿地说。

“怎么不妙？不……（符拉斯的声音中断了。）天好热呀。”他用袖子擦着脸，又说道。

“你的老爷是谁呀？”我问。

“瓦列利安·彼得罗维奇·×××伯爵。”

“是彼得·伊里奇的儿子吗？”

“是彼得·伊里奇的儿子，”“雾”回答说，“是彼得·伊里奇生前就把符拉斯那个村子分给他的。”

“他怎么样，身体好吗？”

“身体很好，谢天谢地，”符拉斯回答说，“一张脸红红的，油光光的。”

“您瞧，老爷，”“雾”转身对我说，“要是在京城附近，倒也还好，在这儿却还要缴代役租。”

“一份地要缴多少租呢？”

“一份地要缴九十五卢布。”符拉斯说。

“再说，耕地又很少，全是东家的树林。”

“听说，树林也卖掉了。”那汉子说。

“瞧，这不是……喂，斯焦布什卡，给我装一条蚯蚓……斯焦布什卡，嗯？你怎么啦，睡着了吗？”

斯焦布什卡抖擞了一下，那汉子坐到我们跟前。我们又不说话了。对岸有人唱起歌儿，歌声十分凄怆……我的可怜的符拉斯发起愁来……

过了半个钟头，我们各自走开了。

县城的医生[①]

秋天，有一次我从很远的田野上归来，路上受了风寒，生起病来。幸而发热的时候我已经来到县城，住在旅馆里了；我就叫人去请医生。过了半个钟头，来了一位县城的医生，个头儿不高，瘦瘦的，头发黑黑的。他给我开了一副普通的发汗剂，叫人给我贴了芥末膏，非常利落地把一张五卢布钞票塞进翻袖口里，不过同时干咳了一声，并且朝旁边望了望，接着就准备走了，可是不知为什么同我聊了起来，就留下来了。我烧得难受，料定今天夜里睡不着，所以很高兴有一个好心人同我聊聊。茶送来了，我的医生就谈了起来。他是一个机灵人，说话又利落又很风趣。世上有些事很奇怪：有的人和你长期住在一起，彼此关系也很亲密，然而你从来不和他推心置腹地说说话儿；有的人和你刚刚认识，就一见如故，彼此像做忏悔一样把心里话全抖搂出来。不知道我怎么博得了这位新朋友的信任，他竟无缘无故地，即所谓“冷不丁”地对

①最初刊于《现代人》杂志1848年第2期。

我讲了一桩很不平常的事。现在我就把他讲的事说给厚意的读者听听。我尽可能用医生的原话。

“您是不是认识……”他开口说(那声音有气无力,哆哆嗦嗦,显然是因为抽了纯正的列别索夫烟草),“您是不是认识这儿的法官巴维尔·卢基奇·梅洛夫?……不认识……噢,没有关系。(他清清喉咙,擦擦眼睛。)这事儿吗,实话实说,就出在大斋期,正在解冻的时候。我坐在我们的法官家里,在他那儿玩纸牌。我们的法官是一个很好的人,也很喜欢玩纸牌。突然(我的医生常常用‘突然’这个词儿)有人对我说:‘有人找您。’我说:‘有什么事?’说是有人送来一张字条,大概是病家送来的。我说:‘把字条给我看看。’果然是病家送来的……那好吧,您要知道,这是我们的衣食……原来是这么一回事儿:是一个女地主,一个寡妇,写给我的;说她的女儿病重,要我行行好,去一趟,并且派了车来接。嗯,这倒没有什么……可是她家离城有二十俄里,而且夜深了,路又非常难走。再说她家又穷,很难指望有两个卢布以上的酬金,就连两个卢布也未必拿得到,也许只能得到一块粗麻布或者一些谷物。可是,您也明白,还是救人要紧呀,人快要死了嘛。我突然把牌交给常任委员卡里奥宾,就朝家里奔去。我一看,一辆不像样的大车停在门口;马是农家的马,肚子老大,大得不得了,浑身的毛像毡一样。车夫为了表示恭敬,脱了帽子坐着。唉,我心想,老兄,看样子,你家主人一点也不阔气……瞧,您笑了,不瞒您说,我们这班穷人,凡事都要估量估量呀……如果车夫坐在那儿像一位公爵,连帽子也不摘,而且隐隐露出冷笑的神气,还不住地摇晃着鞭子,那你准能挣到两张大票子!可是这一次我看出来,不是那么一回事儿。不过,我心想,这也没有办法,还是救人要紧。我带上必不可少的药品,就上路了。您信不信,那路好不容易走呀。路真是糟透了:又是溪水,又是雪,又是烂泥,又是水坑,突然堤坝上又冲出个缺口——实在糟透了!不过我终于来到了。房子小小的,麦秸盖顶。窗子里有灯光,看样子是在等着呢。迎接我的是一位老太太,神态庄重,头戴便帽。她说:'救救命吧,很危险呢。'我说:'请放心……病人在哪儿?''请您到这边来。'我一看,一个小小的房间,非常干净,角落里点着一盏神灯,床上躺着一位二十岁上下的姑娘,昏迷不醒。她烧得很厉害,呼吸困难——害的是热病。这儿还有另外两位姑娘,是她的姐妹,都泪汪汪的,十分惶恐。她们说:'昨天她还好好儿的,吃饭很有胃口,今天早晨就说头疼,到晚上突然就成了这个样子……'我还是那句话:'请放心。'——您要知道,这是医生必须说的话——于是我就给病人看病。我给她放了血,叫人给她贴了芥末膏,又开了一副合剂。这时我看了看她,看了又看,说实在的,我还从来没见过这样娇艳的脸儿……简直是一个绝色美人儿!我顿时产生爱惜之心。那容貌真招人喜欢,那眼睛……谢天谢地,过了一会儿,她多少好些了,出了一身汗,好像清醒过来了,她朝四下里看了看,笑了笑,用手摸了摸脸……两姐妹俯下身去问她:'你怎么样?''还好。'她说过,就转过脸去……我一看,她已经睡着了。我就说,现在需要让病人安静。于是我们都踮着脚走了出来,只留下一个丫头随时伺候。在客厅里桌子上已摆好茶炊,还有牙买加甜酒:这是干我们这一行的少不了的。老太太向我敬过茶,就请求我留下来过夜……我就同意了:要不然这时候还能到哪儿去呀！老太太不住地叹气。我就说：‘您何必这样？她会好的，请放心吧，您还是去休息休息，已经一点多钟。’‘要是有什么事，您叫人喊醒我，好吗？’‘我一定叫人喊您。’老太太就出去了，两姐妹也回自己的房间了；她们也在客厅里给我铺好了床。于是我躺下来，可就是睡不着——真是怪事！似乎已经够疲乏的了，可我总是忘不了我的病人。我终于忍不住，突然爬起来，心想，我去看看，病人怎样了。她的卧室紧靠着客厅。于是我下了床，轻悄悄地开了门，可是我的心怦怦直跳。我一看，那丫头已经睡着了，张着嘴，还打鼾呢，这鬼东西！病人脸朝我躺着，两手摊着，一副可怜的样子！我走过去……她突然睁开眼睛，紧紧盯住我！……‘您是什么人？什么人？’我发窘了。就说：‘小姐，别害怕：我是医生，来看看您现在怎么样了。’‘您是医生吗？’‘我是医生，医生……是您母亲派人到城里把我接来的。我给您放过血了，小姐，现在您就好好休息吧，再过三两天，上帝保佑，您就能起床了。’‘啊，是的，是的，医生，不能让我死呀……求求您，求求您吧。’‘您这是怎么啦，上帝会保佑您的！’我心想，她又发烧了。我按了按脉，是的，又发烧了。她望了望我，突然一下子抓住我的手。‘我对您说说，我为什么不愿意死，我对您说说，我对您说说……现在只有我们两个人；只是请您不要告诉任何人……您听我说……’我俯下身去，她把嘴凑到我的耳朵上，她的头发擦着我的脸——不瞒您说，我的头都发晕——于是她小声说了起来……我一点也听不懂……哎呀，她这是说胡话……她说了又说，说了又说，而且说得很快，好像不是说的俄国话，说完了，身子哆嗦一下，就把头放到枕头上，竖一个手指头警告我。‘您小心，医生，别告诉任何人……’我好不容易使她安静下来，给她喝了些水，把丫头叫醒，我就走了出来。”

医生说到这里，又使劲儿闻了闻鼻烟，愣了一阵子。

“可是，”医生又说下去，“到第二天，和我的期望相反，病人并没有见好。我想了又想，突然决定留下来，虽然还有别的病人等着我……您也知道，对病家是不能怠慢的：怠慢了病家，以后行医就难了。可是，第一，这儿的病人确实在危险中；第二，我得说实话，我已经对她很有好感了。再说，这一家人我都很喜欢。她们虽然不是什么有钱的人，但她们所受的教养可以说是罕见的……她们的父亲是一个很有学问的人，是著作家；不用说，是死于贫困，但生前已经让孩子们受到极好的教育；书也留下很多。不知道是因为我热心照顾病人，还是另有什么原因，反正，我敢说，这一家人都很喜欢我，像亲人一样……况且，路也烂得太厉害了，可以说，交通完全断绝了，到城里去买药也极其困难……病人一直不见好……一天又一天，一天又一天……可是，您瞧……这么一来……（医生沉默了一会儿。）我实在不知道该怎样对您说……（他又闻了闻鼻烟，干咳了两声，又喝了一口茶。）我就直截了当对您说吧，我的病人……怎么说好呢……就说吧，我的病人爱上了我……也许不是，不是爱上了我……不过……真的，这该怎么说呢……”医生低下了头，脸也红了。

“不，”医生很激动地说，“怎么能说爱上我呢！一个人到底应该知道自己的身价。她是一个有教养的、聪明、博学的姑娘，而我呢，连我的拉丁文也忘了，可以说，忘得干干净净的了。至于身材（医生笑着看了看自己），似乎也没有什么可夸耀之处。不过我生来也不是傻瓜，我不会把白的说成黑的；我也懂得一些情理。比如，我心里很明白，亚历山得拉·安得列耶芙娜——她的名字是亚历山得拉·安得列耶芙娜——对我产生的不是爱情，可以说，是一种友好的情谊和尊敬。虽然她自己在这方面是弄错了，可是她的地位是怎样的，您自己想想吧……不过，”医生带着很明显的慌乱神情一口气说完这些互不连贯的话之后，又补充说，“我似乎说得有点儿乱了……这样说您恐怕一点儿也不懂……那我还是按次序好好地对您说说。”

他把一杯茶喝干了，便用比较平静的语调说起来。

“嗯，嗯，是这样的。我的病人的病情一天比一天重，一天比一天重。先生，您不是医生，您无法了解我们医生的心情，尤其是医生最初预料到自己无力制伏病魔时的心情。自信心不知道哪里去了！突然胆小起来，说不出的胆小。似乎觉得，自己所有的本事全忘光了，病人不相信你了，别的人也发现你慌了手脚，很勉强地向你报告症状，皱着眉头看着你，悄悄地嘀咕着……唉，真糟呀！心想，有专门治这种病的药呀，只要找到就行。哦，不就是这种药吗？试一试，不行，不是这种药！再不让药有发挥效用的时间……一会儿用这种药，一会儿用那种药。有时抓起药典……心想，在这儿呢，就是这种药！其实，有时是胡乱翻到的，心想，也许碰巧能行呢……可是病人的病情越来越重；也许别的医生能治吧。于是就说，要会诊；我负不了这个责任。在这种情形下显得有多么蠢呀！不过，渐渐也就习惯了，不觉得怎样了。人死了，不是你的罪过，你是照规矩行事的。可是有时看到人家盲目信任你，自己明明知道无能为力，心里还是非常难受。亚历山得拉·安得列耶芙娜一家人正是这样信任，简直忘记了她们家的女儿正在危险中。我也只有宽慰她们，说不要紧，可是我自己吓得灵魂都要出窍了。尤其倒霉的是，偏偏道路又那样难走，车夫出去买药，常常要好几天。我常常待在病人房里不出来，寸步不能离开她，给她讲各种各样好笑的事儿，跟她玩纸牌。夜里也守着。老太太流着眼泪对我表示感谢；可是我心想：'我不值得你感谢。'我坦率地对您说——现在没有什么好隐瞒的了——我爱上了我的病人。亚历山得拉·安得列耶芙娜对我也很依恋，常常要我一个人陪她，不让任何人到她房里来。她一和我谈起来，就问我在哪儿念过书，日子过得怎样，有哪些亲人，和哪些人来往。我觉得，不应该让她多说话，可是，想制止她，坚决制止她，我做不到。我常常抓住自己的头，想：'您干什么呀，强盗？……'可是她却抓住我的手，握着，望着我，望上很久很久，然后转过脸去，叹一口气，说：'您这人多好呀！'她的手热得烫人，眼睛大大的，令人心醉。她说：'是的，您心肠好，您是好人，您不像我们这儿的一些人……真的，您不是那样的……怎么我以前不跟您相识呀！'我说：'亚历山得拉·安得列耶芙娜，您静心养息吧……我觉得，我没有什么值得您这般看重……只是您千万要安静，静心养息……什么都会好起来的，您会恢复健康的。'我得顺便对您说说，"医生把身子向前俯了俯，扬起眉毛，补充说，"她们和邻里人很少来往，因为低微的人跟她们不相称，她们又不愿意高攀富贵人家。我可以对您说，这是极有教养的一家，所以我也感到光彩。她只有我服侍才肯服药……她由我扶着，可怜巴巴地抬起身来，把药服下，就看起我来……我的心怦怦直跳。然而她的病情越来越重，越来越重了。我心想，她要死了，一定要死了。说实话，哪怕我自己躺到棺材里也好呀，可是这时候她的母亲和姐妹们一直看着我，盯着我的眼睛……渐渐不信任我了。'什么？怎么样呀？''没什么，没什么！'都神志不清了，怎么是没什么呀！有一天夜里，我又是一个人在病人身旁。丫头也坐在那里，正在大声地打鼾……说起来，也不能责怪这可怜的丫头，她也劳累坏了。亚历山得拉·安得列耶芙娜整个晚上都感到很不好，烧得很难受。她翻来覆去一直折腾到半夜；最后好像睡着了，至少躺着不动了。屋角里圣像前点着一盏神灯。我坐着，也垂下头，打起瞌睡。突然好像有人捅了一下我的腰侧，我转过头来……哎呀，我的天哪！亚历山得拉·安得列耶芙娜正睁大了眼睛盯着我呢……嘴张着，脸烧得通红。'您怎么样？''医生，我要死了吧？''哪儿话！''不，医生，不，我求求您，要是您知道……请别说我会好……您听我说……您行行好，不要瞒我吧！'她异常急促地喘着。'我要是知道我一定要死了……那我要把什么都对您说说，什么都说说！''亚历山得拉·安得列耶芙娜，可别这样想！''您听我说，我一直没睡着，我看了您很久了……看在上帝面上……我相信您，您是一个好人，您是一个诚实人，我诚心诚意恳求您：对我说实话吧！您要知道，这对我有多么重要呀……医生，您行行好，告诉我，我危险吗？''我对您说什么好呢，亚历山得拉·安得列耶芙娜，别这样想吧！''行行好，我恳求您！''我不能瞒您，亚历山得拉·安得列耶芙娜。您的病确实很危险，不过上帝是仁慈的……''我要死了，我要死了……'她好像高兴起来，一张脸显得非常愉快；我害怕起来。'您别怕，别怕呀，我一点儿也不怕死。'她突然抬起身子，用胳膊肘支撑着。‘现在……好，现在我可以告诉您了，我真心实意地感谢您，您是一个善良的好人，我爱您……’我呆呆地望着她；我非常害怕……‘您听见吗，我爱您呀……’‘亚历山得拉·安得列耶芙娜，我哪儿配呀！’‘不，不，你不了解我……你不了解我……’她突然伸出两只手，抱住我的头，吻了吻……不瞒您说，我差点儿叫起来……我一下子跪下来，把头埋到枕头里。她不说话，用手指头颤颤巍巍地抚摩着我的头发；我听见她在哭。我就安慰她，叫她别伤心……我实在不知道对她说的是什么……‘别把丫头惊醒了，亚历山得拉·安得列耶芙娜……我感谢您……请相信我……安静些吧。’‘够了，够了，’她一再地说，‘随他们便吧。哼，醒了也好，有人进来也好，都不管了，反正我要死了……可是，你有什么胆怯的，你怕什么？抬起头来……也许您不爱我，也许是我错了……要是这样，那就请您原谅我。’‘亚历山得拉·安得列耶芙娜，您怎么这样说呀？……我爱您，亚历山得拉·安得列耶芙娜。’她对直地看了看我的眼睛，张开两臂。‘那你拥抱我呀……’我可以坦率地对您说，我不明白我在那一夜怎么会没有发疯的。我觉得，我的病人是在毁灭自己；我看出来，她的神志不是完全清楚的；我也明白，如果她不认为自己要死了，她也不会想到我；不管怎样，活了二十五岁没有爱过一个人就死去，实在太遗憾了，她因此感到非常痛苦，因此她在绝望中就连我这样的人也抓住不放……现在您明白了吧？她就是用两臂抱住我，不肯放开。‘亚历山得拉·安得列耶芙娜，请您顾惜顾惜我，也顾惜顾惜自己吧，’我说。‘还有什么好顾惜的呀？’她说，‘我反正要死了……’她不断地重复着这句话。‘如果我知道我还能活下去，还能做一个体面的小姐，那我会害羞的,真要害羞……可是现在有什么呢?'‘谁对您说,您要死了?'‘哎呀,得了,你骗不了我,你不会说谎,你瞧瞧你自己吧!'‘您会好的,亚历山得拉·安得列耶芙娜,我能把您的病治好;我们会求得您母亲的祝福……我们结为夫妻,我们会很幸福的。'‘好,好,我得到你同意了,我应该死了……你答应我了……你对我说了……'我很痛苦,有很多原因使我痛苦。您想想看,确实有时有些小事,似乎没什么,却使人痛苦的。她突然问起我的名字,不是问我姓什么,是问我叫什么名字。糟糕的是,我的名字太俗气了,叫得利丰……是啊,是啊,叫得利丰,叫得利丰·伊凡内奇。在她家里都叫我医生。没办法,我只好说:‘小姐,我叫得利丰。'她眯起眼睛,摇了摇头,用法语小声说了一句什么话——哎呀,恐怕是一句不好的话,随后又笑了笑,笑得也不妙。就是这样我跟她一起过了差不多整整一夜。早晨我走出来,就像发了疯似的。我再走进她的房间的时候,已经是下午,喝过茶之后了。我的天,我的天呀!她的模样儿已经变了,比死人只多一口气了。我向您发誓,我现在真不懂,真不懂我当时怎样经受得起这种折磨的。我的病人又拖了三天三夜……那是多么难挨的三夜呀!她对我说了些什么呀!……最后那天夜里,那情形您是无法想象的——我坐在她旁边,只是一心祈求上帝:快点儿让她死吧,也让我马上死吧……突然老母亲闯进房里……昨天我已经对她,就是说,对老母亲说过,没有什么希望了,不会好了,可以去请牧师了。病人一看见母亲,就说:‘噢,很好,你来了……你看看我们吧,我们相爱了,我们已经订了婚约。'‘她这是怎么啦,医生,她怎么啦?'我面如死灰,就说:‘她是说胡话,是烧的……'可是她却说:‘够了,够了，你刚才对我说的完全是另外一番话，你还接受了我的戒指呢……你怎么装假呀？我妈心肠好，她会原谅，会理解的，我可是要死了，我何必说谎。把你的手给我……'我跳起来，跑了出去。老太太当然也猜到了。

“不过，我不再打扰您了，而且，说实话，我自己想起这一切也很难受。我的病人到第二天就死了。祝她早升天堂！（医生说这话说得很急促，而且还叹着气。）她在临死的时候请求家里人都出去，只留我一个人陪她。她说：'请原谅我吧，也许我对不起您……病呀……可是，请您相信，我没有像爱您这样爱过任何人……不要忘记我……把我的戒指保存好……'”

医生转过脸去；我握住他的手。

“唉！”他说，“咱们谈点儿别的吧，要么，是不是打打小牌？说实话，我们这种人没资格沉醉于这样高尚的感情。我们这种人应该关心的是，孩子不要啼哭，老婆不要吵闹。后来我也结了婚，即所谓合法婚姻……可不是吗……娶的是一个商人的女儿，有七千卢布的陪嫁。她叫阿库丽娜，倒是和得利丰很般配。不瞒您说，这婆娘很凶恶，好在一天睡到晚……怎么样，打打小牌吧？”

我们就坐下来，打起小牌。得利丰·伊凡内奇赢了我两个半卢布。他赢了这么多就心满意足，到很晚时候才兴冲冲地走了。

我的乡邻拉季洛夫[1]

秋天，山鹬常常栖息在老椴树园里。这样的老椴树园在我们奥廖尔省相当多。我们的祖先在选择居住地点的时候，一定要划出两三俄亩好地作果园，果园里一定有椴树林荫道。过上五十年，多至七十年，这些宅园，这些“贵族窝儿”，渐渐从地面上消失；房屋坍塌了，或者拆卖了，砖石棚舍变成一堆堆瓦砾，苹果树枯死，变成木柴，栅栏和篱笆荡然无存。只有椴树依然枝繁叶茂，欣欣向荣，正是现在已被耕地包围的这些老椴树向我们这些不肖子孙传述“早已长眠的父辈”当年的盛事。这样的老椴树是很美的树……连俄罗斯庄稼人那无情的斧头也常常舍不得砍。椴树叶子小小的，那苍劲的枝条向四面八方伸展开去，树下总是浓荫一片。

有一次，我同叶尔莫莱在田野上打山鹑，我看见旁边有一座荒废了的园子，就朝那里走去。我刚刚走进林子，就有一只山鹬

①最初刊于《现代人》杂志1847年第5期。

啪的一声从树棵子中飞起，我开了一枪，就在同一刹那，在离我几步远处有人叫了一声：一个年轻姑娘的惊慌的脸从树木后面朝外露了露，随即就不见了。叶尔莫莱跑到我跟前。“您怎么在这儿开枪呀：这儿住着一位地主呢。”

我还没有来得及回答，我的狗还没有来得及神气活现地叼着打死的鸟儿送给我，就听见一阵急促的脚步声，一个高个子、留小胡子的人就从密林中走出来，带着不满意的神气在我面前站下来。我一再表示歉意，自报了姓名，并且表示愿意把在他的地盘上打死的鸟儿送给他。

“好吧，”他笑着对我说，“我收下您的野味，不过有一个条件：您要在我这儿用饭。”

说实话，我不怎么喜欢在他这儿吃饭，但无法拒绝他的好意。

“我是这儿的地主，是您的近邻，姓拉季洛夫，也许您听说过。”我的新相识又说道，“今天是礼拜天，我家的饭菜也许还像样，要不然我也不敢邀请您了。”

我说了几句在此种场合应该说的话，就跟着他走了。顺着刚刚打扫过的小路往前走，很快就走出椴树林；我们走进菜园。在一株株老椴树和茂密的醋栗丛之间，生长着一棵棵圆圆的、灰绿色的大白菜，蛇醉草螺旋形地盘绕在高高的桩子上，菜畦里竖立着密密麻麻的褐色树条子，上面缠着干枯的豌豆藤。一个个老大的扁圆形南瓜仿佛搁在地上，那一片片带灰尘的、有角有棱的叶子下面露出黄黄的黄瓜，篱笆边上高高的荨麻随风摇曳着，有两三处地方生长着一丛丛花草，有金银花、接骨木、野蔷薇，那是昔日“花坛”的遗物。那小小的鱼池里灌满红红的、黏糊糊的水，鱼池旁边有一口水井，水井周围是一个个的小水洼。几只鸭子在这些水洼里忙忙碌碌地溅着水，一歪一歪地行走着；一条狗浑身打着哆嗦，眯着眼睛，在草地上啃骨头；一头花斑母牛也在那里懒洋洋地吃草，不时地用尾巴甩打瘦瘦的脊背。小路拐了个弯，粗大的柳树和白桦树后面露出一座木板盖顶的灰色旧房子和歪斜的台阶。拉季洛夫站了下来。

“不过，”他和善地对着我的脸看了看，说道，“我刚才仔细想了想，也许您不愿意到我家来，要是那样的话……”

我不等他说完，就一再地对他说，恰恰相反，我很高兴到他家里去吃饭。

“那好，请吧。”

我们走进房子。一个身穿蓝色厚呢长衣的年轻小伙子在台阶上迎住我们。拉季洛夫立刻吩咐他拿酒给叶尔莫莱喝，我的猎手恭恭敬敬地朝这位慷慨的施主背后鞠了一躬。进门的一间屋里贴着五颜六色的图画，挂着几个鸟笼。我们从外间走进一个小小的房间——这是拉季洛夫的书房。我卸了猎装，把枪放到角落里；穿长衣的小伙子就忙着替我掸灰尘。

“好啦，现在咱们到客厅里去，”拉季洛夫亲切地说，“我让您见见我母亲。”

我跟着他走去。在客厅中央长沙发上坐着一位个头儿不高的老太太，身穿棕色连衫裙，头戴白色便帽，一张慈祥而瘦小的脸，流露着畏怯而忧伤的眼神。

“哦，妈妈，我来介绍：这位是咱们的乡邻×××。”

老太太欠起身来，向我行了个礼，没有放下那枯瘦的手里的像口袋一样老大的粗绒线手提包。

“您光临我们这地方已经很久了吗？”她眨巴着眼睛，用有气无力的细小声音问道。

“不，没有多久。”

“您打算在这儿长住吗？”

“我想住到冬天。”

老太太不说话了。

“还有这位，”拉季洛夫接着说，一面给我指了指另一个又高又瘦的人，这人是我进客厅时没有注意到的，“这位是菲多尔·米海奇……来吧，菲多尔，让客人看看你的本事吧。你怎么躲到角落里去了？”

菲多尔·米海奇立刻从椅子上站起来，从窗台上拿过很不像样子的小提琴，拿起弓子，不是照规矩握住弓子的一头，而是握住弓子的中间，把小提琴抵在胸前，闭起眼睛，就一面哼着歌儿，吱吱轧轧地拉着提琴，跳起舞来。看样子他有七十岁上下，长长的粗布外套在他那骨瘦如柴的肢体上伤心地悠荡着。他不停地跳着，那小小的秃头有时雄赳赳地抖动一阵子，有时像要停住似的，轻轻晃动，伸着青筋嶙嶙的脖子，原地踏步，有时显然很吃力地弯着两膝。他那没有牙的嘴巴发出衰老的声音。想必拉季洛夫从我脸上的表情猜到菲多尔的“本事”没有给我带来多么大的乐趣。

“哦，好，老人家，行了，”他说，“你可以去犒劳犒劳自己了。”

菲多尔·米海奇立刻把提琴放到窗台上，先向我这个客人鞠了一个躬，然后又向老太太，向拉季洛夫鞠过躬，便走了出去。

“他本来也是一个地主，”我的新朋友又说道，“而且本来很有钱,可是破产了,所以现在就住在我这儿……当年在省里可是头号风流男子:夺了两个有夫之妇,家里养着歌手,自己也能歌善舞……哦,您是不是来两杯伏特加?饭菜已经准备好了。”

一位年轻姑娘,就是我在园子里看了一眼的那一个,这时走进房里来。

“这不是,奥丽雅也来了!”拉季洛夫微微转过头去,说道,“请多关照……好,咱们去吃饭吧。”

我们走进餐室,坐了下来。在我们从客厅里走到这里来就座的时候,因为得到“犒劳”而眼睛发亮、鼻子也有些发红的菲多尔·米海奇一直在唱着歌儿——《胜利的雷响起来吧!》。这时已经在角落里一张没有桌布的小桌上为他单独摆好一份餐具。可怜的老头儿不爱清洁,所以经常让他跟大家保持一定的距离。他画了个十字,叹了一口气,就狼吞虎咽地吃了起来。饭菜确实不错,因为是礼拜天,当然少不了颤动的果冻和西班牙风(一种点心)。拉季洛夫在步兵团干过十来年,又到过土耳其,一坐到饭桌上,就海阔天空地聊起来。我一面用心听他说话,一面偷偷地打量奥丽雅。她不是很美,但是她脸上那刚毅而娴静的表情,那宽阔的白额头,浓密的头发,尤其是那双不很大,然而聪明、清秀而灵活的棕色眼睛,任何别的人处在我的位子上,见了都会倾倒。她仿佛在倾听拉季洛夫的每一句话,她脸上流露着的不是兴致,而是热情的关注。拉季洛夫论年龄可以做她的父亲;他对她称呼“你”,但是我立刻猜到她不是他的女儿。他在谈话中提到他的已经去世的妻子——“就是她姐姐。”他指着奥丽雅,补充一句。她的脸立刻红了,眼睛也垂了下来。拉季洛夫沉默了一会儿,就换了话题。老太太在吃饭的时候一句话也没有说,几乎什么也没有吃,也不向我敬酒菜。她脸上流露着又害怕又灰心的等待神气,那是一种老年人的伤感,令人看了感到揪心难受的。快散席的时候,菲多尔·米海尔本待为主人一家和客人唱颂歌,可是拉季洛夫看了我一眼,就叫他不要唱了。老头儿用手抹了抹嘴唇,眨巴了几下眼睛,鞠了一个躬,就又坐下,不过已经坐到椅子边上了。吃过了饭,我就和拉季洛夫朝他的书房走去。

凡是一心想着心思或者一直怀着一个强烈欲望的人,在其言谈举止中都可以看出有一种共同点,在表面上有一点相似之处,不论他们的品性、才能、社会地位和教养如何不同。我越是留心观察拉季洛夫,越是觉得他属于这一类人。他谈农事,谈收成、割草,谈战争,谈县里的流言蜚语和即将开始的选举,谈得并不勉强,甚至还带着关切之情,可是常常突然叹一口气,一下子倒在安乐椅里,像干重活儿累坏了的人似的,并且用手在脸上抚摩着。他的心似乎是非常善良和热诚的,充满火热的感情。使人惊讶的是,不论怎样我都看不出他有什么热乎劲儿,不论对吃喝,对打猎,对库尔斯克夜莺,对害癫痫病的鸽子,对俄罗斯文学,对溜蹄马,对匈牙利舞,对纸牌和台球,对舞蹈晚会,对省城和京城,对造纸厂和糖厂,对漂亮的亭阁,对茶,对惯坏了的拉套的马,对肥得把腰带系到腋下的马车夫,对那些穿戴十分讲究,天知道为什么脖子一动眼睛就歪斜和往外翻的马车夫……我心想:“这到底是一个什么样的地主呀!”然而他丝毫不显得是一个郁郁不乐、不满意自己命运的人。相反,他一直显得盛情殷殷,几乎令人受不了地热心,一心想和随便什么人亲近。不错,您同时可以感觉出,他不会和任何人交朋友,真正地亲近,这不是因为他根本不需要别人,而是因为他把一切暂时埋在心中。我望着拉季洛夫,怎么也不能想象他现在或者过去什么时候是幸福的人。他也不是什么美男子,但是在他的目光中,微笑中,在他的整个身上,隐藏着一种特别动人的魅力,就是隐藏着。这么一来,似乎就更想进一步了解他,爱他。当然,他有时也露出地主和乡野人的本相,但他毕竟是一个极好的人。

我们刚刚谈起新任的县长,门外突然响起奥丽雅的声音:"茶准备好了。"我们就朝客厅走去。菲多尔·米海奇依然谦恭地蜷着腿坐在窗子和门之间原来的角落里。拉季洛夫的母亲在编织袜子。通过开着的窗子,从园子里飘来一阵阵秋天的凉气和苹果的香味儿。奥丽雅忙着倒茶。我这时比吃饭时更仔细地打量了她一番。她同一般县城姑娘一样,很少说话,至少我看不出她在百无聊赖觉得难受的同时想说说好听的话儿。她不是像有太多难言的感触似的叹息,不翻白眼睛,也不作带有幻想意味的、令人难以捉摸的微笑。她显得安详而平静,好像是一个经历过很大的幸福或者很大的惊慌之后在休息的人。她的步态、她的动作又利落又大方。我很喜欢她。

我和拉季洛夫又聊起来。我已经不记得,我们怎样得出一个众所周知的论点,那就是:最微不足道的小事给人的印象,往往比最重要的事给人的印象更深。

"是的,"拉季洛夫说,"这是我亲身体会到的。您知道,我是结过婚的。没有多久……三年,我的妻子难产死了。我想,我活不下去了;我非常伤心,悲痛极了,可是又哭不出来,就像痴了一样。给她穿好衣服，放到灵床上——就是在这间屋子里。牧师来了，又来了几个教堂执事，唱起赞美诗，祈祷，焚香；我磕头行礼，可是一滴眼泪也没有。我的心好像变成了石头，头也是这样，而且全身都沉甸甸的。第一天就这样过去。您相信吗？到夜里我还睡着了。第二天早晨，我走到妻子那儿，那正是夏天，太阳从她的脚照到头，而且非常明亮。忽然我看见……(拉季洛夫说到这里，不由得哆嗦一下。)您猜怎样？她有一只眼睛没完全闭上，有一只苍蝇正在这只眼睛上爬……我一下子倒在地上，等我苏醒过来，就哭了起来，哭呀哭呀，再也控制不住自己了……”

拉季洛夫不说话了。我看看他，又看看奥丽雅……我永远也不会忘记她脸上的表情。老太太把袜子放在膝盖上，从手提包里掏出手帕，偷偷地擦了擦眼泪。菲多尔·米海奇突然站了起来，抓起自己的小提琴，用沙哑而生硬的嗓门儿唱起歌来。他大概是想让我们快活快活，可是我们一听到他唱，都打起哆嗦，拉季洛夫就请他别唱了。

“不过，”他继续说下去，“过去的事过去了，过去的事是无法挽回的，而且毕竟……人世上的事总会好起来的，这话好像是伏尔泰说的。”他急忙补充说。

“是的，”我回答说，“当然是这样。而且任何不幸都是可以承受的，天下没有走不出的困境。”

“您这样想吗？”拉季洛夫说，“也许，您说得不错。记得，我在土耳其躺在军医院里，半死不活的：我害的是创伤热。当然，我们住的地方实在不能说好，战时嘛，有块地方住就谢天谢地了！忽然又送来许多病人，往哪儿放呀？医生跑来跑去，就是找不到地方。后来他走到我跟前,问医士:‘这人还活着吗?’医士回答:‘早晨还活着的。’医生弯下身子,听了听我还在喘气。这位老兄不耐烦了,他说:‘这家伙真混账,就要死了,肯定要死了,还在这儿苟延残喘,拖时间,不过是占据位子,妨碍别人。’‘完了,’我心想,‘米海洛·米海雷奇呀,你要倒霉了……’可是我还是好起来,这不是,一直活到现在。可见,您说得不错。”

“不论从哪方面说,我的话都是对的,”我回答说,“您就是死了,那也是走出了困境。”

“可不是,可不是,”他用手使劲拍了一下桌子,又补充说,“只要下决心就行……徘徊在困境中有什么好处呢?……何必迟疑,拖延……”

奥丽雅很快地站起来,到园子里去了。

“来吧,菲多尔,来一支舞曲!”拉季洛夫叫道。

菲多尔腾地站起来,在房里跳起舞来,跳的是尽人皆知的“山羊”在驯熟的熊身旁表演时那种雄赳赳的、特别的舞步,并且唱起来:“在我家大门口……”

这时大门外响起赛跑用的二轮马车的轧轧声,过了一小会儿,走进来一个身材高大的老头子,肩膀宽宽的,十分结实,这是独院地主奥夫谢尼科夫……不过奥夫谢尼科夫是一个很了不起的、独特的人物,所以请读者允许,在另一篇里再谈谈他。现在我要补充的只是,第二天天一亮我和叶尔莫莱就去打猎,打过猎就回家了。过了一个星期,我又到拉季洛夫家里去,可是他和奥丽雅都不在家。又过了两个星期,我听说他突然失踪了,扔下母亲,带着姨妹不知到什么地方去了。全省哗然,都议论起这件事,这时我才彻底理解了拉季洛夫说起妻子时奥丽雅脸上的表情。当时她脸上流露的不光是怜惜之情,还有嫉妒的意味儿。

我在离开乡下之前,去拜访过拉季洛夫的老母亲。我在客厅里见到她,她正在和菲多尔·米海奇玩纸牌“捉傻瓜”。

“您的儿子有消息吗?”最后我还是问道。

老人家哭起来。后来我再也不打听拉季洛夫的事了。

独院地主[1]奥夫谢尼科夫[2]

亲爱的读者，我要向诸位介绍的是一个七十来岁的人，个头儿又高又大，面貌有几分像克雷洛夫，耷拉的眉毛下面露出明亮而聪慧的眼神，气度威严，语调从容，步态缓慢——这就是奥夫谢尼科夫。他穿的是一件肥大的蓝上衣，袖子很长，纽扣一直扣到上面，脖子上围一条淡紫色绸围巾，脚蹬一双擦得锃亮的带流苏的长筒靴，从大体上看，很像一个富足的商人。他的手很好看，又软和又白，在说话的时候常常抓住自己的上衣的纽扣。奥夫谢尼科夫的威严和镇定、机灵和懒散、正直和顽强，常常使我想起彼得大帝时代以前的贵族……他如果穿起古代的无领长袍，那是很相称的。这是旧时代遗留的人物之一。乡邻们都特别敬重他，认为结识他是荣幸的。他的同辈独院地主们对他无比崇拜，毕恭毕

---

①俄国的一种小地主，一般都是16—17世纪边防军下级军官的后裔。通常只有一个院子，少量土地。

②最初刊于《现代人》杂志1847年第5期。

敬，因为有他觉得很荣耀。一般说来，在我们这里至今很难说独院地主和庄稼人有什么区别：他们的家业几乎比庄稼人还差，小牛还没有荞麦高，马勉强活着，马具是绳索做的。奥夫谢尼科夫在总的规律中是个例外，虽然也算不上富有。他和他的妻子住在一所舒适而整洁的小房子里，用的仆人不多，他要他们穿俄国服装，称他们为雇工。他们也为他种地。他也不冒充贵族，不装成地主，从来不像通常说的“得意忘形”：第一遍邀请他入席，他决不就座；有新的客人进来，他一定站起来，可是那态度亲切而庄重、威严；客人向他行礼不由得把腰弯得更低。奥夫谢尼科夫保持古风不是由于迷信（他的心灵是非常自由的），而是由于习惯。比如，他不喜欢弹簧座的马车，因为他认为并不舒适；他要么乘坐赛跑马车，要么乘坐带皮垫的漂亮小马车，而且要亲自驾驭他那匹枣红色的良马（他养的全是枣红马）。车夫是一个面颊红红的年轻小伙子，头发剪成圆弧形，穿着淡青色外衣，戴着低低的羊皮帽，腰束皮带，恭恭敬敬地跟他并排坐着。奥夫谢尼科夫在午饭后总要睡一会儿，每到星期六都要洗个澡，读的全是宗教书（而且都要郑重地戴起他那圆形的银框眼镜），每天都早起早睡。不过，他常刮胡子，头发留的是德国式的。他招待客人非常亲切和热诚，但是对客人不卑躬屈膝，不忙活，不把什么干的和渍的都拿出来敬客。“太太！”他也不站起来，只是略微朝她转过头去，慢条斯理地说，“拿点儿什么好吃的招待客人。”他认为出卖粮食是罪过，因为粮食是上帝赐的。在1840年，在大饥荒和粮价飞涨的时候，他把全部储粮分发给附近的地主和庄稼人；到第二年他们都怀着感激的心情纷纷来归还粮食。乡邻们常常跑到奥夫谢尼科夫这儿来请他评理，为他们调解，差不多都服从他的评判，听从他的劝告。有许多人多亏了他，才完全划清了地界……但是在和女地主们打过两三次交道之后，他就声明，决不参与调解女人之间的任何争端。他不喜欢着急和慌张，不喜欢婆娘们的闲言碎语和“忙乱”。有一次他家不知怎的失了火，一名雇工气急败坏地跑到他房里，叫喊：“失火了！失火了！”“哎，你叫什么？”奥夫谢尼科夫镇静地说。“把帽子和手杖给我拿来……”他喜欢自己训练马。有一次，一匹比秋格烈性马拉着他飞奔下山，朝峡谷冲去。“哎，行了，行了，你这年幼的小驹儿，你会摔死的呀。”奥夫谢尼科夫和蔼地对它说。一转眼，他就和赛跑马车、坐在他后面的小厮以及那匹马一同飞进峡谷里。幸亏谷底是一堆堆的黄沙。没有人受伤，只是马驹儿的一条腿脱了臼。“哎，你瞧，”奥夫谢尼科夫从地上爬起来，还是用心平气和的语调说，“我对你说过嘛。”他找的妻子也跟他很般配。他的妻子塔吉雅娜·伊丽尼奇娜是一个高个子女人，又庄重，又少言寡语，天天裹着一方棕色绸头巾。她显得很冷峻，但是，不仅没有人说她无情，而且相反，有很多穷人叫她好妈妈和恩人。端正的脸庞、乌黑的大眼睛、薄薄的嘴唇至今还可以证明她当年是一个有名的美人儿。奥夫谢尼科夫没有孩子。

读者已经知道，我是在拉季洛夫家跟他相识的，过了几天，我就到他家去了。他正好在家。他坐在皮制的大安乐椅上，在读经文月书。一只灰猫在他肩膀上打呼噜。他一如往常，又亲热又庄重地招待我。我们聊了起来。

“路卡·彼得罗维奇，请您照实说说，”我顺便问道，“以前，在你们那时代,是不是好些?"

"我可以对您说:有的地方那时确实好些,"奥夫谢尼科夫回答说,"我们过得更安定,也更富裕些,确实不错……不过还是现在好些;等您的孩子们长大了,那时候也许会更好。"

"路卡·彼得罗维奇,我还以为您会向我夸耀旧时代呢。"

"不,我觉得旧时代没有什么可以特别夸耀的。比如,举个例子来说,您现在是地主,是和您的已故的祖父一样的地主,可是您就没有那样的权势了!再说,您也不是那样的人。我们现在也受别的地主的欺压;不过,看来这是免不了的。熬来熬去,也许会有好日子过的。是的,我在年轻时看够了的那些事情,现在已经看不到了。"

"您举个例子说说,有什么事情呢?"

"要举例子,还是再说说您祖父吧。他这个人可厉害呢!他常常欺负我们这班人。您也许知道……自家的地怎么会不知道呢……从契普雷金到马利宁有一块地……现在这块地是你们家种燕麦的……这块地本来是我家的,完完全全是我家的。是您祖父从我家夺去的;他骑着马出来,用手指了指,说:'这是我的土地。'——就成了他的了。先父(祝他早升天堂)是一个正直人,也是一个烈性子人,他受不了这口气——谁又甘心丢掉自己的家产呀?——就向法院告了状。但也只是他一个人告状,别的人都不去告,都害怕。而且还有人去向您祖父告密,说彼得·奥夫谢尼科夫告了您的状,告您霸占他的土地呢……您祖父马上派他的猎师巴乌什带着一伙人来到我家里……他们把我父亲抓起来,带到你们家的领地上。我那时候还是一个很小的孩子,光着脚跟着他跑去。您猜怎样？……他们把他带到你们家窗下，就用棍子打他。您的祖父站在阳台上看，您的祖母坐在窗前，也在看。我父亲就叫喊：'大娘，玛丽雅·瓦西里耶芙娜，您就可怜可怜我，替我说句话吧！'可是她睬也不睬，只是抬抬身子，好看清楚些。就这样逼着我父亲答应交出土地，还让他感谢放他生还。这样那块地就成了你们家的了。您不妨去问问你们那些庄稼人：那块地叫什么？那块地就叫棍子地，因为是用棍子夺来的。就因为这样，我们这些小人物对于过去那一套，不会十分留恋。"

我不知怎样回答奥夫谢尼科夫才好，而且不敢抬眼看他的脸。

"那时候我们还有一位乡邻，叫斯捷潘·尼克托波里昂内奇·科莫夫。他把我父亲折腾苦了，真是想尽办法折腾人。这人是一个酒鬼，而且喜欢摆酒席，等到他喝得差不多了，用法语说一声'这很好'，再把嘴唇一舔，就闹哄起来，闹得六神不安！他派人去请所有的乡邻都到他家里来。他的马车都是现成的，停在门口等你；你要是不去，他立刻亲自闯进来……而且这人有多么怪呀！他清醒的时候不说谎；可是一喝了酒，就胡吹起来，说他在彼得堡喷泉街上有三座房子：一座是红的，有一个烟囱；一座是黄的，有两个烟囱；还有一座是蓝的，没有烟囱。说他有三个儿子（其实他还没有结过婚）：一个在步兵队伍里，一个在骑兵队伍里，还有一个没有当差……又说，每座房子里住着他一个儿子，常到大儿子家里来的是海军将领，常到二儿子家里来的是将军，到三儿子家里来的全是英国人！说着说着，就站起来，说：'为我大儿子干杯！他是最孝顺我的！'于是就哭起来。谁要是不举杯祝酒，那就糟了。‘枪毙你！’他说，‘还不许埋葬！ ……’要不然就跳起来，叫喊：‘大伙儿来跳舞吧，自己快活快活，也让我开开心！’那你就得跳，就是死也得跳。他把自己的农奴家的姑娘们折腾得要死。常常让她们通夜合唱，一直唱到天亮。谁唱的嗓门儿最高，就奖赏谁。如果唱得没了劲儿，他就用手托住头，伤心起来：‘唉，我这无依无靠的孤儿呀！ 大家都不睬我，好可怜呀！’于是马夫们立刻就给姑娘们鼓劲儿。我父亲也让他喜欢上了。有什么办法呢？ 差点儿把我父亲折腾死，本来是会折腾死的，幸亏他自己死了：是他喝醉了从鸽子棚上跌下来摔死的……瞧，以前我们就有这样一些乡邻！”

“真是时代大变了！”我说。

“是啊，是啊，”奥夫谢尼科夫赞同说，“确实可以说：在旧时代，贵族的日子过得更奢侈些。至于那些达官贵人，更不必说了：那些人在莫斯科我见得多了。听说，现在那里也没有这样的人了。”

“您到过莫斯科吗？”

“到过，那是很久很久以前了。我现在七十三岁，去莫斯科是十六岁那一年。”

奥夫谢尼科夫叹了一口气。

“您在那里见过一些什么人？”

“见过许多达官贵人，各种各样的达官贵人都见过，他们生活阔绰，使人羡慕，使人惊讶。可是没有一个人赶得上已故的伯爵阿列克塞·格里高力耶维奇·奥尔洛夫-契斯敏斯基。我常常见到阿列克塞·格里高力耶维奇。我的叔叔在他家当管家。伯爵家就在卡卢加门附近的沙波洛夫街上。那才是大贵人呢！那样的风采，那样的雍容大度，是令人不能想象、无法描述的。单是那身材，那威仪，那目光，就非同一般。当你没有认识他，没有接近他的时候，似乎感到害怕，胆怯；等你接近了，就仿佛太阳把你晒得暖洋洋的，浑身感到愉快。什么人他都亲自接见，什么他都爱好。比赛时他亲自驾车；随便同什么人比赛，他从来不是一下子就超越别人，不使人难受、使人泄气，只是到最后才冲到最前面；而且还亲亲热热，又安慰对手，又称赞对手的马。他养着最好的筋斗鸽。有时他走到院子里，坐到安乐椅上，叫人把鸽子放起来；四周房顶上都站着仆人，手握猎枪，防备老鹰。伯爵脚下放一个盛水的大银盆，他就在水里看鸽子。许许多多穷人和乞丐靠他过日子……他散了多少钱呀！他发起怒来，真像雷霆，样子非常可怕，不过没有什么好怕的：一转眼工夫，他就笑了。他一举办宴会，准能叫全莫斯科的人都醉倒！……他这人有多么聪明呀！土耳其人他也打过呢。他又喜欢角力；从图拉，从哈尔科夫，从坦波夫，从全国各地把大力士请到他家里来。他把谁摔倒了，就奖赏谁；如果有谁把他摔倒了，他更是重赏厚赠，还要亲吻……还有，就在我在莫斯科的时候，他发起一场俄罗斯不曾有过的盛大的猎犬比赛：他邀请全国各地狩猎者到他家里来，规定了日期，并且给予三个月期限。狩猎者都汇集来了。带来了许许多多猎狗和猎手——哈，千军万马，真是千军万马！先是大摆宴席，然后出发到城郊去。四面八方的人都拥了来，真是人山人海！……您猜怎么样？……您祖父的狗竟超过了所有的狗。”

“是米洛维特卡吧？”我问。

“是米洛维特卡，米洛维特卡……于是伯爵就恳求他，说：‘把你的狗卖给我吧，你要多少，给多少。’他说：‘不，伯爵，我不是商人；没用的破布也不卖，不过为了表示敬意，即使妻子也愿意让出，就是米洛维特卡不能让。’阿列克赛·格里高力耶维奇称赞他，说：‘我很佩服。’您的祖父就用马车把狗带回家了。在米洛维特卡死的时候，奏着音乐为它送葬，把它葬在花园里，坟前还立了一块碑。”

“这样看来，阿列克塞·格里高力耶维奇不欺负任何人。”我说。

“事情就往往是这样：神越小越难伺候。”

“那个巴乌什是一个什么样的人呀？”在沉默了一会儿之后，我问道。

“怎么您听说过米洛维特卡，却没有听说过巴乌什呢？……这是您祖父的猎师头儿和掌管猎狗的人。您祖父喜欢他不亚于米洛维特卡。他是一个天不怕地不怕的人，您祖父不管叫他干什么，立刻就去办，就是爬刀山也行……他一呼唤起猎狗，森林里响起一片呼啸声。他要是一下子发起倔脾气，就跳下马，往地上一躺……猎狗一听不到他的声音，那就完了！见到新鲜爪印儿不理不睬，任何野物近在眼前也不去追赶了。嘿，您祖父就发火了！‘我不绞死这个无赖，就不活了！我要把这个坏家伙的皮剥下来！把这个坏蛋千刀万剐！’可是到末了总是叫人去问他需要什么，为什么不呼唤猎狗去追捕野物。巴乌什在这种情形下大都是要喝酒，等到喝过了酒，就站起来，又很带劲地呼唤猎狗了。”

“看来，您也喜欢打猎吧，路卡·彼得罗维奇？”

“喜欢倒是喜欢……是的;不过不是现在,现在我的好时候已经过去了,那是在年轻时代……可是您要知道,因为身份不同,那是不舒服的。我们这种人不能跟在贵族后面游荡。是的,我们这班人当中也有人天天醉醺醺的,无所事事,和老爷先生相伴……可是这有什么快活的呀?……不过是自讨没趣罢了。给你一匹蹩脚的、磕磕绊绊的马;动不动把你的帽子揪下来,丢在地上;有时用鞭子轻轻抽你一下,像打马一样;你还要始终堆着笑脸,让别人开心。是的,我可以告诉您:身份越低,为人行事越应该谨慎,不然的话,只能自讨侮辱。”

“是的,”奥夫谢尼科夫叹了一口气,又说下去,“自从我涉足人世,很多年过去了。现在世道变了,尤其在贵族中间,我看到有很大的变化。地产少的,要么就当差了,要么不住在原地方了;地产多的,更是非同当年了。这些大地主我看得多了,尤其是在划分地界的时候。我应该告诉您的是,我看着他们,心里就高兴,因为他们现在很随和,很有礼貌了。只是有一点使我吃惊:他们知识渊博,说起话来头头是道,令人口服心服,可是对于实际事情却一窍不通,连自己的利益是否受损都一无所知,他们的农奴管家想怎样捉弄他们就怎样捉弄。您也许认识亚历山大·弗拉季米罗维奇·科罗廖夫吧?这可是一个像样的贵族:人又漂亮,又有钱,上过大学,好像还出过国,说话有条有理,举止持重,见了我们这些人都握手。您认识吧?……好,那就听我说说。上个礼拜,我们应经纪人尼基佛尔·伊里奇的约请,到别廖佐夫村去聚会。经纪人尼基佛尔·伊里奇对我们说:‘诸位先生,必须划分地界了;我们这地区落后于其他地区,这是可耻的。现在咱们就着手吧。’

于是就着手划分地界。照例商量、争吵起来，我们的代理人发起脾气。第一个吵闹的却是波尔菲利·奥夫钦尼科夫……而且这人又为什么吵闹呀？……他自己连一寸地也没有，他是受哥哥委托来办理此事的。他叫嚷：'不行！你们别想糊弄我！不行，你们看错人了！把地图拿来！把土地丈量员给我叫来，叫这个坏蛋到这儿来！''您究竟要怎样？''没有这样的傻瓜！哼！你们以为，我会马上把我的想法抖搂出来吗？……休想！你们还是把地图拿来，就这样！'于是他用手在地图上直敲。玛尔法·德米特列芙娜听了他的话非常难受，大声说：'您怎么敢败坏我的名声？'他说：'把你的名声给我的栗色母马都不要。'给他喝了些马德拉酒，好不容易使他不吵了。他不吵了，别人又吵起来。亚历山大·弗拉季米罗维奇·科罗廖夫在角落里，这位老兄咬着手杖的头儿，只是不住地摇头。我觉得难为情，难受得很，真想跑出去。他对我们会怎样想呢？一看，亚历山大·弗拉季米罗维奇已经站了起来，做出要说话的样子。经纪人连忙说：'诸位，诸位，亚历山大·弗拉季米罗维奇想说话了。'不能不给贵族一点儿面子，大家都不说话了。于是亚历山大·弗拉季米罗维奇开口说话了，他说：我们似乎都忘记了我们是为什么汇集到这里来的；虽然划分地界对地主是有利的，是必须做的，但实质上究竟为什么呢？——为的是有利于庄稼人，让他们耕种方便，负担得起赋役；要不然像现在这样，自己不知道自己的地，常常跑到五俄里之外去耕种，而且要处罚也不可能。亚历山大·弗拉季米罗维奇随后又说，不关心庄稼人的利益是地主的罪过，如果好好想想的话，就明白，他们的利益和我们的利益是一致的：他们好，我们也好，他们不好，我们也不好……所以,因为微不足道的小事争吵不休,是罪过,是不明智的……他说了又说,说了又说……而且说得有多么好呀!句句说到人的心坎里……贵族们一个个垂着头;我真的差点儿流出眼泪。说实在的,连古书里也没有这样的话……可是结果又怎样呢?他自己的四俄亩苔藓沼地不肯让出,也不愿意卖。他说:'我要叫人把这块沼地的水排干,在这里建一座改良的制呢厂。我已经选定这块地方,我在这方面有自己的打算……'如果真是这样,那倒不错,可是实际上只是因为他的乡邻安东·卡拉西科夫舍不得给他的管家一百卢布的钞票罢了。我们就这样散了,什么事也没有办成。亚历山大·弗拉季米罗维奇至今还认为自己是对的,一直还在谈制呢厂的事,可是并不叫人着手排水。"

"他怎样经营自己的产业呢?"

"一直在推行新办法。庄稼人并不说好——不过不能听他们的。亚历山大·弗拉季米罗维奇的做法是好的。"

"这是怎么啦,路卡·彼得罗维奇?我还以为您是守旧的呢。"

"我呀,是另一回事儿。我不是贵族也不是地主。我的家业算什么?……我又没有别的本事。能够做到合理合法,那就谢天谢地了!年轻的先生们不喜欢旧的一套,我说他们很好……是应该动动脑筋了。只是有一点很糟糕:年轻的先生们太不踏实了。拿庄稼人当木偶,转来转去,玩坏了,就丢开了。于是农奴出身的管家或者德国管事就又把庄稼人抓在掌心里了。哪怕有一个年轻先生做出个样子,让人看看:就应该这样经营……那也好呀!到头来这会怎样呢?难道我就这样死去,看不到新的局面了吗？……这是什么怪事呀？老的一套完了，新的一套就是生不出来！”

我不知道该怎样回答奥夫谢尼科夫。他回头看了看，坐得离我更近些，小声说下去：

“您听说过瓦西里·尼古拉伊奇·刘波兹沃诺夫的事吗？”

“没有，没听说过。”

“请您说说看，这是何等怪事？我真不懂。这是他那些庄稼人说给我听的，可是我不明白他们说的是怎么一回事儿。您知道，他是一个年轻人，不久以前继承了母亲的遗产。于是他来到自己的领地上。庄稼人一齐来看自己的主人，瓦西里·尼古拉伊奇出来迎他们。庄稼人一看，觉得好奇怪，这位老爷穿着棉毛裤子，像个车夫，脚穿绲边的靴子；穿的衬衫是红的，上衣也是像车夫一样的；留着大胡子，头上的帽子怪模怪样，一张脸也是怪里怪气，醉也不是醉，可是精神也不是很正常。他说：‘哥儿们，你们好！愿上帝保佑你们。’庄稼人向他鞠躬，可是都不说话，因为都有些胆怯。他好像也胆怯，他对他们讲起话来。他说：‘我是俄国人，你们也是俄国人；俄国的一切我都喜欢……我的灵魂是俄国的，心也是俄国的……’他突然发出号令：‘来，孩儿们，来唱一支俄罗斯民歌吧！’庄稼人两腿打起哆嗦，完全愣住了。只有一个大胆地唱起来，可是也立刻蹲到地上，躲到别人背后去了……我们这里确实也有一些地主，一切都毫无顾忌，是地道的浪荡鬼，穿得像车夫一样，又跳舞，又弹六弦琴，跟仆人一起唱歌，喝酒，跟庄稼人一起大吃大喝；可是，奇怪的是，这位瓦西里·尼古拉伊奇却像一位闺房小姐，总是读书或者写字，要不然就唱赞美歌，不跟任何人谈话，怕见生人，只知道在花园里散步，好像很苦闷或者忧愁。原来的管家在开头一些日子里害怕得不得了；在瓦西里·尼古拉伊奇要来之前，他跑到一户户庄稼人家里，向一个个庄稼人鞠躬行礼——显然他心里有鬼，自知不妙！庄稼人也觉得有了希望，心想：'伙计，你休想逃脱！这一下要治治你了；你做坏事已经做到头了，你这刻薄鬼！'……可是结果呀——我该怎样对您说呢？连上帝也不明白这是怎么一回事儿！瓦西里·尼古拉伊奇把他叫了来，对他说话，可是自己倒脸红了，而且连呼吸也很急促：'你办事千万要公正，不能欺压任何人，你听见吗？'而且从此以后再也不叫他来了！他住在自己的领地上，像个陌生人一样。这样一来，管家就放心了，庄稼人倒是不敢到瓦西里·尼古拉伊奇那里去了，因为他们害怕。还有令人奇怪的呢：这位老爷对他们鞠躬行礼，和蔼可亲地望着他们，他们反而吓得打哆嗦。这是多么奇怪的事呀，先生，您倒说说看！……是不是我老了，糊涂了？——我真不懂。"

我回答奥夫谢尼科夫说，这位刘波兹沃诺夫先生大概是有病。

"有什么病呀！别看他年轻，身子都圆滚滚的了，一张脸也是肉嘟嘟的……不过，天知道是怎么一回事儿呀！"奥夫谢尼科夫深深地叹了一口气。

"哦，不谈贵族了，"我说，"路卡·彼得罗维奇，您能不能对我说说独院地主的什么事儿呢？"

"不，恕我不说吧，"他急忙说，"是的……也应该对您说说……不过，说什么呀！（奥夫谢尼科夫把手一挥。）咱们还是喝茶吧……等于庄稼人，确实等于庄稼人；不过，说实话，我们这些人又能怎样呢？”

他不作声了。端上茶来。塔吉雅娜·伊里尼奇娜站起来，坐到离我们近些的地方。在这天晚上，她有几次悄没声地走出去，又悄没声地走回来。这时房里肃静无声。奥夫谢尼科夫庄重地、慢条斯理地一杯接一杯喝茶。

“米佳今天来过了。”塔吉雅娜·伊里尼奇娜小声说。

奥夫谢尼科夫皱起眉头。

“他来干什么？”

“来赔小心。”

奥夫谢尼科夫摇摇头。

“唉，您瞧瞧吧！”他转脸对着我，继续说下去，“对这些亲戚有什么办法呀？又不能不睬他们……这不是，上帝也赐给我一个侄儿。这孩子又聪明，又伶俐，这是没有话说的；学识也很好，不过我看，他不会有什么出息。他当过差，后来辞职不干了，说是得不到升迁……他难道是贵族吗？就是贵族，也不会立刻就当上将军。这么一来，他现在就无事可干了……这倒也算不了什么，可是谁知他竟当上了讼棍！给庄稼人写状子，写呈子，给乡警们出点子，揭发土地丈量员，常常进出酒店，结交一班市侩和旅馆老板。这不是很危险吗？区警察局和县警察局长警告过他不止一次了。幸亏他会打诨说笑，逗得他们捧腹，可是过后又给他们找麻烦……唉，够了，他是不是还坐在你那小屋子里呀？”他转身对妻子说，“我了解你嘛：你是慈悲心肠，总是要袒护他的。”

塔吉雅娜·伊里尼奇娜低下头，笑了笑，脸也红了一下。

“嗯，果然不错，”奥夫谢尼科夫说下去……“你呀，就知道宠他！好啦，叫他进来——那就这样吧，看在贵客面上，我饶恕这个蠢东西……叫他来吧，叫他来吧……”

塔吉雅娜·伊里尼奇娜走到门口，叫了一声：“米佳！”

米佳是一个二十七八岁的小伙子，高高的，身材挺拔，一头鬈发。他走进房来，一看到我，就在门口站下来。他穿的衣服是德国式的，但单是肩上那大得很不相称的皱褶就明显地证明这衣服不光是俄国人裁的，也是俄国人缝的。

“哦，过来吧，过来吧，”老头子说，“怎么难为情啦？你要谢谢婶婶：她给你说过情了……来，伙计，我来介绍一下，”他指着米佳说，“这是我的亲侄儿，可是我怎么也管不好他。已经到了穷途末路！（我们互相鞠了个躬。）你就说说，你在那儿弄了些什么名堂？他们为什么告你，你说说吧。”

米佳显然不愿意当着我的面表白和申辩。

“以后再说吧，叔叔。”他讷讷地说。

“不，不能以后，现在就说。”老头子又说，“你呀，我知道，你是在这位地主先生面前觉得难为情。这倒是好些，那你就痛说前非吧。说吧，说吧……我们来听听。”

“我没有什么好难为情的，”米佳很起劲地说起来，并且摇晃了一下脑袋，“叔叔，您自己想想看。列舍济洛夫的几个独院地主来找我，说：‘老弟，替我们说说话吧。’我问：‘怎么一回事儿？’‘是这样：我们的粮仓好好儿的，就是说，好得不能再好了；忽然有一个当官的来到我们这儿，说是奉命来检查粮仓的。他检查过之后，就说：你们的粮仓乱七八糟，太不像样子，我一定要报告上级。我们问:哪些地方不像样子?他说:我心里有数就是了……我们就凑在一起,商量了一个主意:拿出一些钱,把这个当官的打发打发。可是普罗霍勒奇老头子却不赞成,他说:这样只能使他们这班人贪得无厌。说到底,这有什么呢?难道我们就没有说话的地方吗?……我们就听了老头子的话。那个当官的就火了,送了呈子,打了报告。现在就是传我们到庭了。'我问:'你们的粮仓确实好好儿的吗?''上帝作证,确实好好儿的,储存的粮食数量也是合法的……'我说:'那你们没有什么好怕的。'我于是给他们写了状子……现在还不知道谁输谁赢……至于为什么有人因为这事到您这儿来告我,说我的坏话,这是很明显的:不论什么人,自己的衬衫总是离自己的肉更近呀。"

"不论什么人都是这样,不过,你显然不是这样,"老头子小声说,"哦,你和舒托洛莫夫的庄稼人在那儿搞的是什么名堂?"

"您怎么知道的?"

"我当然知道。"

"这事儿我做得也不错——您还是想想看。舒托洛莫夫的庄稼人的乡邻别斯潘金种了他们的四俄亩地。他说,那地是他的。舒托洛莫夫的庄稼人还担负着代役租,他们的地主到国外去了,您想想看,有谁为他们说话呢?可是那块地毫无疑问是他们的,一向就是他们承租的。于是他们来找我,说:给我们写一张状子吧。我就写了。别斯潘金知道了,就恐吓我,说:'我要把米佳这家伙的后胯骨从大腿里面抽出来,要不然就把他的脑袋从肩膀上卸下来……'那咱们就瞧瞧,他怎样来卸。至今我的脑袋还好好儿的呢。"

“哼，别吹牛：你的脑袋免不了要遭殃，”老头子说，“你这人完全疯了！”

“怎么，叔叔，不是您自己对我说过……”

“我知道，知道你要对我说什么，”奥夫谢尼科夫打断他的话，说，“是的，为人应当有正气，应该帮助他人。有时候，还应该毫不怜惜自己……可是你难道一直是这样做的吗？不是常常有人请你上酒店吗？不是请你喝酒，向你鞠躬，说：‘德米特里·阿列克塞伊奇，好先生，帮帮忙吧，我们一定酬谢您，’于是把一个银卢布或者一张五卢布钞票悄悄塞给你吗？嗯？不是吗？你说说，是不是呀？”

“这确实是我的错，”米佳低下头说，“不过我不拿穷人的钱，不违背良心。”

“现在你不拿，等你困难了，就要拿了。不违背良心……哼，你呀！就好像你所维护的都是十全十美的好人！……可是你忘记鲍尔卡·别列霍多夫了吧？……是谁为他奔走的？是谁庇护他的？嗯？”

“别列霍多夫是自作自受，的确……”

“他挪用公款……这不是小事！”

“不过，叔叔，您想想看：他又穷，又有一大家人……”

“穷，穷……他是一个酒鬼，一个赌徒——就是这么一回事儿！”

“他是因为痛苦，才喝上酒的。”米佳放低了声音说。

“因为痛苦！哼，你既然有这样一副热心肠，就应该帮助他，而不是跟这个酒鬼一起上酒店。至于他会花言巧语，哼，那有什么稀罕的!"

"他这人是再好不过的……"

"在你看来都是很好的……哦,怎么样,"奥夫谢尼科夫转身对妻子说,"给他送去了吗……哦,就在那儿,你知道的……"

塔吉雅娜·伊里尼奇娜点了点头。

"你这几天哪儿去了?"老头子又说起来。

"在城里。"

"大概一直在玩台球,再喝喝茶,弹弹吉他,跑跑衙门,在后面房里写写状子,跟商人子弟混混,是这样吗?……你说说!"

"就算这样吧,"米佳笑着说,"哎呀!差点儿忘了:安东·巴尔菲内奇·冯济科夫请您星期天到他家去吃饭呢。"

"我不到这个大肚子家去。给你吃的鱼是值一百卢布的,放的油却是有哈喇味的。永远别睬他!"

"哦,我还碰见菲多西娅·米海洛芙娜呢。"

"哪一个菲多西娅?"

"就是地主加尔宾钦科家里的,这个加尔宾钦科买了米库里诺村的产业。菲多西娅原是米库里诺村的。她在莫斯科做裁缝,担负着代役租,租金按时缴纳,每年一百八十二个半卢布……她很能干,在莫斯科找她做活儿的人很多。可是现在加尔宾钦科把她叫了回来,让她留在这儿,也不派她什么事情。她很想赎身,而且也对老爷说过,可是他不做任何决定。叔叔,您跟加尔宾钦科熟识,是不是可以替她说句话?……菲多西娅愿意出重价赎身。"

"不是用你的钱吧?是不是呀?那好吧,我去对他说说,对他说说。不过我不知道,"老头子带着不满意的脸色说下去,"这个加尔宾钦科是一个刻薄鬼：他收购期票，放高利贷，竞买土地……是谁把他弄到我们这地方来的呀？唉，这些外来人真够受呀！跟他打交道，别想很快得到什么结果。不过，试试看吧。”

“叔叔，您帮帮忙吧。”

“好的，我帮这个忙。不过你要小心，千万小心！好啦，好啦，不要表白了……行了，行了！……不过以后要当心，不然的话，真的，米佳，你会倒霉的，真要遭殃的。我不能老是为你担风险……我又不是有权有势的人。好啦，现在你去吧。”

米佳出去了。塔吉雅娜·伊里尼奇娜也跟着他走了出去。

“给他弄点儿茶喝，好心肠的太太。”奥夫谢尼科夫在她后面叫道。“这小子不蠢，”他继续说，“心肠也是好的，只是我很为他担心……不过，对不起，老是说这些小事，让您耽搁这么久。”

通前厅的门开了。走进来一个人，矮矮的个头儿，头发斑白，身穿丝绒上衣。

“哦，弗兰茨·伊凡内奇！”奥夫谢尼科夫叫起来，“您好！近来一切得意吗？”

亲爱的读者，让我给您介绍介绍这位先生。

弗兰茨·伊凡内奇·莱恩是我的乡邻，是奥廖尔的一个地主，通过不完全正常的途径获得俄罗斯贵族的荣誉称号。他生于奥尔良，父母都是法国人，他跟着拿破仑来侵略俄国，充当鼓手。开头一切十分顺利，这位法国人也昂着头走进莫斯科。但是在回去的路上，可怜的莱恩先生冻得半死，鼓也没有了，结果落到斯摩棱斯克的庄稼人手里。庄稼人把他在空荡荡的缩绒厂里关了一夜，第二天早晨把他带到堤坝边一个冰窟窿跟前,就请这位大军[1]的鼓手赏个面子,就是说,请他钻到冰下去。莱恩先生无法领受他们的盛情,就用法语恳求斯摩棱斯克的庄稼人放他回奥尔良去。他说,诸位先生,那儿有我的"慈爱的母亲"[2]。但是庄稼人也许因为不知道奥尔良城的地理位置,还是请他顺着弯弯曲曲的格尼洛捷尔河往下游,去做水底旅行,而且已经在轻轻地推着他的颈椎骨和脊椎骨给他加劲儿,这时忽然听到马铃声,使莱恩说不出的高兴,只见一副老大的雪橇上了堤坝,那雪橇后座高高的,铺着花花绿绿的毛毯,前面套着三匹黄褐色的维亚特马。雪橇上坐着一位地主,又肥又胖,红光满面,穿着狼皮大衣。

"你们在那儿干什么?"他问庄稼人。

"我们要把法国佬放到河里去,老爷。"

"哦!"地主淡淡地应了一声,就转过脸去。

"先生!先生!"[3]可怜的法国佬叫了起来。

"哼,哼!"那穿狼皮大衣的人带着责难的口气说起话来,"该死的东西,跟着拿破仑的大军侵略俄国,烧掉了莫斯科,偷掉了伊凡大帝钟楼上的十字架,现在却叫起先生,先生[4]!现在连尾巴都夹起来了!这也是活该……走吧,菲尔卡!"

马又走动了。

"哦,不过,停一下!"地主又说,"喂,你这位先生,懂音乐吗?"

---

①原文为法文。
②原文为法文。
③原文为法文。
④原文为法文。

“救救我，救救我吧，仁慈的先生！”[①]莱恩反复说。

“瞧这个落后的小民族！没有一个懂俄语的！缪济克，缪济克，萨外……缪济克……乌？萨外？喂，你说呀？康普伦乃？萨外……缪济克……乌？钢琴……茹艾……萨外？”

莱恩终于听懂了地主的意思，就点点头表示肯定。

“是的，先生，是的，是的，我是音乐家；不管什么乐器我都会！是的，先生……救救我吧，先生！”[②]

“嘿，算你好运气，”地主回答说，“伙计们，放了他吧；我给你们二十戈比买酒喝。”

“谢谢，老爷，谢谢。请您带他去吧。”

让莱恩上了雪橇。他高兴得透不过气来，又哭，又打战，又鞠躬，向地主、车夫、庄稼人道谢。他身上只有一件有粉红色带子的绿色绒衣，天又冷得厉害。地主一声不响地看了看他那冻得发青、发僵的肢体，就把这不幸的人裹到自己的大衣里，把他带回家去。仆人们一齐跑过来，急忙给法国人生火取暖，让他吃了饭，穿起衣服。地主就把他带到他的女儿们那里去。

“孩子们，这不是，”他对她们说，“给你们找到一位教师了。你们一直缠着我给你们找人教音乐和法语。这不是，给你们找来了法国人，又是会弹钢琴的……来吧，先生，”他说着，指了指一架破旧的钢琴，那是五年前他向一个卖香水的犹太人买的，“把你的本事拿出来让我们看看吧：弹吧[③]！”

---

①原文为法文。
②原文为法文。
③原文为法文。

莱恩战战兢兢地坐到椅子上，他生来还没有摸过钢琴。

“弹吧，弹吧！”[1]地主又说。

这可怜的人像敲鼓一样拼命敲打着键盘，胡乱弹了起来……“当时我一直在想，”他后来对别人说，“我的救命恩人一定会抓住我的衣领，把我赶出门去。”可是，使这位被迫的即兴演奏家大吃一惊的是，地主听了一会儿之后，带着赞许的神气拍了拍他的肩膀。“很好，很好，”地主说，“我看出来，你很有两下子；现在你去休息一会儿吧。”

过了两个多星期，莱恩就从这个地主家转到另一个地主家。这人又有钱又有学识，很喜欢莱恩那愉快而和善的性情，就把养女许配给他。他任了职，成了贵族，后来又把自己的女儿许配给奥廖尔的地主洛贝萨尼耶夫——一个退伍的龙骑兵和诗人，于是他也迁到奥廖尔来了。

就是这个莱恩，或者如现在称呼的弗兰茨·伊凡内奇，在我在座的时候走进奥夫谢尼科夫的房里来，他们是常来常往的好朋友……

不过，也许读者陪我在奥夫谢尼科夫家里已经坐厌了，所以我就不再饶舌了。

①原文为法文。

里果夫村[①]

“咱们到里果夫村去吧，”有一天，读者已经熟悉的叶尔莫莱对我说，“到那儿打鸭子，可以打到很多很多。”

虽然野鸭对于真正的猎人没有什么特别的吸引力，但是因为暂时还没有别的野禽(这是九月初，山鹬还没有飞来，而在田野上追赶山鹑，我已经厌倦了)，我就听从我的猎师的话，到里果夫村去了。

里果夫村是草原上的一个大村子，有一座年代久远的一个圆顶的石头教堂，还有两座磨坊，建在沼泽似的罗索塔小河上。这条小河在离里果夫村五俄里的地方，变成一个老大的池塘，塘边和中央一些地方生长着密密丛丛的芦苇。就在这个池塘里，在水湾里或者芦苇丛中僻静的地方，栖息着许许多多各种各样的野鸭：绿头鸭，半绿头鸭，针尾鸭，小水鸭，潜鸭，等等。一小群一小群的野鸭不时在水上飞起和掠过，枪声一响，立刻飞起黑压压的

---

①最初刊于《现代人》杂志1847年第5期。

一片又一片，使得猎人不由得一只手抓住帽子，拉长声音说："哎呀——呀！"我和叶尔莫莱沿着塘边走去，然而，第一，野鸭是谨慎的鸟儿，不靠近塘边；第二，即使有掉队的、没有经验的小水鸭中了我们的枪弹死去，我们的狗也无法到茂密的芦苇丛中去把死鸭子叼来。因为我们的狗尽管有最高尚的牺牲精神，但是既不会游泳，又不能蹚水，只能白白地让锋利的芦苇叶子划得自己的高贵的鼻子血淋淋的。

"不行，"叶尔莫莱终于说，"这样不行。必须弄一条小船……咱们回到里果夫村去吧。"

我们就往回走。还没有走几步，就有一条相当蹩脚的猎狗从密密的柳丛中跑出来，迎着我们跑来，在狗后面出现了一个中等个头儿的人，穿一件破烂的蓝上衣和黄黄的背心，一条颜色似灰又似白的裤子，裤脚草草塞在破旧的靴筒里，脖子上围一条红围巾，背一支单筒猎枪。就在我们的狗按照惯常的、狗类特有的、中国式的礼节[1]跟新相识互相闻了闻，新相识显然有些胆怯，夹起尾巴，竖起耳朵，挺着腿，龇着牙齿，身子很快地转过去的时候，不相识的人走到我们面前，恭恭敬敬地鞠了个躬。看样子这人有二十五岁上下；他那带有浓浓的克瓦斯气味的淡黄色长发翘着，像一个个不动的圈圈儿；那棕色小眼睛亲切地眨巴着；脸上扎着一方黑帕，似乎是因为牙疼，一张脸甜甜地笑着。

"请允许我自己介绍一下，"他用柔和的、讨人喜欢的声音说，"我是这儿的猎人弗拉季米尔……听说您来了，也知道您到我们的塘边上来了，我就想到，如果您不嫌弃的话，我一定为您效

①中国式的礼节，意为过分的客套。

劳。”

猎人弗拉季米尔说起话来，活像扮演年轻情人的地方演员。我接受了他的盛情，而且，还没有走到里果夫村，我就知道了他的身世。他是一个已经赎过身的家仆；他在少年时代学过音乐，后来当过侍仆，识字，可以看出，他也读过一些书，然而现在就像俄国许多人一样，身无分文，没有固定职业，几乎靠喝西北风过日子。他谈吐极其文雅，显然是在炫耀自己的风度；他想必也是一个十分风流的男子，而且追逐女性多半是成功的，因为俄罗斯姑娘都喜欢能说会道的。此外，我还从他的话里听出来，他有时到邻近的一些地方去走走，也到城里去做客，还打纸牌，和京城的一些人也有交往。他很善于笑，笑的样子千变万化；特别适合于他的，是他在用心听到别人的话时嘴角上荡漾着的那种谦恭而沉着的微笑。他仔细听你说，完全赞同你的说法，然而却不丢失自己的尊严感，仿佛想让你知道，如有机会，他也会发表自己的见解的。叶尔莫莱是一个没有多大教养的人，更说不上“彬彬有礼”，就对他称起“你”来。不能不看到，弗拉季米尔在对他称呼“先生您……”的时候带着一种什么样的嘲笑神气。

“您怎么扎着一条帕子？”我问他，“是牙疼吗？”

“不是的，”他回答说，“这是不小心造成的恶果。我有一个朋友，是一个好人，可根本不是一个猎人，这也是常有的事。有一天他对我说：‘我的好朋友，你带我去打打猎吧，我很想知道这玩意儿是怎么一回事儿。’我当然不愿意让朋友扫兴，就给他一支枪，带他去打猎。我们打猎打了好一阵子，后来我们就想休息一下。我坐到树下；他却不休息，练习起操枪动作，而且瞄准了我。

我请他不要再练了,他却因为没有经验,不听我的话。枪一响,我就没有了下巴和右手的食指。"

我们来到里果夫村。弗拉季米尔和叶尔莫莱都认定,没有小船不能打猎。

"'小树枝儿'有一条平底小船,"弗拉季米尔说,"就是不知道他把船藏在哪儿。必须跑去找他。"

"去找谁?"我问。

"这儿有一个人,外号叫'小树枝儿'的。"

弗拉季米尔就和叶尔莫莱一起去找"小树枝儿"。我对他们说,我在教堂旁边等他们。我在墓地上看着一座座坟墓,忽然看到一块发了黑的四方形墓饰,刻有如下的文字:一面是法文:"勃兰什伯爵德奥菲尔·安利之墓"[①];另一面是:"法国臣民勃兰什之遗骸葬于此石下;生于1737年,死于1799年,享年62岁";再一面是:"愿逝者安息";还有一面是:

此石下安眠法国侨民,
他出身名门,才华超群。
痛悼被害的妻子和家人,
离开祖国,逃避暴君;
来到俄罗斯国土安居,
老来得到热忱的礼遇;
教养儿孙,孝敬双亲……
上帝保佑他在此安息。

①原文为法文。

叶尔莫莱、弗拉季米尔和有奇怪的外号“小树枝儿”的人来了,打断了我的沉思。

“小树枝儿”光着脚,衣衫破烂,头发蓬乱,看样子是一个往日的家仆,年纪在60岁上下。

“你有船吗?”我问道。

“船是有,”他用低沉而打战的声音回答说,“就是坏得太厉害了。”

“怎么啦?”

“脱了胶,而且木楔子也从窟窿眼儿里掉出来了。”

“这算不了什么!”叶尔莫莱接着说,“可以拿麻屑塞一塞。”

“当然可以啦。”“小树枝儿”说。

“你是干什么的?”

“地主家捕鱼的。”

“你既然是捕鱼的,你的船怎么这样破旧?”

“我们的河里没有鱼呀。”

“鱼不喜欢沼地的铁锈水。”我的猎师一本正经地说。

“那好吧,”我对叶尔莫莱说,“你就去弄些麻屑来,把船缝塞一塞,不过要快点儿。”

叶尔莫莱去了。

“咱们也许会沉到水底吧?”我对弗拉季米尔说。

“不会的,”他回答说,“不管怎样,可以想见,池塘并不深。”

“是的,池塘不深。”“小树枝儿”说。他说话有点儿奇怪,就像没有睡醒似的。“而且塘底都是水藻和草,池塘里到处都长满草。不过也有深坑。”

“可是，如果草太多的话，”弗拉季米尔说，“就不好划船了。”

“这种船哪里是划的？要用篙撑。我跟你们一块儿去吧，我那儿有篙，要不然用锹也行。”

“用锹不太好，有些地方也许够不到底。”弗拉季米尔说。

“倒也是的，确实不太好。”

我坐到墓石上，等候叶尔莫莱。弗拉季米尔为了礼貌，往旁边走了几步，也坐下来。“小树枝儿”仍然站在那地方，耷拉着头，照老习惯将两手反剪在背后。

“请你说说，”我开口说，“你在这儿当打鱼的，已经很久了吗？”

“六年多了。”他身子哆嗦了一下，回答说。

“以前你是干什么的？”

“以前是马车夫。”

“是谁不让你再当马车夫的？”

“新的女主人。”

“哪一个女主人？”

“就是买我们的那一个。您不认识的。就是阿廖娜·季莫菲耶芙娜，胖胖的……不怎么年轻了。”

“她为什么派你打鱼呢？”

“谁知道呢。她从坦波夫自己的领地上来到我们这里，吩咐把所有的家仆都召集起来，她就出来见我们。我们先是吻她的手，她倒没怎样，并不生气……后来就逐个儿盘问我们：干什么的？做一些什么事情？轮到我，她问道：‘你是干什么的？’我说：‘马车夫。’‘马车夫？哼，你算什么马车夫呀？瞧瞧你自己的模样儿吧:你这是什么样的马车夫呀? 你不配当马车夫,你给我当渔夫吧,再把胡子剃掉。什么时候我到这儿来,你都要送鱼来吃,听见吗? ……'从那时候起,我就是渔夫了。她还说:'你要小心,还要把池塘收拾得好好的……'可是怎么能把池塘收拾得好好的呢?"

"你们以前是谁家的?"

"是谢尔盖·谢尔盖伊奇·彼赫捷廖夫家的。他是继承来的。可是我们在他手下没有多久,一共才六年。我就是给他当马车夫的……不过不是在城里,在城里他另外有马车夫,我是在乡下的。"

"你从年轻时候就一直当马车夫吗?"

"哪里是一直当马车夫! 我在谢尔盖·谢尔盖伊奇手下才当马车夫,以前是当厨师,不过也不是城里那样的厨师,而是乡下的,马马虎虎。"

"那你是给谁当厨师?"

"给以前的主人阿发纳西·涅菲德奇,就是谢尔盖·谢尔盖伊奇的伯父。里果夫村是他,是阿发纳西·涅菲德奇买的,谢尔盖·谢尔盖伊奇继承了这份田产。"

"他买什么人的?"

"买塔吉雅娜·瓦西里耶芙娜的?"

"哪一个塔吉雅娜·瓦西里耶芙娜?"

"就是前年死去的那一个,在波尔霍夫附近……不,是在卡拉切夫附近,是个老姑娘……没有嫁过人。您不认识吗? 我们是从她爹,从瓦西里·谢苗内奇手里,到她的手下的。我们在她手下就很久了……有二十来年呢。”

“怎么,你在她那里就当厨师吗?”

“起初就是厨师,后来又当咖啡师。”

“当什么?”

“当咖啡师。”

“这是一种什么差事?”

“我也不知道,老爷。是在餐室里做事,而且管我叫安东,不叫库兹玛了。女主人就是这样吩咐的。”

“你原来的名字是库兹玛吗?”

“库兹玛。”

“你就光是当咖啡师吗?”

“不,不光是一样,也当戏子。”

“真的吗?”

“当然真的……演过戏呢。我们的女主人在自己家里建造了戏院子。”

“你演过什么角儿?”

“您说什么?”

“你在戏台上干什么?”

“您不知道吗?他们把我拉了去,打扮起来;我打扮好了就上台,站着,或者坐着,那就看情形了。教我说什么,我就说什么。有一回我演瞎子……他们往我的一边眼皮底下塞一粒豌豆……可不是!”

“那你后来干什么呢?”

“后来我又当起厨师。”

“为什么把你降为厨师呢？”

“因为我的兄弟逃跑了。”

“哦，那你在第一位女主人的父亲手下干什么的？”

“什么事都干过：先是当小厮，当马车夫，当园丁，后来又当猎犬师。”

“当猎犬师？……带着猎狗骑马吗？”

“也带着猎狗骑马，可是跌得好厉害：连人带马跌倒，马也受了伤。我们的老主人是非常严厉的，叫人打了我一顿，就把我打发到莫斯科给一个皮匠当学徒。”

“怎么当学徒？你当猎犬师，该不是小孩子吧？”

“年纪吗，我那时有二十多岁了。”

“二十几岁还当什么学徒呀？”

“既然主人吩咐，想必也是可以的。好在他不久就死了，又叫我回乡下来了。”

“你究竟什么时候学的厨师手艺？”

“小树枝儿”抬起他那又瘦又黄的脸，笑了笑。

“这还用学吗？……老娘儿们都会做饭嘛！”

“哦，”我说，“库兹玛，你这一生倒是见得多了！不过，你们这儿既然没有鱼，你现在当渔夫干什么呀？”

“老爷，我可不觉得这有什么不好。派我当渔夫，那还要谢天谢地呢。还有一个像我这样的老头子，叫安得列·普贝尔，女主人派他在造纸厂做汲水工呢。她说，白吃饭是罪过……普贝尔还在指望开恩：他有一个堂侄子在女主人的账房里干事，答应替他向女主人说一说，提一提。有什么好说的呀！……可是我看到普贝尔还向堂侄子下跪呢。”

“你有家小吗？娶过亲吗？”

“没有，老爷，没娶过亲。故世的塔吉雅娜·瓦西里耶芙娜——祝她升入天堂！——是不准任何人结婚的。决不可以！她常常说：‘我不嫁人，不是也过得好好的吗？结婚干什么呀？真是胡闹！”

“那你现在靠什么过日子？领工钱吗？”

“什么工钱呀，老爷！……有一口饭吃，就谢天谢地了！我很满意。上帝保佑我们的女主人长寿吧！”

叶尔莫莱回来了。

“船修好了，”他一本正经地说，“快去拿篙子吧——你！……”

“小树枝儿”跑去拿篙子了。在我跟这个可怜的老头儿说话的时候，猎人弗拉季米尔一直带着轻蔑的微笑看着他。

“这人傻里傻气的，”老头儿走后，他说，“是一个没有一点知识的人，只不过是一个庄稼人。他不能算家仆……他全是在吹牛……您想想看，他哪里能当戏子！您真是白费精神，白跟他谈话！”

过了一刻钟，我们已经坐在“小树枝儿”的小船上了。（我们把狗留在一个小屋里，让马车夫叶古季尔看着。）我们觉得不怎么舒服，不过打猎的人一向是不讲究的。“小树枝儿”站在船尾撑船；我和弗拉季米尔坐在船的横板上；叶尔莫莱坐在前面船头上。虽然用麻屑塞过了，但我们的脚下还是很快就冒出水来。好在没有一丝风，池塘仿佛睡着了一般。

我们的船走得相当慢。老头儿很吃力地一下又一下从烂泥里拔着他那缠满一条条绿色水藻的长篙;睡莲那密密丛丛的圆叶也妨碍我们的船前进。终于我们来到芦苇丛中,这一下可热闹了。鸭子看到我们突然出现在它们的领土上,大吃一惊,轰的一声从池塘上飞起,枪声一齐跟着它们砰砰直响,看着这些短尾巴鸟儿在空中翻筋斗,沉甸甸地掉到水里,真是快活。我们当然不能把中枪的鸭子全部弄到手:轻伤的钻到水里去了;有些已经打死了的,掉进了密密的芦苇丛里,就连叶尔莫莱那一双尖眼睛也找不到。尽管这样,到了吃午饭的时候,我们的小船已经装了满满的一船鸭子。

使叶尔莫莱感到十分开心的是,弗拉季米尔的枪法一点也不高明,每次打不中,都要表示惊讶,把枪检查一番,吹几下,表示大惑不解,最后还要向我们说说他之所以打不中的原因。叶尔莫莱像往常一样,百发百中;我照例打得很不好。“小树枝儿”用从小就伺候老爷的人的那种眼神望着我们,有时喊一句:“那儿,那儿还有一只鸭子!”他不时地搔搔背上的痒,不是用手搔,而是扭扭肩膀。天气是极好的:一朵朵白云在我们头顶上高高地、缓缓地飘过,清楚地倒映在水中;周围芦苇沙沙响着;池塘有些地方像钢铁一样,在阳光下闪闪发亮。我们正准备回村里去,谁知突然发生一件很不愉快的事。

我们早已发现小船漏水,水越积越多。就叫弗拉季米尔用瓢把水往外舀,多亏我的猎师有先见之明,从一个不留神的娘儿们那里偷了这个水瓢。在弗拉季米尔没有忘记自己的职责的时候,一切都平安无事。但是打猎到了快收场的时候,鸭子仿佛向我们告别似的,一大群一大群地飞起来,使我们几乎来不及装枪。在几支枪竞射的紧张时刻,我们没有注意我们的小船的情况——突然,由于叶尔莫莱的一个猛烈动作(他拼命要抓到一只被打死的鸭子,整个身子就压到了船边上),我们这破旧的小船侧歪了一下,灌进不少水,就干脆利落地向塘底沉去,幸亏这不是深的地方。我们都叫起来,然而已经迟了:一转眼工夫我们已经站在齐喉咙深的水里,满船的死鸭子一齐漂浮起来,把我们团团围住。现在我想起我的同伴们那吓白了的脸(恐怕我的脸也不例外,那时不会是红润的),还不能不发笑;可是在那时候,说实话,连想也想不到笑。我们都把自己的枪举在头上,“小树枝儿”大概是惯于学主人的样儿,也把长篙举在头上。第一个打破沉默的是叶尔莫莱。

“呸,真倒霉!”他往水里吐了一口唾沫,嘟哝说,“多么出奇的事!全怪你,老鬼!”他气嘟嘟地对“小树枝儿”说,“你这算什么船呀?”

“怪我不好。”老头子轻声说。

“你也够能干的,”叶尔莫莱转过头对着弗拉季米尔,又说道,“你管什么的?为什么不舀水?你,你,你……”

但是弗拉季米尔已经顾不得反驳了。他浑身打战,牙齿同牙齿磕打着,茫然地笑着。他的口才、他的文雅体面感和自尊感不知哪里去了!

该死的小船在我们脚下轻轻颤动着……在小船下沉的那一小会儿,我们觉得水格外凉,但是很快就习惯了。在开头的恐惧过去之后,我朝周围打量了一下:周围,离我们十步之外,全是芦苇；远处，从芦苇顶上看去，可以看到岸。我心想：“这可糟了！”

“咱们怎么办呀？”我问叶尔莫莱。

“咱们看看情形再说，反正不能在这儿过夜。”他回答说，“给你，把枪拿着。”他对弗拉季米尔说。

弗拉季米尔乖乖地把枪接过去。

“我去找浅地方，”叶尔莫莱很有把握地说，仿佛任何池塘里一定都有可以涉水而过的浅地方。他拿了“小树枝儿”的长篙，就朝岸边走去，一面小心地探着水底。

“你会游水吗？”我问他。

“不会，不会游水。”他在芦苇丛中回答说。

“啊，这样他会淹死的。”“小树枝儿”平静地说。他原来害怕就不是怕危险，而是怕我们发火，现在他完全放下心来，只是有时候呼哧呼哧换两口气，似乎不觉得有改变现状的必要。

“而且这样淹死一点好处也没有。”弗拉季米尔不以为然地说。

过了一个多钟头，叶尔莫莱还没有回来。我们觉得这一个钟头长得不得了。开头我们跟他很亲热地相互呼唤着；后来他对我们的呼唤的回应渐渐少了，最后完全没有声息了。村子里响起晚祷的钟声。我们彼此也不说话，甚至尽可能不看彼此。野鸭在我们头顶上飞来飞去；有一些打算落在我们旁边，但是突然腾空而起，嘎嘎叫着飞开去。我们渐渐觉得身子发僵了。“小树枝儿”眨巴着眼睛，仿佛要睡觉了。

叶尔莫莱终于回来了，我们真是说不出的高兴。

“喂，怎么样？”

“我到了岸上;探到路了……咱们走吧。”

我们正想马上就走,但是他先从水下的口袋里掏出一条绳子,把死鸭子的腿一一拴起来,用牙咬住绳子的两头,这才慢慢向前走去;弗拉季米尔走在他后面,我在弗拉季米尔后面,“小树枝儿”殿后。离岸边有两百步左右,叶尔莫莱走起来又大胆,又是一停也不停(他探路真是探得十分清楚),只是有时喊一声:“向左,右边有一个深坑!”或者:“向右,往左会掉下去的……”有时水抵到喉咙,可怜的“小树枝儿”因为比我们都矮,有两次呛了水,并且直吐白沫。叶尔莫莱声色俱厉地吆喝他:“喂,喂,喂!”于是“小树枝儿”拼命摆动着两条腿又爬又蹦,终于爬到浅些的地方,但是即使在紧急关头,他也不敢抓住我的衣襟。我们终于走到岸上的时候,已经筋疲力尽,浑身泥污,水淋淋的。

两个小时之后,我们已经坐在一座宽敞的干草棚里,尽可能把身上弄干了一些,就准备吃晚饭了。马车夫叶古季尔是一个行动特别缓慢、迟钝、态度审慎、似乎带睡意的人,站在门口,热心地请“小树枝儿”吸烟。(我注意到俄国的马车夫都是一见如故。)“小树枝儿”拼命地吸,吸得恶心起来:又吐唾沫,又咳嗽,而且,显然感到十分愉快。弗拉季米尔显出疲惫的样子,歪着头,很少说话。叶尔莫莱在擦我们的枪。几条狗加快了摇尾巴,在等燕麦粥;马在檐下又跺蹄子又嘶叫……太阳就要落山了:夕阳残晖迸射开去,像一条条宽宽的红带;金黄色的云朵在天空披散开来,越来越细,仿佛梳洗过的羊毛……从村子里传来歌声。

别任草地[①]

这是七月里一个晴朗的日子,这样的日子只有在天气长期稳定的时候才有。从清早起天空就是明朗的;朝霞不是像火一样燃烧,而是泛着柔和的红晕。太阳——不是像炎热的旱天那样火红、火辣辣的,不是像暴风雨前那样的暗红色,而是明媚的、灿烂可爱的——在一片狭长的云彩下冉冉升起,迸射出明丽的光辉,随即进入淡紫色的云雾中。长长的云彩上部那细细的边儿亮闪闪的,像弯弯曲曲的蛇,那光彩好像刚刚出炉的银子……可是,瞧,那亮闪闪的光芒又迸射出来——于是一轮巨大的光球又愉快、又雄壮、像飞腾似的升上来。中午前后常常出现许许多多圆圆的、高高的云朵,灰色中夹杂着金黄色,镶着柔和的白边儿,像无数小岛,散布在泛滥无边的河上,周围绕着一条条清澈的、蓝湛湛的支流,这些云朵几乎一动也不动;远处,靠近天际的地方,许多云朵互相靠拢着,拥挤着,云朵与云朵之间的蓝天已经看不见

①最初刊于《现代人》杂志1851年第2期。

了;但是那一朵朵云彩也像天空一样蓝,因为这些云彩也渗透了光和热。天际的颜色淡淡的,紫蒙蒙的,一整天都没有什么变化,而且四周围都是一样,哪里也不阴沉,哪里也没有雷雨的迹象;只是有的地方从上到下挂起淡蓝色的长幡:那是飘洒蒙蒙细雨。到傍晚,这些云彩渐渐消失;那最后一批云朵,黑黑的,烟雾蒙蒙的,经落日一照,宛若一球一球的玫瑰;在太阳像升起时那样静静地落下去的地方,血红的余晖在暗下来的大地上空停留了不大一会儿,金星就像有人小心端着的蜡烛一样轻轻颤动着在那儿闪耀起来。在这样的日子里,一切色彩都很柔和;浅淡,而不是浓艳;一切都带有亲切感人的意味。在这样的日子里,有时也热得厉害,有时在坡地上甚至像在蒸笼里一样;但是风会把积攒起来的热气吹散、赶走,而一股股旋风——那是天气稳定时必定常常出现的——也会像一根根高高的白柱,在大路上游荡,穿过一块块耕地。干爽而清净的空气带有野蒿、割倒的黑麦和荞麦的气味,甚至在入夜前一小时还感觉不到一点潮气。这种天气正是庄稼人收割庄稼时所盼望的……

正是在这样的日子里,我有一次到图拉省契伦县去打松鸡。我找到并且也打到很多野味;装得满满的猎袋勒得我的肩膀非常难受,然而等到我终于下决心回家的时候,晚霞已经消失,寒冷的阴影在虽然已经有夕阳残照但还明亮的空中开始变浓,开始扩展了。我快步穿过长长的一大片灌木丛,爬上一座小山包,看到的不是我意料中右面有橡树小林、远处有一座矮矮的白色教堂的那片熟悉的平原,却是我不熟悉的另外一片地方。我的脚下有一条狭窄的山谷伸展开去,正对面是一片茂密的山杨树林,像陡壁似的矗立着。我大惑不解地站下来，往四下里打量了一下……“哎呀，”我心想，“我完全走错了，太偏右了。”我一面因为自己走错感到惊讶，一面迅速走下山包。我立刻被笼罩在令人不快的、动也不动的潮气中，好像进了地窖；谷底的茂密的青草全都湿漉漉的，呈现一片白色，像平平的桌布，走在上面有点儿可怕。我急忙爬上另一面坡，向左拐弯，贴着山杨树林走去。蝙蝠已经在入睡的山杨树顶上来来回回飞着，在苍茫的天空神秘地盘旋着，颤动着。一只迟归的小鹰敏捷地、直直地在高空中飞过，赶回自己的窝里。“我只要走到那一头，”我心想，“马上就有路了，可是我已经走了一俄里左右的冤枉路！”

我终于走到了树林的那一头，可是这里什么路也没有。我面前是一大片一大片不曾砍过的矮矮的灌木丛，再往前，可以远远地看到一片空旷的田野。我又站了下来。“怎么有这样的怪事？……我这是在什么地方？”我就回想这一天是怎么走的，往哪儿走的……“哈！这不是巴拉欣灌木林吗！”最后我叫起来，“就是的！那大概就是辛杰耶夫小树林……可我这是怎么走到这儿来了？走得这么远？……真奇怪！现在又得往右走了。”

我就朝右走，穿过灌木林。这时候夜色像大片阴云似的越来越迫近，越来越浓了；仿佛随着夜雾的升起，黑暗也从四面八方升起，甚至也从高处往下流泻。我发现一条没有走成路的、长满草的小道，我就顺着小道走去，一面留心向前面注视着。四周围很快地黑下来，静下来，只有鹌鹑偶尔叫两声。有一只不大的夜鸟舒展着柔软的翅膀，悄无声息地、低低地飞着，几乎撞到我身上，便惊慌地朝一旁飞去。我出了灌木林，来到田野上，顺着田塍走去。我已经很难分辨稍微远些的东西。四周田野白茫茫一片;再远处,出现阴沉沉的黑暗,一大团一大团地渐渐迫近前来。我的脚步在动也不动的空气中发出低沉的声音。暗淡下来的天空又变蓝了,不过这已经是夜晚的蓝。星星在天上闪烁、颤动起来。

我先前认为是小树林的,原来是一个黑黑的、圆圆的山包。“究竟我这是在哪儿呀?”我又出声地自问了一遍,并且第三次站了下来,用询问的神气看了看我的英国种黄斑花狗季安卡,因为狗在所有四条腿动物中肯定是最聪明的。但是这最聪明的四条腿动物只是摇摇尾巴,泄气地眨巴了几下疲倦的眼睛,并没有给我出什么切实可行的主意。我面对着狗感到惭愧起来,于是我拼命朝前走去,就好像我恍然大悟,知道该往哪儿走了。我绕过山包,来到一块不很深的、周围都翻耕过的凹地里。我立刻有一种奇怪的感觉:这凹地形状像一口几乎完全合格的铁锅,锅边缓缓倾斜,底部矗立着几块很大的白石头——仿佛它们是爬到这儿来开秘密会议似的——这里是如此寂寥,如此僻静,这儿的天空如此单调,如此凄凉,使我的心紧缩起来。有一只小野兽在石头中间有气无力地、痛苦地尖叫了一声。我急忙回过头爬上山包。在这之前我一直抱着希望,满以为能找到回家的路;这时我才认定完全迷了路,再也不想去辨认几乎已经完全沉浸在黑暗中的附近一些地方,只管一直往前走,借着星光,走到哪儿算哪儿……我吃力地拖着两条腿,就这样走了半个钟头左右。似乎我有生以来没有到过这样荒凉的地方:不论哪里,没有一星火光,没有一点响声。走过一个慢坡的山冈又是一个,走过一片田野还是没有尽头的田野,一丛丛灌木仿佛突然从地里冒出来,竖立在我的鼻子前面。我走着走着，已经打算在什么地方躺下来，等天亮再说，这时突然来到一处悬崖边，往下看深不见底。

我急忙缩回已经跨出去的一只脚，透过朦胧的夜色，看到下方远处有一片大平原。一条大河从我脚下成半圆形延伸开去，围绕住这片平原；河水那钢铁般的反光有时隐隐约约闪烁一阵，显示河水的流向。我所站的山冈突然低落，形成几乎垂直的悬崖；山冈的巨大轮廓黑魆魆的，在苍茫的夜空中显得非常突出，就在我的脚下，在这座悬崖与平原形成的角落里，在流到此处便像一面黑镜子似的一动不动的大河边，在陡峭的山脚下，有相互靠近的两堆火迸射着红红的火焰，冒着烟。火堆周围人影幢幢，有时清清楚楚映照出一个小小的、鬈发的头的前半面……

我终于弄清了我来到什么地方。这片草地叫别任草地，在我们这一带是有名的……但是要回家已经不可能了，尤其是在夜里；两腿已经累得发软了。我拿定主意要到火堆跟前去，跟那些人在一起，等到天亮；我把那些人当成牲口贩子。我平平安安地来到下面，但我还没有放开我抓住的最后一根树枝，就有两条老大的长毛白狗恶狠狠地叫着向我猛扑过来。火堆旁响起清脆的孩子声，有两三个孩子很快地站起来。我回答了他们的大声诘问。他们跑到我跟前，立刻把特别对我的季安卡的出现感到惊讶的两条狗唤回去，我也走到他们跟前。

我把坐在火堆周围的人当成牲口贩子，弄错了。这不过是附近村子里几个农家孩子，看守马群的。在我们这地方，到夏天天热的时候，就把马赶出去过夜，在田野上吃草，因为白天总是有苍蝇和牛虻叮咬。在日落之前把马群赶出来，到天亮时赶回去——

是农家孩子们的一大乐事。他们光着头，穿着旧皮袄，骑着动作最利落的驽马飞跑，快快活活地叫着，吆喝着，悠荡着胳膊和腿，高高地颠动着，高声笑着。轻微的尘埃像黄黄的柱子似的竖起来，顺着大路奔驰；整齐的马蹄声远远地传开去，一匹匹马竖起耳朵跑着；打头的往往是一匹长鬃枣红马，竖着尾巴，不停地倒换着四蹄，凌乱的鬃毛上带着牛蒡种子。

我对孩子们说过我是迷了路的，就挨着他们坐下来。他们问过我是从哪儿来的，沉默了一下，就往旁边让了让。我们聊了不大的一会儿。我就躺到一丛被吃光了叶子的灌木底下，朝周围打量起来。这景象是很美妙的：火堆周围有一个圆圆的、红红的光圈在颤动着，仿佛碰到黑暗要停下来；火熊熊燃烧着，有时向光圈以外投射急速的闪光；细细的光舌有时舔舔光秃的柳枝，一下子又消失；尖尖的、长长的黑影有时也闯进来刹那，而且一直跑到火堆上：这是黑暗和光明在搏斗。有时候，在火势较弱的光圈缩小的时候，从涌上来的黑暗中会突然露出一个长着弯弯的白鼻梁的枣红色马头或者一个纯白色马头，留神地、呆呆地向我们望着，迅速地嚼着长长的青草，接着又低下头去，立刻不见了。只能听到继续咀嚼和打响鼻的声音。在亮处很难看清黑暗中的情形，所以附近的一切都好像遮上一层几乎是黑色的帷幕；然而可以看到接近天际的远处的山冈和树林像长长的、模模糊糊的黑点儿。黑暗而晴朗的天空带着神秘的磅礴气势高高地悬在我们顶上，又庄严，又雄伟。吮吸着这种特殊的、醉人的清新气息——俄罗斯夏夜的气息，胸中快活得连气也顾不得喘了。四周围几乎听不见一点儿响声……只是旁边的河里偶尔突然响起大鱼拍溅水的声音，岸边的芦苇有时被涌来的波浪微微冲动，发出轻轻的沙沙声……只有两堆火轻轻地毕剥响着。

孩子们坐在火堆周围；本来想把我吃掉的两条狗也坐在这儿。它们有好一阵子不能容忍我在场，无精打采地眯着眼睛，斜睨着火堆，有时带着非同一般的自尊感呜噜几声；先是呜噜，后来就轻声尖叫，似乎很惋惜自己的意图不能实现。孩子共有五个：菲佳、巴夫路沙、伊柳沙、科斯佳和瓦尼亚。我是从他们的谈话中知道他们的名字的，现在我就把他们介绍给读者。

第一个，最大的，就是菲佳，看样子有十四岁。这是一个身材匀称的男孩子，相貌漂亮，五官清秀而有些小巧，一头淡黄色鬈发，明亮的眼睛，总是在笑，那笑一半是愉快，一半是漫不经心。从各方面看来，他是属于富裕家庭的，到田野来不是有什么必要，只是为了开心。他穿着一件镶黄边的印花布衬衫，那窄窄的肩膀上披一件不大的新上衣，勉勉强强披得住，浅蓝色腰带上挂一把小梳子。他那双浅筒靴肯定是自己的，不是父亲的。第二个孩子巴夫路沙头发黑黑的，乱蓬蓬的，眼睛是灰色的，颧骨宽宽的，脸色苍白，还有一些麻子，嘴巴很大，但是很端正，头老大，如常言说的，像啤酒锅，身子矮墩墩的，很不匀称。这孩子并不好看——这是不用说的！——然而我还是很喜欢他：他显得非常聪明和率直，而且声音中流露出刚强。他的衣着说不上好：不过是普通麻布衬衫和打补丁的裤子。第三个是伊柳沙，相貌很平常：钩鼻子，长脸，眼睛眯眯的，脸上流露出一种迟钝的、病态的忧虑神气；那闭得紧紧的嘴唇一动也不动，紧蹙的眉头从不舒展——他好像因为怕火一直眯着眼睛。他那黄黄的、几乎是白色的头发一小绺一小绺地从小毡帽底下往外翘着，他时不时地用两手把小毡帽往耳朵上拉一拉。他穿着新的树皮鞋，裹着包脚布。一根粗绳子在腰上绕了三圈，紧紧勒着他那整洁的黑色长袍。看样子，他和巴夫路沙都不到十二岁。第四个是科斯佳，是一个十岁上下的孩子，他那沉思和悲伤的眼神引起我的好奇。他的脸不大，瘦瘦的，而且有雀斑，下巴尖尖的，像松鼠一样；嘴巴小得几乎看不出；然而那双乌黑的、水灵灵的大眼睛给人奇怪的印象：这双眼睛似乎想说嘴巴（至少他的嘴巴）说不出的话。他的个头儿小小的，体格孱弱，衣着寒碜。最后一个孩子是瓦尼亚，我起初竟没有注意到他：他躺在地上，老老实实地蜷缩在一张疙疙瘩瘩的粗席子底下，只是偶尔从席子底下露一露他那淡褐色鬈发的头。这孩子不过七岁。

我就这样一直躺在旁边的一丛灌木下打量着孩子们。有一堆火上支着一口不大的铁锅，锅里煮的是土豆。巴夫路沙照看着，跪在地上，用一根木片往翻滚的水里扎。菲佳躺着，用胳膊肘支着头，敞着衣襟。伊柳沙坐在科斯佳旁边，仍然那样使劲眯着眼睛。科斯佳微微低着头，望着远处什么地方。瓦尼亚在自己的席子底下一动不动。我装作睡着了。孩子们渐渐又谈了起来。

开头他们闲聊，东扯西拉，谈明天要干的活儿，谈马。可是突然菲佳转向伊柳沙，似乎接起打断的话头，问道：

“喂，你怎么，真的见过家神吗？”

“不，我没有看见过，家神是看不见的，”伊柳沙用沙哑的、有气无力的声音回答说，这声音和他脸上的表情十分相称，“可是我听见过……而且不止我一个人听见。”

"他待在你们那儿什么地方?"巴夫路沙问。

"在原来的打浆房[1]里。"

"怎么,你们常常去造纸厂吗?"

"当然啦,常常去。我和哥哥阿夫九什卡是磨纸工[2]嘛。"

"哎呀,还是工人呢! ……"

"哦,那你是怎样听见的呢?"菲佳问。

"是这样的。有一次我和哥哥阿夫九什卡,和米海耶夫村的菲多尔、斜眼伊凡什卡、红冈的另一个伊凡什卡,还有苏霍路科夫家的伊凡什卡,还有另外几个人,都在那儿;我们一共有十来个人,一个班的人都齐了;而且还得在打浆房里过夜,本来用不着在那儿过夜,可是监工纳扎罗夫不许我们走,他说:'伙计们,你们回家干啥呀;明天活儿很多,伙计们,你们就不要回去了。'我们就留下来,一起躺下来,阿夫九什卡说起话来,他说:'伙计们,家神来了怎么办? ……'阿夫九什卡的话还没有说完,忽然就有人在我们上面走动起来;我们就躺在下面,他就在上面,在水轮旁边走着。我们听见:他在走呢,踩得木板一弯一弯的,咯吱咯吱直响;他从我们头顶上走了过去;水忽然往轮子上哗哗流起来;冲得轮子响了,转动起来;水宫[3]的闸板本来是关着的呀。我们很奇怪:这是谁把闸板开了,让水流起来;可是轮子转了几下,又转了几下,就停了。他又往上朝门口走去,又顺着楼梯往下走,往下来,好像不慌不忙;楼梯板在他脚下响得可厉害呢……哦,他来到

---

①"打浆房"和"纸浆房"都是造纸厂里的房舍,里面有许多盛纸浆的大桶。这种房舍一般都在堤边,水轮下面。——作者注

②"磨纸工"是把纸磨平、刮光的人。——作者注

③水往轮子上流所经过的地方,在我们那儿称为"水宫"。——作者注

我们的门口，等着，等着，门突然一下子敞开了。我们吓了一跳，一看——却什么也没有……忽然有一个大桶上的格子[①]动起来，升上去，完全到了空中，在空中摇来摆去，好像有人在刷洗，然后又回到原来的地方。后来另一个大桶上的钩子离开钉子，又回到钉子上去。后来好像有一个人朝门口走去，而且忽然大声咳嗽起来，大声清嗓子，好像是一只羊，而且声音很响……我们都挤成一堆躺着，互相往身子底下钻……那一回我们可吓坏了！"

"有这样的事！"巴夫路沙说，"那他为什么要咳嗽呢？"

"不知道，也许是受不了潮气。"

大家沉默了一会儿。

"怎么样，"菲佳问，"土豆煮好了吗？"

巴夫路沙试了试。

"没有，还是生的呢……听，在拍水呢，"他说着，把脸转过去，朝着河，"大概这是梭鱼……瞧，一颗流星。"

"喂，伙计们，我来给你们讲一件事儿，"科斯佳用尖细的嗓门儿说起来，"你们听着，这是前几天我听我爹说的。"

"好，我们听着。"菲佳带着鼓励的神气说。

"你们都知道镇上那个木匠加夫利拉吧？"

"是的，知道。"

"你们可知道，他为什么老是那样不快活，老是不说话，知道吗？他就是因为这事儿一直很不快活的。我爹说，有一回他到树林里去摘胡桃。他到树林里就迷了路，不知道走到了什么地方。他走呀，走呀，伙计，不对头！他找不到路，可是天已经完全黑

①"格子"即捞纸浆用的网。——作者注

了。他就在一棵树下坐下来，心想，就等天亮吧。他一坐下来，就打起瞌睡。一打瞌睡，就听见有人叫他。睁眼一看，一个人也没有。他又打起瞌睡，又有人叫他。他望了又望，望了又望，就看见他前面的树枝上坐着一个人鱼，身子摇晃着，叫他过去呢；人鱼还笑着，笑得要死……月亮很亮，亮得很，把什么都照得清清楚楚，真的，什么都看得见。她在叫他，她坐在树枝上，全身白白的，亮闪闪的，像一条拟鲤或者鲈鱼，要么就像一条鲫鱼，也是那样白白的，银光闪闪的……木匠加夫利拉简直愣住了，可是她还是在哈哈大笑，而且一直在招手叫他过去。加夫利拉本来已经站起来，要听从人鱼的话了，可是，准是上帝提醒了他：他还是在自己身上画了个十字……可是，伙计们，他画十字好费劲儿呀；他说，他的手简直像石头一样，不能动弹……唉，真够受呀！……可是，伙计们，等他一画过十字，人鱼就不笑了，而且一下子就大哭起来……她哭呀哭呀，用头发擦着眼睛，她的头发是绿颜色的，跟大麻一样。加夫利拉对她望着，望着，就开口问她：‘林妖，你怎么哭呀？’那人鱼就对他说起来：‘人呀，你不该画十字，你应该跟我快快活活地过一辈子；我哭，我难过，是因为你画了十字；而且不光是我一个人难过，你也要难过一辈子。’她说过这话，就不见了，加夫利拉马上也明白了怎样从树林里走出去……可是从那时候起，他就一直不快活了。”

“哎呀！”在沉默了一会儿之后，菲佳说，“那个林妖怎么会伤害一个基督徒的心灵呀，他不是没有听她的话吗？”

“得了吧！”科斯佳说，“连加夫利拉也说，她的声音那么尖细，那么悲哀，像癞蛤蟆声音一样呢。”

“这是你爹亲口讲的吗?”菲佳又问道。

“他亲口讲的。我躺在高板床上,全听见了。”

“真是怪事!他为什么不快活呀?……她叫他过去,那是她喜欢他。”

“哼,还喜欢他呢!”伊柳沙接话说。“可不是吗!她想呵他痒,她想的就是这事儿。她们这些人鱼就喜欢这样。”

“这儿想必也有人鱼呢。”菲佳说。

“不,”科斯佳回答,“这地方干净、宽敞。只不过离河太近了。”

大家都不说话了。忽然远处响起长长的、清脆的、几乎是呻吟一般的声音,这是一种神秘的夜声,在万籁俱寂的时候有时会有的。这声音升起来,停留在空中,到最后慢慢扩散,好像消逝了。仔细听听,似乎什么也没有,然而还是在响着。似乎有一个人在天际叫喊了很久很久,另一个人似乎在树林里用尖细刺耳的大笑声在回答他,接着,一阵微弱的咝咝声在河面上掠过。孩子们面面相觑,打起哆嗦……

“上帝保佑吧!”伊柳沙小声说。

“哎,你们这些胆小鬼!”巴夫路沙叫道,“怕什么呀?你们瞧,土豆熟了。(大家一齐凑到锅子跟前,吃起热气腾腾的土豆;只有瓦尼亚一动也不动。)你怎么啦?”巴夫路沙问道。

可是瓦尼亚并没有从他的席子底下爬出来。锅子很快就空了。

“伙计们,”伊柳沙说起来,“你们听说前些天在我们瓦尔纳维茨出的一件稀奇事儿吗?”

“是在堤坝上吗?”菲佳问。

“是的,是的,是在堤坝上,在冲坏了的堤坝上。那是一块不干净的地方,很不干净,而且又偏僻。周围都是凹地、冲沟,冲沟里常常有蛇。”

“哦,出了什么事儿呢?你说呀……”

“是这样一回事儿。菲佳,你也许不知道,有一个淹死的人葬在我们那儿。那人是很久很久以前,池塘还很深的时候淹死的,可是他的坟还看得见,不过已经不显眼,只是一个小小的土包……就在前几天,管家把看猎狗的叶尔米尔叫了去,说:‘叶尔米尔,你到邮局去一趟。’我们那儿的叶尔米尔常常上邮局去;他把他的狗全折腾死了:狗在他手里不知为什么活不长,总是活不长,不过他是一个很好的驯犬手,好得不得了。于是叶尔米尔就骑上马到城里去了,谁知他在城里磨蹭了一阵子,他往回走的时候已经醉了。这天夜里很亮,月亮照得亮堂堂的……叶尔米尔骑着马经过堤坝:他走的这条路一定要从这儿经过。叶尔米尔骑在马上走着走着,就看见那个淹死的人的坟上有一只小绵羊来来回回走着,白白的,一身鬈毛,挺好看。叶尔米尔就想:‘我就去把它捉住,不能让它白白跑掉。’他就下了马,把它搂在怀里……那只羊倒也乖乖的。叶尔米尔就朝马走去,那马见了他却往后倒退,打响鼻,摇晃头;但是他把马喝住,带着羊骑上去,又往前走,把羊放在自己前面。他看着它,那羊也直盯着他的眼睛看。叶尔米尔害怕起来,心想,我没见过羊这样盯着人的眼睛看的,不过这也没什么,他就一个劲儿地抚摸起羊的毛,说:‘咩,咩!’那羊忽然龇出牙齿,也对他叫:‘咩,咩!’……”

讲故事的人还没有说完这最后一句话，那两条狗一下子站起来，哆哆嗦嗦地叫着从火边跑了开去，消失在黑暗中。孩子们都吓得要死。瓦尼亚从他的席子底下腾地跳起来。巴夫路沙叫喊着跟着狗跑去。狗叫声很快就渐渐远了……可以听见受惊的马群慌乱的奔跑声。巴夫路沙大声吆喝着："阿灰！阿毛！……"过了一小会儿，狗不叫了；巴夫路沙的声音已经远了……又过了一阵子；孩子们带着困惑不解的神情你看着我，我看着你，似乎在等待什么事儿……突然响起一匹奔跑的马的蹄声，一匹马来到火堆旁猛地停下来，巴夫路沙抓住马鬃，敏捷地跳下马来。两条狗也跑进火光的圈子里，立刻坐了下来，吐出红红的舌头。

"那儿怎么啦？怎么一回事儿？"孩子们问。

"没什么，"巴夫路沙朝马挥了挥手之后，回答说，"大概是狗闻到了什么。我想，是狼吧。"他一面呼哧呼哧喘着气，一面平静地回答说。

我不由地对巴夫路沙欣赏了一会儿。此时此刻他非常好看。他那并不漂亮的脸因为骑马快跑了一阵子显得生气勃勃，流露出勇敢豪迈、坚强刚毅之气。他手里连一根棍棒也没有，就在深夜里毫不犹豫地一个人跑去赶狼……我望着他，心里想："多么好的孩子呀！"

"怎么，你们见过狼吗？"胆小的科斯佳问。

"这儿常常有很多狼，"巴夫路沙回答说，"不过狼只有在冬天才骚扰人。"

他又坐到火堆前了。他在坐下的时候，用一只手拍了拍一只狗的毛茸茸的后脑勺，高兴起来的畜生带着得意和表示感激的神气从一旁望着他，很久没有转过头去。

瓦尼亚又钻到席子底下。

“伊柳沙，你给我们讲的事儿多可怕呀。”菲佳说起话来。他是富裕农民的儿子，所以总是带头的。（他自己说话很少，仿佛怕说多了有失身份。）“这两条狗也见鬼，叫起来了……是的，我听说，你们那地方不干净。”

“你是说瓦尔纳维茨吗？……可不是！顶不干净了！听说，有人在那儿不止一回看见老爷——死去的老爷。听说，老爷穿着长襟外套，老是唉声叹气，在地上寻找什么东西。有一回特罗菲梅奇老爹碰到他，就问：‘伊凡·伊凡内奇老爷，您在地上找什么呀？’”

“他问他吗？”菲佳吃惊地插嘴说。

“是的，问他的。”

“啊，特罗菲梅奇真算好样儿的……哦，那老爷怎么说呢？”

“他说：‘我找断锁草……断锁草。’说的声音很低，很低。‘你要断锁草干什么，伊凡·伊凡内奇老爷？他说：‘在坟里闷得难受，很难受，特罗菲梅奇，我想出来，想出来呀’……”

“有这种事！”菲佳说，“就是说，他没有活够哩。”

“真奇怪呀！”科斯佳说，“我还以为只有在追念亡灵的那个星期六才能看见死人呢。”

“死人随时都能看得见，”伊柳沙很有把握地接话说。我看出来，他最了解农村的种种迷信传说。“不过在追念亡灵的那个星期六，可以看到这一年里轮到要死的活人。只要那天夜里坐到教堂门口的台阶上，一直望着大路就行。有谁从你面前大路上走过，谁就在这一年死。去年我们那儿的乌里雅娜老奶奶就到教堂门口的台阶上去过。”

“哦，她看见什么人吗?”科斯佳好奇地问。

“当然看见啦。起初她坐了很久很久，什么人也没看见，也没听见……只是好像有一条狗老是在什么地方叫着，叫着……忽然她看到：有一个光穿衬衫的男孩子顺着大路走来。她仔细一看——是菲多谢耶夫家的伊凡什卡呢……”

“就是春天死去的那一个吗?”菲佳插嘴问道。

“就是他。他走着，连头也不抬……可是乌里雅娜认出他来了……后来她又一看：有一个老奶奶走来了。她看了又看，看了又看——哎呀，我的天呀！——是她自己在路上走，是她乌里雅娜呢。”

“真是她自己吗?”菲佳问。

“真的，是她自己。”

“那又怎样，她不是还没有死吗?”

“还不到一年嘛。你瞧瞧她那模样吧：只剩一口气了。”

大家又不作声了。巴夫路沙往火里扔了一把枯树枝儿。那火猛地一爆，小树枝儿立刻变黑了，毕毕剥剥响起来，冒起烟来，渐渐弯曲，烧着的一头渐渐翘起来。火光猛烈地颤抖着，射向四面八方，尤其是向上。忽然不知从什么地方飞来一只白鸽，一直飞进这火光里，浑身洒满炽烈的火光，在原地打了几个转转儿，就拍打着翅膀飞走了。

“大概是找不到窝儿了，”巴夫路沙说，“这会儿就飞呀飞呀，飞到哪儿算哪儿，落到哪儿就在哪儿过夜。”

“哦，巴夫路沙，”科斯佳说，“这是不是一个虔诚的灵魂往天上飞呀，嗯？”

巴夫路沙又往火里添了一把树枝儿。

“也许是吧。”他终于说。

“巴夫路沙，我问你，”菲佳说，“在你们沙拉莫沃也看得见天兆[1]吗？”

“就是太阳一下子没有了，对吗？当然看得见。”

“大概你们也吓坏了吧？”

“还不光是我们呢。我们的老爷，虽然早就对我们说，你们要看到天兆了，可是等天黑下来，听说他也害怕得不得了。在下房里，厨娘一看到天黑下来，她就一下子抓起炉叉，把炉灶上的砂锅瓦罐全打碎了，她说：‘世界末日到了，现在谁还要吃饭呀！’这一来，烧的汤全流掉了。在我们的村子里还有这样的说法，说是白狼要遍地跑，把人都吃掉，猛禽要飞来了，还要看到那个脱力希卡[2]了。”

“哪一个脱力希卡？”科斯佳问。

“你不知道吗？”伊柳沙急不可待地接话说，“唉，伙计，你怎么回事儿呀，连脱力希卡都不知道？你们村的人都没见识，真没见识！脱力希卡是一个很厉害的人，他就要来了。他非常厉害，等他来了，捉也捉不住，对他毫无办法。这人就是这样厉害。比如，庄稼人要抓他，拿了棍子去追他，把他包围起来，可是他会障眼法——他一使起障眼法，就会使庄稼人自己互相厮打起来。再

①我们那里的庄稼人称日食为“天兆”。——作者注

②有关脱力希卡的迷信说法，大概来自反基督的故事。——作者注

比如，即使把他关进监牢，他就要求用瓢给他舀点儿水喝，等到把瓢端给他，他就一下子钻进瓢里，连影子也找不到了。要是给他戴了镣铐，他两手一挣，镣铐就掉了。哦，就是这个脱力希卡要来了，要跑遍乡村和城市；这个脱力希卡，这个神出鬼没的人，要来诱惑基督徒了……唉，可是对他毫无办法……这人十分厉害，神出鬼没……”

“是啊，”巴夫路沙用他那从容不迫的声音说下去，“是这样一个人。我们那儿的人就是在等他来。老人们早就说，天兆一出现，脱力希卡就要来了。这不是，天兆就出现了。所有的人都走到街上，到田野里，等着出什么事儿，你们知道，我们那地方很开阔，无遮无拦。大家望着望着，忽然从镇上来了一个人，下坡来了，样子很奇怪，头大得不得了……大家一齐叫起来：‘哎呀，脱力希卡来了！哎呀，脱力希卡来了！’于是大家纷纷逃跑！我们的村长爬进沟里；村长太太卡在大门底下出不来，不要命地喊叫，把自家的看家狗吓坏了，那狗挣脱了锁链，跳过篱笆，跑到树林里去了；还有库兹卡的爹道罗菲奇，他跑进燕麦地里，蹲下来，一个劲儿地学鹌鹑叫，他说：‘也许，杀人魔王对鸟儿会怜悯的。’大家都吓成了这副样子！……谁知来的人是我们的桶匠瓦维拉，他买了一个新木桶，就把空木桶戴在头上。”

孩子们都笑起来，接着又沉默了一会儿，这也是在旷野里聊天的人常常会有的情形。我望望四周：夜色又浓重又深沉；午夜干燥的暖气代替了黄昏时候潮湿的凉气，温暖的夜气还要有很长时间像柔软的帐幕一般笼罩在沉睡的大地上；还有很长时间，才能听到早晨第一阵簌簌声、第一阵沙沙声和飒飒声，才能看到黎明中初降的露水珠儿。天上没有月亮:在这些日子里,月亮很迟才升上来。无数金色的星星似乎都争先恐后地闪烁着,随着银河的流向静静地流去,的确,望着星星,似乎隐隐感觉到大地在飞速地、不停地运行……忽然从河上接连传来两声奇怪的、痛苦的叫声,过了一小会儿,那叫声已经远些了……

科斯佳打了个哆嗦。“这是什么?”

“这是鹭鸶在叫。”巴夫路沙平静地回答说。

“是鹭鸶,”科斯佳重复说……“可是,巴夫路沙,我昨天晚上听到的是什么呀,”他停了一下,又说,“你也许知道的……”

“你听到什么来着?”

“我听到是这么一回事儿。我从石岭出来,往沙什基村走。起初一直是在我们的榛树林里走,后来走上草地——你知道,就是那里,在冲沟急转弯的地方,那儿本来就有一个水潴[①];你也知道,那里面还长满了芦苇。我就从那个水潴旁边走过,伙计们,忽然听到那水潴里有人哼哼起来,哼哼得非常伤心,非常可怜:哎呀呀……哎呀呀……哎呀呀!我真吓坏了,伙计们:天已经很晚了,声音又是那么凄惨。这么着,连我好像也哭了……这是怎么一回事儿呀?嗯?”

“前年夏天,一伙儿强盗把看林子的阿金扔到那个水潴里淹死了,”巴夫路沙说,“也许是他的灵魂在诉怨呢。”

“原来是这么回事儿呀,伙计们,”科斯佳睁大了他那本来就够大的眼睛,说,“我还不知道阿金是在这个水潴里淹死的哩,要

①水潴,很深的水坑,积有春汛之后留下来的春水,到夏天也不会干涸。——作者注

是知道了,更要害怕呢。”

“不过,听说有些小小的蛤蟆,”巴夫路沙又说,“叫起来声音也很凄惨。”

“蛤蟆?噢,不,那不是蛤蟆……那怎么是……(鹭鸶又在河上叫了两声。)哎呀,这家伙!”科斯佳不由地说,“好像林妖在叫呢。”

“林妖不会叫,林妖是哑巴,”伊柳沙接话说,“林妖只会拍手,噼噼啪啪响……”

“怎么,你见过林妖吗?”菲佳用嘲笑的口气打断他的话说。

“没有,没见过,千万别让我看见吧!可是别人看见过。前些日子我们那儿就有一个人叫林妖迷住了:林妖领着他走呀,走呀,却老是在一块地方打转转儿……到天亮才好不容易回到家里。”

“那么,他看见林妖了吗?”

“看见了。他说,林妖老大老大的,黑乎乎的,身子裹得严严的,好像藏在树背后,叫人看不太清楚,好像躲着月亮,一双大眼睛望着,望着,一个劲儿地眨巴着……”

“哎呀呀!”菲佳轻轻哆嗦了一下,抽动了一下肩膀,叫起来,“呸!……”

“为什么世上有这种坏东西呀?”巴夫路沙说,“真是的!”

“别骂:当心,她会听见的。”伊柳沙说。

大家又不作声了。

“瞧吧,瞧吧,伙计们,”忽然响起瓦尼亚那清脆的童音,“瞧瞧天上的星星吧,简直像一群一群的蜜蜂呢!”

他从席子底下探出他那鲜嫩的脸蛋儿,用小小的拳头支着腮，慢慢地向上抬起他那双沉静的大眼睛。所有孩子的眼睛都抬起来望着天空，望了好一阵子。

“喂，瓦尼亚，”菲佳亲热地说，“怎么样，你姐姐阿妞特卡没生病吧？”

“没生病。”瓦尼亚回答说。他的发音有点儿不准确。

“你对她说说：她为什么不找我们，为什么不来？……”

“我不知道。”

“你对她说说，叫她来玩。”

“我对她说说。”

“你告诉她，我有好东西送给她。”

“送不送给我？”

“也送给你。”

瓦尼亚透了一口气。

“算了吧，我不要。你还是给她吧，她是咱们的好伙伴儿。”

瓦尼亚又就地躺下来。巴夫路沙站起来，拿起那个空锅子。

“你上哪儿去？”菲佳问他。

“到河边去打水，想喝点儿水。”

两条狗站起来，跟着他走了。

“当心，别掉到河里！”伊柳沙在背后喊道。

“怎么会掉到河里？”菲佳说，“他会当心的。”

“是的，他会当心。可是什么事儿都有：等他弯下腰去舀水，水怪会抓住他的手，把他拖下去。以后就会有人说：这孩子掉到水里了……哪儿是掉下去的呀？……”他仔细听了听，又说：“听，他钻进芦苇里了。”

芦苇真的向两边让着，像我们这地方常说的，“絮絮叨叨”埋怨着。

“傻婆娘阿库丽娜自从掉到水里以后，就发疯了，是真的吗？”科斯佳问道。

“是掉到水里以后……现在她成了什么样子啦！可是听说，以前她是一个美人呢。水怪把她糟蹋了。水怪大概没想到有人会很快把她捞上来。就在水底下把她糟蹋了。”

（我不止一次碰到这个阿库丽娜。她穿得破破烂烂，瘦得可怕，脸黑得像煤炭，眼睛迷迷糊糊，牙齿总是龇着，常常一连几个钟头在大路上一个地方踏步，骨瘦如柴的两手紧紧贴在胸前，像笼中的野兽似的两只脚慢慢地倒换着。不论对她说什么，她都不懂，只是偶尔痉挛性地哈哈大笑一阵子。）

“听说，”科斯佳又说道，“阿库丽娜是因为情人欺骗了她，才跳到河里去的。”

“就是因为这事儿。”

“你记得瓦夏吗？”科斯佳又很难受地说。

“哪一个瓦夏？”菲佳问。

“就是淹死的那一个，”科斯佳回答说，“就是在这条河里。多么好的孩子呀！真的，那孩子多么好呀！他娘菲克丽斯塔多么喜欢他，多么心疼他呀！菲克丽斯塔好像早就感觉到他会死在水里的。到夏天，有时候瓦夏跟咱们一块儿到河里洗澡，她就浑身直打哆嗦。别的娘儿们都没什么，只管带着洗衣盆摇摇摆摆地从旁边走过，菲克丽斯塔却把洗衣盆放在地上，叫唤起他来：‘回来，回来吧，我的宝贝儿！哎呀，回来吧，我的好孩子！’天晓得他是怎么淹死的。他在岸边玩儿，他娘也在那儿，在搂干草，忽然听见好像有人在水里吐气泡，一看，只有瓦夏的帽子在水上漂着了。打那以后，菲克丽斯塔就疯了：她常常到他淹死的地方去，躺在那儿；她躺在那儿，还唱歌呢——你们可记得，瓦夏常常唱一支歌——她唱的就是那一支歌，她还哭呀，哭呀，向上帝诉苦……”

“瞧，巴夫路沙回来了。”菲佳说。

巴夫路沙端着满满一锅子水，来到火堆旁。

“伙计们，”他沉默了一会儿之后，开口说，“有点儿不妙呢。”

“怎么啦？”科斯佳急忙问。

“我听到了瓦夏的声音。”

大家都吓得直打哆嗦。

“你怎么啦，你怎么啦？”科斯佳轻声说。

“是真的。我刚刚弯下身去舀水，就听见瓦夏的声音在叫我的名字，那声音好像是从水底下来的：‘巴夫路沙，巴夫路沙，喂，到这儿来。’我倒退了几步。不过水还是舀了。”

“哎呀呀，天哪！哎呀呀，天哪！”孩子画着十字说。

“这是水怪叫你呀，巴夫路沙，”菲佳说，“我们刚刚在谈他，在谈瓦夏呢。”

“哎呀，这兆头可不好呀。”伊柳沙一字一顿地说。

“哦，没什么，随它去吧！”巴夫路沙很刚强地说，并且又坐了下来，“该死该活，是由不得自己的。”

孩子们都默不作声了。显然是巴夫路沙的话使他们产生了很深的感触。他们纷纷在火堆旁躺下来，似乎要睡觉了。

“这是什么？”科斯佳突然抬起头，问道。

巴夫路沙留神听了听。

“这是山鹬飞过去了,是山鹬叫。”

“山鹬这是往哪儿飞呀?”

“听说,是飞往没有冬天的地方。”

“真的有这样的地方吗?”

“有的。”

“很远吗?”

“很远,很远,在温暖的大海那边。”

科斯佳叹了一口气,合上眼睛。

自从我来到这儿跟孩子们做伴,已经过去三个多钟头了。月亮终于升上来;我没有立刻注意到这月亮,因为那只是细细的月牙儿。这没有月光的夜晚似乎像往常一样辉煌……但是不久前还高高地挂在天上的许多星星,眼看就要落到大地的黑沉沉的边沿上;周围的一切都寂静无声了,正如往常天快亮时一样:一切都睡得沉沉的,一动也不动,做着黎明前的好梦。空气中的气味已经不那样浓了,似乎潮气又渐渐弥漫开来……夏夜真短呀!……孩子们不说话了,火也熄灭了……狗也打起盹儿;我借着微弱而幽暗的星光,看到马也卧倒了,耷拉下头……我也有点儿迷糊了;一迷糊就睡着了。

一阵清风从我脸上吹过。我睁开眼睛:天已经麻麻亮了。还没有哪儿露出朝霞的红光,但是东方已经发白。四周围一切都看得见了,虽然模模糊糊。灰白色的天空渐渐亮了,渐渐蓝了,也渐渐凉了;星星一会儿微弱地闪烁几下,一会儿隐去;地上潮湿了,树叶缀满露水珠儿,有的地方响起热闹的响声和人声,黎明时的微风已经在大地上徘徊游荡。我的身体经微风一吹，愉快地轻轻颤动着。我一骨碌爬起来，朝孩子们走去。他们都围着阴燃的火堆睡得很沉，只有巴夫路沙欠起上半身，凝神看了看我。

我朝他点了点头，就顺着雾气腾腾的河边往家里走去。我还没有走出两俄里，在我的周围，在广阔的、潮湿的草地上，在前面那些发了绿的山冈上，从树林到树林，在后面长长的灰土大路上，在一丛丛染红了的亮晶晶的灌木上，在从越来越稀薄的晨雾中羞答答地露出蓝湛湛的真容的河上，都洒满热烘烘的朝阳的光芒，起初是鲜红的，然后是大红的，金黄的……一切都动了，睡醒了，歌唱起来，闹哄起来，说起话儿。到处都有老大的露水珠儿红光闪闪的，像亮晶晶的金刚石；迎面而来的钟声清新而纯净，仿佛也被朝露清洗过了；忽然一群恢复了精神的马从我身旁飞驰而过，赶马的正是我已经熟悉的那些孩子……

遗憾的是，我得补充一句：巴夫路沙就在这一年里死了。他不是淹死的，是坠马而死。可惜呀，多么好的孩子！

美丽的梅恰河畔的卡西扬[1]

我打猎归来，坐的是一辆颠来簸去的运货马车。这多云的夏日又闷又热（大家都知道，在这样的日子里，往往比晴朗的日子里热得更难受，尤其是在没有风的时候），我感到非常难受，打着瞌睡，身子摇晃着，愁眉苦脸地忍耐着，任凭坎坷不平的大路上和干得开裂、咯吱咯吱直响的车轮下不断扬起的白色灰尘往身上直扑——忽然，我的车夫的异常不安的情绪和惊慌的动作引起我的注意，在这之前他是瞌睡得比我更沉的。他勒了勒马缰，在驭座上忙活起来，并且吆喝起马，不时地朝旁边什么地方望望。我向周围打量了一下。我们的马车正走在一片广阔的、翻耕过的平原上；周围有几座不高的、也翻耕过的小丘，那相当平缓的波浪状的慢坡伸向平原；五俄里空旷的田野一览无余；远处是一片片不大的白桦树林，只有那圆圆的、锯齿状的树梢打断几乎呈直线形的地平线。一条条小路在田野上纵横延伸，有的进入洼地不见了，

①最初刊于《现代人》杂志1851年第3期。

有的弯弯曲曲爬上小丘，其中有一条在前面五百步的地方和我们走的大路相交，我就在这条小路上看见有一列人马。我的车夫注视的就是那一列人马。

那是出殡。前面，一辆马车慢慢走着，驾车的只有一匹马，一位神甫坐在车上；一名教堂执事坐在他旁边赶着车；马车后面是四个汉子，光着头，抬着棺材，棺材上蒙着白布；两个娘儿们走在棺材后面。其中一个娘儿们的尖细而悲戚的哭声突然飞进我的耳朵，我仔细听了听：她是边诉说边哭呢。这单调的、忽高忽低的、悲痛绝望的哭声在空旷的田野上扩散开来，显得异常凄惨。我的车夫拼命赶起马来：他想赶到那列人马的前头。在路上遇到死人，是不祥之兆。他真的就在死人还没有到达大路之前从大路上飞驰过去；但是我们还没有走出一百步，我们的马车忽然猛烈一震动，朝旁边一歪，几乎翻倒。车夫勒住跑上了劲儿的马，把手一挥，啐了一口。

“怎么一回事儿?”我问。

车夫一声不响，慢腾腾地从车上爬下去。

“怎么一回事儿呀?”

“车轴断了……腐烂了。”他阴沉地回答说，并且突然十分恼火地调理了一下拉套的马的皮套，使得那匹马朝旁边歪了几下，不过站住了，打了一声响鼻，抖擞了一下，就悠然自得地用牙齿在前腿的小腿上挠起痒来。

我从车上爬下来，在大路上站了一会儿，模模糊糊有一种很不愉快的困惑感。右面的轮子差不多完全被压到车子底下了，似乎带着无可奈何的神气把轮毂朝上顶着。

“现在怎么办呢?”我终于问道。

“怪就怪那家伙!”我的车夫说,一面用鞭子指着送殡的人马,送殡的人马已经拐上大路,渐渐向我们靠近了。“我一向就留意这种事儿了,”他继续说,“碰到死人,肯定倒霉……一点不错。”

他又去折腾拉套的马,拉套的马看到他心情不好和严厉的神气,下定决心一动也不动,只是偶尔谦虚地摇摇尾巴。我前前后后地踱了一会儿,又面对着轮子站了下来。

这时死人已经赶上我们。送殡的人马慢慢地从大路上拐到草地上,从我们的马车旁边绕过去。我和车夫摘下帽子,向神甫鞠了个躬,和抬棺材的人对看了一眼。他们吃力地走着,他们那宽阔的脸膛一下一下高高地鼓起。走在棺材后面的两个娘儿们,一个很老,脸色苍白,她那动也不动、因为悲伤变得非常难看的一张脸盘,保持着严肃和庄重的神情。她默默地走着,只是偶尔抬起瘦削的手擦擦那薄薄的、凹进去的嘴唇。另一个娘儿们是一个二十五岁上下的年轻女子,眼睛红红的,泪汪汪的,一张脸都哭肿了;她来到我们跟前的时候,不再边诉边哭了,同时用袖子掩住脸……但是等死人从我们旁边过去,又上了大路,她那种悲戚的、揪心裂腑的哀号声又响起来。我的车夫默默地目送有节奏地颤动着的棺材过去之后,向我转过头来。

“这是木匠马尔登出殡,”他说,“是利亚波沃的。”

“你怎么知道?”

“我看到这两个娘儿们就知道了。那个老的是他娘,年轻的是他老婆。”

“怎么,他是生病死的吗?”

“是的……生热病……前天管家派人去请大夫,可是大夫不在家……这木匠是个好人,喜欢喝几杯,不过是一个很好的木匠。瞧,他老婆多伤心呀……可是,谁都知道,女人的眼泪不值钱,女人的眼泪就像水一样……一点不错。”

他弯下身,从拉套的马的缰绳下面爬过去,双手抓住马轭。

“可是,”我说,“咱们究竟怎么办呀?”

我的车夫先是用膝盖顶住辕马的肩部,把轭摇晃了两下,把辕鞍调理好了,然后又从拉套的马的缰绳下爬出来,顺手朝马面上推了一把,便走到车轮旁边。到了车轮旁边,他一面注视着车轮,一面慢腾腾地从怀里掏出鼻烟盒,慢腾腾地扯住皮带揭开盖子,慢腾腾地把两个老粗的手指头伸进盒子(就连两个手指头也是勉强伸进去的),把烟丝揉了又揉,先把鼻子歪了歪,就一下一下闻了起来,每闻一下,都要发出长长的呼哧声,而且,难受地眯着和眨巴着含泪的眼睛,陷入深深的沉思中。

“喂,怎么样?”我终于说。

我的车夫小心地把鼻烟盒放进口袋,不用手,只是头动了动,让帽子扣到眉毛上,便若有所思地爬上驭座。

“你上哪儿去?”我不免惊愕地问道。

“您请上车吧。”他平静地回答说,并且拿起缰绳。

“咱们这车怎么能走啊?”

“能走,您放心。”

“可是车轴……”

“您请上车吧。”

“可是车轴断了呀……”

“车轴断是断了,不过可以凑合着走到一个新村子……就是说,慢慢走。那边有一片树林,树林过去往右走,有一个新村子,叫尤金村。”

“你看,咱们的车子能走得到吗?”

我的车夫再也不肯给我答复了。

“我还是步行的好。”我说。

“听便……”

于是他挥了挥鞭子。马走动了。

我们的车子果然凑合着走到了那个新村子,虽然右边轮子几乎要掉下来,而且转动得特别奇怪。在一个小山包上,那轮子几乎飞掉,但是我的车夫恶狠狠地大喝一声,我们的车子就平平安安地下了山包。

尤金村总共只有六座又矮又小的草房。这些草房已经歪斜了,虽然可能才建起不久,因为有些院子还没有围上篱笆。我们进村的时候,没有遇到一个人,甚至在街上见不到一只鸡,也见不到一条狗,只有一条短尾巴黑狗当着我们的面急急忙忙从一个干裂的洗衣槽里跳出来,连叫都不叫一声,立刻就慌慌张张地从大门底下跑进去了。那狗大概是渴极了而跑到洗衣槽里去的。我走进第一座草房,推开过道的门,唤了唤主人,没有人答应。我又唤了一声,便听到另一个门里一只猫饥饿的叫声。我用脚把门踢开,一只很瘦的猫在黑暗中闪了闪碧绿的眼睛,从我身旁溜过去。我把头伸进屋里一看:黑洞洞的,烟气弥漫,空无一人。我走到院子里,院子里也没有一个人……有一头小牛在栏里哞哞叫了几声;一只跛脚灰鹅一瘸一拐地朝旁边走了几步。我又走进另一家,屋里也没有人。我来到院子里……

在阳光明亮的院子正当中,在所谓太阳地里,躺着一个人,脸朝上,用衣服蒙着头,我以为那是一个男孩子。在离他几步远的草棚底下,有一辆蹩脚的拉货马车,马车旁边站着一匹瘦马,马具破破烂烂的。一缕缕阳光从破草棚那窄窄的洞眼儿里射进来,给蓬松的枣红色鬃毛增添了许多小小的明亮的斑点儿。在那儿,在高高的椋鸟窝儿里,椋鸟叽叽喳喳叫着,带着悠然自得的好奇神气从它们那空中住宅里朝下望着。我走到那个睡着的人跟前,叫他醒来……

他抬起头来,一看到我,就腾地站起来……"什么,你要什么? 怎么一回事儿?"他似醒未醒地说。

我没有立刻回答他,因为他的模样使我大吃一惊。这竟是一个五十岁上下的矮子,一张又小又黑的脸全是皱纹,鼻子尖尖的,一双褐色的眼睛小得几乎看不出,一头又浓又黑的鬈发在他那小小的头上铺展着,像蘑菇帽儿。他的整个身体极其虚弱和瘦小,他的眼神又特别又奇怪,那是绝对无法用言语来形容的。

"你要什么?"他又问我。

我对他说了说是怎么一回事儿;他听着,那双慢慢眨巴着的眼睛一直没有离开我。

"就是说,能不能给我们弄一根新的车轴呀?"最后我说,"我乐意付钱。"

"可是你们是什么人呀? 是打猎的吗?"他把我从头到脚打量一番之后,问道。

“是打猎的。”

“想必你们打的是天上的鸟……和树林里的野兽吧？……你们打上帝的鸟，流无辜的血，不是罪过吗？”

这奇怪的小老头儿说话声调拖得很长。他的声音也使我吃惊。不但在他的声音中听不出一点衰老意味，而且那声音分外甜美、年轻，几乎像女性一样温柔。

“我没有车轴，”他沉默了一小会儿之后，又说，“这轴又不合适(他指了指他那小小的运货马车)，你们的车想必是大的。”

“在村子里能找得到吗？”

“这算什么村子呀！……这儿没有谁有车轴……而且也没有人在家：都干活儿去了。你走吧。”他忽然说，并且又躺到地上。

我怎么也没有料到这个结果。

“你听我说，老人家，”我拍了拍他的肩膀说，“劳驾，帮个忙吧。”

“你快走吧！我累了：我去了城里一趟。”他对我说过，就把衣服往头上拉了拉。

“劳驾劳驾吧，”我又说，“我……我给钱。”

“我不要你的钱。”

“帮个忙吧，老人家……”

他抬起上半身，盘起两条细细的腿坐好。

“我带你到迹地[①]上去，也许有办法。那儿有商人买了我们一片树林——真作孽，他们砍掉了树林，盖了一座账房，真作孽。你可以在他们那里定做一根车轴。或者买一根现成的。”

①林中砍掉了树木的地方。——作者注

“那好极了!”我高兴地叫起来,“好极了! ……咱们去吧。”

“橡木车轴是好车轴。”他还没有站起来,又说道。

“这儿离那片迹地远吗?”

“三俄里。”

“那没什么! 咱们可以坐你的车子去。”

“不行啊……”

“那咱们就走吧,”我说,“咱们走,老人家! 车夫在外面等咱们呢。”

老头子很不情愿地站起来,跟着我来到街上。我的车夫正在恼火,因为他要饮马,但是井里水少得很,味道又很不好,照车夫们说的,这是头等大事……不过他一看到这老头儿,就咧开嘴笑了,并且点了点头,叫道:

“哎呀,卡西扬! 你好呀!”

“你好,叶罗菲,你这公道人!”卡西扬用很不带劲儿的声音回答说。

我就把他说的办法对车夫说了说;叶罗菲表示赞成,就把车赶进院子。就在他有条有理地忙着卸马套的时候,老头子倚着大门站着,一会儿很不愉快地望望他,一会儿很不愉快地望望我。他似乎感到困惑不安:据我看,他不大喜欢我们这两个不速之客。

“怎么,也把你迁过来了吗?”叶罗菲在卸马轭的时候,突然向他问道。

“也把我迁过来了。”

“唉!”我的车夫透过牙缝说,“你可知道,木匠马尔登……你认识利亚波沃的马尔登吧?”

“我认识。”

“嗯,他死了。我们刚才碰到他出殡。”

卡西扬哆嗦了一下。

“死了?”他说过,就低下了头。

“是的,死了。你为什么不把他治好呢,嗯?都说你会治病,你是医生嘛。”

我的车夫显然是拿老头子开玩笑,挖苦他。

“怎么,这是你的车吗?”他将肩膀朝那辆车耸了耸,又说道。

“是我的。”

“唉,车呀……车呀!”他连说两遍,抓住车辕杆,几乎把车翻个底朝天……“车呀!……您坐什么上迹地去呀?……这辕杆我们的马是套不进去的:我们的马很大,可是这算什么玩意儿呀?”

“我可不知道,”卡西扬回答说,“不知道你们该坐什么去,除非就用这牲口。”他又叹着气补充一句。

“用这牲口吗?”叶罗菲接着说,然后走到那匹驽马跟前,带着鄙夷的神气用右手中指戳了戳马的脖子。“咦,”他用责备的口气说,“都睡着了,这混账东西!”

我要叶罗菲快点儿把马套上去。我想亲自跟卡西扬到迹地去:那里常常有松鸡。等到车套好了,我和我的狗也凑合着坐到用树皮做的、翘得凹凸不平的车身里,卡西扬也缩成一团,带着原来那副郁郁不乐的表情坐到前面的栏板上。这时叶罗菲走到我跟前,带着很神秘的样子悄悄地说:

“老爷,您跟他一块儿去,那就有意思了。要知道他有多么怪呀,他是个疯子呀,外号就叫跳蚤嘛。我不知道你怎么会了解他的……”

我本来想对叶罗菲说说，直到现在为止，我都认为卡西扬是一个明白道理的人，可是我的车夫又用同样的语调继续说道：

“不过您要留神，看他是不是送您到那地方去。而且车轴您要亲自挑选，要挑结实些的……怎么样，跳蚤，”他又大声说，“你们这儿能弄点儿面包吃吗？”

“你去找吧，能找到。”卡西扬说过，扯了扯缰绳，我们的车子就动了。

使我着实吃惊的是，他的马跑起来倒不是很坏。一路上卡西扬一直不肯说话，我问他什么，他也是很不情愿、很不完整地回答。我们很快就来到迹地，又找到了那里的账房。账房是一座高高的木屋子，孤零零地矗立在一条冲沟边上。那冲沟用一道土坝草草拦住，变成一口池塘。我在账房里见到两个年轻伙计。他们的牙齿像雪一样白，眼睛甜甜的，说话又甜又伶俐，连狡猾的微笑也甜甜的。我向他们买了一根车轴，便转身回到迹地上。我以为卡西扬会留在马旁边等我，谁知他突然走到我跟前。

“怎么，你去打鸟吗？”他说，“嗯？”

“是的，如果能找到的话。”

“我跟你去……行吗？”

“行，行。”

我们就去打鸟。砍掉树木的地方总共有一俄里光景。说实话，我留神注视卡西扬的时间，比注视我的狗的时间更多。真难怪他的外号叫跳蚤。他那黑黑的、无遮无盖的小头（不过他的头发能抵任何帽子）在灌木丛中一个劲儿地闪来闪去。他走起路来格外麻利,似乎一直是蹦着走,不时弯下身去,扯几根草,揣进怀里,自言自语地嘟哝几句,不住地打量我和我的狗,而且用的是一种寻根问底、感到奇怪的目光。在矮矮的灌木丛中,在迹地上,常常有一些灰色的小鸟儿,从这棵树飞到那棵树,啾啾叫着,忽上忽下地飞着。卡西扬学鸟儿叫,跟鸟儿相互呼应:一只小鹌鹑叽叽喳喳叫着从他脚下飞起来,卡西扬也跟着小鹌鹑叽叽喳喳叫起来;一只云雀飞下来,在他的头顶上鼓着翅膀盘旋起来,响亮地歌唱着——卡西扬也跟着云雀唱起来。他还是不跟我说话……

天气很好,比先前更好了,但还是那样热。在明朗的天空,缓缓飘动着高高的、稀稀的云朵,白中带黄,像迟来的春雪;平展展的,长长的,像张开的白帆。那像棉花一般蓬松而轻柔的花边,时时刻刻都在慢慢地、但又明显地变化着;这些云彩在渐渐消散,所以连影子也投不下来。我和卡西扬在迹地上走了很久。一个个矮矮的树墩已经发了黑,周围长满细细的、光溜溜的枝条儿,这新生的蘖枝还不到一俄尺高;这些树墩上还长出一个个带灰边儿的圆滚滚的海绵状木瘤,火绒就是用这种木瘤熬出来的;草莓的粉红色卷须尽情往这上面伸展,这上面还密密麻麻地长着一簇一簇的蘑菇。两只脚常常被晒得热烘烘的长长的青草缠住,绊住;树上到处有微微发红的嫩叶闪着金属般的强烈光芒,使人眼花缭乱;到处有一串串浅蓝色的野豌豆、一朵朵金黄色的毛茛花儿、半紫半黄的蝴蝶花,斑斓悦目;有些荒芜的小路上长满带状的一丛丛红色小草,那是原来的车辙;有些地方,在荒芜的小路旁堆着一俄丈见方的一垛垛木柴,因为风吹雨打已经发了黑;一垛垛木柴投下一片片淡淡的斜长方形阴影——此外再没有什么地方有阴影了。微风时而吹动，时而停息：有时忽然直冲着朝脸上吹来，仿佛风要大起来了——周围一切都快活地响起来，摇晃起来，动起来，蕨类植物那柔软的头儿袅袅娜娜地摆动起来——你正高兴风来了呢……谁知一下子风又停了，一切又不动了。只有蝈蝈好像惹火了似的，齐声吱吱叫着——这种懒洋洋、干巴巴、停也不停的叫声使人困倦。这叫声倒是和正午的酷热很配称；这叫声仿佛来自酷热，仿佛是酷热从晒得发烫的地里唤出来的。

我们连一小群鸟儿也没有碰到，就又来到另一片迹地上。在这儿，一棵棵新砍倒的山杨树悲伤地横躺在地上，把青草和小灌木都压在底下；其中有些树的叶子还是绿的，但已经死了，萎蔫了，在一动不动的树枝上耷拉着；其余一些树的叶子都已经干枯、卷曲了。一个潮湿发亮的树墩旁堆着的许多白色带金黄的新鲜木片，散发着一种特别的、格外好闻的苦丝丝的味道儿。远处，靠近树林的地方，响着低沉的斧声，每过一阵子，就会有一棵枝繁叶茂的大树好像鞠着躬、挓挲着胳膊似的庄严而缓慢地倒下来……

很久我没有找到任何野物。终于，从一大丛长满野蒿的橡树棵子中飞出一只秧鸡。我打了一枪，秧鸡在空中翻了个身，就掉下来。卡西扬听到枪声，急忙用手捂住眼睛，一动也不动，直到我装好枪，拾起秧鸡。等我继续往前走了，他才走到死秧鸡落下的地方，弯下身去，看着溅了几滴血的草地，摇了摇头，惊恐地朝我看了看……后来我听见他小声说："罪过！……哎呀，这真是罪过！"

炎热终于逼着我们走进树林。我急忙跑到一丛高高的榛树棵子下面，有一棵新生的挺拔的槭树婀娜多姿地在这上面舒展着它那轻盈的树枝。卡西扬在一棵砍倒的白桦树的粗的一头上坐下来。我看着他。树叶在高处轻轻晃动，那淡绿色阴影在他那胡乱用黑乎乎的上衣裹着的衰弱的身上和他那瘦小的脸上来来回回悄悄滑动着。他连头也不抬。他老不说话，我觉得没味道儿，便仰面躺下来，欣赏起纷乱的树叶在明亮的、高高的天空的静静变幻。仰卧在树林里向上眺望，是一件极其愉快的事儿！你会觉得，你是在望着深不见底的大海，觉得这辽阔的大海在你的下面，觉得树木不是从地上往上长的，而是像一些巨大的植物的根，往下耷拉着，垂直地落在玻璃一般明净的波浪中；树上的叶子有时像绿宝石一般透亮，有时浓得变成黄绿色、几乎是墨绿色的一片。在远些的什么地方，细细的树枝梢头有一片单独的叶子，一动不动地待在一片湛蓝的天上，旁边另一片叶子在摇摆着，好像鱼尾巴在摇摆，那仿佛是自己在动，不是风吹的。一朵朵白云，像一个个水下仙岛，缓缓地飘过来，又缓缓地飘过去。忽然这大海，这明亮的空气，这些洒满阳光的树枝和树叶，全都流动起来，像摇曳的闪光似的颤抖起来，发出一片清新的、颤动的簌簌声，好像突然涌来的波浪那无休无歇的细碎的哗啦声。你动也不动，望着望着，心中有多么喜悦，多么宁静，多么甜蜜，那是言语无法形容的。你望着望着，那高高的、清澈的蓝天会使你的嘴上浮起微笑，这笑和那蓝天一样纯洁无瑕。于是一件件幸福的往事，像天空的行云，也好像跟随着一朵朵白云，缓缓在心头飘过；而且你总是觉得，你的目光愈延伸愈远，目光带着你进入那宁静、明亮的无底深渊中，已经不可能脱离这高处、这深处……

“老爷，老爷呀！”卡西扬忽然用他那洪亮的嗓门儿说。

我惊愕地欠起身来：在这之前他回答我的问话都很勉强，谁知他突然自己说起话来。

“你有什么事？”我问。

“喂，你为什么打死这只鸟呀？”他对直地望着我的脸，说道。

“怎么为什么？……秧鸡——这是野味：可以吃嘛。”

“老爷，你可不是为了吃打死它，你才不会吃它呢！你打死它是为了取乐。”

“比如说，你自己想必也吃鹅或者鸡吧？”

“那些东西是上帝派定给人吃的，可这秧鸡是树林里自由的鸟儿。也不单是秧鸡，还有许多活物：所有树林里的，田野里和河里的，沼地里和草地上的，高处的和低处的，打了都是罪过，要让它们在世上活到自己的寿限……人有人吃的东西；人另外有吃的东西和喝的东西：粮食——上帝的恩赐——和天降的水，还有祖宗传下来的家畜家禽。”

我惊讶地望着卡西扬。他的话说得非常流畅自如；他不假思索，说得又带劲又平和、又庄重又亲切，有时还闭着眼睛。

“依你看，那捕鱼也是罪过了？”我问。

“鱼的血是冷的，”他很有信心地回答说，“鱼是没有声音的活物。鱼不知道害怕，不知道快乐；鱼是不会说话的活物。鱼没有感觉，鱼身上的血不是活的……”他沉默了一下，又接着说下去，“血呀，血是神圣的东西！血不能见太阳，血不能见光……让血见光是天大的罪过，是天大的罪过和可怕的事儿……唉，天大的罪过呀！”

他叹了一口气，就低下了头。说实话，我真带着十分惊愕的心情看了看这个奇怪的老头儿。他的话真不像一个庄稼人说的话：普通老百姓不说这样的话，能说会道的人也不说这样的话。这是一番经过深思熟虑的庄严而奇怪的话……我没有听见过这类的话。

“请问，卡西扬，”我一直注视着他那微微发红的脸，问道，“你是干哪一行的？”

他没有立刻回答我的问话，他的眼睛不安地转悠了一小会儿。

“我是照上帝旨意过日子，”他终于回答说，“至于说干哪一行——不，我哪一行也不干。我这人很无知，从小就是这样；能干点儿什么就干点儿什么，我可不是一个能干人……我怎么会能干呀！我体力不行，手又笨。比如说吧，到春天，我就捕捉夜莺。”

“捕捉夜莺？……你不是说，不论是树林里的、田野里的，不论什么地方的活物，都是碰不得的吗？”

“是的，打死是不应该的；到了死的时候，自然要死。就拿木匠马尔登来说吧：木匠马尔登本来是活着的，可是没有活多久就死了；他老婆现在又为丈夫伤心，又为小孩子伤心……不论人，不论野物，早晚都要死。死放不过你，你也逃脱不了死。可是帮着死是不应该的……我不是把夜莺打死，决不是打死！我捕捉夜莺，不是让夜莺受罪，不是害它们的性命，而是为了让人高兴，让人开心取乐。”

“你是到库尔斯克去捕捉夜莺吗？”

“也到库尔斯克去，也到远些的地方去，那要看情形了。常常在沼地上、在树林里过夜，一个人在耕地上、在荒野里过夜：有山鹂啾啾叫,有兔子吱吱叫,有野鸭叫呱呱……晚上我留神看着,早晨细心听着,天麻麻亮在树棵子上撒网……有的夜莺唱得多么悲伤,多么好听呀……真悲伤呢。"

"那你卖夜莺吗?"

"卖给好心人。"

"那你还做什么?"

"怎么做什么?"

"干什么活儿呀?"

老头儿沉默了一会儿。

"我什么活儿也不干……我干活儿不行。不过,我识字。"

"你识字吗?"

"我识字。这是多亏了上帝和一些好心人。"

"你怎么样,有家小吗?"

"没有,没有家小。"

"怎么一回事儿?……是死了吗?"

"不,就是没有:这一生没有这样的好运。这一切都是上帝的安排,我们都是按上帝的旨意行事;可是人必须正直——这是最要紧的!就是说,要合乎上帝的心意!"

"你有亲戚吗?"

"有……不过……就那样……"

老头儿不肯说了。

"请你说说,"我开口说,"我听见我的车夫问你为什么不治好马尔登的病。你真的会治病吗?"

"你的车夫是一个正直人,"卡西扬若有所思地回答说,"可也不是没有罪过。说我是医生呢……我算什么医生呀！……谁又能治病呀？这全靠上帝安排。是有一些……草呀，花呀，确实有些效验。就比如鬼针草，是一种对人有益的草；车前草也是这样。说说这些草，也不是不体面的，因为这些草都是纯洁的草，上帝的草。可是，另外一些草就不是这样了：另外一些草也有效验，可也是罪过，连说说这些草都是罪过。除非一面做祈祷……当然啦，也有这样的祈祷词……谁相信，谁能得救。"他放低声音，又这样说了一句。

"你什么药也没有给马尔登吗？"我问。

"我知道晚了，"老头儿回答说，"可是这有什么呢！人生死是有定数的。木匠马尔登不是长命人，在世上是活不久的，果然就是这样。是啊，凡是不能在世上久活的人，就连太阳也不能像对别人那样使他温暖，吃了粮食也没有益处——好像已经约定要往另外一块地方去了……是啊，上帝让他的灵魂安息吧！"

"把你们迁到这儿很久了吗？"沉默了一小会儿之后，我问道。

"不，没很久，大概有四年。老东家在世的时候，我们一直住在自己的老地方，可是，这不是，监护人把我们迁过来了。我们的老东家心肠又好，又和善，愿他早升天堂！哦，当然啦，监护人做得也对；看来，也不得不这样。"

"你们以前住在哪儿？"

"我们住在美丽的梅恰河边。"

"那地方离这儿远吗？"

"大约有一百俄里。"

“怎么,那儿好些吗?”

“好些……好些。那地方辽阔,到处有河,那是我们的窝儿;这地方窄小,缺水……我们在这儿就冷清了。在我们那儿,在美丽的梅恰河畔,你爬上山冈,爬上去一看:我的天呀,这是什么呀?嗯?……又有河,又有草地,又有树林;那边是礼拜堂,再过去又是草地。可以看到很远很远……你望吧,望吧,哎呀,实在太美了!这儿吗,土地确实也很好,是壤土,庄稼人都说,是很好的壤土,而且我种的庄稼到处都长得很好。”

“怎么样,老人家,你说实话,是不是想回家乡住住呀?”

“是啊,能回去看看就好了。不过,到处都很好。我是一个没有家小的人,喜欢到处走走。可不是嘛!坐在家里有多大意思呀?所以不如出来走走。出来走走,”他提高嗓门儿,接着说,“确实要爽快些。多见见阳光,心里也舒畅些,唱起歌儿也甜美些。一看,这儿有一种什么草,那你记住,就采一把吧。那儿有水在流,比如说,那是泉水,是仙水,那你就喝个够——也记住吧。鸟儿自由自在地唱着歌儿……库尔斯克过去就是草原,那是多么好的草原地带,使人惊讶,使人高兴,那有多么辽阔,那真是上帝的恩赐!有人说,那草原一直伸到温暖的大海,那儿有一只声音很好听的鸟儿‘格马云’,不论秋天冬天,树上的叶子都不落,银树枝上生长着金苹果,所有的人都过着富裕、公道的日子……我能上那儿去就好了……我到过的地方实在不少了!我到过罗姆内,到过辛比尔斯克——那是一个很好的城市,也到过莫斯科——那里到处有金子的教堂圆顶;到过‘奶娘奥卡河’,也到过‘亲爱的茨纳河’,也到过‘母亲伏尔加河’,见过许多人,许多好人，到过一些像样的城市……啊，我能到那儿就好了……而且……最好……不光是我一个人……很多别的人也都穿着树皮鞋，一路乞讨着，去寻找真理……是啊！……要不然坐在家里有什么意思呀？人间没有公道，就是这样呀……”

这最后几句话卡西扬说得很快，几乎叫人听不清；后来他又说了两句什么话，我简直就听不出了，而且他脸上的表情又是那样奇怪，使我不由得想起“疯子”这个称号。他低下头，咳嗽两声清了清喉咙，好像回过神来了。

“多么好的太阳呀！”他小声说，“真是上帝的恩赐！这树林里多么暖和呀！”

他耸了耸肩膀，沉默了一会儿，漫不经心地看了看，就小声哼起歌儿。我无法听清他拖长声音唱的歌儿的全部歌词，只听清了下面这两句：

> 我的名字是卡西扬，
> 还有个外号叫跳蚤……

“哎呀！”我心想，“是他自己编的呢……”他忽然哆嗦了一下，注视着树林深处，不唱了。我回头一看，看见一个七八岁的农家小姑娘，穿一件蓝色小褂，头上裹一块格子头巾，一条晒得黑黑的光胳膊挎一个篮子。她大概怎么也没想到会遇见我们，如一般人常说的，碰到我们，所以她一动不动地站在青葱浓密的榛树丛中阴凉的草地上，用她那双乌黑的眼睛惊惶地望着我们。我刚刚把她看清楚了，她一下子就钻到树后面去了。

“安奴什卡！安奴什卡！到这儿来，别害怕。”老头儿亲热地唤道。

“我怕。”传来小女孩尖细的声音。

“别怕,别怕,到我这儿来。”

安奴什卡一声不响地离开她躲藏的地方,悄悄地绕了一个圈子——她那小小的脚走在茂密的草地上几乎没有声音——就从老头儿旁边的树丛里走了出来。这小姑娘不是像我先前根据她的个头儿推测的七八岁,而是有十三四岁了。她整个身体又瘦又小,但是又匀称又灵活,那张好看的小脸跟卡西扬的脸惊人地相似,虽然卡西扬的长相并不好看。同样尖尖的脸盘,同样奇怪的眼神,调皮而真挚,深沉而敏锐,举止也相同……卡西扬看了她一眼,她就站到他旁边。

“怎么,采蘑菇吗?”他问。

“是的,采蘑菇。”她羞怯地笑着回答说。

“采到很多吗?”

“很多。”她很快地看了他一眼,又笑了笑。

“有白的吗?”

“也有白的。”

“给我看看,给我看看吧……(她把挎着的篮子放下来,把一片盖着蘑菇的宽大的牛蒡叶子揭开一半。)哎呀!”卡西扬朝篮子弯下身去,说,“多好的蘑菇呀!好一个安奴什卡!”

“怎么,卡西扬,这是你的女儿吗?”我问道。(安奴什卡的脸有点儿红了。)

“不是,哦,是亲戚。”卡西扬装出漫不经心的样子说。“哦,安奴什卡,你走吧,”他立刻又补充说,“你走吧。不过要当心……”

“干吗让她步行回去呢?”我打断他的话说,“可以让她坐咱们的车嘛……”

安奴什卡的脸像罂粟花一样红了。她用两手抓住篮子上的绳子,惊惶不安地看了看老头儿。

“不,她能走,”他依然用淡漠的懒洋洋的语气说,“她有什么……就这样也能走回去……你走吧。”

安奴什卡很快地走进树林去了。卡西扬朝她背后看了看,然后就低下头,笑了笑。在这长长的微笑中,在他对安奴什卡说的不多的几句话中,在他和她说话时他的语调中,有一种说不出的热烈的慈爱和温柔意味儿。他又朝她走去的方向看了看,又笑了笑,揉搓着自己的脸,点了几下头。

“你怎么这样快就叫她走了呀?”我问他,“我还想买她的蘑菇呢……”

“您要是买的话,等一会儿到家里也可以买。”他回答我说。他这是第一次称呼“您”。

“你这小姑娘挺可爱。”

“不……哪儿话……没什么……”他好像很不情愿地回答说,而且从此他又像先前那样不说话了。

我看出,不管我怎样想方设法使他再开口,都没有用处,于是我就朝迹地走去。这时候炎热已经多少减退了一些,但是,我还是打不到,或者如我们常说的,还是不走运,于是我就带了一只秧鸡和一根新车轴回到村子里去。已经快进院子了,卡西扬突然朝我转过身来。

“老爷,老爷呀,”他开口说,“我真对不起你了,是我叫所有的野物躲开你了。”

“怎么叫野物躲开的?”

“我会这个嘛。你的狗又机灵又好,可也毫无办法。人呀,好像了不起似的,不是吗?这不是,对野物又能怎样呢?”

我要是对卡西扬说,念咒不可能使野物躲开,不会有什么用处。因此我什么话也没有说,而且这时我们的车子一转弯,一下子就进了大门。

安奴什卡不在屋里;她已经回来过,把一篮子蘑菇放在屋里了。叶罗菲先是对新车轴吹毛求疵地评价了一番之后,就把车轴安好了。过了一个钟头,我们就上路了。临走时我给卡西扬留下几个钱,起初他不肯要,可是后来想了想,在手里攥了一会儿,就揣进怀里了。在这一个钟头里,他几乎一句话也没有说;他仍然倚着门站着,也不回答我的车夫的责怪,而且非常冷淡地和我告别。

我一回来,就发现我的叶罗菲的情绪又很坏……实际上,他在村子里什么吃的也没有找到,饮马的地方也很糟。我们就上路了。他带着很不满意的神气坐在驭座上,连后脑勺都流露出不满意的神气;他很想和我说说话儿,但是等着我先开口发问,因此他只是小声轻轻嘟哝着,对马教训几句,有时狠狠骂两声。“村子呢!”他嘟哝说,“还算是村子呢!想要点儿克瓦斯,连克瓦斯都没有……唉,我的天呀!水呀,简直糟透了!(他大声啐了一口。)连黄瓜、连克瓦斯都没有。哼,你呀,”他对右边拉套的马大声吆喝道,“我可是认识你这个大滑头!你大概就喜欢耍滑头……(于是他抽了它一鞭。)这马现在狡猾极了,以前这畜生多么听话呀……哼，哼，你敢回头！……”

“叶罗菲，我问你，”我开口说，“这个卡西扬是一个什么样的人呀？”

叶罗菲没有立即回答我：他一向是一个深思熟虑和不慌不忙的人；但是我立刻猜出来，他听到我的问话又快活又得意。

“跳蚤吗？”他扯了扯缰绳之后，终于说话了，“是一个怪人，简直就是一个疯子，像这样怪的人，还不容易找到第二个呢。他就跟，比如说，就跟这匹黄灰色马一模一样，不肯听话……就是说，不肯好好干活儿。不过，当然啦，他干活儿也不行——身子也太瘦弱了——不过，总是不好……他从小就是这样的。起初他跟着他的叔叔们拉脚——他的叔叔们都是赶车的——可是后来大概是厌烦了，不干了。他就待在家里，可是家里又待不住，他就是那样不安生——活像一个跳蚤。幸亏他碰上一个好心肠的东家，一切由着他。从此他就荡来荡去，像一只没人管的山羊。他这人十分古怪，真是天晓得：有时候呆呆的，就是不作声，有时候突然说起话来，天晓得他会说些什么。人有这样的吗？真没有这样的。这是一个乖僻人，一点不错。不过，他很会唱歌。唱得顶呱呱，真不坏，真不坏。”

“怎么，他真会治病吗？”

“治什么病呀！……哼，他哪里会治病呀！他就是这样的人嘛。不过，他倒是治好了我的瘰疬……”他沉默了一会儿之后，又说：“他哪里会治病呀！他实实在在是个蠢人。”

“你早就认识他吗？”

“早就认识。我和他当初都住在塞乔夫村，在美丽的梅恰河边，我们是邻居。”

“哦，我们在树林里碰到一个女孩子，叫安奴什卡，她是他家里的吗？”

叶罗菲转头朝我看了看，并且龇出满口的牙齿笑了笑。

“嘿！……是的，是家里的。她是一个孤儿，没有母亲，而且也不知道她的母亲是谁。哦，应该是他家的吧：实在太像他了……所以，她就住在他家。她是一个伶俐的女孩子，那是没有话说的；一个很好的女孩子，老头子心疼她心疼得不得了：女孩子很好嘛。而且他，也许您不相信，他认识几个大字，还想教她识字呢。真的，真的，他会这样的，因为他就是这样一个怪人。而且也是一个没有常性、不知高低的人……咦，咦，咦！”我的车夫突然煞住自己的话，把马勒住，闻起空气中的气味。“好像有一股焦煳气味儿？就是的！新车轴就是不好……所以最好上点儿油……就去弄点儿水吧，这儿正好有一口小水塘。”

于是叶罗菲慢腾腾地从车上爬下去，解下水桶，就到池塘里去打水。等他回来，听到一下子喝足了水的轮毂发出轻轻的吱吱声，不免高兴起来……在十俄里光景的路上，他往滚烫的车轮上浇了六七次水，直到天已经完全黑下来，我们才回到家里。

总　管[1]

在离我的村子十五六俄里的地方，有我的一个熟人，是一位年轻地主，退职近卫军军官，阿尔卡季·巴甫雷奇·宾诺奇金。他那地方有很多野味，房屋是按照法国建筑师的设计建造的，仆役们都穿英国式服装，饭食很讲究，待客很殷勤，然而你还是不喜欢到他家里去。他为人正派，通情达理，照例受过良好的教育，担任过公职，在上流社会厮混过，现在经营家业，得心应手。阿尔卡季·巴甫雷奇，用他自己的话来说，是严厉的，但又是讲道理的，关心手下的人，惩罚他们也是为了他们好。“对待他们应该像对待孩子们一样，”他在这样的情况下常常说，“无知嘛，亲爱的；这一点是必须注意的。”[2]他遇到所谓不得不痛心的时候，总是尽可能避免暴躁剧烈的动作，也不喜欢用高嗓门儿，大都是用手对直地

①最初刊于《现代人》杂志1847年第10期。在别林斯基的直接影响下创作而成，是《猎人笔记》中反农奴制倾向最鲜明的作品之一。

②原文为法文。

指着，心平气和地说："伙计，我对你说过嘛，"或者："你怎么啦，伙计，好好儿想想吧。"——而且只是轻轻地咬着牙，撇着嘴。他的个头儿不高，身材很好看，相貌也很不坏，手和指甲都保持得十分清洁；那红润的嘴唇和面颊流露着健康之色。他笑起来又响亮又爽朗，一双明亮的褐色眼睛亲切地眯着。他穿戴很讲究、很时髦。他订的是法国书刊、画册和报纸，但是他不怎么喜欢读书：一本《永远流浪的犹太人》好不容易看完。打牌倒是能手。总而言之，阿尔卡季·巴甫雷奇算得上我们省里最有教养的贵族和最令人羡慕的择婿对象之一；女士们为他神魂颠倒，尤其赞赏他的风度；他很善于为人处世，像猫一样小心谨慎，从来不惹是生非，虽然有机会也喜欢让人知道自己的厉害，给胆小的人出出难题，使人下不了台。他非常厌恶不良的交际——怕败坏自己的名声。可是在快活的时候却自称为伊壁鸠鲁的崇拜者，虽然，总的来说，他对哲学没有什么好感，把哲学叫作德国聪明人的渺茫的食粮，有时干脆说哲学是胡说八道。他也喜欢音乐；打牌的时候常常轻轻地，然而很带感情地哼着歌儿；《卢西阿》和《松那蒲拉》中的段落他也记得一些。但是不知为什么他唱起来都是用高嗓门儿。每年冬天他都要到彼得堡去。他家里收拾得格外整洁；连马车夫也受到他的影响，每天不仅擦马轭，刷上衣，而且主动地洗脸。阿尔卡季·巴甫雷奇家的仆人确实有点儿皱着眉头看人，不过，在我们俄国，是很难分清愁眉苦脸和刚刚睡醒的。阿尔卡季·巴甫雷奇说话声音又柔和又悦耳，抑扬顿挫，仿佛很得意地从他那漂亮的、洒满香水的小胡子底下吐着每一个字。他也常常运用一些法语词句，例如“有意思”[1]、“可不是”[2]，等等。就由于这种种原因，我至少是不太乐意拜访他，而且，如果不是松鸡和山鹑的话，我也许根本不跟他往来。在他家里，会有一种奇怪的不安的感觉；即使生活舒适，也不觉得快乐。每天晚上，当一个穿着纹章纽扣的浅蓝号衣的鬈发侍仆来到你面前，奴颜婢膝地为你脱靴的时候，你会有一种感觉：假如把这个苍白和干瘦的人突然换成一个颧骨极阔、鼻子奇厚的强壮的年轻小伙子，这小伙子是主人刚刚从田间叫来的，不久前赏给他的土布衣服已经绽裂十几处，那你会说不出的高兴，乐意冒冒险，让他脱脱靴子，哪怕连脚连小腿一同扯掉……

尽管我对阿尔卡季·巴甫雷奇没有好感，有一次我却在他家里过了一夜。第二天一早我就吩咐我的车夫套车，可是他却不愿意让我不吃他的英国式早餐就走，就领着我走进他的书房。除茶之外，给我们端上来的有肉饼、煮得很嫩的鸡蛋、奶油、蜂蜜、干酪等等。两个戴着雪白手套的侍仆，一声不响地揣摩着我们点点滴滴的心意，很麻利地伺候着。我们坐在波斯式长沙发上。阿尔卡季·巴甫雷奇穿着肥大的绸裤、黑色丝绒上衣，头戴有蓝色流苏的漂亮圆帽，脚蹬没有后跟的中国式黄色便鞋。他喝茶，大笑，打量自己的指甲，抽烟，把坐垫垫到自己的腰部，总之，心情极好。阿尔卡季·巴甫雷奇吃得饱饱的之后，带着十分得意的神气自己倒了一杯红酒，端到唇边，忽然皱起眉头。

“怎么没有把酒烫一烫？”他用很激烈的口气问一名侍仆。

---

①原文为法文。

②原文为法文。

那名侍仆慌了，一动不动地站下来，脸也白了。

“我问你话呢，伙计！”阿尔卡季·巴甫雷奇用眼睛盯着他，又用平和的口气说。

那个倒霉的侍仆在原地倒换着两只脚，转悠着餐巾，一句话也没有说。阿尔卡季·巴甫雷奇低下头，若有所思地皱着眉头看了看他。

“失礼了，朋友。”[①]他用手亲热地拍了拍我的膝盖，带着愉快的笑容说过这话，就又盯着那名侍仆。“好，你去吧。”他沉默了一小会儿之后，又这样说了一句，然后扬起眉毛，按了按铃。

走进来一个人，胖胖的，黑黑的，黑头发，低额头，眼皮肉嘟嘟的，眼睛只剩了一条缝儿。

“菲多尔的事……处理一下吧。”阿尔卡季·巴甫雷奇泰然自若地小声说。

“遵命。”那胖子回答过，就出去了。

“瞧，朋友，这就是乡下生活不愉快之处。”[②]阿尔卡季·巴甫雷奇愉快地说，“哦，您要上哪儿去呀？别走，再坐一会儿吧。”

“不，”我回答说，“我该走了。”

“又是打猎！唉，真对你们这些打猎的没办法！那您现在到哪儿去呀？”

“到四十俄里以外，到利亚波沃去。”

“到利亚波沃去？哈，好极了，那我可以和您一块儿去。利亚波沃离我的什比洛夫村不过五俄里，我很久没有到什比洛夫村去

①原文为法文。

②原文为法文。

了,总是抽不出时间。这一下正好:您今天去利亚波沃打猎,晚上就到我那个村子里去。那就太妙了[①]。咱们一起吃晚饭——咱们可以带一个厨子去——您就在我那儿过夜。好极了!好极了!”他不等我回答,又说,“一切都会安排得好好的[②]……喂,谁在那儿?叫人给我们套车,要快点儿。您没有到过什比洛夫村吧?我实在不好意思请您在我的总管那小屋里过夜,不过我知道,您是不怎么讲究的,而且如果您到利亚波沃,也许会在干草棚里过夜……咱们走,咱们走吧!”

于是阿尔卡季·巴夫雷奇哼起一支法国的浪漫曲。

“也许您还不知道,”他倒换着两只脚,继续说,“我那儿的庄稼人还缴代役租呢。虽然有了宪法,可是有什么办法呢?不过,他们倒是认真给我缴代役租。说实话,我老早就想叫他们改成劳役租了,可是地太少了呀!就这样我都感到奇怪,他们怎么能凑合过去呢。不过,那是他们的事了。我那儿的总管倒是挺能干的,是一个精明人,治国之才!您会看到的……真是,这就太好了!”

真是没有办法。本来我早上九点钟就要走的,这一来我们到下午两点钟才出门。只有打猎的人才能理解我的焦急心情。阿尔卡季·巴甫雷奇,正如他自己说的,喜欢借机会放纵一下自己,所以带了无数的内衣、食品、饮料、香水、软垫和各种各样的梳妆盒,这些东西足够一个俭朴自持的德国人一年用的。每次车子下坡的时候,阿尔卡季·巴甫雷奇都要对车夫说几句简短而有力的

①原文为法文。
②原文为法文。

话,因此我可以断定我这位朋友是一个十足的胆小鬼。不过,这次旅行十分平安;只是在一座刚修好的小桥上,厨子坐的那辆车翻倒了,后轮子压住他的肚子。

阿尔卡季·巴甫雷奇一看到自家的卡雷姆①翻下车来,连忙叫人去问:他的手有没有跌伤?他一听说没有跌伤,立刻放下心来。因为这一切种种,我们在路上走了很久。我和阿尔卡季·巴甫雷奇同坐在一辆马车里,在这次旅行快结束的时候,我已感到苦闷得要命,尤其因为在几个小时的过程中,我的这位朋友已经精疲力竭,开始显露出无精打采的样子。终于我们到了,不过不是到了利亚波沃,而是直接来到什比洛夫村,真不知怎么会这样的。就不是这样今天也不能打猎了,因此不得已只好听从命运的安排。

厨子比我们早到几分钟,而且显然已经安排好,通知过有关的一些人,所以在我们进寨门的时候,村长(总管的儿子)就迎住我们。这是一个强壮的汉子,棕红色头发,大个头儿,骑着马,光着头,穿着新上衣,敞着怀。“索夫伦在哪儿?”阿尔卡季·巴甫雷奇问他。村长先是很敏捷地跳下马来,向主人深深地鞠了个躬,说:“您好,阿尔卡季·巴甫雷奇老爷。”然后才抬起头,抖擞精神,报告说,索夫伦到彼罗夫去了,已经派人去叫他了。“好,你跟我们来吧。”阿尔卡季·巴甫雷奇说。村长为了表示礼貌,把马往旁边拉了拉,上了马,让马跟在马车后面小步跑着,依然把帽子拿在手里。我们的马车朝村子里走去。有几个庄稼人坐着空大车迎面而来;他们是从打谷场上来的,唱着歌,颠动着身子,晃荡着

①卡雷姆,巴黎著名厨师,曾写过几部有关烹饪的书。

腿；但是一看到我们的马车和村长，一下子就不作声了，摘下自己的冬帽（这时正是夏天），欠起身来，仿佛在听候吩咐。阿尔卡季·巴甫雷奇恩赐般地对他们点了点头。显然全村都惊动了。几个穿方格裙的娘儿们投掷木片，驱赶那些不明白是东家驾到也或许是过分殷勤的狗；一个大胡子一直长到眼睛底下的跛脚老汉把一匹还没有饮足水的马从井上拉开，不知为什么在马肚子上打了一下，然后才鞠了一躬。有几个穿长衬衫的小男孩哭叫着朝屋里跑去，趴到高高的门槛上，耷拉下头，跷起腿，就这样很麻利地滚进门去，滚到黑乎乎的过道里，再也不见了。就连母鸡也急急忙忙加快步子从大门底下钻进去；只有一只黑黑的胸脯像缎子背心、红红的尾巴翘到鸡冠的雄赳赳的公鸡留在大路上，而且已经准备要叫了，可是忽然腼腆起来，也跑掉了。总管的房子不和别人家的房子在一起，是在茂密的绿色大麻地中央。我们的马车在大门前停下来。宾诺奇金先生站起来，很潇洒地脱下斗篷，下了马车，和蔼可亲地朝四周打量着。总管的老婆对我们躬身相迎，又走过来吻主人的手。阿尔卡季·巴甫雷奇让她尽情吻透了，这才走上台阶。村长的老婆也站在过道里的幽暗处躬身相迎，但是不敢走过来吻手。在过道右边的所谓冷室里，有两个娘儿们已经在忙活着了：她们把各种各样的废物、空罐子、硬邦邦的皮袄、油钵子、一个摇篮带着一堆破布和一个穿得花花绿绿的婴儿从里面往外搬，用浴室的笤帚在打扫灰尘。阿尔卡季·巴甫雷奇把她们打发出去，就在圣像下的一条长凳上坐了下来。车夫们就开始把大大小小的提箱和其他应用物品往里搬，想方设法尽量不让自己沉甸甸的靴子发出太重的声音。

这时,阿尔卡季·巴甫雷奇向村长问起收获、播种和其他农作的情形。村长的回答是使人满意的,但不知为什么不大带劲儿,有些别扭,就好像用冻僵的手指在扣大衣纽扣。他站在门口,不时地张望,回头看看,给一名动作利索的侍仆让路。我从他那强壮的肩膀后面看到总管的老婆在过道里悄没声地殴打另一个娘儿们。忽然听到马车的轧轧声,一辆马车在台阶前停下来,总管走了进来。

阿尔卡季·巴甫雷奇所说的这个治国之才,个头儿不高,宽肩膀,白头发,体格结实,红鼻子,小小的蓝眼睛,像扇子一般的大胡子。顺便说一句:自从有俄罗斯以来,我国还没有哪一个发福发财的人没有又阔又密的大胡子。有的人一直留着稀稀的、尖尖的下巴胡,可是你瞧,一下子就满满地长成一个圈儿,像光轮一样——真不知这毛是从哪儿来的!总管大概是在彼罗夫喝得有点儿醉了:他的一张脸鼓胀起来,而且一身都是酒气。

“哎呀,我们的好老爷,我们的大恩人呀,”他拉长声音说起来,而且脸上带着十分感动的神情,似乎眼泪就要迸出来了,“真不容易盼到您光临呀!……请把您的手,老爷,您的手……”他说着,嘴唇早已往前伸了。

阿尔卡季·巴甫雷奇满足了他的意愿。“哦,怎么样,索夫伦老兄,你这儿的情形怎么样?”他用亲切的语调问道。

“哎呀,我们的好老爷呀,”索夫伦叫起来,“情形怎么会坏呢!您呀,我们的好老爷,我们的大恩人,您肯光临我们的村子,就是我们莫大的荣耀,是今生今世莫大的福气。上帝保佑您,阿尔卡季·巴甫雷奇,上帝保佑您!托您的福,这儿一切都好好的。”

索夫伦说到这里沉默了一会儿，看了看老爷，似乎感情又冲动起来（同时酒劲儿也发作了），再一次要求吻手，而且说起话来声音拉得比以前更长了：

“哎呀，我们的好老爷，大恩人呀……哎呀……可不是吗！真的，我简直高兴得要发疯了……真的，我看到您来了，又怕这是在梦里……哎呀，我们的好老爷呀！……”

阿尔卡季·巴甫雷奇朝我看了一眼，微微一笑，问道：“这很动人，不是吗？”[①]

“哦，阿尔卡季·巴甫雷奇，我的爷呀，”唠唠叨叨的总管继续说下去，“您这是怎么啦？我的爷呀，您可是让我够呛呀，您怎么不事先通知我一声呀。让您在哪儿过夜呢？瞧这儿多么脏，全是灰尘呀……”

“没什么，索夫伦，没什么，”阿尔卡季·巴甫雷奇笑着回答说，“这儿很好。”

“哎呀，我们的好老爷，这算什么好呀？这在我们这些庄稼人算好的，可是您……可是您呀，我的爷，我的大恩人，可是您，我的爷呀！……请原谅我这个糊涂虫，我简直发疯了，我真的完全糊涂了。”

这时晚饭摆好了，阿尔卡季·巴甫雷奇就开始吃饭。老头子把儿子赶了出去，说是人多了太闷气。

“怎么样，老人家，地界划分好了吗？”宾诺奇金先生问。他显然想模仿庄稼人说话的腔调，并且朝我挤了挤眼睛。

---

①原文为法文。

“地界划分好了，我的爷，全是托您的福。前天已经在清单上签字了。赫雷诺夫的人起初闹过一阵别扭……是的，老爷，他们是闹过别扭。他们要求这样……要求那样……天知道他们要怎样；都是一些混账，真的，老爷，他们都蠢得很。可是我们，老爷呀，照您的吩咐表示了谢意，答应了中间人米科莱·米科拉伊奇的条件；全是依您的吩咐去做的，我的爷呀；您怎样吩咐，我们就怎样做，而且我们怎样做，叶戈尔·德米特利奇全知道。”

“叶戈尔向我报告过了。”阿尔卡季·巴甫雷奇很有气派地说。

“当然啦，我的爷，叶戈尔·德米特利奇当然要报告的。”

“哦，这么说来，你们现在一切都好吗？”

索夫伦就等着这话呢。

“哎呀，我们的好老爷，我们的大恩人呀！”他又拉长声音说起来，“那还用说吗……我们为您，我们的好老爷，日日夜夜在祷告上帝呢……当然，土地是少了点儿……”

宾诺奇金打断他的话，说：

“哦，好啦，好啦，索夫伦，我知道，你是我忠心的仆人……哦，打的粮食怎么样？”

索夫伦叹了一口气。

“唉，我们的好老爷呀，粮食打得不怎么好。是这样的，阿尔卡季·巴甫雷奇，我的爷，容我向您报告，出了一桩事儿。（于是他摊着双手走到宾诺奇金跟前，弯下身子，并且眯起一只眼睛。）在我们的土地上发现一具死尸。”

“这是怎么一回事儿？”

“我也不明白，我的爷，我们的好老爷呀，显然是仇人在捣鬼。幸亏那是在靠近别人地界的地方；不过，说实话，是在咱们的土地上。我趁没有人发觉，叫人马上把死尸弄到别人的地上，还派人看守着，告诫咱们的人：不许声张。为防万一，我对警察局长说明了，说是如何如何一回事儿，而且又请他喝茶，又给他酬谢……您以为怎样，我的爷？这事就推到别人身上了。要不然，一具死尸，出两百卢布都算少的。”

宾诺奇金先生见自己的总管办事如此灵活，笑得非常开心，并且一再地点着头，他对我说：“多么能干的人呀，不是吗？”①

这时天已经完全黑下来。阿尔卡季·巴甫雷奇吩咐把饭桌上的家什撤了，拿干草来。侍仆为我们铺好床铺，放好枕头，我们就躺下了。索夫伦请示过第二天要做些什么事之后，便回自己屋里去了。阿尔卡季·巴甫雷奇临睡的时候，还谈了一会儿有关俄国庄稼人的优秀品质，同时告诉我，自从索夫伦掌管什比洛夫的田产以来，庄稼人没有欠过一文钱的租……更夫敲起梆子；那个婴儿显然还没有足够的忘我精神，在房子里什么地方啼哭起来……我们睡着了。

第二天早晨，我们很早就起身了。我本来准备到利亚波沃村去，可是阿尔卡季·巴甫雷奇想要我看看他的领地，就要求我不要走。我自己也想亲眼看看这位治国之才索夫伦的优秀品质。总管来了。他穿一件蓝色上衣，束一条红色腰带。他说话比昨天少多了，机敏而留神地注视着老爷的眼睛，回答问题又有条理又妥帖。我们和他一起朝打谷场走去。索夫伦的儿子，身材高大的村

①原文为法文。

长，从种种特征看来这都是一个很蠢的人，他也跟我们去，还有地保菲道谢伊奇也跟我们一道——这是一个退伍士兵，上嘴胡老大的一片，面部表情非常奇怪：好像在很久很久以前因为什么事大吃一惊，从此就没有回过神来。我们参观了打谷场、干燥棚、烘干房、板棚、风磨、牲口院子、幼苗、大麻地，确实一切都井然有条；只是庄稼人那一张张灰心丧气的脸使我产生了一点儿疑惑。除了实用之外，索夫伦还考虑到美观：所有的沟渠旁边都栽种了爆竹柳；在打谷场上的一垛垛庄稼之间都有小路，小路上都铺了沙；风车上装了风信子，形状像一头张开嘴吐着红舌头的熊；在砖砌的牲口院墙上加砌了像希腊山墙一样的墙头，在墙头下面用白粉题了字："此生口院。一千八百四十年见糙于什比各夫村。"[①]阿尔卡季·巴甫雷奇完全动了感情，就用法语对我讲起代役租制的种种好处，不过，他又说，劳役租制对地主的好处更多——那就随他怎样说吧！……他开始给总管出主意：怎样种土豆，怎样储备牲口饲料，等等。索夫伦用心听东家说话，有时说说不同的看法，但是已经不再尊称阿尔卡季·巴甫雷奇为好老爷或大恩人了，而且只是强调说，他们的地少了，不妨再买一些。"那好，你们就去买吧，"阿尔卡季·巴甫雷奇说，"就在我的名下，我不反对。"索夫伦听了这话没有说什么，只是捋了捋大胡子。"不过现在还是到树林里去看看。"阿尔卡季·巴甫雷奇又说。立刻有人给我们牵来了骑的马，我们就骑马朝树林里，或者如我们那里常说的，朝"禁区"走去。我们在这片"禁区"里看到的是极其僻静的荒无人迹的景象，因此阿尔卡季·巴甫雷奇对索夫伦大加称赞，并且拍了拍他的

①原文题字中有不少错别字，表示此人没有文化素养。

肩膀。关于造林,宾诺奇金先生抱的是俄国人的主张,所以他立刻给我讲了一个他认为十分有趣的故事,说有一个很诙谐的地主为了开导他的守林人,把守林人的胡子拔掉一半,证明树林不是越砍越长得茂密……不过在别的方面,索夫伦和阿尔卡季·巴甫雷奇都不反对新办法。一回到村里,总管就领我们去看他最近从莫斯科定购来的簸谷机。这簸谷机簸扬谷物确实很好,但是如果索夫伦知道在这次外出的最后一段路上有多么不愉快的事在等待着他和他的东家,他就宁愿和我们一起留在家里了。

出了这样一件事儿。我们从板棚里出来,看到下述的场面:离门口几步远处,有一片肮脏的水洼,三只鸭子在水洼里无忧无虑地戏水,水洼旁边站着两个庄稼人:一个是六十岁上下的老头子,另一个是二十岁左右的小伙子,两个人都穿着打补丁的麻布褂,光着脚,腰里扎着绳子。地保菲道谢伊奇很卖力地同他们周旋着,看样子,如果我们在板棚里再耽搁一会儿,他也就把他们劝走了,可是他看到了我们,就挺直了身子,一动不动了。村长也站在这儿,张着嘴,莫名其妙地握着拳头。阿尔卡季·巴甫雷奇皱起眉头,咬紧嘴唇,走到两个求见人面前。两个人一声不响地朝他跪了下来。

"你们要怎样? 找我有什么事?"他用严厉的、带点儿鼻音的声音问道。两个庄稼人互相看了一眼,没有说话,只是像躲避阳光似的眯起眼睛,呼吸也急促起来。

"喂,怎么一回事儿?"阿尔卡季·巴甫雷奇又问道,并且立刻又转身问索夫伦:"这是哪一家的?"

"是托波列叶夫家的。"总管慢吞吞地回答说。

“喂，你们究竟怎么啦？”阿尔卡季·巴甫雷奇又说，“怎么，你们没有舌头吗？你说说吧，你要怎样？”他用头点了点老头子，又说道，“别怕嘛，糊涂虫。”

老头子伸直了他那黑褐色的、皱皱巴巴的脖子，撇开发青的嘴唇，用嘶哑的声音说：“老爷呀，为我们说说话吧！”并且又在地上叩了一个头。年轻的汉子也叩了一个头。阿尔卡季·巴甫雷奇威风凛凛地看了看他们的后脑勺，昂起头，把两腿劈开些。

“怎么一回事儿呀？你告谁的状呀？”

“行行好吧，老爷！让我们喘口气吧……把我们折腾得要死了。”老头子好不容易说出来。

“是谁折腾你呀？”

“是索夫伦·亚科夫里奇呀，老爷。”

阿尔卡季·巴甫雷奇沉默了一会儿。

“你叫什么名字？”

“我叫安季普，老爷。”

“这是什么人？”

“这是我的儿子，老爷。”

阿尔卡季·巴甫雷奇又沉默了一会儿，并且捋了捋胡子。

“喂，他究竟怎样把你折腾得要死呀？”他透过小胡子望着老头子说。

“老爷呀，把我家折腾垮了。我的两个儿子还没有轮到，就被他送了去当兵，现在又要把我三儿子送走。昨天，老爷呀，他把我最后一头母牛从院子里牵走了，又把我老婆狠狠打了一顿——就是他这位大爷。”他指了指村长。

“哼!”阿尔卡季·巴甫雷奇哼了一声。

“不要让我们家破人亡吧,恩人呀!”

阿尔卡季·巴甫雷奇皱起眉头。

“这究竟是怎么一回事儿呀?”他带着不满意的神气小声问总管。

“老爷容禀,这是一个醉鬼,”总管第一次用“容禀”这样的字眼儿回答说,“又是一个懒汉。老爷容禀,他欠租已经五年了。”

“索夫伦·亚科夫里奇替我把欠租缴过了,老爷,”老头子继续说,“已经缴过五年了,一缴过租,他就把我当奴隶了,老爷呀,还有呢……”

“那你为什么欠租呢?”阿尔卡季·巴甫雷奇厉声问。老头子垂下了头。“你大概喜欢喝酒,天天在酒馆里厮混吧?(老头子张开嘴要说话了。)我可是了解你们这些人,”阿尔卡季·巴甫雷奇很气愤地说下去,“你们就知道喝酒,天天躺在炕头上,让规矩的庄稼人替你们干活儿。”

“他还是一个蛮不讲理的人呢。”总管在主人的话里插了一句。

“嗯,那是不用说的。往往就是这样,这种情形我见过不止一次了。一年到头浪荡,蛮不讲理,现在却磕头求饶了。”

“阿尔卡季·巴甫雷奇,老爷呀,”老头子痛心地说,“行行好,为我们说说话吧——我哪儿是蛮不讲理的人呀?老天爷在上,我是没法子忍受呀。索夫伦·亚科夫里奇不喜欢我,他为什么不喜欢我——那就让上帝去说吧!老爷呀,眼看着就要叫我家破人亡了……就连这最后一个儿子……就连这个儿子也要……(老头子那皱皱巴巴的黄眼睛里迸出了泪水。)行行好吧,老爷,为我们说句话吧……”

“还不止我们一家呢。”年轻汉子开口说话了……

阿尔卡季·巴甫雷奇勃然大怒。

“谁问你来,嗯?不问你,就不许你说话……这成何体统?告诉你,不许你说话!闭嘴!……哼,这还得了!这简直是造反。不行,伙计,我可不准造反……你小心点儿……(阿尔卡季·巴甫雷奇往前跨了两步,但是可能想起有我在场,就扭过脸,把手插到口袋里。)请原谅,朋友,[①]”他勉强装出微笑,明显地放低了声音说,“这是事情很不好的一面[②]……喂,好啦,好啦,”他也不看两个庄稼人,继续说下去,“我会吩咐的……好啦,你们走吧。(两个庄稼人没有起来。)喂,我不是对你们说了吗……好啦。你们走呀,我会吩咐的,听见没有?”

阿尔卡季·巴甫雷奇转身背对着他们。“永远不满足。”他从牙缝里说过这话,就大步往家里走去。索夫伦跟着他走了。地保瞪大了眼睛,仿佛准备要跳到很远的地方。村长把水洼里的鸭子轰了出去。两个庄稼人又在原地站了一会儿,互相望了望,便头也不回地慢慢往家里走去。

过了两个钟头,我已经在利亚波沃,同我熟悉的庄稼人安巴季斯特一起准备出猎了。一直到我离开的时候,阿尔卡季·巴甫雷奇还在生索夫伦的气。我和安巴季斯特谈起什比洛夫的庄稼人,谈起宾诺奇金先生,问他是不是认识那里的总管。

①原文为法文。

②原文为法文。

“索夫伦·亚科夫里奇吗？……他呀！”

“他是怎样一个人？”

“是一条狗，不是人；这样的狗，找到库尔斯克都找不到。”

“怎么啦？”

“什比洛夫村名义上是那位……他姓什么来着？……是那位宾诺奇金先生的，可是当家的不是他，是索夫伦。”

“真的吗？”

“他把那个村子当成自己的家产。周围的庄稼人都欠他的债；都像长工一样给他干活儿：有的给他赶车，有的给他干这事儿那事儿……把人折腾苦了。”

“他家的地好像不多吧？”

“不多？他光是在赫雷诺夫就租了八十亩，在我们这儿也租了一百二十亩；还有那成片的一百五十亩。而且他不光是经营土地，他还贩卖马匹、牲畜、柏油、牛酪、大麻，贩卖这样、那样……这家伙机灵，太机灵，所以这骗子就发财了！最可恶的是，手太辣了。是畜生，不是人；可以说是一条狗，一条恶狗，实实在在是一条恶狗。”

“那他们为什么不控告他呢？”

“哎呀呀！东家才不管这些事呢！只要没有人欠租，他还管什么？”沉默了一小会儿之后，他又说：“哼，你去告告他，试试看。哼，他会把你……试试看吧……肯定够你受的……”

我想起安季普的事，就把我看到的情形对他说了说。

“瞧吧，”安巴季斯特说，“这一下他要把他吃掉了，会把他一口吞掉的。村长这一下会把他折腾死。他真是倒霉，真是可怜得不得了呀！他凭什么该受这份罪呀……他在村会上跟他，跟总管顶撞过，显然是实在忍受不住了……这算什么了不起的事呀！可是他就狠狠地折腾起他，折腾起安季普来。这一下就要把他折腾死了。他就是一条狗，一条恶狗，上帝原谅我嘴损。他知道什么人好欺负。有些老头儿有几个钱，家里也有一些人，他这个秃鬼就不敢碰；可是对于像安季普这样的，他要怎样欺负就怎样欺负！所以安季普的儿子没有轮到就被他送去当兵，这是一个心狠手辣的恶棍，一条恶狗，上帝原谅我嘴损！”

我们就出门去打猎了。

1847年7月于萨尔茨堡西列济亚

办事处[1]

这是在秋天。我带着猎枪已经在田野上转悠了好几个钟头，而且，如果不是下着冰冷的毛毛细雨，恐怕我不会在黄昏之前回到有我的三套马车等着我的库尔斯克大道上的旅店去的。那雨从早晨就下个不停，像个老处女似的絮絮不休、毫不客气地缠住我不放，终于迫使我在附近寻找避雨的地方，哪怕临时避一避也好。我还正在考虑朝哪一个方向走，忽然看到豌豆地旁边有一座矮矮的窝棚。我走到窝棚跟前，朝草檐底下一看，看到一个非常衰弱的老头儿，使我立刻想到鲁滨孙在他的孤岛上一个山洞里发现的那只奄奄一息的山羊。老头儿蹲在地上，眯着他那一双发乌的小眼睛，像兔子那样急促而又小心地(可怜的老头儿连一个牙齿也没有了)咀嚼着又干又硬的豌豆粒儿，不停地两边来回倒换着。他全神贯注地咀嚼着，竟没有注意我的到来。

“老人家！喂，老人家！”我叫道。

①最初刊于《现代人》杂志1847年第10期。

他不咀嚼了，高高地扬起眉毛，使劲儿睁开眼睛。

“什么？”他用嘶哑的声音嘟哝说。

“附近什么地方有村子？”我问。

老头儿又咀嚼起来。他听不清我的话。我用更大的声音又问了一遍。

“村子吗？……你有什么事？”

“躲躲雨呀。”

“什么？”

“躲躲雨。”

“哦！（他挠了挠他那晒得黑黑的后脑勺。）嗯，你就这样走吧，”他忽然说起来，一面胡乱挥着手，“这样……这样走，从树林旁边走，从树林旁边一走过去，那儿就有一条路；你不要走那条路，要一直往右走，一直走，一直走，一直走……那就走到阿纳尼耶夫村了。要不然也可以走到西托夫村。”

我听老头儿的话很费劲儿。胡子妨碍他说话，舌头也很不听使唤。

“那你是哪儿人？”我问他。

“什么？”

“你是哪儿人？”

“是阿纳尼耶夫村的。”

“那你在这儿干什么？”

“什么？”

“你在这儿干什么？”

“在这儿看守。”

“你看守什么呀?”

“看守豌豆嘛。”

我不禁哈哈大笑起来。

“得了吧,你有多大年纪啦?”

“天知道。”

“好像你眼力不大好吧?”

“什么?”

“好像你眼力不大好吧?”

“不好。有时候连听也听不见。”

“天啊,那你怎么能看守呀?”

“那就只有上头的人知道了。”

“上头的人!”我在心里重复了一遍,不禁怀着怜悯的心情看了看这个可怜的老头儿。他摸索了一会儿,从怀里掏出一块干硬的面包,像小孩子一样啃了起来,把本来已经瘪进去的腮帮子使劲儿往里缩。

我就朝树林边走去,照老头儿的指点,向右转弯,一直走,一直走,终于走到一个大村子。村子里有一座石头教堂,是新式的,也就是带圆柱的;还有一座很大的地主住宅,也是带圆柱的。透过密密的雨帘,我老远就看到一座板顶的房屋,有两个烟囱,而且比别的农舍都高些,看样子是村长的住房,于是我就朝那儿走去,希望那儿有茶炊、茶、糖和不太酸的奶油。我在我的打哆嗦的狗的陪同下,登上台阶,走进过道,推开门一看,看到的不是普通住房的陈设,却看到几张堆满纸张的桌子、两架红色的橱子、沾满墨水的墨水瓶、沉甸甸的锡制吸水砂匣、长长的羽毛笔等物。其中一张桌子旁坐着一个小伙子,二十岁左右,胖鼓鼓的、带有病容的脸,小小的眼睛,肥嘟嘟的额头,浓浓的鬓发。他穿一件灰色土布外套,整整齐齐,领子和胸前都光闪闪的。

“你有什么事?”他突然抬起头来问我。那神情就像一匹马被人一下子把头抓起来。

“这儿是管家住的……还是……”

“这儿是东家的总办事处,”他打断我的话说,“我是在这儿值班……您没有看见牌子吗? 是挂了牌子的。”

“这儿有没有地方烘衣服? 这村子里有没有谁家有茶炊?”

“怎么会没有茶炊,”穿灰外套的小伙子很神气地回答说,“您可以到季莫菲神甫那儿去,要不然就到下房里去,或者去找纳萨尔·塔拉塞奇,或者去找看鸡鸭的阿格拉菲娜。”

“你这蠢货,你这是跟谁说话? 简直不叫人睡觉,这蠢货!”旁边一个屋里有人说话了。

“有一位先生来了,问有没有地方烘衣服。”

“是什么样的先生?”

“我不认识。带着狗和猎枪。”

旁边屋里的床咯吱咯吱响起来。门开了,走出一个人,五十岁上下,胖胖的,矮矮的,公牛脖子,暴眼睛,一张脸圆滚滚的,油光锃亮。

“您有何贵干?”他问我。

“烘烘衣服。”

“这儿不是烘衣服的地方。”

“我不知道这儿是办事处。不过,我愿意付钱……”

“这儿或许也行,”胖子回答说,“好,请到这边来吧。(他把我领进另一间屋,不是他走出来的那一间。)您就在这儿,好吗?”

“好……哦,能不能给我点儿茶和奶油?”

“行,就来。您暂且把衣服脱了,休息一下,茶一会儿就可以送来。”

“这是谁的庄园?”

“是女主人叶列娜·尼古拉耶芙娜·洛斯涅科娃的。”

他走了出去。我朝四下里打量一番。这间屋和办事处之间有一道板壁隔着,紧靠板壁摆着很大的皮面长沙发;两把椅子,也是皮面的,椅背高高的,摆在朝街的唯一的窗子两边。墙上糊了粉红色花纹的绿色墙纸,挂着三幅很大的油画。一幅画上画着一条带蓝色脖套的猎狗,上面还题了字:“这是我的乐趣”;狗的腿边是一条河,河对岸的松树下面蹲着一只大得不合尺度的兔子,竖着一只耳朵。另一幅画上画着两个老头儿在吃西瓜;可以看到西瓜后面很远处有希腊式柱廊,还有题字“逍遥宫”。第三幅画上画着一个半裸体女人,画成透视缩狭形,膝盖红红的,脚后跟肉嘟嘟的。我的狗毫不怠慢,使出异乎寻常的力气钻到沙发底下,可是看样子在那里遇到太多的灰尘,因此拼命打起喷嚏。我走到窗前。只见从地主宅院到账房之间铺了木板,斜斜地穿街而过。这种防范措施是大有用处的,因为我们这地方是黑土带,而且经常下雨,到处泥泞不堪。地主宅院背向街道,宅院旁边的情形,和一般地主宅院旁边的情形是一样的:姑娘们穿着褪了色的印花布衣服来来去去地匆匆走着;有些男仆吃力地在泥泞中走着,有时停一停,若有所思地挠挠脊背;甲长的一匹拴着的马懒洋洋地摇着尾巴，把头抬得高高的，啃着栅栏；一群母鸡咯咯叫着；害肺痨病似的火鸡不停地互相呼唤着。有一座黑乎乎的破旧小屋，大概是澡堂，台阶上坐着一个强壮的小伙子，手拿六弦琴，非常起劲地唱着一支有名的情歌：

唉，我就要远去荒凉的异乡
离开这美好的地方……

胖子走进我这间屋里来。

“给您送茶来了。”他带着愉快的微笑对我说。

穿灰外套的小伙子，也就是那个账房值班的，在一张旧的牌桌上摆好茶炊、茶壶、带破茶碟的茶杯、一小罐奶油和一串硬得像石头似的面包圈。胖子便走了出去。

“怎么，”我问值班的小伙子，“这是管家吗？”

“不是，他以前是主办会计，现在升为办事处主任了。”

“难道你们没有管家吗？”

“根本没有。有总管，米海拉·维库洛夫，没有管家。”

“那么，有执事吗？”

“当然有，是一个德国人，卡洛·卡雷奇·林达曼道尔。不过他不当家。”

“那你们这里究竟谁当家？”

“女主人自己当家。”

“原来如此呀！……怎么，你们的办事处人很多吗？”

小伙子想了想。

“有六个人。”

“都是一些什么人?”我问。

“哦,有这样一些人:首先是瓦西里·尼古拉耶维奇,主办会计;再就是办事员彼得,彼得的弟弟伊凡也是办事员,另外一个伊凡也是办事员;科斯凯金·纳尔基佐夫也是办事员,还有我——简直多得数不清。”

“恐怕你们女主人家的仆人很多吧?”

“不,不算多……”

“到底有多少呢?”

“总共大概有一百五十人。”

我们都沉默了一会儿。

“那么,你写字写得很好吧?”我又开口说。

小伙子咧开嘴笑了笑,点了点头,到办事处里去拿来一张写满了字的纸。

“这是我写的。”他一直在笑着说。

我看到,在一张四开的灰纸上用漂亮而粗大的笔迹写着如下的一些字:

命　令

第二百零九号

阿纳尼耶夫领主庄园办事处主任

命令总管米海拉·维库洛夫

接令后迅即查清:何人昨夜醉入英国式花园歌唱淫秽小

调，惊醒和骚扰法籍女教师安任尼女士？守夜人职责何在？何人在园中守夜而造成此等不规之事？上述一切务必详细查明并立即报告本办事处。

办事处主任米海拉·赫沃斯托夫

命令上盖了一个很大的带家徽的印章："阿纳尼耶夫领主庄园总办事处之印"；下面有批字："切实执行。叶列娜·洛斯涅科娃。"

"怎么，这是女主人亲笔批的吗？"我问。

"当然是她批的，她总是亲笔批。要不然命令就不能执行。"

"哦，那么，您要把这命令送给总管吗？"

"不，他会自己来看的，就是说，会念给他听的，因为他不识字。（值班的小伙子又沉默了一会儿。）您看怎么样，"他又笑嘻嘻地说，"写得好吗？"

"很好。"

"不过这不是我起稿的。在这方面科斯凯金是能手。"

"怎么？……你们下命令还要先起稿吗？"

"不起稿怎么行呀？要写得整洁，不能不起稿。"

"你拿多少工钱？"我问。

"三十五卢布，还有五个卢布买鞋子。"

"你满意吗？"

"当然满意啦。我们这办事处不是随便什么人能进来的。说实话，我是得天独厚：我叔叔当领班。"

"你生活过得好吗？"

“很好。不过，说实在的，”他叹着气继续说下去，“我们这种人，比如说，要是跟着商人，那更会好些。我们这种人要是跟着商人，那就太好了。昨天就有一个商人从维尼奥夫来到我们这儿——他的雇工就是这样对我说的……好得很，没说的，好得很。”

“怎么，难道商人给的工钱多些吗？”

“才不是呢！你如果向他要工钱，他会卡住你的脖子把你赶出去。不，你跟着商人就要信得过，要敢于担风险。他给你吃，给你喝，给你穿，什么都给你。你要是称他的心，他还会多给你一些……你要工钱干什么！根本用不着……而且商人生活简单，是俄罗斯式的，跟我们一样：你跟他出门，他喝茶，你也喝茶；他吃什么，你也吃什么。商人……怎么好比呀：商人可不是老爷。商人不乖张，比如，他生了气，打你几下，就没事了；不难为你，不辱骂你……跟着地主老爷可受罪了！什么都不如他的意：这样不好，那样不对。你给他端一杯水或者什么吃的——‘哎呀，水有臭味！哎呀，吃的东西有臭味！’你就端出去，在门外站一会儿，再端进来。‘哦，现在好了，哦，现在没有臭味了。’要是女主人，我可以对您说，女主人真够人受的！……小姐就更不用说了！……”

“菲究什卡！”胖子在办事处叫起来。

值班的小伙子很麻利地走了出去。我喝了一杯茶，就躺到沙发上睡着了。我睡了有两个钟头。

我醒来以后，本想爬起来，可是又懒得起来，就又合上眼睛，但是没有再睡。隔壁的办事处里有人在轻声说话。我不由得倾听起来。

“是啊，是啊，尼古拉·叶列梅奇，”有一个声音说，“是啊。这不能不考虑；的确，不能不考虑……咳！”说话的人咳嗽一声。

“您相信我的话吧，加甫里拉·安东内奇，”胖子的声音回答说，“我难道不知道这里的章法吗，您想想吧。”

“尼古拉·叶列梅奇，您不知道谁知道：可以说您在这儿是头号人物了。那么，这事儿究竟怎么样呢？”我不熟悉的声音继续说，“咱们究竟怎样定呢，尼古拉·叶列梅奇？很想听您说说。”

“咱们有什么定不定呀，加甫里拉·安东内奇？可以说，这事儿全在您了：您好像没有兴趣呀。”

“哪儿话，尼古拉·叶列梅奇，您说到哪儿去啦？我们就是做生意，做买卖的；我们就是要买货。尼古拉·叶列梅奇，可以说，我们靠的就是这个。”

“八卢布。”胖子一字一顿地说出来。

只听见一声叹息。

“尼古拉·叶列梅奇，您要价太高了。”

“不行呀，加甫里拉·安东内奇，不能不这样呀；我可以当着上帝的面说：不这样不行呀。”

两个人都不说话了。

我悄没声地欠起身来，从板壁缝儿里看了看。胖子背朝我坐着。他对面坐着一个商人，四十岁上下，又瘦又苍白，似乎是一个要死的人。他不停地捋着胡子，很机灵地眨巴着眼睛和咕哝着嘴巴。

“今年的秋苗可以说好极了，”他又说起话来，“我一路上一直在看着。从沃罗涅日起，秋苗都好极了，可以说是头等的了。”

“确实，秋苗很不坏，”办事处主任回答说，“不过，您也知道，加甫里拉·安东内奇，秋天长得旺，春天不敢讲呀。”

“的确是这样，尼古拉·叶列梅奇：一切都要看上帝的旨意。您说得很对……你们的客人好像醒了。”

胖子转过身来……听了听……

“没有，睡着呢。不过，也许……”

他走到门口。

“没有，睡着呢。”他又说了一遍，就又回到他的位子上。

“哦，那怎么样呀，尼古拉·叶列梅奇？”商人又说起来，“这事儿应当有个结果呀……那就这样好啦，尼古拉·叶列梅奇，那就这样好啦，”他不住地眨巴着眼睛说，“奉上两张灰的和一张白的[①]，（他用头朝主人家点了点）六个半卢布。一言为定，怎么样？”

“四张灰的。”办事处主任回答。

“那就三张吧！”

“四张灰的，不要白的。”

“三张，尼古拉·叶列梅奇。”

“三张半，一戈比也不能再少了。”

“三张，尼古拉·叶列梅奇。”

“别说了，加甫里拉·安东内奇。”

“您这人真难说话，”商人咕哝说，“那我还不如自己去跟女主人谈呢。”

“那就请便，”胖子回答说，“早这样就好了。真的，您何必找麻烦呢？……那样要好多了！”

①灰色钞票是五十卢布，白色钞票是五卢布。

“唉，得了，得了，尼古拉·叶列梅奇。一下子就生气了！我不过随便说说罢了。”

“不，真的嘛……”

“得了吧……说过了嘛，是说着玩儿的呀。好啦，就给你三张半吧，拿你有什么办法呀。”

“是应该要四张，怪我一时糊涂，说走了嘴。”胖子咕哝说。

“那么，尼古拉·叶列梅奇，那边，到家里，粮食六个半卢布能卖吗？”

“六个半卢布已经说定了。”

“那好吧，尼古拉·叶列梅奇，咱们就一言为定了（商人张开手拍打了一下办事处主任的手掌）。那么，尼古拉·叶列梅奇大爷，我这就去求见女主人，就这样说：尼古拉·叶列梅奇已经跟我讲定了六个半卢布。”

“您就这样说吧，加甫里拉·安东内奇。”

“那就请您收下吧。”

商人把一小沓票据递给办事处主任，鞠了个躬，摇了摇头，用两个手指头拿起帽子，耸了耸肩膀，使自己身子做了一个波浪式动作，就彬彬有礼地踩着咯吱咯吱作响的靴子走了出去。尼古拉·叶列梅奇走到墙边，我看出来，他是在点商人交给他的票据。门口伸进一个红头发和一脸连鬓胡子的头。

“喂，怎么样？”那个头问，“一切都谈妥了吗？”

“一切都谈妥了。”

“多少？”

胖子不耐烦地摆了摆手，朝我这间屋里指了指。

“哦,那好吧!”那个头说过,就不见了。

胖子走到桌边坐下来,翻开账簿,拿过算盘,上上下下地拨起算盘珠子,不是用右手的食指,而是用中指:这样更体面些。

值班的小伙子走了进来。

“你有什么事?”

“西道尔从戈洛普卡来了。”

“啊! 好,叫他进来。等一等,等一等……你先去看看,那位先生怎么样了,是一直睡着,还是醒了。”

值班的小伙子小心翼翼地走进我这间屋。我把头放在做枕头的猎袋上,把眼睛闭上。

“还睡着呢。”值班小伙子回到办事处,轻轻地说。

胖子从牙缝儿里咕噜了几句。

“好,叫西道尔进来。”他终于说。

我又欠起身来。走进来的是一个高大的汉子,三十岁左右,身体强壮,红脸膛,淡褐色头发,短短的鬈下巴胡。他对着圣像祷告了一下,向办事处主任鞠了个躬,两手抓着帽子,直起身来。

“你好,西道尔。”胖子一面拨着算盘,一面说。

“您好,尼古拉·叶列梅奇。”

“喂,路上怎么样?”

“很好,尼古拉·叶列梅奇。多少有点儿泥泞。”(那汉子说话不快,声音也不高。)

“老婆身体好吗?”

“她会怎样呀!”

那汉子叹了一口气,一只脚往前伸了伸。尼古拉·叶列梅奇把笔夹在耳朵上，擤了擤鼻涕。

“哦，你来干什么呀？”他一面把花格子手帕往口袋里塞，一面问道。

“尼古拉·叶列梅奇，说是向我们要木匠呢。”

“噢，怎么，你们没有木匠吗？”

“我们怎么会没有木匠呢，尼古拉·叶列梅奇：我们是林区——那是不用说的。不过正是忙时候呀，尼古拉·叶列梅奇。”

“忙时候呢！就是了，你们就喜欢忙着给别人干活儿，不喜欢给自己的女主人干活儿……都是一样嘛！”

“活儿倒是一样，不错，尼古拉·叶列梅奇……不过……”

“怎么？”

“工钱太……那个……”

“哪能处处称心！瞧，你们真是娇惯坏了。得了吧！”

“话也得说回来，尼古拉·叶列梅奇，一个礼拜的活儿，总要拖着我们干上一个月。一会儿木料不够，一会儿又叫我们到花园里去扫路。”

“总不能处处如意呀！女主人亲自吩咐下来，你我都没有什么好说的呀。”

西道尔不说话了，来来回回倒换着两只脚。

尼古拉·叶列梅奇歪过头，一心一意地拨弄起算盘。

“我们那儿的……庄稼人……尼古拉·叶列梅奇……”西道尔终于说起来，每个词儿都说得结结巴巴的，“叫我给大爷您……这个……在这儿……”他把一只大手伸进怀里，掏出一个红花纹的手巾包儿。

“你怎么啦，你怎么啦，糊涂虫，你疯了吗?”胖子连忙打断他的话说。“去吧，到我家里去吧，”他几乎是在往外推着那个惊讶的汉子说，“你去问我老婆……她会给你端茶喝的，我这就来，你去吧。别怕嘛，听我说，去吧。”

西道尔走了出去。

“真笨……笨得像头熊!”办事处主任在他后面嘟哝说，摇了摇头，又打起算盘。

忽然听到嚷嚷声:“库普里扬呀! 库普里扬呀! 库普里扬惹不得了!”这声音先是在街上，随后来到台阶上，过了一小会儿，办事处里走进来一个人，小小的个头儿，像有肺病似的，鼻子特别长，老大的眼睛呆呆的，一副高傲的神气。他穿一件破旧的常礼服，波斯绒领子，小小的纽扣。他背着一捆柴，有五六个仆人簇拥着他，一个劲儿地嚷嚷着:“库普里扬! 库普里扬惹不得了! 库普里扬当伙夫了，当伙夫了!”穿波斯绒领子常礼服的人对同伴们的起哄却丝毫不在乎，脸色一点也没变。他跨着均匀的步子走到炉边，把背的木柴放下来，抬起身子，从后面的口袋里掏出鼻烟盒，瞪大了眼睛，就把掺了灰的草木樨末一下一下地往鼻子里塞。

这一伙儿闹哄哄的人进来的时候，胖子皱了皱眉头，并且站起身来。但是一看出是怎么一回事儿，就笑了笑，只是叫他们别嚷嚷，因为旁边房里有一个打猎的人在睡觉。

“一个什么样的人?”两个人异口同声地问。

“一位地主。”

“啊呀!”

“让他们闹哄吧，”穿波斯绒领子旧礼服的人摊开两手说，“我才不管哩！只要不碰我。我可是当伙夫了……”

“当伙夫了！当伙夫了！”一伙儿人高高兴兴地跟着叫起来。

“女主人叫我当嘛，”他耸耸肩膀，继续说，“你们等着瞧吧……还要叫你们当猪倌呢。我是一个裁缝，一个很好的裁缝，是跟着莫斯科一等裁缝师傅学的手艺，为将军们缝过衣服……这本领谁也夺不去。可是，你们有什么好夸口的？……你们有什么呀？你们怎么样，跳出主人的掌心了吗？你们不过是寄生虫，懒汉。要是放我出去，我不会饿死，不会完蛋；要是给我身份证，我会按时缴代役租，让主人满意。可是你们怎么样？你们会完蛋，像苍蝇一样死掉，一下子就完了！”

“你胡说，”打断他的话的是一个小伙子，麻脸，淡黄头发，扎着红领带，衣袖肘部已经破烂了，“你要是有了身份证，主人会见不到你一戈比的代役租，你自己也挣不到一文钱，只能天天勉强拖着两条腿回家，今后只能穿一件小褂过日子了。”

“康斯坦丁·纳尔基则奇，有什么法子呀！”库普里扬回答说。“一个人一旦爱上什么人，就糟了，一个人就完了。康斯坦丁·纳尔基则奇，等你活到我这么大年纪，再来对我的事说长道短吧。”

“她有什么好爱的呀！简直是一个丑八怪！”

“不，可不能这样说，康斯坦丁·纳尔基则奇。”

“谁相信你的话呀？我是见过她的，去年我在莫斯科亲眼看见过。”

“去年她确实多少差了点儿。”库普里扬说。

“喂,大家听我说,”一个人用轻蔑而随便的语调说。这人瘦高个儿,一脸粉刺,鬈曲的头发涂了不少油,看样子是一名侍仆。“让库普里扬·阿法纳西奇给咱们唱唱他那支小曲吧。来吧,唱起来吧,库普里扬·阿法纳西奇!”

“对呀,对呀!”别的人附和说,“好一个亚历山大!把库普里扬捉住了,没说的……唱吧,库普里扬!……亚历山大,好样的!……库普里扬,唱吧!”

“这儿不是唱歌的地方,”库普里扬很强硬地回答说,“这儿是女主人的办事处。”

“这干你什么事?大概是你也想当办事员了!”康斯坦丁很不客气地笑着说,“一定是这样!”

“那要看女主人的心意了。”那可怜的人说。

“瞧吧,瞧吧,想得多妙呀,瞧吧,多有意思呀!哈!哈!哈!”

所有的人都哈哈大笑起来,有的人还蹦起来。笑得最响的是一个十四五岁的男孩子,大概是仆役中的贵族的儿子:他穿着铜纽扣的背心,系着淡紫色领带,而且肚子已经肥得凸出来了。

“你听我说,库普里扬,”肥胖的办事处主任显然也开心了,和善了,就得意扬扬地说,“你要承认,当伙夫不怎么好吧?恐怕是很没意思的事儿吧?”

“这有什么,尼古拉·叶列梅奇,”库普里扬说,“您现在是当了办事处主任,不错,这的确是没有话说的;可是您也倒过霉,住过庄稼人的小草屋呀。”

“你给我小心点儿,不要太放肆,”胖子气呼呼地打断他的话说,“你这浑蛋,大家是跟你开玩笑的;大家肯跟你这浑蛋说说话儿,你这浑蛋应当感激。”

“我是随便说说,尼古拉·叶列梅奇,对不起……”

“随便说说,那还没有什么。”

门一下子开了,跑进来一个小厮。

“尼古拉·叶列梅奇,女主人叫你去。”

“女主人那儿有什么人?”他问小厮。

“阿克西尼娅·尼基济什娜和一个从维尼奥夫来的商人。”

“我就来。你们,伙计们,”他用很坚决的语调说,“最好和这位新上任的伙夫一起离开这儿:万一那个德国佬跑了来,正好去告状呢。”

胖子用手拢了拢自己的头发,用一只几乎被衣袖完全遮住的手捂住嘴咳嗽了一声,扣好纽扣,就迈着大步去见女主人。不一会儿,这一伙人和库普里扬也随后走出去了。只有我的老相识,也就是那个值班的小伙子,留了下来。他本来要削羽毛笔,可是坐在那儿睡着了。几只苍蝇立刻利用这极好的机会,把他的嘴巴团团围住。一只蚊子落到他的额头上,端端正正地摆开几条腿,慢慢地把它那长长的嘴巴全部扎进他的柔软的肉里。先前那个一头火红头发和一脸络腮胡子的头又从门口探进来,打量了一下,便和他那相当难看的身体一起进了办事处。

“菲究什卡!喂,菲究什卡!老是睡觉!”那个头说。

值班的小伙子睁开眼睛,从椅子上站起来。

“尼古拉·叶列梅奇到女主人那儿去了吗?”

“到女主人那儿去了,瓦西里·尼古拉耶维奇。”

“哦！哦！”我在心里说，“这就是主办会计了。”

主办会计开始在房里走来走去。可是，与其说他是走来走去，不如说是溜来溜去，那样子太像一只猫了。一件后襟狭窄的黑色旧燕尾服在他身上来回晃荡着；他把一只手放在胸前，另一只手一直抓着他那马毛做的又高又窄的领带，并且一个劲儿地转悠着脑袋。他穿的是羊皮靴子，走起路来很轻柔，没有咯吱咯吱的声音。

“今天雅古什卡的一位地主来问过您。”值班的小伙子又说。

“哦，问过我吗？他说什么来着？”

“他说，晚上他到秋秋列夫那里去等您。他说，他有一件事要和瓦西里·尼古拉耶维奇谈谈。至于什么事，他没有说。他说，瓦西里·尼古拉耶维奇知道的。”

“哦！”主办会计回答过，便走到窗口。

“喂，尼古拉·叶列梅奇在办事处吗？”有一个人在过道里大声问道。于是有一个人跨进门来，这人高高的个子，一脸的怒气，脸不怎么端正，但是富于表情，显得很果敢，穿着十分整洁。

“他不在这儿吗？”他很快地朝四下里扫了一眼之后，问道。

“尼古拉·叶列梅奇在女主人那儿，”主办会计回答说，“您有什么事，对我说说吧，巴维尔·安得列伊奇：您可以对我说说……您要什么？”

“我要什么？您想知道我要什么吗？（主办会计极不自然地点点头。）我要教训教训他这个不要脸的大肚子鬼，这个挑拨是非的坏家伙……我要叫他挑拨是非试试看！”

巴维尔一屁股坐到椅子上。

“您怎么啦，巴维尔·安得列伊奇，您怎么啦？不要发火吧！……您怎么好意思呀？巴维尔·安得列伊奇，您别忘了您说的是谁呀！”主办会计嘟嘟哝哝地说起来。

“说的是谁？他升了办事处主任，我才不管这一套呢！哼，真是的，偏偏提拔这种人！可以说，这确实是把一头羊放进了菜园子！”

“算了，算了，巴维尔·安得列伊奇，算了吧！别说了……这种小事有什么好说的呀？”

“哼，老狐狸，摇尾巴去了！……我要等他来。”巴维尔气嘟嘟地说，并且使劲拍了拍桌子。“哦，这不是，大驾到了，”他朝窗外看了看，又说道，“说到谁，谁就来到。我们恭候您呢！”他站起身来。

尼古拉·叶列梅奇走进办事处。他一脸得意的神气，但是一看见巴维尔，他有点儿慌张。

“您好，尼古拉·叶列梅奇，”巴维尔慢慢迎上前去，意味深长地说，“您好呀。”

办事处主任什么也没有回答。门口出现了商人的脸。

“您怎么不回答我呀？”巴维尔继续说。“不过，不……不，”他又说，“这不是办法；叫和骂都无济于事。是的，尼古拉·叶列梅奇，您还是好好地对我说说，您为什么老是坑害我？为什么老是想把我毁了？喂，您说呀，说呀。”

“这儿不是跟您交谈的地方，”办事处主任不免激动地回答说，“而且也不是时候。不过，说实话，有一点我觉得奇怪：您说我想把您毁了，或者老是坑害您，这是从何说起呢？再说我究竟怎样会坑害您呀？您又不是我这办事处的人。”

“可不是，”巴维尔回答说，“要是那样就更糟了。不过，尼古拉·叶列梅奇，您何必装模作样呀？……您明白我说的是什么呀。”

“不，我不明白。”

“不，您明白。”

“不，我对上帝发誓，我不明白。”

“还对上帝发誓呢！要是这样的话，那您就说说：您不怕上帝吗？您为什么不让那个可怜的姑娘活下去？您想要她怎样？”

“您说的是谁呀，巴维尔·安得列伊奇？”胖子装出惊讶的神气问道。

“哎呀！真的不知道吗？我说的是塔吉雅娜嘛。您别作孽吧——为什么要报复呀？您问问良心吧：您是有家小的人，您的孩子已经有我这样高了，我也是一个人呀……我要娶她，我的做法是见得了人的。”

“这事儿怎么能怪我呀。巴维尔·安得列伊奇？是女主人不准你们结婚呀；全是主人家的意思！这跟我有什么相干？”

“跟您有什么相干吗？您不是跟那个老妖婆，跟那个女管家串通的吗？不是你们拼命向上面说坏话吗？嗯？您来说说，不是你们编造种种谎话，栽诬这个无依无靠的姑娘吗？她从洗衣服的，降为洗碗的，不是因为你们的大恩大德吗？她挨打，穿粗布衣服，不也是因为你们的恩德吗？……您问问良心吧，问问良心吧，您是有年纪的人了！说不定哪一天会中风死去……到时候怎样向上帝交代呢？”

“您骂吧，巴维尔·安得列伊奇，您骂吧……您还能骂多久吗？”

巴维尔火了。

“什么？你想吓唬我？”他气愤地说，“你以为我怕你吗？哼，伙计，你看错人了！我有什么好怕的？……我到哪儿都有饭吃。你呢，你就不行了！你只能在这儿混混，说说别人坏话，捞捞油水……”

“瞧，他倒神气起来了，”办事处主任也忍不住了，打断他的话说，“一个蹩脚医生，不过是一个蹩脚医生，没用的医生；可是你听听他的口气，倒像是一个了不起的人物！……呸！”

“是啊，蹩脚医生，可是如果没有这个蹩脚医生，你老人家这会儿已经在坟墓里烂掉了……真是鬼叫我治好了他的病。”他又小声嘟哝了一句。

“你治好了我的病？……不对，你是想毒死我；你给我吃的是芦荟。”办事处主任接话说。

“可是，除了芦荟，别的药都不能治你的病，那又怎么办？”

“芦荟是卫生局禁用的，”办事处主任继续说，“我还要控告你呢。你是想害死我——就是这么一回事儿！只是上帝不答应你。”

“你们算了吧，算了吧，两位……”主办会计开口说。

“你别管！”办事处主任叫道，“他就是想毒死我。你懂吗？”

“我又何必呀……尼古拉·叶列梅奇，你听我说，”巴维尔用灰心绝望的语调说起来，“我最后一次请求你……你逼得我没办法，我实在受不住了。你别再跟我们为难了，明白吗？要不然，我可以告诉你，咱们两个人当中真的会有一个人没有好下场。”

胖子火了。

“我不怕你，”他叫起来，“听见没有，你这乳臭未干的小儿！我跟你父亲较量过，杀过他的气焰，那就是你的样儿，你要给我小心！”

“你别提我父亲，尼古拉·叶列梅奇，你别提吧！”

“滚出去！我提不提，你管不着！”

“告诉你，别提吧！”

“告诉你，别太放肆了……不管你认为女主人多么少不了你，可是，如果女主人不得不从我们两个中选择一个，你是保不住的，老弟！谁都不许捣乱，你小心点儿！（巴维尔愤怒得浑身直打哆嗦。）塔吉雅娜这姑娘是自作自受……瞧着吧，以后的罪她还有得受呢！”

巴维尔扬起双手扑了上去，办事处主任咚的一声栽倒在地上。

“把他铐起来，铐起来。”尼古拉·叶列梅奇哼叫起来……

这场戏的结局我就不写了；就这样，我怕我已经玷污了读者的感情。

当天我就回家了。一个星期之后，我听说女主人洛斯尼亚科娃把巴维尔和尼古拉两个人都留下来伺候自己，而把塔吉雅娜这姑娘打发走了：显然是用不着她了。

孤　狼[①]

傍晚，我一个人坐着赛跑用的马车回家。离家还有七八俄里。我那匹跑得很快的好马精神抖擞地在尘土飞扬的大路上跑着，只是偶尔地打两声响鼻，摇晃几下耳朵；我那只跑累了的狗一步也不离开后轮，好像拴在上面似的。暴风雨要来了。前面有老大的一片淡紫色阴云，慢慢地从树林后面升起来；在我头顶上疾驰和迎面而来的是一条条长长的灰云；爆竹柳惊慌不安地晃动起来，簌簌响起来。闷热一下子变成湿冷；阴影很快地浓起来。我用缰绳抽了一下马，马车就下了河谷，过了一条长满柳树棵子的干河，上了坡，就进了树林。我面前有一条路，弯弯曲曲地在已经笼罩着暮色的茂密的榛树棵子中穿过。我的马车艰难地向前行进着。百年老橡树和老椴树的一条条树根横穿过老深的旧车辙，我的马车在坚硬的树根上蹦跳着；我的马打起趔趄。狂风突然在上空怒吼起来，树木呼啸起来，大颗大颗的雨点猛烈地敲打着树

①最初刊于《现代人》杂志1848年第2期。

叶，电光一闪，雷雨大作。雨像泉涌般地倾注下来。我的车子慢慢走起来，走不多久，不得不停下来：我的马陷在泥水里了，而且这时黑得什么也看不见了。我好不容易钻到一丛老大的树棵子底下躲雨。我弯下身子，蒙住脸，耐心地等待雷雨的终止，却忽然在闪光中恍惚看到一个高高的人影。我就凝神朝那个方向注视起来——那个人好像从地里冒出来似的一下子出现在我的马车旁边。

“什么人？”一个洪亮的声音问。

“你是什么人？”

“我是在这儿看林子的。”

我自报了姓名。

“啊，我知道！您这是回家去吗？”

“是回家，可是你瞧，多么大的风雨……”

“是啊，暴风雨。”那声音回答说。

一道白亮的电光把守林人从头到脚照得清清楚楚，紧接着霹雳一声响了一个炸雷。雨更猛烈地泼下来。

“不会很快就停的。”守林人又说。

“怎么办呀！”

“我是不是可以把您领到我的小屋里去？”他断断续续地说。

“那就麻烦你了。”

“请您坐好吧。”

他走到马头前，抓住笼头，把马拉动了。我们的马车就走起来。马车像“大海里的独木舟”一般颠簸着。我紧紧抓着马车的坐垫，一面呼唤着狗。我那可怜的母马吃力地在泥水中吧唧吧唧走着，又打滑，又打趔趄；守林人在辕杆前面左右摇晃着，像一个幽灵。我们走了很久，我的领路人终于站了下来。“咱们到家了，先生。”他用平静的语调说。篱笆门咯吱一声开了，几条小狗一齐叫起来。我抬起头来，借着电光，看见围了篱笆的宽大的院子中央有一座小屋。从一个小小的窗子里透出幽暗的灯光。守林人把马拉到台阶旁，便敲起门来。“就来，就来！”说话的是一个尖细的声音，接着是光脚板的走动声，门闩吧嗒一声开了，于是一个穿着小褂、腰系布条的十二岁光景的小姑娘带着提灯出现在门口。

“给这位先生照着路，”他对她说，“我把您的马车赶到敞棚里。”

小姑娘朝我看了看，就往屋里走去。我跟在她后面。

守林人的屋子只有一间，熏得黑乎乎的，又矮，又空空荡荡，没有高板床，也没有间壁。墙上挂着一件破皮袄，长板凳上放着一条单筒猎枪，屋角堆着一堆破布，炉边摆着两个大瓦罐。桌上点着松明，一会儿可怜巴巴地亮一下，一会儿暗下去。在屋子正中央，一根长竿的一端吊着一个摇篮。小姑娘把提灯捻灭了，坐到一个小凳子上，就用右手摇起摇篮，用左手摆弄松明。我朝四下里看了看——心里非常难受：夜晚走进农家的屋子不会是愉快的。摇篮里的婴儿又沉重又急促地呼吸着。

“你就一个人在这儿吗？”我问小姑娘。

“一个人。”她用勉强听得见的声音说。

“你是守林人的女儿吗？”

“是守林人的女儿。”她小声说。

门吱扭一声响了，守林人弯下头，跨进门来。他拿起地上的提灯,走到桌子跟前,把提灯又点着了。

“点松明恐怕您不习惯吧?”他说着,摇晃了几下他的鬈发。

我望了望他。我很少见到这样的好汉。他高个子,宽肩膀,身材好极了。那强壮的肌肉在湿透的麻布衬衫底下凸得高高的;那黑黑的鬈曲大胡子把他那刚毅而严肃的脸遮住一半;在紧挨着的两道阔眉毛底下,一双不大的栗色眼睛流露着刚勇之气。他一双手轻轻地叉着腰,在我面前站了下来。

我向他道过谢,就问起他的名字。

“我的名字叫福玛,”他回答说,“外号就叫孤狼[①]。”

“哦,你就是孤狼?”

我更好奇地朝他望了望。我常常听到我的叶尔莫莱和别的一些人谈守林人孤狼的一些事,附近的庄稼人都像怕火一样怕他。据他们说,能够像他这样尽职守的人,天下还没有:“他连一捆树枝都不让人拿走;不管什么时候,哪怕是在半夜里,他也会一下子来到,你休想反抗,因为他力气又大,又像魔鬼一样灵活……而且你对他毫无办法:请他喝酒,给他钱,都没有用;不管用什么收买他,都不行。有些人不止一次想把他弄死,不行,办不到。”

附近的庄稼人对孤狼就是这样议论的。

“原来你就是孤狼,”我又说一遍,“伙计,我听人家说起过你。都说你是什么人也不肯放过的。”

“我要尽我的职,”他阴沉地回答说,“不能白吃主人家的饭。”

他从腰里抽出板斧,蹲在地上,劈起松明。

①在奥廖尔省,常常把孤单而阴沉的人称为孤狼。——作者注

“怎么，你没有老婆吗？”我问他。

“没有。”他回答说，并且使劲劈了一斧头。

“就是说，是死了吗？”

“不……是的……死了。”他说过，便转过脸去。

我没有再说什么；他抬起眼睛，朝我望了望。

“跟一个过路的城里人跑了。”他带着苦笑说。小姑娘垂下了头。婴儿醒了，哭起来，小姑娘走到摇篮边。“喂，给他这个。”孤狼说着，把一个肮脏的奶瓶塞到小姑娘手里。“就把他丢下了。”他指着婴儿又小声说。他走到门口，站下来，并转过身来。

“先生，您恐怕，”他说，“不会吃我们的面包吧，可是我这儿除了面包……”

“我不饿。”

“哦，那就算了。我倒是可以给您生个茶炊，可是我没有茶叶……我去看看您的马怎么样。”

他走出去，把门掩上。我又朝四面打量了一下。我觉得这屋子比先前更加凄凉了。已经冷了的烟气有一种苦味非常难闻，使我连气都不敢喘。小姑娘坐在那儿一动也不动，连眼睛也不抬；她只是偶尔地推推摇篮，怯生生地把老往下溜的小褂往肩上拉一拉；她那一双光着的脚一动不动地耷拉着。

“你叫什么名字？”我问。

“乌丽妲。”她把她那悲伤的小脸又往下垂了垂，说。

守林人走进来，坐到板凳上。

“风雨小些了，”沉默了一小会儿之后，他说，“您要是想走，我把您送出树林。”

我站起身来。孤狼拿起枪，检查了一下火药池。

“拿枪干什么?”我问。

“树林里有人捣鬼……在砍母马沟的树。”他说后面一句，是回答我疑问的目光。

“在这儿能听得见吗?”

“在院子里能听得见。”

我们一同走出来。雨已经停了。远处还聚集着一团团浓浓的乌云，偶尔还划过长长的闪电；但是我们头顶上有些地方已经出现了暗蓝色的天空，星星透过疾驰的稀薄的行云闪着亮光。黑暗中显露出一棵棵沾满雨水、被风吹得摇来摆去的树木的轮廓。我们倾听起来。守林人摘下帽子，低下头。“就是……就是的，”他忽然说，并且伸出一只手，“瞧，就挑选这样的夜晚。”除了树叶响声，我什么也没听见。孤狼从敞棚底下把马牵出来。“要是这样去，”他又小声说，“恐怕会让他跑掉的。”“我和你一起走着去……行吗?”“好吧，”他说着，又把马牵回去，“咱们一下子把他抓住，然后我再送您。咱们走吧。”

我们就走：孤狼在前面，我跟在他后面。天知道他是怎样认得路的，但他只是偶尔停一停，为的是听一听斧头的声音。“喏，”他小声说，“听见吗? 听见吗?”“在哪儿呀?”孤狼耸耸肩膀。我们进了沟，风停息了一小会儿——一下一下的斧声清清楚楚地进入我的耳朵。孤狼朝我看了看，点了点头。我们蹚着湿漉漉的野草和荨麻继续朝前走去。听到一阵低沉的、长长的轰隆声……

“砍倒了……”孤狼嘟哝说。

这时天空越来越晴朗，树林里有点儿亮了。我们终于从沟里爬出来。“请您在这儿等一下，”守林人小声对我说；他就弯下身子，举起枪，消失在灌木丛中。我聚精会神地倾听起来。在不肯停息的风声中我隐约听到远处有轻微的声音：斧头小心地砍树枝的声音，车轮轧轧声，马打响鼻的声音……“哪儿去？站住！”突然响起孤狼那钢铁般的声音。另一个声音像兔子似的可怜巴巴地叫起来……厮打起来。“胡说……胡说……”孤狼喘着粗气说，“你跑不掉……”我朝打闹的方向奔去，一步一趔趄地跑到厮打的地方。守林人在砍倒的树旁的地上蠕动着；他把那个贼按在地上，用腰带在反绑他的两手。我走到跟前。孤狼站起来，也把那人拉起来。我看到那个庄稼人浑身湿漉漉的，穿得破破烂烂，老长的大胡子乱蓬蓬的。一辆货车旁边站着一匹很瘦弱的马，马身上有一半披着疙疙瘩瘩的草席。守林人一句话也不说；那人也不作声，只是摇晃着脑袋。

“把他放了吧，”我对着孤狼的耳朵小声说，“这棵树我来赔。”

孤狼一声不响地用左手抓住马鬃：他的右手一直抓着那个贼的腰带。“哼，你这笨东西，看你有多狡猾！”他厉声说。“您把斧子拿着。”那庄稼人嘟哝说。“斧子怎么会丢掉呢？”守林人说着，捡起斧头。我们就走了。我走在最后面……又淅淅沥沥地下起小雨，很快就转为瓢泼大雨。我们好不容易走到那座小屋。孤狼把抓来的那匹马放在院心里，把那个庄稼人带进屋里，把腰带的结儿松了松，就叫他坐到角落里。那小姑娘本来已经在炉边睡着了，这时一下子跳起来，带着惊恐的神气一声不响地打量起我们。我在板凳上坐下来。

“啊，这雨好大呀，”守林人说，“只好再等一会儿了。您要不要躺一下？”

“谢谢。”

“您在这儿，我本该把他关进贮藏室里，”他又指着那人说，“可是那门闩……”

“就让他在这儿吧，不要难为他。”我打断孤狼的话说。

那人皱着眉头看着我。我在心里发誓，要想方设法把这个可怜的人放了。他坐在板凳上一动也不动。在灯光下，我能看清楚他那憔悴的皱皱巴巴的脸、那耷拉着的黄眉毛、惶惶不安的眼睛、干瘦的肢体……小姑娘躺在他脚下的地板上，又睡着了。孤狼坐在桌旁，两手托着头。蟋蟀在屋角里叫着……雨敲打着屋顶，顺着窗子哗哗往下流。我们都不说话。

“福玛·库兹米奇，”那人忽然用低沉而颤抖的声音说，“福玛·库兹米奇呀！”

“你要怎样？”

“放了我吧。”

孤狼没有回答。

“放了我吧……因为实在饿得没办法呀……放了我吧。”

“我知道你们这些人，”守林人阴沉地反驳说，“你们全村都是这样，除了贼，还是贼。”

“放了我吧，”那人一再要求说，“管家……我家完了……放了我吧！”

“完了呢！……不管怎样都不应该做贼。”

“放了我吧，福玛·库兹米奇……不要把我毁了。你也知道，你那东家会要我的命的。"

孤狼转过脸去。那人浑身抽搐起来,好像是热病发作了。他的头直晃荡,喘气也不均匀了。

"放了我吧,"他带着灰心绝望的神情一再地恳求说,"放了我吧,真的,放了我吧!我来赔钱,真的。实在是饿得没法子呀……孩子们饿得直哭呀,真是走投无路呀。"

"可是你总是不应该做贼。"

"就把那匹马……"那人又说,"就把那匹马留下吧……我只有这匹牲口了……放了我吧!"

"我说过了,不行。我也是不能做主的人:东家要追问我。再说也不能由着你们。"

"放了我吧!穷得没办法呀,福玛·库兹米奇,实在穷得没办法呀……放了我吧!"

"我知道你们这些人!"

"放了我吧!"

"哼,跟你有什么好说的;你老老实实坐着,不然我可要……明白吗?怎么,你没看见这位先生在这儿吗?"

那可怜的人垂下了头……孤狼打了一个呵欠,把头放到桌子上。雨一直没有停。我等着看事情怎样了结。

那人突然挺直身子,一双眼睛冒出火来,一张脸也红了。"哼,来,你把我吃了吧,哼,噎死你,来吧,"他眯起眼睛,挂下嘴角,说了起来,"来吧,你这该死的凶手,你来喝基督徒的血吧,喝吧……"

守林人转过脸去。

“我对你说话呢，你这蛮子，吸血鬼，对你说话呢！”

“你醉了吗，怎么骂起人来啦？”守林人惊愕地说，“怎么，你疯了吗？”

“喝醉了呢！……那还不是你让我醉了的，你这该死的凶手，畜生，畜生，畜生！”

“哼……我来收拾你！……”

“我怕什么？反正一样是死；没有了马，我能上哪儿去？你杀我，我也是死；饿死，也是死——都是一样。全完蛋吧：老婆，孩子……什么都死光吧……可是你呀，你等着吧，总有一天会跟你算账的！”

孤狼站起身来。

“你打吧，打吧，”那人用发狂的声音说，“打吧，来，来，打吧……（小姑娘腾地跳起来，用眼睛盯住他。）打吧！打吧！”

“住嘴！”守林人大喝一声，向前跨了两步。

“算了，算了，福玛，”我喊起来，“饶了他……由他去吧。”

“我就是要说说，”那个倒霉的人继续说，“反正是一个死。你这凶手，畜生，怎么不死呀……不过等着吧，你威风不了多久啦！会有人把你绞死的，你等着吧！”

孤狼抓住他的肩膀……我冲过去解救他……

“您别动，先生！”守林人朝我吆喝道。

我并不怕他吓唬，而且已经伸出了手；但是，使我万分惊讶的是，他一下子把那人胳膊上的腰带扯掉，抓住他的衣领，把帽子扣到他的眼睛上，拉开门，一把把他推了出去。

“带着你的马滚蛋吧！”他在他后面叫道，“可是你要小心，下次我可要……”

他回到屋里，在角落里摸索起来。

“哦，孤狼，”我终于说，“你真使我感到惊讶；我看出来，你真是一个极好的人。”

“唉，得了吧，先生，”他烦恼地打断我的话说，“只是请您不要说出去。我还是送您走吧，”他又说，“看来，您一时是等不到这点小雨停息的……”

院子里响起那人的马车的轧轧声。

“听，他走了！”他小声说，“下次我要好好收拾他！……”

半小时以后，他就在树林边上同我分手了。

两地主[1]

诸位厚意的读者，我已经有幸向诸位介绍了我邻近的几位绅士。现在请允许我顺便(在我们这些作家，一切都是顺便说说)再给诸位介绍两位地主，两个非常可敬的、善良的、在好几个县受到普遍尊敬的人，我常常到他们那里去打猎的。

首先给诸位描述一下退职陆军少将维亚契斯拉夫·伊拉利奥诺维奇·赫瓦伦斯基。这是一个高高的、当年身材十分挺拔的人，现在有些发胖，但是一点也不衰老，甚至也不苍老，而是正当盛年，即所谓年富力强的时候。不错，当年曾经很端正，如今还是很好看的脸盘多少有些改变，双颊耷拉下来，眼角密密的皱纹四面伸展开去，有几个牙齿，如普希金所引证的萨迪的话[2]，已经不在了；淡黄色的头发，至少是现在留下的那些，已经变成了淡紫色，

①本篇最初刊于《猎人笔记》1852年单行本中。

②萨迪，13世纪波斯大诗人。普希金在《叶甫盖尼·奥涅金》第八章第五十节中引用萨迪《果园》中的诗句："有的已经不在，有的远在异邦。"原意是指朋友，此处指牙齿。

这是由于他在罗姆内市场上从一个冒充亚美尼亚人的犹太人手里买来的药剂；可是，维亚契斯拉夫·伊拉利奥诺维奇脚步矫健，笑声响亮，走起路来踢马刺叮当直响，不住地拈着小胡子，还自称为老骑兵，可是谁都知道，真正的老头子是从来不自称为老头子的。他平时穿常礼服，纽扣一直扣到顶，结得很高的领带，浆得笔挺的硬领，带花点儿的灰裤子是军装式样的；帽子一直戴到额头上，后脑完全露出来。他是一个心地善良的人，但是有些见解和习惯却很奇怪。例如，他见了无钱无势的贵族，决不肯平等对待。他和他们说话，总是一边腮紧紧抵着硬邦邦的白领子，侧着头看他们，或者冷不丁地用明亮的、没有表情的目光扫他们一眼，默不作声，动一动头发底下的整个头皮；甚至说话发音也变了，例如，不说“谢谢您，巴维尔·瓦西里伊奇”或者“请到这边来，米海洛·伊凡内奇”，却说“谢了，巴尔·阿西里奇”或者“请这来，米哈尔·瓦内奇”。对待社会地位低下的人，他的态度就更奇怪了：他对他们看也不看，而且在对他们说明自己的心意或者下命令之前，总要带着担心和沉思的神气一连几次地问：“你叫什么名字？……你叫什么名字？”而且往往把开头的词儿说得特别重，其余的词儿说得很快，这就使他的说话声很像雄鹌鹑的叫声。他整天忙忙碌碌，且十分吝啬，却又不善于当家：找了一个退伍的骑兵司务长、一个特别蠢的乌克兰佬当管家。不过，在管理家业方面，我们这里还没有什么人能赶得上彼得堡的一位显要官员，他从他的管家的报告中看出来，他庄园里的烤禾房常常遭火灾，因此损失很多粮食。他就发出十分严厉的禁令：在火没有完全熄灭之前，不准把庄稼放进烤禾房。那位官员还想把自己的全部土地都种上罂粟，这显然是出于一种十分简单的盘算：罂粟比黑麦贵，所以种罂粟更合算。他还给自己的女农奴下命令，做头饰要根据彼得堡寄来的式样。确实，至今他的庄园里的娘儿们还戴头饰……不过已经是戴在帽子上面了……咱们还是言归正传，再来说说维亚契斯拉夫·伊拉利奥诺维奇吧。维亚契斯拉夫·伊拉利奥诺维奇好色如命，他在自己的县城的林荫道上一看见漂亮女人，立刻就跟上前去，而且两条腿立刻就软得一瘸一拐的，那情景煞是好看。他很喜欢打牌，但只是同身份低的人打；他们称他"大人"，他就随心所欲地斥责他们，骂他们。等他同省长或者别的什么要员打起牌来，他的态度就发生惊人的变化：他笑眯眯的，又点头，又看他们的眼色——浑身散发着蜜一般的味道儿……就是输了也不埋怨。维亚契斯拉夫·伊拉利奥诺维奇很少看书，一看起书来，胡子和眉毛不住地抖动，就好像脸上有一道波浪从下往上涌。在他有机会（自然是在客人面前）阅读《评论报》各栏的时候，他脸上这种波浪式动作特别好看。他在选举中往往起很重要的作用，但是因为吝啬，不肯接受首席贵族这一荣誉称号。"诸位先生，"他常常对拥戴他的贵族们说，而且都是用以上对下和自有主张的口气说的，"多谢诸位的美意；不过我决意清静自娱，安度余暇。"说过这话以后，把头向左向右动几下，然后威严地把下巴和两腮紧紧靠在领带上。他在年轻时候给一位要人当过副官，他对那位要人是毕恭毕敬的。据说，他不光是担任副官职务，似乎还干别的事，比如，他穿起全套服装，整整齐齐，甚至连钩纽也扣得好好的，手拿浴帚到浴室里帮自己的上司洗浴——不过传闻是不能全信的。然而，连赫瓦伦斯基将军自己也不喜欢谈自己的军人生涯，这总是够奇怪的了。他好像也没有打过仗。赫瓦伦斯基将军住在一所不大的房子里，独身一人；他这一生还没有体验过夫妻生活的幸福，因此直到如今还算是一个择婿对象，甚至是一个极好的择婿对象。不过他有一个女管家，三十五六岁，黑眼睛，黑眉毛，丰满，娇艳，嘴上有髭须，平时穿浆得笔挺的衣服，到礼拜天就套上细纱套袖。在地主们招待省长或其他显贵的盛大宴会上，正是维亚契斯拉夫·伊拉利奥诺维奇大显身手的时候：在这种场合他可以说是得其所哉。在这种场合下他如果不是坐在省长的右首，那也是在离省长不远的地方；在宴会开始的时候，他多半还能保持着自尊感，身体向后仰着，但不转头，侧眼朝下打量着客人那圆滚滚的后脑勺和笔挺的硬领；可是到宴会快结束的时候，他就快活起来，开始朝各方面微笑（朝省长方面他从宴会一开始就微笑了），有时甚至举杯向女士们，用他的话说，向“我们地球之花”祝酒。赫瓦伦斯基将军在一切庄严的和公开的仪式、考试会场、教会仪式、集会和展览会上也都不坏；接受祝福姿态也很得体。在岔道口、渡口和其他这一类的地方，他的仆役们都不吵不闹；相反，在请人让路或者请车辆让开的时候，都用悦耳的喉音说：“对不起，对不起，请让赫瓦伦斯基将军过去”，或者“赫瓦伦斯基将军的马车……”不错，赫瓦伦斯基的马车式样是很旧的；仆役们的号衣也是很旧的（不用说，号衣都是红镶边的灰色号衣）；几匹马也都是很老的，出过力气的；可是，赫瓦伦斯基并不追求豪华，而且认为追求奢华有损自己的身份。赫瓦伦斯基没有什么了不起的口才，也许是没有什么机会表现他的口才，因为他不仅不耐烦争论，而且根本不能忍受辩驳，尽可能避免长时间的谈话，尤其是和青年人。这确实也是很有道理的,要不然现今这些人就难对付了:他们会不听话,不尊敬你。在地位高的人面前,赫瓦伦斯基大都是默不作声,而对于地位低的、他显然瞧不起而只是有交往的人,他说话简短而生硬,不断地应用如下的词句:“不过,您说这话没有意思”,或者:“阁下,我还是不得不警告您”,或者:“不过,您还是应该明白,您是在同谁打交道”,等等。那些邮政局长、常任议员和驿站长都特别怕他。他家里不接待任何人,为人非常吝啬,正如传闻那样。尽管他有种种缺陷,他还是一位极好的地主。乡邻们都说他是“一个老军人,一个大公无私的人,一个规矩人,一个老啰唆的人”[①]。只有一个省检察官,在别人说起赫瓦伦斯基将军的好处和可敬之处时,竟敢于冷笑——不过,也许是出于嫉妒呢?……

好啦,咱们还是来谈谈另一位地主吧。

马尔大利·阿波洛内奇·斯捷古诺夫一点也不像赫瓦伦斯基;他恐怕没有在什么地方当过差,也从来不算是美男子。马尔大利·阿波洛内奇是一个矮矮的小老头儿,胖胖的,秃顶,双重下巴,一双手很柔软,肚子很大。他非常好客,也很喜欢说笑;如大家常说的,无忧无虑地过日子;不论冬天和夏天,他都穿一件带条纹的棉睡衣。只有一点他和赫瓦伦斯基将军相同:他也是独身。他有五百农奴。马尔大利·阿波洛内奇经营自己的产业很不认真;他为了不落后于时代,在十年前就在莫斯科的布捷诺普公司买了一架打谷机,锁进棚子里,就心满意足了。只有在晴朗的夏日,他才叫人套起赛马用的马车,到田野上去看看庄稼,采一些矢

①原文为法文。

车菊。马尔大利·阿波洛内奇生活中的一切都保持着古风。他的房子也是古式的:在前室里,照例有克瓦斯气味、脂油蜡烛气味和皮革气味;这里右边还有一个餐具柜,里面有烟斗和擦手毛巾;餐室里有家族的画像、苍蝇、一大盆天竺葵和一架蹩脚的钢琴;客厅里有三张长沙发、三张桌子、两面镜子和一架声音嘶哑的自鸣钟,钟上有发了黑的珐琅和镂花的青铜指针;书房里有一张堆满纸张的书桌;有淡蓝色的屏风,上面贴了从上一世纪各种著作中剪下来的图画;有几个书橱,里面有发臭的书籍,有蜘蛛和黑色的灰尘;有一张松软的安乐椅;有一扇意大利式窗子和一扇钉死了的朝花园的门……总之,应有的都有。马尔大利·阿波洛内奇的仆役很多,穿的都是老式服装:高领的蓝色长外套、色调不鲜亮的裤子和黄黄的短背心。他们对客人称"老爷子"。为他经营产业的是一个庄稼人出身的总管,大胡子有整个皮袄那样长;管家务的是一个老婆子,扎着栗色头巾,满脸皱纹,非常吝啬。马尔大利·阿波洛内奇的马厩里有三十四各种各色的马;他出门乘坐自家造的有一百五十普特重的四轮马车。他待客极热诚,酒菜十分丰盛,就是说,由于俄式饭菜具有使人醉昏昏的特点,可以使客人一直到晚上什么事也不能干,除了玩纸牌。他自己也从来不干什么事情,甚至连一本圆梦的书也不再看了。而且这样的地主在我们俄罗斯还相当多。也许有人会问:我怎么讲起他来,为什么讲起他来?……那诸位就听我说说我有一次拜访马尔大利·阿波洛内奇的情形,算是回答吧。

我来到他家里是在夏天,晚上七点钟左右。他家里刚刚做过晚祷,一位年轻的神甫坐在客厅门口一张椅子尽边上,看样子非常羞怯，想必是刚从神学校出来的。马尔大利·阿波洛内奇照例非常亲热地接待我；他见任何客人来都是由衷的高兴，而且他本来就是一个好心肠的人。神甫站起来，并且拿起帽子。

“等一等，等一等，神甫，”马尔大利·阿波洛内奇没有放开我的手，就说起来，“别走……我已经叫人给你拿酒了。”

“谢谢，我不会喝酒。”神甫忸怩不安地小声说，并且脸红到了耳朵根。

“胡说什么！你们这样的人哪有不会喝酒的！”马尔大利·阿波洛内奇回答说，“尤什卡！尤什卡！给神甫拿酒来！”

尤什卡，一个八十岁上下的又高又瘦的老头子，用一个带有肉色斑点的黑漆托盘端着一杯酒走了进来。

神甫一再推谢。

“喝吧，神甫，别扭扭捏捏了，这样不好。”地主带着责备的意味说。

可怜的年轻人就依从了。

“好，神甫，现在你可以走了。”

神甫就鞠躬告辞。

“哦，好的，好的，你去吧……真是一个极好的人，”马尔大利·阿波洛内奇望着他的背影说，“我非常喜欢他；只是有一点：太嫩了。死守教规，这不是，连酒都不喝。哦，您怎么样，我的先生？……您怎么样，好吗？咱们到阳台上去吧——瞧，多么好的黄昏呀。”

我们来到阳台上，坐下，聊起来。马尔大利·阿波洛内奇朝下面看了看，忽然着急得不得了。

“这是哪家的鸡？这是哪家的鸡？”他叫起来，“这是哪家的鸡到花园里来啦？……尤什卡！尤什卡！快去看看，这是哪家的鸡到花园里来啦？……这是哪家的鸡？我说过多少次了，说过多少次了呀！”

尤什卡跑去了。

“简直乱七八糟！”马尔大利·阿波洛内奇一再地说，“真不得了！”

我至今还记得，那几只倒霉的母鸡，两只花斑的和一只白的凤头鸡，正悠闲地在苹果树下漫步，偶尔用长长的咯咯声抒发一下自己的感情，突然，光着头、手拿棍子的尤什卡和另外三个壮年仆人一齐朝它们扑了过来。这一下可热闹了。母鸡又叫又跳，又扑打翅膀，咯嗒咯嗒声震耳欲聋；几个仆人跑着，跌跌撞撞，打着趔趄；老爷像发了疯似的在阳台上吆喝着：“抓住，抓住！抓住，抓住！抓住，抓住，抓住！……这是哪家的鸡，这是哪家的鸡？”终于一名仆人把那只凤头鸡一把按在地上，抓住了那只鸡，就在这时候，一个披散着头发的十一二岁小姑娘手拿树条子跨过篱笆，从街上跳进花园里。

“啊，原来是他家的鸡！”地主得意地叫起来。“是车夫叶尔米尔家的鸡哩！这不是，他叫他家娜塔尔卡来赶鸡呢……倒没有叫巴拉莎来。”地主小声加了一句，并且意味深长地笑了笑。“喂，尤什卡！不要管鸡了，给我把娜塔尔卡抓来。”

可是，气喘吁吁的尤什卡还没有跑到吓坏了的小姑娘跟前，女管家不知从哪里跑了来，抓住她的胳膊，在她背上打了几下……

“就该这样，嗯，就该这样，”地主应和说，“叫你记着，记着，记着！叫你记着，记着，记着！……”他又大声说：“阿芙道济娅，把鸡扣下。”然后满面放光地转身对我说：“先生，打猎打得怎样，嗯？我汗都出来了，您瞧瞧。”

于是马尔大利·阿波洛内奇哈哈大笑起来。

我们依然在阳台上。这黄昏确实格外好。

仆人给我们送上茶来。

“请问，”我开口说，“马尔大利·阿波洛内奇，迁到冲沟那边大路上那几家是您的人吗？”

“是我的……怎么啦？”

“马尔大利·阿波洛内奇，您这是怎么一回事儿呀？这可是罪过呀。分拨给那些庄稼人的屋子又肮脏又狭小；四面看不见一棵树；连养鱼池也没有；水井只有一口，而且那口井毫无用处。难道您就不能找个别的地方吗？……还听说，您把他们以前的大麻地也收回了？”

“都是划地界划的，有什么办法呀？”马尔大利·阿波洛内奇回答我说，“这样划地界我也有些想不通呢。（他指指自己的脑袋。）我看不出这样划地界有什么好处。至于我收回他们的大麻地，没有在他们那里挖一个养鱼池什么的——这些嘛，先生，我自有道理。我是一个老实人，照老规矩行事。照我看，老爷总归是老爷，庄稼人总归是庄稼人……就是如此。”

他说的理由这样清楚，这样凿凿有据，自然叫人无法回答。

“再说，”他继续说下去，“那些庄稼人都很坏，都是一向不叫人喜欢的。尤其是那里有两户人家，先父——祝他升入天堂——

在世时就不喜欢，很不喜欢。可以告诉您，我有这样的体验：如果老子是贼，儿子一定是贼；那是没有办法的……唉，狗生狗，猫生猫，历来如此嘛！不瞒您说，我把那两家的人不等轮到就送去当兵，把他们打散，这里一个，那里一个；可还是不能绝根，有什么办法呢？他们生了一个，又是一个，真可恶呀！”

这时周围完全静了下来，只是偶尔有一阵阵风吹过来。每当最后一阵风在房前停息的时候，都送来马厩那边响着的均匀而密集的击打声。马尔大利·阿波洛内奇刚刚把倒满茶的小碟送到唇边，并且已经张开鼻孔——大家都知道，任何一个土生土长的俄罗斯人，不张开鼻孔是不能喝茶的——可是他停下来，倾听起来，点了点头，呷了一口，就把茶碟放到桌子上，似乎不由自主地应和起那击打声，带着最开心的笑容喊着：“吧嗒嗒！吧嗒！吧嗒！”

“这是怎么回事儿？”我惊愕地问。

“那是照我的吩咐，在处罚一个捣蛋的家伙……就是那个管餐室的瓦夏，您认识吗？”

“哪一个瓦夏？”

“就是前几天伺候咱们吃饭，一脸络腮胡子的。”

不管你多么愤怒，都抵挡不住马尔大利·阿波洛内奇那明亮而亲切的目光。

“您怎么啦，年轻人，您怎么啦？”他摇着头说，“您怎么这样盯着我看呀，怎么，我是坏人吗？打是亲，骂是爱嘛，您是知道的。”

过了一刻钟，我就向马尔大利·阿波洛内奇告别了。我的车子经过村子的时候，我看到了管餐室的瓦夏。他在街上走，啃着核桃。我吩咐车夫把马勒住,把他叫过来。

“怎么,伙计,你今天挨打了吧?”我问他。

“您怎么知道?”瓦夏回答说。

“你家老爷告诉我的。”

“老爷自己说的吗?”

“他为什么叫人打你呀?”

“是我该打,老爷子,是我该打。我们这儿无缘无故是不会打人的;我们这儿不兴这样,决不会的。我家老爷不是那种人,我家老爷……这样的老爷在全省都找不到。”

“走吧!”我对车夫说。

“这就是旧俄罗斯呀!”我在归途中这样想。

列别江市[①]

诸位敬爱的读者，打猎的主要好处之一是，您既然打猎，就不能不经常从一个地方到另一个地方，这对闲着没事的人是十分愉快的。不错，有时（尤其是在雨天）也不怎么愉快，比如，奔波在乡间土路上，走在没有路的荒野上，遇见随便哪个庄稼人都要叫住他问："喂，伙计，我们去莫尔道夫卡怎么走？"到了莫尔道夫卡，还要向愚蠢的村妇（男子汉都下地干活儿去了）打听：离大路上的旅店远不远？怎样走法？等到走出十几俄里，不见旅店，却来到一个七零八落的地主家的村子胡道布普诺沃，把一大群猪吓了一跳——那群猪在街心里齐耳朵深的黑褐色烂泥里，怎么也没想到会有人来打搅它们。通过摇摇晃晃的小桥，进入峡谷，蹚过又是水又是泥的小河，也都不是怎么愉快的；在绿茫茫的原野大路上走呀走呀，一连走几天几夜，或者——上帝保佑，千万不要碰到——在一面写着数字22、另一面写着23的花条里程标前面陷

①最初刊《现代人》杂志1848年第2期。

在烂泥里一连几个小时，也是不愉快的；一连几星期吃的都是鸡蛋、牛奶和备受称赞的黑麦面包，也不是怎样愉快的事儿……可是这些不便和不快却换来另一种好处与乐趣。不过，咱们还是言归正传吧。

由于上面已经讲了很多，我在四五年前怎样来到列别江最热闹的集市上，就不必向读者赘述了。我们这些打猎的，往往是在某一天早晨出发，离开或多或少是祖传的领地，打算第二天晚上就回家的；可是走着，走着，一面不停地射击着大鹬，到末了就来到彼乔拉河美丽如画的河边；况且，凡是喜欢枪和狗的人，也都十分爱慕世上最高贵的动物——马。所以，我一来到列别江，在旅馆里住下来，换过衣服，就到集市上去了。（一名茶房，瘦长的小伙子，二十岁左右，带有好听的鼻音的，已经对我说过，有一位公爵大人，某团的马匹采购员，就住在他们这旅馆里，另外还来了很多先生；又说，每天晚上有茨冈人唱歌，戏院里在演《特瓦尔道夫斯基老爷》；又说，马的价钱很高，不过马都是好马。）

在集市的广场上，许多大车排成一排一排的，长得看不见头尾，大车后面是各种各样的马：有大走马、养马场的马、比秋格马、拉货的马、驿马和普通的农家马。另外一些肥得圆滚滚的马，依毛色归类，盖着各种颜色的马衣，被紧紧地拴在高高的架木上，胆怯地斜眼往后看着它们太熟悉的马贩子老板的鞭子；草原贵族们从一两百俄里外送来的家养的马，在一个衰老的车夫和两三个呆头呆脑的马夫看管下，摇晃着它们那长长的脖子，跺着蹄子，无聊地啃着木桩子；一匹匹黄褐色的维亚特卡马紧紧地靠在一起；波浪式尾巴、毛茸茸蹄肘、大屁股的大走马，有灰色带圆点的，有铁青的，有枣红的，都像狮子一般庄严肃穆地站着。行家们恭恭敬敬地站在这些马面前。在大车排成的一条条街道上拥挤着形形色色的人，各种身份、各种年龄、各种形状的人都有：穿蓝上衣、戴高帽子的马贩子狡猾地窥伺着，等待着买主；有暴眼睛、鬈头发的茨冈人像发了疯似的前前后后地跑着，又看马的牙齿，又扳起马腿，撩起马尾巴，又吵、又骂，又做中人，抓阄，或者围着哪一个戴军帽、穿海狸领军大衣的马匹采购员转来转去。一个身强力壮的哥萨克高高地骑在一匹瘦瘦的长脖子骟马上，要“一股脑儿”，也就是连同马鞍和笼头一起卖掉。有些庄稼人，穿着腋下破烂了的皮袄，拼命在人群中挤来挤去，成群成堆地拥向套着“试用”的马的大车，或者，在旁边什么地方，在精明的茨冈人帮助下，拼命地讨价还价，彼此一连击一百遍手掌，各人还是坚持自己的价钱，这时他们所争论的对象——一匹披着破席子的蹩脚马——只是在那儿眨巴着眼睛，仿佛此事与它无关似的……确实也是的，谁鞭打它，还不都是一样？有几个宽额头、染了胡子的地主，脸上带着尊严的神气，戴着四方帽，穿着只有一只袖子的厚呢外衣，摆出以上对下的神气在同戴绒帽和绿手套的大肚子商人说话。各种团队的军官们也在这里逛荡；一个特别高的德国裔胸甲骑兵很冷静地在问一个瘸腿的马贩子：“这匹棕红色马要卖多少钱？”一个十八九岁的淡黄头发的骠骑兵在为一匹精瘦的溜蹄马挑选拉套的马；一名驿站车夫，戴着有孔雀毛的矮矮的帽子，穿着褐色上衣，一双皮手套塞在窄窄的绿腰带里，在物色辕马。马车夫们有的在把自己的马的尾巴编成辫子，有的在把鬃毛打湿，有的在向主人提恭敬的劝告。已经做成交易的人，有的跑到大酒店，有的到小饭馆，视各人境况而定……这都是在没膝深的泥泞中忙活，叫嚷，攒动，争吵，和解，骂和笑的。我想为我的马车买三匹耐用的马，因为我的马不怎么行了。我找到了两匹，第三匹还没有挑选好。吃过我现在不想描写的一餐饭（埃涅阿斯[1]已经懂得，提起过去的痛苦有多么不愉快）之后，我朝所谓咖啡室走去，每天晚上都有马匹采购员、养马场场主和另外一些外地人在那儿集会。在弥漫着一股股烟草浓烟的台球房里，有二十来个人。这儿有放荡不羁的年轻地主，穿着骑兵短上衣和灰色长裤，长长的鬓发，抹油的小胡子，带着高贵和不在乎的神气朝周围打量着；还有另外几个穿哥萨克服装、脖子特别短、胖得眼睛眯成一条缝的贵族，也在这儿难受地哼哧哼哧喘着；商人们坐在一旁，即所谓“另席”上；有几位军官很随便地交谈着。打台球的有一位公爵，是一个二十二三岁的年轻人，脸上带着愉快和几分瞧不起人的神气，穿着常礼服，敞着怀，里面是红红的绸衬衫，下面穿肥大的丝绒灯笼裤；和他对垒的是退职的陆军中尉维克托·赫洛巴科夫。

退职陆军中尉维克托·赫洛巴科夫三十岁左右，黑黑的，又瘦又小，黑头发，棕色眼睛，扁扁的狮子鼻，每逢选举和集市，他都热心地到场。他走起路来蹦蹦跳跳，很神气地甩开两条弯成弧形的胳膊，歪戴着帽子，卷着他那瓦灰色细棉布衬里的军服袖子。赫洛巴科夫很会巴结有钱的彼得堡纨绔子弟，跟他们一起抽烟，喝酒，打牌，称兄道弟。他们为什么赏识他，却相当费解。他不聪明，也不滑稽；他也不宜做逗人笑乐的小丑。确实，他们也不过是

①埃涅阿斯，希腊神话中的人物。

像对待一个无足轻重的好人一样,随便跟他亲近亲近;跟他交往两三个礼拜,以后就再也不跟他打招呼了,他也不再招呼他们了。这位中尉赫洛巴科夫的特点是,他在一年,有时两年的时间里,不管恰当或不恰当,经常说同样一句话,这句话一点也不风趣,然而天晓得为什么,大家听了都要笑。他在七八年之前走到哪里都要说:“向您表示敬意,衷心地感谢。”那时他所巴结的人每次都笑得要死,而且要他一再地重复“表示敬意”;后来他使用起相当复杂的一句话:“不,您这就那个了,这是什么[①],结果,这就是结果了。”他使用这句话也获得辉煌的成就;过了两三年,他又发明了一句新的俏皮话:“不要性急,神痴,裹了羊皮”,等等。您猜怎么样? 您瞧,就是这些毫无意思的话使他有吃、有喝还有穿。(他的家产早已挥霍光了,现在就靠朋友过日子了。)请注意,他是再没有别的本事可以为人效劳的。不错,他一天可以抽一百支烟,打起台球能够把右脚跷得比头还高,瞄准的时候发狂似的在手里转悠着台球杆——可是这些长处毕竟不是人人都喜欢的。他也很会喝酒……然而在俄罗斯凭喝酒出人头地是不容易的……总而言之,他混得这样好,我觉得完全是一个谜……只有一点:他很谨慎,不宣扬家丑,不说任何人的坏话……

“哦,”我一见到赫洛巴科夫就想道,“他现在的口头语是什么呢?”

公爵打了一下白球。

“三十比零。”一个脸色发乌、眼睛下面有黑圈的肺痨病记分员大喊起来。

---

①原文为法文。

啪的一声，公爵把一个黄球打进边上的袋里。

“哎呀！”坐在角落里一张一根腿摇摇晃晃的小桌旁的一个胖胖的商人，从胸中发出一声赞扬的叫喊，叫喊过了，就胆怯了。幸亏没有人注意他。他松了一口气，摸了摸胡子。

“三十六比零！”记分员用鼻音喊起来。

“喂，怎么样，伙计？”公爵问赫洛巴科夫。

“怎么样吗？不用说，勒勒勒拉卡里奥奥昂，确实是勒勒勒拉卡里奥奥昂。”

公爵扑哧一笑。

“怎么，怎么？再说一遍。”

“勒勒勒拉卡里奥奥昂！”退职中尉得意地重复了一遍。

我心想：“哦，这就是他现在的口头语了！”

公爵把一个红球打进袋里。

“哎呀！不要这样，公爵，不要这样，”一个眼睛发红、鼻子很小、脸上带有婴儿般睡态的小军官嘟嘟哝哝地说起来，“不要这样打……早就应该……不是这样！”

“究竟怎样？”公爵转过头去问他。

“应该……那样……用双回球的打法。”

“真的吗？”公爵从牙缝里小声说。

“怎么样，公爵，今天晚上到茨冈人那儿去吗？”感到不好意思的年轻人急忙接着说，“斯焦什卡要唱歌呢……还有伊留什卡……”

公爵没有回答他。

“老弟，勒勒勒拉卡里奥奥昂。”赫洛巴科夫狡猾地眯起左眼说。

公爵哈哈大笑起来。

“三十九比零。”记分员报告说。

“零就零……瞧吧，我来打这个黄球……”

赫洛巴科夫在手里转悠了几下台球杆，瞄准了，却滑了一杆。

“唉，勒拉卡里奥昂！”他懊恼地叫起来。

公爵又笑起来。

“怎么，怎么，怎么？”

但是赫洛巴科夫不想重复他的口头语了：不能再卖弄了。

“您滑了一杆，”记分员说，“让我来涂些白粉……四十比零！”

“是的，诸位先生，”公爵是对所有在场的人说的，没有特别注视任何人，“你们可知道，今天晚上在戏院里一定要叫维尔任比茨卡娅出来。”

“当然，当然，一定，”好几位先生争先恐后地叫起来，认为有机会回答公爵的话是莫大的荣幸，“一定要叫维尔任比茨卡娅出来……”

“维尔任比茨卡娅是一位了不起的演员，比索普尼亚科娃好多了。”那个戴眼镜、留小胡子、一副寒酸相的人在角落里尖声尖气地说。这人真可怜呀！他心里其实是非常爱慕索普尼亚科娃的，而且就这样公爵也不肯赏他一眼。

“茶房，拿烟斗来！”一个身材高大、容貌端正、气度高贵的先生对着自己的领带说。从种种特征看来，这是一个赌棍。

茶房跑去拿烟斗，等他回来，就报告公爵大人，说驿站车夫巴克拉格要见他。

“啊！好，叫他等一等，再给他拿点儿酒来。”

“是。”

正如后来有人对我说的，巴克拉格是一个出名的年轻、漂亮、备受青睐的驿站车夫；公爵喜欢他，送他马，同他赛马，整夜整夜地同他在一起……公爵原来是一个轻浮放荡、挥霍无度的人，现在大不相同了……他身上的香水气味多么浓，衣服多么笔挺，多么神气呀！他又多么热心公务，更重要的是，多么深明事理呀！

不过烟草的烟气刺激得我的眼睛有些难受了。我最后一次听过赫洛巴科夫的叫声和公爵的笑声之后，便回到自己的房间里，我的茶房已经在一张高高的弯靠背、塌陷的棕垫的窄窄的长沙发上给我铺好了被褥。

第二天，我到各家院子里去看马，就从有名的马贩子西特尼科夫家开始。我走进篱笆门，来到一个铺了沙子的院子里。在敞着的马厩门前站着的正是老板，是一个已经不年轻的又高大又胖的人，穿着高翻领的兔皮袄。他一看见我，就慢慢迎上前来，双手把帽子擎在头顶上，用唱歌一般的声音说：

“啊，欢迎欢迎。想必您是看马的吧？”

“是的，是来看看马。”

“请问，要什么样的？”

“让我看看，您有一些什么马？”

“好的，好的。”

我们走进马厩。有几条白色的杂种狗从干草堆里站起来，摇着尾巴朝我们跑来；一只长胡子老山羊带着不满意的神气走到一边去；三个穿着结实然而沾满油污的皮袄的马夫一声不响地向我们鞠躬。左右两边，在一个个垫得高高的单马栏里站着三十来匹马，都养得很肥，身上干干净净。有一些鸽子在横木上飞来飞去，咕噜咕噜叫着。

"您要的马做什么用：是骑的，还是做种马？"西特尼科夫问我。

"也骑，也做种马。"

"明白了，明白了，明白了。"马贩子一字一顿地说，"别佳，把银鼠牵出来，让这位先生看看。"

我们来到院子里。

"要不要从屋里搬一个凳子出来？……不要吗？……那就算了。"

马蹄嘚嘚地敲打起木板，鞭声一响，四十来岁的黑黑的麻脸汉子别佳带着一匹体态匀称的灰色公马从马厩里跳了出来，让马抬起前蹄直立了一会儿，又带着马在院子里跑了两圈，便熟练地把马勒住让人看。银鼠挺直了身子，打了两声响鼻，扬起尾巴，扭了扭头，向我们瞟了一眼。

我心想："这家伙训练得真不坏！"

"别管它，随它怎样。"西特尼特夫说过，便目不转睛地看着我。

"您看，怎么样？"最后他问我。

"马不坏，只是前面两条腿不大可靠。"

"腿好极了！"西特尼科夫很有把握地回答说，"还有臀部……请您瞧瞧吧……宽得像炕一样，简直可以在上面睡觉。"

“蹄腕骨长了些。”

“怎么长呀,可别这样说!让它跑跑,别佳,让它跑跑,要大步跑,大步跑,大步跑……别让它跳。”

别佳又带着银鼠在院子里跑了几圈。我们都没有作声。

“好吧,把这匹马牵回去,”西特尼科夫说,“把老鹰给我们带出来。”

老鹰是像甲虫一样铁青色的一匹荷兰种公马,臀部下垂,身躯细而强壮,确实比银鼠好些。这匹马属于猎人们常说的“一劈一砍一掳”之类的马,就是说,走起来前腿又拧又甩,可是走不了多少。中年的商人们就喜欢这种马:跑起来就像很麻利的茶房很神气地走路;饭后出去兜风,用这种单马拉车是很好的:它拉起载着饱得不能动弹的马车夫,胃烧得难受、气都喘不过来的商人和穿着蓝绸衣、裹着紫头巾的肥胖的商人妻子的粗制轻便马车,又卖力,姿势又好看。我也不要这匹老鹰。西特尼科夫又让我看了几匹马……终于我看中了一匹沃耶科夫种的带圆斑点的灰色公马。我憋不住,很高兴地拍了拍马脖子。西特尼科夫立刻装出淡漠的样子。

“怎么样,这马拉车行吗?”我问。(说起大走马,往往不说跑得怎样。)

“行。”马贩子泰然自若地回答说。

“能不能试试看?……”

“当然可以。喂,库兹亚,把追风马套上车。”

驯马能手库兹亚驾着车在大街上跑起来,从我们身边跑了三四趟。这马跑得很好,脚步不乱,臀部不耸动,出腿自如,尾巴伸开,一直保持着阔步。

“这匹马您要什么价?”

西特尼科夫漫天要价。我们就在街上讲起价钱,忽然有一辆搭配得极好的三马驿车从街道拐弯处轰隆隆飞驰过来,威风凛凛地停在西特尼科夫家大门口。在这辆狩猎用的豪华马车上坐的是那位公爵;他旁边坐的是赫洛巴科夫;驾车的是巴克拉格……好一副驾车老手的神气!仿佛他驾着车连耳环也能通过,这家伙!两匹枣红色拉套的马小巧而活泼,黑眼睛,黑腿,那样带劲儿,劲儿鼓得足足的;只要一声呼啸,就会跑得不见影子!深栗色的辕马像天鹅一般仰着脖子,挺着胸脯,四条腿站得像箭一样直,一个劲儿地摇晃着头,傲慢地眯着眼睛……太漂亮了!伊凡雷帝在复活节出游乘的马车不过如此!

“大驾光临,欢迎欢迎!”西特尼科夫叫起来。

公爵跳下马车。赫洛巴科夫从另一边慢慢爬下车来。

“你好,伙计……有马吗?”

“公爵您要马,怎么会没有呢?请进来吧……别佳,把孔雀带出来!叫人把那匹人人夸也准备好。先生,您的事,”他又转身对我说,“咱们以后再定吧……福玛,给公爵大人搬一张凳子来。”

别佳从我先前没有注意到的一个特别马厩里牵出了孔雀。这匹强壮的深枣红色马四条腿一直在空中飞腾。西特尼科夫竟扭过头去,并且眯起眼睛。

“哦,勒拉卡里昂!”赫洛巴科夫叫起来,“瑞姆萨。”

公爵笑起来。

好不容易才把孔雀勒住:它一直拖着马夫在院子里跑,最后才把它逼到了墙边。它打着响鼻，浑身颤抖着，渐渐老实了，可是西特尼科夫还在撩惹它，向它扬着鞭子。

“哪儿跑？看我收拾你！呜！”马贩子又亲热又吓唬说，一面不由地欣赏着自己的马。

“多少钱？”公爵问。

“公爵要买，五千吧。”

“三千。”

“不行呀，公爵，请原谅……”

“对你说，三千嘛，勒拉卡里昂。”赫洛巴科夫接话说。

我没等交易谈成就走了。在这条街尽头的转角上，我看到一座灰房子的大门上贴着一张老大的白纸。纸的上方画着一匹马，尾巴像烟囱一样竖着，脖子老长，马蹄下面有几行文字，是用古体字写的：

> 此处出卖各种毛色之马匹，皆系唐波夫地主阿纳斯塔赛•伊凡内奇•契尔诺拜之著名草原养马场运到列别江市场来的。此处所有马匹体态优美，本领齐全，性情驯良。诸位买主惠顾，请与阿纳斯塔赛•伊凡内奇本人接洽；如阿纳斯塔赛•伊凡内奇不在，则请与驭者纳扎尔•库贝什金接洽。诸位买主，请对老汉多多关照！

我站下来。心想，那我就来看看著名的草原养马场场主契尔诺拜先生的马吧。

我就想从便门走进去，但出乎意外，我发现便门是闩上的。我敲了敲门。

“谁呀？……是买主吗？”一个尖细的女声说。

“买主。”

“就来，老爷子，就来。”

便门开了。我看到的是一个五十岁上下的娘儿们，光着头，穿着靴子，皮袄敞着怀。

“请吧，主顾，请进来，我这就去报告阿纳斯塔赛·伊凡内奇……纳扎尔，喂，纳扎尔！”

“什么事呀？”马厩里有一个七十岁的老头子用含糊不清的声音问道。

“把马准备好，买主来了。”

老婆子朝屋里跑去。

“买主，买主，”纳扎尔嘟嘟哝哝地回答她说，“我洗刷马尾巴还没有洗完呢。”

我心想：“嘿，好悠然自在呀！”

“你好，先生，欢迎欢迎。”在我背后慢慢响起一个圆润悦耳的声音。我回头一看：站在我面前的是一个中等身材的老头儿，身穿蓝色长裾大衣，满头白发，一脸亲切的笑容，一双清秀的蓝眼睛。

“你要马吗？好的，先生，好的……是不是先到我那儿去喝杯茶？”

我谢绝了。

“好，那就听便。先生，请原谅我：我这是照老规矩。（契尔诺拜先生说话不慌不忙。）你要知道，我这儿一切都很随便……纳扎尔，喂，纳扎尔。”他不提高嗓门儿，只是拖长声音唤道。

纳扎尔，一个满脸皱纹、鹰鼻子、尖下巴胡的小老头儿，出现在马厩门口。

“先生，你要什么样的马呀？”契尔诺拜先生又问道。

“拉车用，不要太贵的。”

“好的……拉车的也有，好的……纳扎尔，纳扎尔，把那匹灰骟马牵来给老爷看看，知道吗，就是站在尽边上那一匹，还有那匹白额头的枣红马，要么就看另一匹枣红马，就是红娘子生的那一匹，知道吗？”

纳扎尔回到马厩里去。

“你就这样拉着笼头把马牵出来吧。”契尔诺拜先生在他后面叫道。“先生，”他用明亮而亲切的目光看着我的脸，又说道，“我这里可不像那些马贩子一样，他们真可恶！他们各种各样的姜都会用上，还有盐、酒糟[①]，活见鬼！……在我这里，你可以看见，一切都老老实实，没有欺诈。”

牵出了两匹马。我都没有看中。

“哦，那就牵回去吧，”阿纳斯塔赛·伊凡内奇说，“另外牵两匹给我们看看。”

又牵出另外两匹。我终于选了一匹便宜些的。我们就讲起价钱。契尔诺拜先生不急躁，说话入情入理，还郑重其事地向上帝起誓，这就使我不能不“对老汉多多关照”了——我就付了定钱。

“好吧，”阿纳斯塔赛·伊凡内奇说，“请让我按照旧规矩，把马从我怀里交到你怀里……你会因为这匹马感谢我的……真是

---

①马吃盐和酒糟，很快会上膘。——作者注

生龙活虎！结实得像核桃……没出过力的……真正的草原马！不论上什么马套都行。”

他画了一个十字，把自己的大衣襟托在手上（表示是从怀里掏出来的），抓住笼头，把马交给我。

“现在马是你的了……要喝茶吗？”

“不，谢谢您：我该回去了。”

“那就听便……现在是不是让我的马夫跟着你把马送去？”

“是的，如果可以的话，现在就走。”

“好的，老弟，好的……瓦西里，喂，瓦西里，跟这位先生一块儿去；把马送去，把钱带回来。那么，再见吧，老弟，上帝保佑你。”

“再见，阿纳斯塔赛·伊凡内奇。”

把马给我送到了家。第二天一看，这匹马原来是有气肿病的，而且是瘸的。我本想把它套到车上，可是这匹马一个劲儿往后倒退；用鞭子抽，它竟发起倔来，又踢又踹，而且躺倒了。我于是马上去找契尔诺拜先生。我问：

“在家吗？”

“在家。”

“您这是怎么一回事儿，”我说，“您把一匹有气肿病的马卖给我了。”

“有气肿病的？……可别这么说！”

“还是瘸腿的呢，而且脾气还很倔。”

“瘸腿的？我不知道，一定是你的车夫不知怎样把马腿弄伤了……我说的是天地良心话……”

“照理说，阿纳斯塔赛·伊凡内奇，您应该把马收回。”

“不行，先生，你别见怪：马一出门，就了结了。你应该事先看清楚呀。”

我明白是怎么回事儿了，只好认倒霉，笑了笑，就走了。好在我为这次教训付出的代价不算太高。

两三天之后，我就走了；过了一个星期，归途中我又来到列别江市。在咖啡室里我见到的差不多还是那些人，又看到那位公爵在打台球。但是赫洛巴科夫先生的命运已经发生了像往常一样的变化。淡黄头发的小军官已经代替他享受公爵的宠幸了。可怜的退职中尉当着我的面又把自己的口头语试了一次，以为也许能像以前那样讨得人喜欢，可是公爵不仅没有笑，而且皱起眉头，还耸了耸肩膀。赫洛巴科夫先生垂下头，缩起身子，躲到角落里，悄没声地自己装起烟斗……

塔吉雅娜·鲍里索芙娜和她的侄儿[①]

亲爱的读者，让我拉着您的手，一同乘车出游吧。天气是极好的，五月的天空蓝莹莹的；爆竹柳的光滑的嫩叶亮闪闪的，像洗过的一般；宽阔而平坦的大路上长满绵羊非常喜欢吃的那种红杆儿小草；左右两边，在一座座山冈那长长的慢坡上，碧绿的黑麦轻轻荡漾着；一朵朵云彩投下一块块淡淡的阴影，在黑麦上面滑动着。远处是一片片黑郁郁的树林，一个个亮闪闪的池塘，一座座黄澄澄的村庄；成百成百的云雀飞起来，唱着歌，又急急地落下来，伸长脖子，站在一块块土坷垯上；一只只白嘴鸦停在路上，望着您，身子紧贴在地上，等您的马车开过去，然后才蹦两下，很不情愿地飞到一旁；冲沟那边的山坡上，有一个庄稼人在耕地；一匹短尾巴、鬃毛蓬松的花斑马驹四条腿摇摇晃晃地跟着母亲跑，可以听到尖细的马驹嘶声。我们的马车进入白桦树林；浓烈而清新的气息非常好闻，叫人尽情地呼吸。眼前出现了村庄的寨墙。车

①最初刊于《现代人》杂志1848年第2期。

夫下了车，马打起响鼻，拉套的马不住地回头望望，辕马甩着尾巴，把头贴到轭上……寨门轧轧地开了。车夫又坐上车……走吧！面前便是村庄。过了五六户人家，我们就向右转弯，进入一片洼地，又上了一条堤坝。在一口不大的池塘那边，在苹果树和丁香树那圆圆的树顶后面，露出一座木屋的板顶，有两个烟囱，当初这屋顶是红色的；车夫赶着车贴着围墙向左走，在三条很老的长毛狗又尖又沙哑的吠叫声中进了敞开的大门，很神气地在宽敞的院子里兜了个圈子，经过马厩和板棚，他精神抖擞地向一个侧身跨过高门槛进入敞着门的储藏室的管家老婆婆行了一个礼，便把马勒住，马车终于在一间带明亮的窗子的黑乎乎的小屋的台阶前停下来……我们来到了塔吉雅娜·鲍里索芙娜家里。她也亲自开了通风窗，朝我们点头了……您好呀，大娘！

塔吉雅娜·鲍里索芙娜是一个五十岁左右的女人，一双灰色的很大的暴眼睛，蒜头鼻子，红红的脸颊，双重下巴。一张脸流露着亲切和慈祥的神气。她曾经结过婚，但很快就寡居了。塔吉雅娜·鲍里索芙娜是一个极好的女人。她住在自己的小庄园里，从不外出，和乡邻们很少往来，只是接待年轻人，喜欢年轻人。她生在很穷的地主家，没有受过什么教育，也就是说，她不会讲法国话；甚至连莫斯科也没有去过——然而，尽管有这种种不足，她为人却很朴实善良，思想和感情都很大方，很少沾染小地主太太常有的那些毛病，这确实是令人吃惊的……说实话，一个女人终年住在偏僻的乡村里，不搬弄是非，不怨天尤人，不低三下四，不焦躁，不抑郁，不因为好奇急得打哆嗦……这真是奇迹！她平日里穿的是塔夫绸灰连衫裙，戴雪青色飘带的白色便帽；喜欢吃吃东西,但不过度;蜜饯、干果、腌菜,都交给女管家去做。那么,她成天做什么呢?——您会问……看书吗?不,她不看书;而且,说实在的,书根本就不是为她出版的……如果没有客人,这位塔吉雅娜·鲍里索芙娜冬天就只管坐在窗下织袜子;夏天就到花园里去,种种花,浇浇水,一连几小时逗小猫玩儿,喂喂鸽子……家务事她很少管。但是如果有客人,有她所喜欢的邻近的青年人,到她家里来,她就浑身来了劲儿:请客人坐,倒茶,听客人说话,不住地笑,有时还拍拍年轻人的脸颊,但是她自己很少说话;有人遇到倒霉或痛苦事儿,她又是安慰,又是热心出主意。有多少人向她诉说自己的家庭隐私、内心秘密,伏在她怀里痛哭!她常常面对客人坐着,把头轻轻地支在胳膊肘上,十分动情地望着客人的眼睛,很亲热地笑着,使客人不由地想:"你是一个多么好的女人呀,塔吉雅娜·鲍里索芙娜!我就把心里的话对你说说吧。"在她家的几个不大而洁净的房间里,人感到舒服和温暖;她家里的天气总是晴朗的,如果可以这样形容的话。塔吉雅娜·鲍里索芙娜是一个好得惊人的女人,却没有谁对她感到惊讶不解:她的清醒的头脑、她的坚强和大方、她对别人甘苦的热切关怀,总之,她的一切美德,就像是与生俱来的,她不花费什么力气和心思……不可能认为她不是这样,所以,也用不着感谢她。她特别喜欢看年轻人戏耍和闹着玩儿;她把两手交叉在胸前,仰着头,眯着眼睛,微笑着坐在那里,只是有时忽然叹一口气,说:"哎呀,瞧你们,我的孩子们,孩子们呀!……"所以,人们往往很想走到她跟前,拉住她的手,说:"您听我说,塔吉雅娜·鲍里索芙娜,您不知道自己的价值,尽管您十分单纯,没有什么学识,却是一个很了不起的人物！”单是她的名字就有一种熟悉、和蔼的意味儿，都高兴听到她的名字，她的名字会引起亲热的微笑。比如，我有多少次遇到向庄稼人问路，比如问：大哥，去格拉乔夫村怎么走？庄稼人会说：“先生，您先到维亚左沃耶，再从那儿到塔吉雅娜·鲍里索芙娜那儿，到了塔吉雅娜·鲍里索芙娜那儿，不管什么人都会给您指路的。”庄稼人在提到塔吉雅娜·鲍里索芙娜的名字的时候，都有点儿特别地点点头。她的家业不大，用的仆人不多。住房、洗衣房、贮藏室和厨房都由她的女管家阿加菲娅掌管。阿加菲娅原来是她的保姆，是一个好心肠、爱哭、没有牙齿的老婆子；她手下还有两个身强力壮、脸像安东苹果一样又结实又红得发紫的姑娘。七十岁的男仆波里卡尔普担任侍仆、管家，并且兼管餐室。这人非常古怪，也很有学识，是一个退职的小提琴手，维俄提[1]的崇拜者，拿破仑的，或者如他所说，波拿巴季什卡[2]的死敌，夜莺的热烈爱好者。他经常在自己的屋里养着五六只夜莺；早春时候，他会在鸟笼旁一连坐好几天，等候第一声莺啼，一旦等到了，就双手捂住脸，呻吟起来：“唉，可怜，可怜呀！”于是就痛哭起来，泪如泉涌。给波里卡尔普做帮手的是他的孙子瓦夏，是一个十二三岁的男孩子，一头鬈发，一双机灵的眼睛；波里卡尔普非常钟爱他，一天到晚对他唠唠叨叨。他还要教育他。“瓦夏，”他说，“你说：波拿巴季什卡是强盗。”“那你给我什么呢，爷爷？”“给你什么？……我什么也不给你……你是什么人呀？你不是俄国人吗？”“我是阿姆

①维俄提（1753—1824），意大利小提琴家。

②波拿巴，拿破仑的姓，波拿巴季什卡是其卑称。

岑人，爷爷：我是在阿姆岑斯克[1]生的。”“啊，糊涂蛋！阿姆岑斯克又在哪儿？”“那我怎么知道？”“阿姆岑斯克在俄国呀，糊涂蛋。”“在俄国又怎么样呢？”“怎么样吗？已故的斯摩棱斯克公爵大人米海洛·伊拉利奥诺维奇·戈列尼舍夫·库图佐夫在上帝的帮助下，把波拿巴季什卡从俄罗斯国土上赶了出去。因为这事还编了一支歌呢！波拿巴把袜带跑掉了，跳舞也不能跳了……你要明白：是公爵救了你的祖国。”“这关我什么事？”“哎呀，你这糊涂孩子，真糊涂呀！要知道，如果不是米海洛·伊拉利奥诺维奇公爵大人把波拿巴季什卡赶出去，现在就会有法国佬拿着棍子来敲你的脑袋。法国佬会走到你跟前说：科曼·呜·波尔捷·呜？——就吧嗒吧嗒地打起来。”“那我就用拳头打他的肚子。”“他会对你说：彭茹·彭茹·维涅·伊西——就揪住你的头发，揪得紧紧的。”“那我就踢他的腿，狠狠踢，踢他那又长又细的腿。”“这倒是真的，他们的腿都是又长又细的……哦，他要是来捆你的手，那怎么办呢？”“我才不让他捆呢；我会叫车夫米海伊来帮我。”“可是，瓦夏，你和米海伊对付不了法国人，怎么办？”“怎么对付不了！米海伊力气多大呀！”“哦，那你们拿他怎么办呀？”“我们打他的屁股，狠狠打。”“那他就要喊‘巴尔东’了：巴尔东，巴尔东，饶了我吧！”“那我们就对他说：就不饶你，你这该死的法国佬！……”“瓦夏是好样儿的！……哦，那你就喊：波拿巴季什卡是强盗！”“那你要给我糖呀！”“好家伙！……”

---

①民间称姆岑斯克为阿姆岑斯克，称其居民为阿姆岑人。阿姆岑人都是勇猛的汉子，所以我们那里常常咒骂仇人：“阿姆岑人要上门了。”——作者注

塔吉雅娜·鲍里索芙娜和别的女地主很少往来。她们不喜欢到她这儿来,她也不会应酬她们,听着她们絮絮不休地说话,她就打瞌睡,振作一下,使劲睁睁眼睛,却又打起瞌睡。总的说,塔吉雅娜·鲍里索芙娜就不喜欢女人。她的一个朋友,一个很好、很老实的年轻人,有一个姐姐,是一个三十八岁半的老处女,心地善良,但是精神有些变态,有些矫揉造作,容易兴奋。弟弟常常对她说起塔吉雅娜·鲍里索芙娜的情形。有一天早晨,这位老处女什么话也不说,就吩咐给她备马,骑上马就到塔吉雅娜·鲍里索芙娜家来了。她穿着长长的连衫裙,头上戴着帽子,蒙着绿色面纱,披散着鬈发,走进前厅,经过把她当作人鱼而惊慌失措的瓦夏身边,一直跑进客厅。塔吉雅娜·鲍里索芙娜吓坏了,本想站起来,可是两腿发软了。“塔吉雅娜·鲍里索芙娜,”客人用祈求的声音说起来,“请原谅我的唐突;我是您的朋友阿列克塞·尼古拉耶维奇,克×××的姐姐,有关您的事他对我说过许许多多,所以我决意和您结识。”“欢迎欢迎。”吃惊的女主人嘟嘟哝哝地说。客人摘下帽子,抖了抖鬈发,就挨着塔吉雅娜·鲍里索芙娜坐下来,握住她的手……“那么,这就是了,”她用若有所思的、感动的声音说起来,“这就是那个善良、开朗、高尚和神圣的人了!这就是那个单纯而又有头脑的女人了!我多么高兴,多么高兴呀!我们今后会相依为命的!这一来我死也瞑目了……我所想象的她正是这样。”她用眼睛盯着塔吉雅娜·鲍里索芙娜的眼睛,小声补充了最后的一句:“您真的不生我的气吗,我的亲人,我的好人?”“快别说这话,我很高兴……您不要茶吗?”客人大度地笑了笑。“多么真诚,多么直爽。”[①]她仿佛自言自语似的小声说,“我的好朋友,允许我拥抱您吧!”

老处女在塔吉雅娜·鲍里索芙娜家里坐了三个钟头,嘴一刻也没有停过。她拼命向这位新相识说明自己的身价。这位不速之客一走,晦气的女主人立刻去洗了澡,喝了不少椴树茶,又躺到床上。可是到第二天,老处女又来了,坐了四个钟头,临走还说以后天天要来拜访塔吉雅娜·鲍里索芙娜。请注意,她是想使这样一个人,如她所说的,这样丰厚的天性,得到充分的发展,并弥补其教育上的不足,而且,看样子恐怕要把塔吉雅娜·鲍里索芙娜完全折磨死的。幸亏,第一,过了两三个礼拜,她就对弟弟的这位女朋友彻底失望了;第二,她爱上了一个过路的年轻大学生,立刻同他又热烈又起劲地通起信来。她在信里照例祝愿他过神圣而美好的生活,表示“完全”牺牲自己的决心,要求只能称她为姐姐,动情地描写自然风光,谈歌德、席勒、培堤那和德国哲学,终于使这个可怜的年轻人灰心绝望。然而青春活力还是胜利了:有一天早晨他带着无比的憎恨醒来,憎恨自己的“姐姐和好友”,一时怒不可遏,差点儿把自己的侍仆狠狠地打一顿,后来在很长的时间里,只要听见有人提到崇高、纯洁的爱情,他就恨得几乎要吃人……而且从那以后,塔吉雅娜·鲍里索芙娜比以前更不愿意接近邻近的女地主们了。

唉!可惜人世间没有什么是永远不变的。我对诸位说的这位善良的女地主的日常生活种种,那都是过去的事了;过去笼罩着她的家庭的清静气氛已经永远被破坏了。现在她家里住着一

①原文为德文。

个侄儿，是彼得堡的一个美术家，已经住了一年多了。这事还有一段来历呢。

七八年前，塔吉雅娜·鲍里索芙娜家里住过一个十二三岁的父母双亡的孤儿，是她已故的哥哥的儿子，名叫安得留沙。安得留沙有一双水汪汪的明亮的大眼睛、小小的嘴巴、端正的鼻子和漂亮的高高的额头。他说话声音又轻又甜，注意整洁，彬彬有礼，对客人亲切而殷勤，总是带着孤儿的深情吻姑妈的手。往往您还没有进门，他已经把椅子给您端来了。他一点也不调皮，往往一点声音也没有；只管坐在角落里看书，而且那样文静，那样老实，甚至都不靠在椅背上。有客人进来，安得留沙就站起来，很有礼貌地笑笑，脸红一下；客人走了，他又坐下来，从口袋里掏出带小镜子的刷子，梳梳自己的头发。从小他就喜欢画画。他只要得到一片纸，立刻就向女管家阿加菲娅要来剪刀，细心地把纸剪成正长方形，在四周画上一条边儿，就画起画儿：画一只瞳孔老大的眼睛，或者画一个又高又直的鼻子，或者画一座带烟囱的房子，还有打圈儿上升的炊烟，或者画一条像长板凳一样的“正面的”的狗，画一棵小树，树上还有两只鸽子，并且在下面题字：“安得列·别洛夫佐罗夫某年某月某日画于小布勒基村。”塔吉雅娜·鲍里索芙娜的命名日快要来临的时候，他特别热心地干了两三个星期。到那一天，他第一个上前祝贺，并且呈上一个扎了粉红色绸带的纸卷儿。塔吉雅娜·鲍里索芙娜吻过侄儿的额头，便解开绸带：纸卷儿展开来，呈现在姑妈好奇的目光下的是一座圆形的、笔墨酣畅的殿堂，带有一排排廊柱，中央还有一个祭坛；祭坛上有一颗心在燃烧着，还放着一个花冠；在上面，在弯弯曲曲的封带上，用工整的文字写着:“献给姑母和恩人塔吉雅娜·鲍里索芙娜·波格达诺娃,以表深深的挚爱。尊敬和热爱您的侄儿。”塔吉雅娜·鲍里索芙娜又吻了吻他,并且给了他一个银卢布。然而她对他并不多么挚爱,因为她不怎么喜欢安得留沙那种奴颜婢膝的气质。这时安得留沙已经快要长大成人,塔吉雅娜·鲍里索芙娜开始操心他的前程了。一个意外的机会帮她摆脱了困境……

那就是,七八年前,有一天,一位六等文官和勋章获得者彼得·米海勒奇·别涅沃连斯基先生来到她家里。别涅沃连斯基先生以前曾经在邻近的县城里做官,那时常常来拜访塔吉雅娜·鲍里索芙娜;后来他迁到彼得堡,进了内阁,得到很重要的职位,常常因公出差,在一次出差中想起自己的老相识,于是就顺便来到她家,目的是想休息两天,“在幽静的乡村生活怀抱里”洗涤官场的辛劳。塔吉雅娜·鲍里索芙娜一如既往热情地招待他,于是别涅沃连斯基先生……不过,在接着讲下去之前,亲爱的读者,还是让我给诸位介绍一下这个新人物吧。

别涅沃连斯基先生是一个胖乎乎的人,中等身材,相貌和善,两条腿短短的,手臂肉嘟嘟的;他穿着一件肥大而讲究的燕尾服,系着又长又宽的领带,衬衫像雪一样白,绸背心上挂着一条金链,食指上戴着宝石戒指,还有淡黄色假发;说话又恳切又温和,走路没有声音,常常愉快地微笑,愉快地转动眼睛,愉快地把下巴埋到领带里,总之,是一个愉快的人。上帝给他安的心也是极好的:他容易流泪,也容易高兴;不仅如此,他对艺术还有一股忘我的热乎劲儿,而且真正是忘我的劲儿,因为别涅沃连斯基,如果实话实说,对艺术是一窍不通的。而且谁又知道,他这股热乎劲儿是从哪里来的，有一些什么样的神秘莫测、令人不解的来由？似乎他也是一个正常的、甚至平凡的人……不过，在我们俄国，这样的人是相当多的。

这些人一旦喜欢起艺术和艺术家，就具有一种说不出的甜得腻人的味道儿；同他们交往，和他们谈话——实在够呛：他们简直像抹了蜜的木桩。比如，他们从来不把拉斐尔叫拉斐尔，不把柯勒乔叫柯勒乔，而是说“神圣的桑齐奥，无与伦比的德·阿莱格里”[①]。他们把任何一个粗俗、平庸、自傲、自诩的画家都捧为天才；意大利蔚蓝的天空，南国的柠檬，布伦塔河畔芳香的空气——从来不离他们的嘴。“啊，瓦尼亚，瓦尼亚，”或者“啊，萨沙，萨沙，”他们常常很带感情地相互说，“咱们应该到南国去，到南国去……要知道，咱们就心灵来说，都是希腊人，古希腊人！”在展览会上，可以看一看他们在某些俄国画家的某些作品前面的神气。（必须指出，这些先生大部分是热烈的爱国者。）他们一会儿往后退两步，并且仰起头，一会儿又走到画跟前去；他们的眼睛一直亮闪闪、潮涔涔的……“哎呀，我的天哪，”到最后他们用激动得打战的声音说，“有感情，真有感情！啊，传神，真传神！真把感情融进去了！感情真丰富呀！……瞧这构思！构思真巧妙呀！”可是他们自己客厅里的画又是一些什么呀！天天晚上到他们家来喝茶，听他们谈话的又是一些什么样的美术家呀！他们呈献给这般艺术家看的自己房间的透视景象又是什么呀：右面是一把地板刷子，铿亮的地板上是一堆垃圾，窗边桌子上是一个黄黄的茶炊，主

①拉斐尔·桑齐奥（1483—1520）、柯勒乔（约1489—1534，原姓阿莱格里），均为意大利文艺复兴时期的画家。

人身穿晨衣，头戴小帽，腮上还有发亮的光点！那些来拜访他们、带着轻狂的笑的长头发的缪斯的门徒算什么呀！在他们家随着钢琴尖声怪叫的那些平庸幼稚的小姐算什么呀！也许因为在我们俄国就兴这样：一个人不能醉心于一种艺术，对什么都要伸伸手。所以一点也不奇怪，这些业余艺术家先生大加赏识的还有俄罗斯文学，尤其是戏剧……《查科鲍·萨纳扎尔》之类的戏就是为他们写的：描写了一千次的被埋没的天才同人类、同全世界的斗争还能打动他们的心……

别涅沃连斯基先生来到的第二天，在喝茶的时候，塔吉雅娜·鲍里索芙娜吩咐侄儿把他的画拿给客人看看。“他在您这儿画画吗？”别涅沃连斯基不免惊讶地问道，并且带着关切的神气朝安得留沙转过身去。“可不是，他在画画呢，”塔吉雅娜·鲍里索芙娜说，“他非常喜欢画画！都是自己画，没有老师。”“哎呀，给我看看，给我看看。”别涅沃连斯基先生接着说。安得留沙红着脸，微微笑着，把自己的画册递给客人。别涅沃连斯基装出行家的样子翻起画册。“很好，年轻人，”最后他说，“很好，好极了。”于是他抚摩了两下安得留沙的头。安得留沙急忙吻了吻他的手。“瞧，多么有才气！……恭喜您，塔吉雅娜·鲍里索芙娜，恭喜您。”“可是呀，彼得·米海勒奇，在这里想为他请一个老师都请不到。到城里去请，太贵；邻近的阿尔达莫诺夫家里倒是有一位画家，听说也很高明，可是女主人不准他给人教课。她说，这样会损害自己的眼力。”“嗯。”别涅沃连斯基先生嗯了一声，就沉思起来，并且皱着眉头打量了一下安得留沙。“哦，这件事咱们等会儿商量商量。”他突然又说了一句，并且搓了搓手。就在这一天，他请塔吉雅娜·

鲍里索芙娜和他单独谈谈。他们关起门来。过了半个钟头,他们叫安得留沙进来。安得留沙走了进来。别涅沃连斯基先生站在窗前,脸上微微泛红,眼睛放光。塔吉雅娜·鲍里索芙娜坐在角落里擦眼泪。“唉,安得留沙,”她终于说起来,“你要感谢彼得·米海勒奇:他要照管你,带你到彼得堡去。”安得留沙一时间愣住了。“你坦率地对我说说,”别涅沃连斯基先生用尊严和长者的口气说起话来,“年轻人,你是不是想成为艺术家,是不是觉得对艺术负有神圣的使命?”“我希望成为艺术家,彼得·米海勒奇。”安得留沙非常激动地回答说。“要是这样,我非常高兴。”别涅沃连斯基先生继续说,“当然,你离开你尊敬的姑妈,是很难过的;你一定对姑妈怀有极深的感激之情。”“我非常爱我的姑妈。”安得留沙打断他的话说,并且眨巴起眼睛。“当然,当然,这是不用说的,也是应该赞许的;不过,要知道,以后你有了成就……会多么高兴……”“安得留沙,拥抱我吧。”善良的女地主嘟哝说。安得留沙扑上去搂住她的脖子。“好啦,现在去谢谢你的恩人吧……”安得留沙搂住别涅沃连斯基先生的肚子,踮起脚尖,好不容易够到他的手,恩人虽然把手移开,但不急着移开……总得开开心,满足一下孩子的心意,自己也可以得意一番。过了两天,别涅沃连斯基先生就带着自己新收养的孩子走了。

安得留沙在别后头三年里常常写信来,有时在信里还附一些图画。别涅沃连斯基先生有时也在信上附笔写几句话,大都是赞扬的话;后来来信渐渐少了,最后完全没有了。整整一年侄儿没有信息。塔吉雅娜·鲍里索芙娜已经开始担心了,忽然收到一封内容如下的短简:

亲爱的姑妈！

三天前我的恩人彼得·米海勒奇去世了。我这位最后的靠山不幸死于中风。当然，我现在虚岁已经二十了；七年来我得到很大的进步；我认为我很有才华，可以靠画画为生；我并不灰心，不过，如果可能的话，请尽速给我汇寄二百五十卢布。吻您的手，余事后叙。

塔吉雅娜·鲍里索芙娜给侄儿汇去二百五十卢布。过了两个月，他又来信要钱；她把所有的钱凑了凑，又汇了去。第二次汇钱之后，还没过六个星期，他又第三次来信要钱，说是要买颜料，为捷尔捷列舍涅娃公爵夫人画肖像，肖像是预订过的。塔吉雅娜·鲍里索芙娜这次没有给他汇钱。他给她来信说："要是这样的话，我想到您的村子里去休养。"果然，就在这一年的五月，安得留沙回到了小布勒基村。

塔吉雅娜·鲍里索芙娜乍一见认不得他了。她从他的来信推想他是一个病弱而枯瘦的人，但她看到的却是一个肩宽背阔的胖胖的小伙子，又大又红的脸膛，一头油光光的鬈发。纤弱而苍白的安得留沙变成健壮的安得列·伊凡内奇·别洛夫佐罗夫。他不光是外貌变了。当年腼腆，拘谨，小心谨慎，爱整洁，如今变得蛮横无理，肮脏得叫人受不了；他走起路来左摇右摆，往安乐椅上一靠，向桌子上一趴，懒洋洋地伸开胳膊腿，张大了嘴巴打呵欠；对待姑妈和仆人们态度非常粗鲁。就是说，我是艺术家，自由的哥萨克！我们这些人就是应该与人不同！常常一连几天不摸笔；一旦他所谓的灵感上来，像喝醉了酒似的，又难受、又别扭、又大声地扭来摆去;双颊烧得像大红布,眼睛也模糊了;就大谈起自己的天才、自己的成就,谈自己如何发展、如何前进……其实他的本事勉勉强强只够画画很一般的肖像。他简直没有什么学识,什么书也不读,艺术家还读书做什么呀?大自然,自由,幻想——这就是他的生存要素。只管晃晃鬈发,学学夜莺叫,抽抽“茹可夫”烟就行了!俄国人的勇敢是很好的,但只有对不多的人才是相宜的;就是转手的平庸讽刺作家的作品,也没有谁能够容忍。这位安得列·伊凡内奇就在姑妈家里住下来了:不花钱的面包显然他是吃得惯的。他常常让客人感到乏味得要命。他常常坐在钢琴前(塔吉雅娜·鲍里索芙娜家里也有一架钢琴),用一个指头摸索着弹起《勇敢的三套马车》;奏着和弦,弹着键盘;一连几小时怪声怪气地唱着瓦尔拉莫夫的情歌《孤松》或者《不,医生,你不要来》,眼睛眯成一条缝儿,脸像鼓一样油光锃亮……要么就突然吼起:“平息吧,激情的波涛……”塔吉雅娜·鲍里索芙娜听着直打哆嗦。

“真是怪事,”有一天她对我说,“如今编的歌儿怎么都是灰心丧气的;我们那时候编的歌儿就不是这样:也有悲伤的歌儿,可是听起来总是舒服的……比如:

快到草原上来吧,
在这儿我把秋水望穿;
快到草原上来吧,
我整日里泪涟涟……
唉,等你来到我这儿,
亲爱的朋友,恐怕已晚!”

塔吉雅娜·鲍里索芙娜意味深长地笑了笑。

“我痛——苦，我悲——伤。”侄儿在隔壁房间里号叫起来。

“别唱了，安得留沙。”

“离别时心惆怅，”不肯罢休的歌手继续唱道。

塔吉雅娜·鲍里索芙娜摇摇头。

“唉，这些艺术家真够受！……”

从那时候到现在已经有一年了。别洛夫佐罗夫至今住在姑妈家里，并且一直准备要到彼得堡去。他在乡下开始发福了。谁又能想到，姑妈对他心疼得不得了；附近的姑娘们也很迷恋他……

很多以前的朋友不再到塔吉雅娜·鲍里索芙娜家里来了。

死[1]

我有一个乡邻，是一个年轻地主，一个喜欢打猎的年轻人。七月里有一天早晨，我骑马来到他家，要和他一块去打松鸡。他同意了。“不过，”他说，“咱们要走我的小树林，到祖沙去；我要顺便去看看恰普勒基诺；您知道吗？那是我的橡树林，那儿有人给我砍树。”“好，咱们走吧。”他吩咐备马，穿上一件带野猪头像铜纽扣的绿色常礼服，带上绣了花的猎袋和银水壶，背起崭新的法国猎枪，不免得意地在镜子前面转来转去照了一番，就唤了两声自己的猎狗艾斯别兰斯，这狗是他的表姐、一个心地善良而没有头发的老处女送给他的。我们出发了。我这位乡邻还带着两个人：一个是甲长阿尔赫普，是一个四方脸、高颧骨的矮胖庄稼人，另一个是刚从波罗的海沿岸某省雇来的管家戈特里勃·封-德尔-科克先生，是一个十九岁左右的青年，瘦瘦的，淡黄头发，近视眼，垂肩膀，长脖子。我的乡邻也是不久前才成为这片产业的

---

①最初刊于《现代人》杂志1848年第2期。

主人。这是他的伯母给他的遗产。伯母就是五等文官夫人卡尔东-卡塔耶娃,是一个胖得不得了的女人,即使躺到床上,也要很难受地哼哧很久。我们骑着马进了小树林。“你们在这块空地上等我一下,”阿尔达里昂·米海勒奇(就是我这位乡邻)对自己的同行者说。德国管家行一个礼,就下了马,从衣袋里掏出一本小书,好像是约翰·叔本华的一本小说,就挨着一丛灌木坐下来。阿尔赫普还留在太阳地里,而且在一个钟头里连动也没有动。我们在灌木丛中转悠了一阵子,连一窝鸟儿也没有找到。阿尔达里昂·米海勒奇说,他想去他那片树林了。我自己也不相信这一天会打到什么,于是也就跟着他慢慢走去。我们回到那块空地上。德国管家记好书的页码,站起来,把书放进口袋,好不容易爬上他那匹一碰就叫就乱踢的瞪脚的短尾巴母马。阿尔赫普抖擞了一下精神,两根缰绳一齐扯动,悠荡了几下两条腿,终于策动了他那匹受惊的、矮矬的马。我们又往前走。

阿尔达里昂·米海勒奇这片树林,是我从小就熟悉的。当年我和我的法国家庭教师德齐雷·弗勒利先生(是一个心地极好的人,不过他每天晚上要我服列鲁阿药水,几乎要了我的命)常常到恰普勒基诺树林去玩儿。这片树林总共有两三百株巨大的橡树和白蜡树。一株株挺拔而粗大的树干,在榛树和花楸树那亮得泛着金光的绿叶丛中黑郁郁的,十分壮观;一株株树干向高处伸去,在碧空中显示着挺拔的身姿,到高处才像帐篷一般铺展开那老大的疙疙瘩瘩的枝丫;苍鹰、青燕、红隼在动也不动的树顶上面盘旋长鸣,花花绿绿的啄木鸟使劲儿敲打厚厚的树皮;在密密的枝叶丛中,紧跟着黄鹂的婉转啼声,突然响起百舌鸟的嘹亮鸣声;在下面，灌木丛中，知更鸟、黄雀和柳莺啾啾叫着，唱着歌儿；苍头燕雀敏捷地在小路上奔跑；雪兔小心翼翼地"一拐一拐地走着"，悄没声地贴着树林边儿转悠；红褐色的松鼠很活泼地在树上跳来跳去，有时会突然把尾巴翘到头顶上，坐了下来。在草丛中，高高的蚂蚁窝旁边，羊齿植物的好看的叶子的淡淡的阴影下，开着紫罗兰和铃兰花儿，长着红菇、乳菇、卷边乳菇、橡菇、红红的蛤蟆菇；在草地上，在大片大片的灌木之间，长着鲜红的草莓……树林里的阴凉处又多么好呀！在中午最热的时候，竟和夜里一样：宁静，芬芳，凉爽……我曾经在恰普勒基诺树林里度过愉快的时光，就因为如此，说实话，现在我走进我太熟悉的这片树林的时候，不免产生伤感之情。1840年那个毁灭性的无雪的冬天，竟不怜惜我的老朋友——橡树和白蜡树；许多干枯、光秃，有的还带着稀稀拉拉的绿叶的老树伤心地耸立在新生的树丛之上，新生的树丛"取而代之，但远不如昔"……①有一些下部还长满叶子的大树，仿佛带着责备和绝望的神气向上挺着它们那无生命力的、折断的树枝；还有一些树的叶子虽然不像从前那样茂盛，却还相当稠密，从稠密的树叶中伸出一根根粗大而干枯的死枝；还有一些树的树皮已经脱落；还有一些树干脆像尸体一般躺在地上，开始腐烂了。谁又能料到，在恰普勒基诺树林里一点阴凉地方也找不到了！我望着一株株垂死的树，心想：也许，你们感到羞耻和痛心吧？……我

①1840年冬天严寒，到12月底还没有下雪；苗秧都冻死了，有许多极好的橡树林毁于这个无情的冬天。恢复旧观是很难的，因为土地的生产力显然减弱了；在"禁伐的"（曾经捧着圣像绕行过的）空地上，没有了以前的参天大树，而是自生自长着白桦和白杨；换句话说，就是我们还不懂得造林。——作者注

不禁想起柯尔卓夫的诗句：

那高雅的言谈，
骄傲的气势，
帝王的威风，
怎么不见踪影？
你那虎虎生气，
为何也黯然消失？……

“怎么，阿尔达里昂·米海勒奇，”我开口说，“这些树为什么去年没有砍呀？现在可是卖不到原来的价钱的十分之一了。”

他只是耸了耸肩膀。

“这要问我的大娘了；有商人来过，还带了钱来，缠着要买呢。”

“我的天呀！我的天呀！”[①]封-德尔-科克走一步叹一声。“多么顽皮！多么顽皮呀！”

“怎么顽皮？”我的乡邻笑着说。

“我是想梭(说)，多么可撕(惜)。”

特别使他感到可惜的是躺在地上的一棵棵橡树。确实，要不然磨坊主会出高价来买的。甲长阿尔赫普却一直保持着无动于衷的态度，一点也不难过；相反，他倒是高高兴兴地在躺着的树上跳来跳去，还用鞭子抽打着玩儿。

我们朝砍树的地方走去，忽然，在一棵树轰隆一声倒下之后，响起叫喊声和说话声，过了一会儿，一个脸色煞白、头发散乱的年

①原文为德文。

轻庄稼人从密林里向我们奔来。

“怎么一回事儿？你往哪儿跑？”阿尔达里昂·米海勒奇问他。

他立刻站了下来。

“哎呀，老爷，阿尔达里昂·米海勒奇，出事了！”

“什么事呀？”

“老爷，马克西姆被树砸坏了。”

“怎么砸坏的？……是那个包工的马克西姆吗？”

“是包工的，老爷。我们砍一棵白蜡树，他站在旁边看……他站着，站着，忽然朝井边走去，大概是想喝水了。那棵白蜡树突然咔嚓咔嚓响起来，直对着他倒下去。我们朝他喊：快跑，快跑，快跑……他要是往旁边跑就好了，可是他却一直朝前跑起来……大概是吓慌了，白蜡树顶上的树枝就砸到他身上。那树为什么倒得那么快，真是天晓得……恐怕是树心已经烂了。”

“就是说，把马克西姆砸坏了吗？”

“是砸坏了，老爷。”

“死了吗？”

“没有，老爷，还活着呢。可是，胳膊和腿都砸断了。我这就是跑去请医生，请谢里维尔斯特奇。”

阿尔达里昂·米海勒奇吩咐甲长骑马到村子里去请谢里维尔斯特奇，自己也飞马朝砍树的地方奔去……我跟在他后面。

我们看到不幸的马克西姆躺在地上，他周围站着十来个庄稼人。我们下了马。他几乎不呻吟，偶尔睁一睁眼睛，而且睁得大大的，似乎是惊讶地朝周围打量一下，并且咬咬发了青的嘴唇……他的下巴哆嗦着，头发粘在额头上，胸脯很不均匀地起伏着：他快要死了。一棵小椴树的淡淡的阴影在他脸上轻轻晃动着。

我们俯下身去看他。他认出了阿尔达里昂·米海勒奇。

“老爷，”他用勉强听得见的声音说起话来，“您叫人……去请……神甫吧……上帝……惩罚我……胳膊，腿，都断了……今天……是礼拜天……可是我……可是我……这不是……没有让弟兄们休息。”

他沉默了一会儿。呼吸越来越困难了。

“请把我的钱……给我老婆……老婆……扣掉欠的……哦，奥尼西姆知道……我欠……欠谁的钱……”

“我们派人去请医生了，马克西姆，”我的乡邻说，“也许，你还不会死。”

他睁了睁眼睛，使劲儿扬了扬眉毛和眼睑。

“不，我要死了。这不是……快完了，快了，快了……弟兄们，要是有什么不周到之处，请原谅我吧……”

“上帝会原谅你的，马克西姆·安德列伊奇，”十来个庄稼人一齐用低沉的声音说，并且摘下帽子，“你原谅我们吧。”

他忽然绝望地摇摇头，苦恼地挺了挺胸脯，又瘪下去。

“可是，总不能让他死在这里呀，”阿尔达里昂·米海勒奇大声说，“弟兄们，把马车上那张席子拿来，咱们把他抬到医院去。”

有两三个人朝马车跑去。

“昨天我……买了塞乔夫村的……叶菲姆……一匹马……”奄奄一息的马克西姆含含糊糊地说，“付了定钱……那马是我的了……也把马……交给我老婆……”

几个人把他往席子上抬……他浑身抽搐起来，像一只中了枪的鸟，接着就挺直了。

“死了。”几个人小声说。

我们一声不响地上了马，就离开了。

不幸的马克西姆死了，我不由地沉思起来。俄罗斯庄稼人死得真奇怪！他们临死时的心境，既不能说是淡漠，也不能说是麻木；他们死，好像是参加一种仪式：冷静而干脆。

几年之前，在我的另一个乡邻的村子里，有一个庄稼人在烘干房里被烧坏了。（如果不是一个过路的小市民把他半死不活地从烘干房里拖了出来，他就那样死在里面了。是那人先把自己的身子在一大桶水里浸了浸，然后跑着把燃烧着的屋檐下的门撞开的。）我到他家里去看他。屋子里黑洞洞的，又闷，烟气又大。我问：病人在哪里？“这不是，老爷，在炕上。”一个愁眉苦脸的娘儿们用唱歌般的声音回答我。我走到跟前，看到那庄稼人躺着，身上盖着一件皮袄，很吃力地喘着气。“你觉得身上怎么样？”病人在炕上蠕动起来，想爬起来，但一身都是伤，眼看着要死了。“你躺着，躺着，躺着……哦，怎么样？嗯？”“自然，很难受。”他说。“你痛吗？”他不作声。“你不要什么吗？”他不作声。“怎么，要不要给你喝点茶？”“不要。”我走到一旁，在板凳上坐下来。坐了一刻钟，半小时——屋子里死静。在角落里，圣像下的桌子旁边，有一个五六岁的小姑娘躲在那里吃面包。母亲有时吓唬她一下。过道里有人走动，说话，弄得叮叮咚咚响：弟媳妇在切白菜。“喂，阿克西尼娅！”病人终于说话了。“你要什么？”“给我点儿克瓦斯。”

阿克西尼娅给他端来克瓦斯。又没有人作声了。我小声问:“给他行过圣餐礼吗?”“行过了。”哦,就是说,一切都准备停当了:只是等死了。我受不了,便走了出来……

我不由得又回想起,有一次我到红山村的医院里去,去找我很熟识的医士卡皮东,他也是很热心打猎的。

这医院原来是地主宅院的厢房;这是女地主亲自创办的,就是说,她吩咐在门框上面钉一块蓝色木牌,上面写着白字“红山医院”,又亲手交给卡皮东一本很漂亮的簿子,是登记病人名字用的。在这本簿子的第一页上,这位慈善的地主的一个食客和侍从题了如下的诗句:

在洋溢着欢乐的美好地方,
美人亲自建立了这座殿堂;
红山的幸福居民们,赞美吧,
赞美你们主人的慷慨大方!

还有一位先生在下面附笔写道:

我也爱大自然!

伊凡·科贝略特尼科夫

医士拿自己的钱买了六张床,就怀着一片好心为老百姓治起病来。除他以外,医院里还有两个人:患有精神病的雕刻匠巴维尔和做厨娘的一只手麻痹的娘儿们梅利基特里萨。他们两个都调制药剂,烘干或浸泡药草;他们还负责照管发热病的人。患精神病的雕刻匠一副郁郁不乐的神气,很少开口说话;一到夜里就唱《美丽的维纳斯》的歌，一见到过路的人，就要走上前去要求准许他和一个早已死去的姑娘玛拉尼娅结婚。一只手麻痹的娘儿们常常打他，要他看管火鸡。

话说，我有一次坐在医士卡皮东那里。我们刚谈起我们最近一次出猎的事，忽然有一辆大车进了院子，拉车的是一匹只有磨坊主才会有的特别肥壮的瓦灰色马。大车上坐的是一个花胡子、穿新上衣的敦实汉子。“啊，瓦西里·德米特里奇，”卡皮东朝窗外叫起来，“欢迎欢迎……”他又小声对我说：“这是雷波夫希诺的磨坊主。”那汉子哼哧着下了车，走进医士房里来，用眼睛找到圣像，画了十字。“怎么样，瓦西里·德米特里奇，有什么新闻吗？……哦，您大概是不舒服：您的气色不大好呀。”“是的，卡皮东·季莫菲奇，是有点儿不对头。”“您怎么啦？”“是这么回事儿，卡皮东·季莫菲奇，前些天我在城里买了几块磨石，就拉回家来了，可是在从车上往下卸的时候，也许是用劲儿太猛了，我肚子里咯噔一下，好像有什么东西断了……从那时起就一直不舒服。今天简直就很不对头了。”“嗯，”卡皮东嗯了一声，闻了闻鼻烟，“这么说，是疝气。您发病很久了吗？”“已经是第十天了。”“第十天了？（医士从牙缝里吸了一口气，并且摇了摇头。）让我检查检查。唉，瓦西里·德米特里奇，”他终于说道，“我真可怜你这好人呀，你的情形是不大对头呀；你这病可不是开玩笑的；住在我这儿吧；在我这方面，一定尽我的力量，不过，究竟怎样，可不能担保。”“真的有这么厉害吗？”惊愕的磨坊主喃喃地说。“是的，瓦西里·德米特里奇，很厉害；你要是早两天到我这儿来，就什么事儿也不会有了；可是现在已经发炎，这就很糟；眼看就要变成坏疽了。”“这不可能，卡皮东·季莫菲奇。”“我对你说的是实话嘛。”“这怎么会呀！（医士耸了耸肩膀。）我怎么会因为这点小毛病就死呢？”“我也不是说死……只是请你留在这里。”那汉子想了又想，望了望地上，后来又朝我们看了看，搔了搔后脑勺，就抓起帽子。“你到哪儿去，瓦西里·德米特里奇？”“哪儿去？还能到哪儿去呀——回家去呗，既然这样厉害。既然这样，就应该去安排安排。”“那你就自己害自己了，瓦西里·德米特里奇，得了吧；就这样我都奇怪，你怎么能到得了这里呀？留下来吧。”“不，卡皮东·季莫菲奇老弟，既然要死，那就应该死在家里；死在这里怎么行——天晓得我家里会出什么事儿。”“事情怎么样，还不一定呢，瓦西里·德米特里奇……当然，病是危险的，很危险，这没有疑问……所以你应该留下来。”那汉子摇了摇头，“不，卡皮东·季莫菲奇，我不能留下……倒是可以请您开一张药方。”“光是吃药没有用呀。”“不能留下，我说过了。”“哦，那就听便吧……以后可别怪我呀！”

医士从簿子上撕下一张纸，开了药方，并且说了说还应该怎么办。那汉子拿了药方，给了卡皮东半个卢布，便从房里走了出去，上了大车。“再见吧，卡皮东·季莫菲奇，要是过去有什么不周到之处，请多多原谅；万一有什么的话，请多多关照我的孩子们……”“唉，留下来吧，瓦西里！”那汉子只是摇摇头，用缰绳把马抽了一下，大车就出了院子。我走到街上，在后面目送他一会儿。道路又泥泞又坑坑洼洼的；磨坊主熟练地驾驭着马，小心翼翼、不慌不忙地赶着大车走着，还不停地同碰到的人打招呼……到第四天，他就死了。

总的说，俄罗斯人死得是很奇怪的。现在常常有许多死者出现在我的脑际。我也常常想起你，我的老朋友，没有毕业的大学生阿维尼尔·索罗科乌莫夫，极好、极高尚的人！我又看到你那发青的肺痨病的脸、你那稀稀的淡褐色头发、你那亲切的微笑、你那热情洋溢的眼神、你那瘦长的肢体；又听到你那微弱无力的亲热的声音。你那时住在大俄罗斯的地主古尔·克鲁比雅尼科夫家里，教他的孩子弗珐和焦济娅俄语、地理和历史，耐心地忍受主人古尔那些令人难堪的玩笑、管家不礼貌的效劳、坏心眼儿的男孩子们的恶作剧，你常常带着苦笑然而又毫无怨言地去满足闲得无聊的女主人那些刁钻古怪的要求；然而，一到晚上，晚餐之后，当你终于干完一切事情，尽了一切责任，在窗前坐下来，若有所思地抽起烟斗，或者津津有味地翻阅起那个和你一样无家无业、苦命的土地测量员从城里带来的残缺而沾着油污的厚厚的杂志的时候，你又多么轻松，多么怡然自得呀！你又多么喜欢各种各样的诗和各种各样的小说，你的眼睛里多么容易涌出眼泪，你笑起来多么愉快，你那孩子般纯洁的心充满了多么真挚地对人类的爱，对一切美好事物充满多么高尚的同情！应该说实话：你并不特别精明；你并没有天生的好脑子，也不是生来就勤奋；在大学里你算是最差的学生之一：上课的时候你睡觉，考试的时候你瞠目结舌；可是，因为同学成绩好和考试得手而欢喜得眼睛放光的又是谁，激动得喘不上气来的又是谁呀？……是阿维尼尔……是谁盲目相信自己朋友们的极高天赋，得意扬扬地捧他们，拼命维护他们？谁既不嫉妒，也无虚荣心，谁能无私地牺牲自己，谁又情愿听命于那些不配给自己解鞋带的人？……都是你，都是你呀，我们的阿维尼尔！我记得：你为了“应聘”，怀着何等悲伤的心情和同学们分手；不祥的预感使你痛苦……果然，你在乡下是不好过的；在乡下，你没有谁可以恭恭敬敬地求教，没有谁让你动情，没有谁可以爱……草原人和受过教育的地主们对待你这个教师，有的态度粗暴，有的不大客气。而且，你貌不惊人，胆子又小，容易脸红，出汗，说起话来结结巴巴……乡村的空气竟不能使你的健康好转，你倒是像蜡烛一般消瘦下去，可怜的人呀！不错，你的房间面对着花园，稠李树、苹果树、椴树常常把它们的轻飘飘的花瓣撒在你的桌上、书上、墨水瓶上；墙上还挂着一方蓝绸的时钟垫子，这是那善良、多情的女教师，一个碧眼金发的德国女子，临别时送给你的；有时有老朋友从莫斯科来看你，朗诵起他人的以至自己的诗篇，使你欢欣鼓舞；可是，孤独，难以忍受的奴隶般的教师身份，脱身之无望，无尽头的秋天和冬天，缠身的疾病……可怜的阿维尼尔，真可怜呀！

我在阿维尼尔死前不久去看过他。他已经几乎不能走路了。地主古尔·克鲁比雅尼科夫没有把他从家里赶出去，但是不再给他工钱，替焦济娅另外雇了一个教师……让弗珐进了中等武备学校。阿维尼尔坐在窗前一张旧的伏尔泰式安乐椅上。天气极好。在一排落了叶的深褐色椴树上方，露出蓝莹莹的明亮的秋日天空；树上有些地方还有最后一批金光闪闪的叶子轻轻晃动着，簌簌响着。冻住的大地在阳光下冒着水汽，渐渐解冻；斜斜的、红红的阳光无力地照射着萎蔫的野草；空中似乎响着轻轻的噼啪声；花园里有干活儿的人的清楚、响亮的说话声。阿维尼尔穿一件破旧的布哈拉长袍；绿围巾往他那憔悴得可怕的脸上投射着阴森森的色调。他见了我非常高兴,伸出手来,说起话来,也咳嗽起来。我让他安静下来,就挨着他坐下来……阿维尼尔的膝上放着一本抄写得很工整的柯尔卓夫的诗集;他微微笑着用手在本子上拍了拍。"这才是诗人呢,"他使劲儿憋着咳嗽,含糊不清地说,并且用勉强听得见的声音诵读起来:

难道鹰的翅膀
被紧紧缚住?
难道所有道路
全被堵死?

我叫他不要再念诗了,因为医生不准他说话。我知道,怎样才能合他的口味。阿维尼尔从来不像通常说的,"追踪"科学的发展,但是,可以说,他很有兴趣了解伟大的思想家们取得了什么样的成就。他常常在什么地方的角落里抓住一个同学,详详细细询问起来。他听着,流露着惊喜之色,别人说什么他信什么,而且以后就照别人说的话来说。尤其对德国哲学他有浓厚的兴趣。我就对他谈起黑格尔(要知道,这是陈年往事了)。阿维尼尔深信不疑地晃着脑袋,扬着眉毛,笑着,轻声说:"我明白,我明白!……啊!好极了,好极了!……"这个奄奄一息、无家可归、孤苦伶仃的人的孩子般的求知欲,实在使我感动得流泪。应当指出,阿维尼尔和一切害肺病的人不同,一点也不对自己隐瞒自己的病情……可是又怎么样呢?——他不叹息,也不悲伤,甚至一次也没有提到过自己的状况……

他鼓了鼓劲儿,谈起莫斯科,谈起同学们,谈普希金,谈戏剧，谈俄国文学；他又回忆我们的宴饮、我们小组里的热烈争论，并且带着惋惜的神情说到两三个已经故世的朋友的名字……

“你记得妲莎吗？”最后他又说，“真是金子一般的心啊！多么纯洁呀！她又多么爱我呀！……现在她怎么样啦？这可怜的人儿，恐怕消瘦了，憔悴了吧？”

我不敢使病人失望，而且，说真的，又何必让他知道，他的妲莎现在胖得圆了，天天跟商人康达奇科夫兄弟厮混，又抹粉，又点胭脂，又会撒娇，又会骂人。

可是，我望着他那憔悴的脸，心里想，不能让他从这里搬出去吗？也许还能把他治好呢……但阿维尼尔没有让我把话说完。

“不，老兄，谢谢吧，”他说，“反正死在哪里都是一样。我总是活不到冬天了……白白麻烦人干什么呀？我在这一家已经习惯了。不错，这里的一家人……”

“都很坏，是吗？”我接话说。

“不，不坏，就是有点儿像木头人。不过，我不能怪他们。这儿还有乡邻：地主卡萨特金就有一个女儿，是一个有教养、可亲可爱的善良姑娘……不骄傲……”

阿维尼尔又咳嗽起来。

“都不算什么，”他休息了一会儿之后，又说下去，“要是能允许我抽烟就好了……我不能就这样死，我要把烟抽够！……”他调皮地眨眨眼睛，又补充一句：“谢天谢地，我活得够了，结交了不少好人……”

“你至少也该给亲戚们写封信呀。”我打断他的话说。

“给亲戚们写信干什么呀？求助，他们是不会帮助我的；等我死了,他们自会知道。哦,何必谈这些事呀……你最好还是对我说说,你在国外见到一些什么?"

我就说起来。他一直盯着我。到傍晚我就走了,过了十来天,我收到克鲁比雅尼科夫先生如下的一封信:

> 敬请阁下知悉:贵友阿维尼尔·索罗科乌莫夫先生,即居住舍下之大学生,于三日前午后二时逝世,今日由鄙人出资,安葬于本教区礼拜堂内。贵友嘱鄙人转交书籍及手册,现随函寄奉。彼尚有余钱二十二卢布又半,将连同其他物件交与其有关的亲戚。贵友临终时神志清明,可谓十分泰然,即与舍下全家诀别之时,亦无任何憾恨之色。贱内克列奥巴特拉·亚历山大罗芙娜向阁下致意。贵友之死,贱内不能不伤情;至于鄙人,托天之福,身体尚健。敬请大安。
>
> 古尔·克鲁比雅尼科夫

还有许多其他类似的情形出现在脑际,但是不能一一尽述。只再说一例。

一个年老的女地主是当着我的面死去的。神甫已经在她床前念起送终祈祷,忽然发现病人真的要断气了,连忙把十字架拿给她。女地主不满意地把头挪开些。"你急什么呀,神甫,"她用僵硬的舌头说,"来得及的……"她吻过十字架,正要把手往枕头底下伸,就断气了。枕头底下放着一个银卢布:这是她准备好为自己的送终祈祷付给神甫的……

是的,俄罗斯人死得真奇怪呀!

歌　手[1]

不大的科洛托夫村原来属于一个女地主(那个女地主因为生性又恶又厉害,在附近一带得了一个外号叫“刮婆”,真名字倒是失传了),现在归彼得堡的一个德国人了。这个村子在一面光秃秃的山坡上,被一条可怕的冲沟从上到下切开;这条被冲得坑坑坎坎的深沟像无底深渊似的张着大嘴,弯弯曲曲地从街道中心通过,比河流更无情地——河上至少可以架桥——将可怜的小村子分为两半。几丛瘦弱的爆竹柳挂在砂质沟坡上;在干干的、像黄铜一般的沟底,是一块块老大的黏土质石板。景象不怎么美观,这是不用说的;然而附近所有的人都十分熟悉到科洛托夫村的道路,他们很喜欢常常到这里来。

在冲沟的顶头上,在离冲沟才像小裂缝似的开头处几步远的

①最初刊于《现代人》杂志1850年第11期。在《现代人》杂志编辑部得到高度的评价,屠格涅夫给维亚尔多的信中,也称作品的成功超过了他的预料。

地方，有一座四方形的小木屋，孤零零的，跟其他房屋都不在一起。屋顶盖的是麦秸，还有一个烟囱；一扇窗子像一只锐利的眼睛似的望着冲沟，在冬天的晚上，老远就可以在朦胧的寒雾中看见这扇有灯光的窗户，它像指路星似的对许多过路的庄稼人闪烁着。小屋的门框上钉着一块蓝色木牌：这小屋是一家酒店，名叫“安乐居”。这家酒店里卖的酒不见得比规定的价格便宜，然而来的顾客却比附近所有同类店铺的顾客多得多。其原因就在于酒店老板尼古拉·伊凡内奇。

尼古拉·伊凡内奇当年是一个面颊红润、一头鬈发的挺拔小伙子，现在已经是一个异常肥胖、白了头发的男子，肉嘟嘟的脸，精明而和善的眼睛，油光光的额头上一道道的皱纹——他在科洛托夫村已经住了二十多年。尼古拉·伊凡内奇同大多数酒店老板一样，是一个机灵和有心计的人。他并不特别殷勤，也不是特别能说会道，却有吸引顾客、留住顾客的本领，顾客坐在他的柜台前，在这位慢性子的老板那安详而亲切、虽然非常锐利的目光之下，不知为什么都感到愉快。他有很多正确的见解；他既熟悉地主们的生活，又熟悉农民和市民的生活；在别人遇到困难的时候，他会给别人出很不错的主意，但他是一个小心谨慎和自私的人，因此宁可站在一边，只是随随便便、似乎毫无用意地说说一些看法，让自己的顾客——而且是他喜欢的顾客——明白明白事理。他对于俄国人所看重和感兴趣的一切事都很在行，如对马和家畜，对森林，对砖瓦，对器皿，对布匹毛呢和皮革制品，对歌曲和舞蹈。在没有顾客的时候，他常常盘起自己的细腿，像麻袋似的坐在自己门前的地上，和一切过往行人打打招呼，说说亲热话儿。他这一生见过的事情很多；他眼看着几十个常来他这儿买酒的小贵族相继去世；他知道周围一百俄里内发生的种种事情；就连最机警的警察局长想也没有想到的事情，他都知道，可是他从不乱说，甚至也不流露出知道的神气。他总是默不作声，只是笑笑，动动酒杯。邻近的人都很尊敬他；县里身份最高的地主、高等文官舍列别津科每次经过他的门口，都要放下架子，朝他点头。尼古拉·伊凡内奇是一个有影响力的人：一个有名的盗马贼偷了他的朋友一匹马，他叫那贼把马送还了；附近有一个村子的庄稼人不服新的主管人，他也把他们开导好了。诸如此类的事很多。不过，别以为他做这些事是出于爱正义，出于对他人热心——不是的！他只是尽量防止出什么事情，免得破坏他的安宁。尼古拉·伊凡内奇已经娶妻，而且也有孩子。他的妻子是一个鼻尖眼快、动作利落的小市民出身的女子，近来也像丈夫一样有些发福了。他在各方面都信赖她，钱也由她收藏。发酒疯的人都怕她；她不喜欢他们：赚不到他们多少钱，吵闹得却很厉害；愁眉苦脸、寡言少语的人倒是更合乎她的心意。尼古拉·伊凡内奇的孩子们都还小；先前生的几个孩子都死了，但是活下来的几个长得都很像父母：看着这几个健康的孩子那聪明的小脸，是很愉快的。

七月里一个热得难受的日子，我慢慢跨着步子，带着我的狗，贴着科洛托夫村冲沟边往上走，朝“安乐居”酒店走去。天上的太阳火辣辣的，像发了疯似的，无情地炙晒着，烘烤着；空气中到处弥漫着热烘烘的灰尘。羽毛亮闪闪的白嘴鸦和乌鸦，张大了嘴，可怜巴巴地望着行人，好像是要求人同情；只有麻雀不觉得痛苦，挓挲着羽毛，比以前叫得更欢，一会儿在围墙上打架，一会儿一齐从灰尘飞扬的大路上飞起来,像灰云一样在绿油油的大麻地上空盘旋。我口渴得难受。附近没有水:在科洛托夫村,像在很多别的草原村庄一样,因为没有泉水和井水,庄稼人喝的都是池塘里的浑水……可是,谁又能把这种令人恶心的东西叫作水呀?我就想到尼古拉·伊凡内奇那里去要一杯啤酒或者克瓦斯。

说实在的,科洛托夫村不论什么时候都没有什么令人悦目的景象;但是特别使人产生愁闷之感的,就是七月的耀眼的太阳那无情的阳光照射下的景象:那破旧的褐色屋顶,那很深的冲沟,晒得焦黄的、落满灰尘的草场,草场上那带着绝望神情走来走去的长腿瘦鸡,原来的地主房屋剩下的灰色白杨木屋架和空空的窗洞,周围的一丛丛荨麻、杂草和艾蒿,晒得滚热的、黑乎乎的、漂着一层鹅毛的池塘,池塘周围那半干的烂泥和歪向一边的堤坝,堤坝旁踩成细灰般的土地上那热得直喘、直打喷嚏的绵羊,绵羊那种紧紧挤在一起的可怜神气和拼命把头垂得更低、似乎在等待这难挨的炎热什么时候才会过去的那种灰心丧气的忍耐神气。我迈着疲惫无力的步子来到尼古拉·伊凡内奇的酒店门前,照例引起孩子们的惊讶,惊讶得瞪大眼睛茫然注视着,也引起几条狗的愤慨,愤慨是用吠叫来表示的,吠叫又凶狠又卖力,好像内脏都要炸裂似的,以至于吠叫过一阵之后都咳呛和喘起粗气——这时酒店门口突然出现了一个高个子男人,没戴帽子,身穿厚呢大衣,浅蓝色腰带扎得低低的。看样子这是一名家仆:一张干枯的皱皱巴巴的脸,再往上是乱蓬蓬地竖着的浓密的灰色头发。他在呼唤一个人,急促地挥动着两只手,两只手晃动得显然比他所希望的厉害得多。可见他已经醉了。

“你来，来呀！”他使劲扬着浓浓的眉毛，嘟嘟哝哝说起来，“来呀，眨巴眼儿，来呀！真是的，你磨蹭什么呀，伙计。这可不好，伙计。人家在等你呢，可是你这样磨蹭……来呀。”

“哦，来了，来了。”一个打战的声音应声说，接着便从屋子右面走出一个又矮又胖又瘸腿的人。他穿的是一件相当整洁的呢外衣，只套了一只袖子；高高的尖顶帽一直压到眉毛上，给他那圆圆的、胖胖的脸增添了滑稽可笑的表情。他那双小小的黄眼睛滴溜溜直转，那薄薄的嘴唇上一直堆着拘谨和不自然的微笑，那尖尖的长鼻子很不雅观地向前伸着，很像船舵。“来了，伙计，”他一面一瘸一拐地往酒店里走，一面说，“你叫我干什么？……谁在等我？”

“我叫你干什么？”穿厚呢子大衣的人带着责备的口气说。“眨巴眼儿，你这人真怪，伙计，叫你到酒店里来，你还要问干什么！好多人都在等你呢：土耳其佬雅什卡，还有野人先生，还有日兹德拉来的包工头儿。雅什卡和包工头儿打了赌：赌一瓶啤酒——看谁赢谁，就是说，看谁唱得好……你懂吗？”

“雅什卡要唱歌了吗？”外号“眨巴眼儿”的人兴奋地说，“你不是扯谎吧，蠢货？”

“我不扯谎，”蠢货一本正经地回答说，“你才喜欢瞎扯哩。他既然打了赌，那就一定要唱，你这天生的笨牛，你这浑蛋，眨巴眼儿！”

“好，咱们走吧，呆子。”眨巴眼儿回答说。

“哦，那你至少要吻我一下呀，我的好宝贝儿。”蠢货张开两条胳膊，嘟哝说。

“瞧，你这个娇宝宝伊索[①]，巴眼儿用胳膊推着他，轻蔑地说，接着两人都弯下身子，走进低矮的门里。

我听到他们的对话，不禁产生了强烈的好奇心。我已经不止一次听说土耳其佬雅什卡在附近一带是最好的歌手，现在我竟有机会听听他和另一名歌手比赛。我便加快步子，走进酒店。

大概，在我的读者中，没有多少人光顾过乡村的酒店；可是我们这些打猎的，什么地方没有到过呀！这种酒店的构造极其简单，大都是由一间幽暗的前室和有烟囱的正屋组成。正屋用板壁隔成里外间，里间是任何顾客都不能去的。在这板壁上，在一张宽大的橡木桌子上方，开一个长方形的大洞。就在这张桌子或者柜台上卖酒。在正对着大洞的架子上，并排摆着大大小小各种各样封口的瓶酒。正屋的前半部分是接待顾客的，有若干条长板凳，两三个空酒桶，一张放在拐角上的桌子。乡村酒店大都是很黑暗的，而且，一般农舍中大都少不了的那些花花绿绿的通俗版画，你在酒店的圆木墙壁上几乎是看不到的。

当我走进安乐居酒店的时候，里面已经来了很多人了。

在柜台后面，照例站着差不多有壁洞宽的尼古拉·伊凡内奇，身穿印花布衬衫，肥胖的脸上带着懒洋洋的微笑，正在用又白又胖的手给刚进来的朋友眨巴眼儿和蠢货倒两杯酒。在他后面的角落里，靠近窗子的地方，是他那眼睛很机灵的妻子。房间中央站的是土耳其佬雅什卡，是一个二十三四岁的瘦瘦的、挺拔的男子，穿一件长襟土布蓝色外衣。他的样子像一个勇猛的工厂小伙

①伊索，著名的古希腊寓言作家。在旧俄国常用作讽刺语，指的是言语费解的人。

子，身体似乎不能说是十分壮健。他那瘪瘪的脸颊，那不肯安静的灰色大眼睛，端正的鼻子和不住地活动的小小鼻孔，平平的白额头，向后梳的淡黄色鬈发，大而好看和富有表情的嘴唇——他脸上的一切都表明他是一个敏感而热情的人。他非常兴奋：不住地眨巴着眼睛，呼吸也很急促，两手一个劲儿打哆嗦，像是发作了热病——他就是热病发作了，就是面对群众讲话或唱歌的人常常会害的那种紧张不安的突然发作的热病。他旁边站着一个四十岁左右的男子，宽肩膀，高颧骨，低额头，像鞑靼人一般的狭眼睛，短短的扁鼻子，方方的下巴，乌黑发亮的头发像鬃毛一样硬。他那黝黑而带铅色的脸，尤其是那煞白的嘴唇的表情，如果不是那样沉静的话，差不多可以说是凶狠的。他几乎一动也不动，只是像一条公牛从轭下慢慢朝四周围打量着。他穿一件旧的常礼服，铜纽扣光溜溜的；粗大的脖子上围一条旧的黑绸围巾。他就叫野人先生。在他的正对面，圣像下面的长板凳上，坐着雅什卡的对赛歌手——日兹德拉来的包工头。这是一个三十岁左右的敦实汉子，麻脸，鬈发，扁扁的狮子鼻，灵活的栗色眼睛，稀稀的下巴胡。他把两只手掖到大腿底下，两条穿着绲边的漂亮皮靴的腿自由自在地悠荡着，碰得吧嗒吧嗒响着。他穿的是一件崭新的有棉绒领子的灰呢子薄上衣，紧紧勒着喉咙的红衬衫的边儿在棉绒领子衬托下显得异常触目。在对面的角落里，门的右边，桌子旁边坐着一个庄稼人，穿一件灰色旧长袍，肩上有一个大洞。阳光像稀薄的、黄黄的流水，透过两扇小窗子的带灰尘的玻璃射进来，似乎不能战胜屋子里平时的阴暗：一切物件上的光线都很微弱，似明似暗。然而在屋子里几乎是凉爽的，所以我一跨进门槛，就如释重负，气闷和炎热感消失了。

我看出来，我的到来起初使尼古拉·伊凡内奇的顾客们有些不安；但是他们一看到尼古拉·伊凡内奇像对熟人一样跟我打招呼，也就安下心来，不再注意我了。我要了啤酒，就在角落里挨着那个穿破旧长袍的汉子坐了下来。

“喂，好啦！”蠢货一口气喝干一杯酒，突然叫起来，同时两只手奇怪地挥舞着来配合他的叫喊声，显然不这样他是一个字也说不出来的。“还等什么呀？唱就唱嘛。嗯？雅什卡？……”

“开始吧，开始吧。”尼古拉·伊凡内奇也支持说。

“好的，咱们就开始吧，”包工头带着自信的微笑冷静地说，“我准备好了。”

“我也准备好了。”雅什卡激动地说。

“好啦，开始吧，伙计们，开始吧。”眨巴眼儿尖声叫道。

然而，尽管大家都说要开始，却谁也不开始；包工头甚至没有从板凳上站起来；大家都好像在等待着什么。

“开始呀！”野人先生阴沉而激烈地说。

雅什卡身子哆嗦了一下。包工头站起身来，把腰带掖了掖，咳嗽了两声。

“可是，谁先唱呢？”他用微微有些改变的声音问野人先生，野人先生依然一动不动地站在房间中央，宽宽地叉开两条粗腿，把两只强壮的手插到裤子口袋里，差不多一直插到胳膊肘。

“你，你先唱，大师傅，”蠢货嘟哝说，“你先唱，大哥。”

野人先生皱着眉头瞅了他一眼。蠢货轻轻吱了一声，不好意思起来，朝天花板看了看，耸了耸肩膀，不说话了。

“拈阄吧，”野人先生一字一顿地说，“把酒放在柜台上。”

尼古拉·伊凡内奇弯下身子，哼哧着从地板上拿起酒来，放到柜台上。

野人先生朝雅什卡看了看，说：“来吧！”

雅什卡在自己口袋里掏了掏，掏出一个铜币，用牙齿咬了一个记号。包工头从怀里掏出一个新的皮革钱包，不慌不忙地解开带子，把许多零钱倒在手心里，选出一个崭新的铜币。蠢货摘下自己的破帽子送上来；雅什卡把自己的铜币丢进去，包工头也丢了进去。

“你来拈吧。”野人先生对眨巴眼儿说。

眨巴眼儿得意地笑了笑，就两手端着帽子，摇晃起来。

一时间屋子里鸦雀无声，只能听见两个铜币互相碰撞得轻轻叮当响着。我留心朝四面看了看，只见所有的脸上都流露着紧张等待的神情；野人先生也眯起了眼睛；坐在我旁边的穿破旧长袍的庄稼人也带着好奇的神情伸长了脖子。眨巴眼儿把手伸进帽子里，摸出的是包工头的铜币；大家松了一口气。雅什卡红了红脸，包工头用手摸了摸头发。

“我说的嘛，就该你先唱，”蠢货叫起来，“我说的嘛。”

“好啦，好啦，不要聒噪了！”野人先生轻蔑地说，“开始吧。”他用头朝包工头点了点，又说。

“那我唱什么歌儿呢？”包工头激动起来，问道。

“随你唱什么，”眨巴眼儿回答说，“你想唱什么，就唱什么。”

“当然，随你唱什么，”尼古拉·伊凡内奇慢慢地把两手交叉在胸前，也附和说，“这事儿不能给你指定。想唱什么就唱什么，不过要好好地唱;然后我们就凭良心评高低。"

"自然,要凭良心。"蠢货接话说,并且舔了舔空酒杯的边儿。

"伙计们,让我稍微清一清嗓子。"包工头用手摸着上衣领子,说道。

"好啦,好啦,不要磨蹭了,开始吧!"野人先生断然说,并且低下头。

包工头多少想了想,甩了甩头发,便走上前来。雅什卡用眼睛紧紧盯住他……

不过,在开始描写这场竞赛之前,先多少说说我这篇故事中每一个登场人物,我认为也不是多余的。其中有几个人的情况,我在安乐居酒店碰到他们的时候已经知道了;另外有几个人的情况是我后来打听到的。

先从蠢货说起吧。这人的真名字是叶甫格拉弗·伊凡诺夫,但是附近一带的人都叫他蠢货,他自己也承认这个外号,这个外号就叫开了。确实,这外号对于他那很不起眼的、老是慌慌张张的外貌,再合适没有了。他原是一个嗜酒成性的独身家仆,原来的主人早就不要他了,因为没有活儿干,也就拿不到一个铜板的工钱,然而他有办法天天大喝别人的酒。他有许多熟人,这些人都请他喝酒,喝茶,他们自己也不知道这是为什么,因为他不仅不能使大家开心,甚至相反,他那种无聊的唠叨、令人烦腻的纠缠、狂热的动作和不停的做作的大笑,使大家感到讨厌。他既不会唱歌,也不会跳舞;他不但从来没说过一句聪明话,也没说过一句有用的话,总是前言不搭后语,乱说一气——不折不扣是个蠢货!可是在方圆四十俄里以内,没有一次酒会上没有他那细长的身影在客人中间转来转去——大家对他已经习惯了，把他当作躲不掉的灾祸。不错，大家都很轻视他，但是能制伏他，能叫他不乱说乱动的，只有野人先生。

眨巴眼儿一点也不像蠢货。眨巴眼儿这个外号对他也很合适，虽然他眨眼睛并不比别人多；众所周知，俄罗斯人是发明外号的能手。尽管我想方设法打听这人更详细的经历，他一生中还是有一些模糊之点，如读书人说的，有一些隐没在不可知的深渊中的地方，那是我，恐怕也是很多别的人，无法知道的。我只是打听到，他曾经给一个没有子女的老太太当过车夫，带着交给他的三匹马逃走了，整整一年没有音信，后来想必是切身体会到流浪生活的艰难和无益，自己回来了，但已经成了瘸子；他向自己的女主人下跪求饶，在几年时间里老老实实地干活儿，补偿了自己的罪过，渐渐博得女主人的好感，终于得到她的完全信任，当了管家；女主人一死，不知怎样他获得了自由身份，成为小市民，开始向乡邻们租地种瓜，发了财，现在日子过得很快活。这是一个见过世面的人，城府很深，不恶毒，也不善良，而是很有心计，他很世故，能认识人，也善于利用人。他小心谨慎，同时又像狐狸一样精明；他像老奶奶一样爱唠叨，却从来不会说漏了嘴，倒是能够使任何别的人说出心里话。不过，他不像另外一些狡猾的人那样，装作呆头呆脑，而且他装呆也是很难的：我从来没有见过比他那双狡黠的小眼睛更锐敏、更机灵的眼睛。那眼睛从来不是简单地看，总是观察和窥视。眨巴眼儿有时对一件似乎非常简单的事情一连考虑几个礼拜，可是有时又会突然下决心去干大胆得不要命的事儿；似乎这一下子他要完蛋了……可是你瞧，马到成功，一切都十分顺利。他很有运气,相信自己的运气,相信预兆。总之,他很迷信。大家都不喜欢他,因为他不关心任何人,但是大家都尊敬他。他家里就一个儿子,他对儿子心疼得不得了,儿子被培养得像父亲一样,想必今后会大有出息的。“小眨巴眼儿出落得很像父亲呢。”现在有些老头子在夏日的傍晚坐在墙根下闲聊的时候,已经在这样小声谈论他了,而且大家都明白这话里的意思,也就不必多说什么了。

关于土耳其佬雅什卡和包工头,没有什么可以多说的。雅什卡外号土耳其佬,因为他确实是一个被俘虏来的土耳其女子所生。他在心灵上是一个十足的艺术家,然而在身份上却是一个商人的造纸厂里的汲水工;至于包工头,老实说,我至今还不知道他的来历,我只觉得他是一个机灵而活泼的城市小市民。但是关于野人先生,倒是值得比较详细地说一说。

这个人给人的第一印象,是他有一种粗野、笨重,然而无法抗拒的力量。他身材粗笨,如我们常说的,像一个布袋,然而他却流露着一股健壮得不得了的劲儿,而且,说也奇怪,他那熊一般的体格并不缺乏某种特有的优雅,这种优雅风度大概来自从容镇定,因为他完全相信自己的威力。第一次见面,很难判断这个赫拉克勒斯[1]是属于哪一个阶层的:他不像家仆,不像小市民,不像退职的贫穷书吏,也不像领地很少的破产贵族——猎犬师和打手。他确实是另一回事。谁也不知道,他是从哪里流落到我们县里来的。有人说,他原是独院地主,以前好像在什么地方担任过官职;但是有关这方面的确切情形,谁也不知道,而且,从别人嘴里打听

①赫拉克勒斯,希腊神话中的大力士。

不到的，更别想从他嘴里打听到：再没有人比他更阴沉、更能守口如瓶了。也没有谁能够确切说，他是靠什么生活的；他不干任何手艺活儿，也不到什么人家里去，几乎不同任何人交往，可是他有钱花；钱虽然不多，但是有花的。他为人不谦虚——他根本没有什么好谦虚的——但是稳重：他活得似乎很自在，似乎没有注意自己周围有什么人，也根本用不着什么人。野人先生（这是他的外号，他的真名是彼列夫列索夫）在附近一带有很大的威望；虽然他不仅没有权力对任何人下命令，而且甚至自己也不向他接触的人表示要求听从之意，可是很多人都会马上很乐意地听从他的话。他说什么，别人都听他的；威力总能发生作用。他几乎不喝酒，不同女人打交道，非常喜欢唱歌。这个人有很多神秘之处；似乎有一种巨大的力量阴沉地潜藏在他身上，这种力量仿佛自己知道，一旦涌上来，爆发出来，就会毁灭自己和所碰到的一切；如果这人一生中不曾有过这一类的爆发，如果他不是在幸免于死亡之后接受教训，时时刻刻严格地管束自己，那我就大错特错了。尤其使我惊讶的是，在他身上混合着一种先天生成的凶狠性和一种也是生来就有的高雅——这种混合是我在别人身上没有见过的。

话说包工头走上前来，半闭起眼睛，就用高亢的假嗓子唱了起来。他的声音十分甜美悦耳，虽然有点儿沙哑；他的声音变化着，像陀螺一般盘旋着，不停地回荡着，不停地由高转低，又不停地转向高音，保持着高音并且特别卖劲地拉长了唱一阵子，又渐渐停顿下来，然后又突然带着热情奔放的豪迈气势接唱以前的曲调。他的曲调转换有时非常大胆，有时非常滑稽可笑：这样的转换是使内行人非常满意的；要是德国人听了，会感到愤慨的。[1]这是俄罗斯的抒情男高音[2]。他唱的是一支快乐的舞曲。我透过那没完没了的装饰音、附加的辅音和叫声，只听出下面几句歌词：

我年纪轻轻，
要耕出小小土地；
我年纪轻轻，
要种出鲜红花儿。

他唱着，大家都聚精会神地听他唱。他显然感觉到这是唱给内行人听的，因此如俗话说的，使出吃奶的劲儿。确实，我们这一带的人对于唱歌都很在行，难怪奥廖尔大道上的谢尔盖耶夫村的优美动人的歌儿驰名全俄国。包工头唱了很久，没有在听众中引起特别强烈的感动，他缺少协助，缺少合唱；终于，在一个特别成功的转折之处，连野人先生也笑了，蠢货忍不住高兴得叫了起来。大家的精神都为之一振。蠢货和眨巴眼儿开始轻轻地随声和唱，喊叫："好极啦！……加油，好小子！……加油，再加油，鬼东西！再加油！再鼓劲儿，你这狗东西，狗小子！……恶鬼饶不了你！"等等。尼古拉·伊凡内奇在柜台后面带着赞许的神气把头左右摇晃着。蠢货终于把脚一踩，跨起碎步，扭动起肩膀，跳起舞来；雅什卡的眼睛像炭火一样燃烧起来，浑身像树叶一样颤抖着，不由自主地微笑着。只有野人先生脸上没什么变化，依然在原地没有动；但是他那凝视着包工头的目光有些柔和了，虽然嘴边的

①意为：德国人爱好典雅的音乐，不喜欢这种花哨的唱法。
②原文为法文。

表情依然是轻蔑的。包工头看出大家都很满意,来了劲儿,完全唱起花腔,拼命添加装饰音,拼命吧嗒舌头、敲舌头,拼命变换嗓门儿,以致等到他终于累了,脸色煞白,浑身热汗淋漓,把整个身子朝后一仰,唱出最后一个渐渐停息的高音的时候,大家用巨雷般的一片喝彩声来回答他。蠢货扑上去搂住他的脖子,用一双骨瘦嶙峋的长胳膊搂得他气都喘不过来;尼古拉·伊凡内奇的脸上也泛出红晕,他好像也变年轻了;雅什卡像发了疯似的叫起来:"棒极了,棒极了!"就连坐在我旁边的那个穿破长袍的庄稼人也憋不住了,用拳头在桌子上一擂,叫起来:"哎呀呀!好极了,真他妈的好极了!"并且使劲儿朝旁边吐了一口唾沫。

"嘿,伙计,漂亮极了!"蠢货紧紧搂着精疲力竭的包工头叫道,"漂亮极了,真没说的!你赢了,伙计,你赢了!恭喜你——酒是你的了!雅什卡比你差远了……我对你说嘛:他差远了……你相信我的话吧!"他又把包工头往自己怀里搂了搂。

"快把他放开吧;放开吧,别缠着没有完……"眨巴眼儿生气地说,"让他在板凳上坐一会儿,瞧,他累了……你这蠢货,伙计,真是蠢货!干吗缠住就不放呀?"

"那好吧,就让他坐一会儿,我来为他干一杯。"蠢货说过,便走到柜台前。"算你的账,伙计。"他转向包工头,又补充一句。

包工头点了点头,便坐到板凳上,从帽子里掏出毛巾,擦起脸来;蠢货馋巴巴地喝干一杯酒,就依照酒鬼的习惯,一面快活得咯咯叫着,一面装出忧心忡忡的神气。

"唱得好,伙计,很好。"尼古拉·伊凡内奇亲切地说,"现在该你唱了,雅什卡:要注意,别胆怯。我们来看看谁赢谁,我们来看看……包工师傅唱得很好，实在好。”

“好极了。”尼古拉·伊凡内奇的妻子说过这话，笑着朝雅什卡看了看。

“好极了！”坐在我旁边的庄稼人小声重复了一遍。

“啊，窝囊废波列哈[①]！蠢货忽然叫起来，走到肩上有破洞的庄稼人跟前，用指头点着他，蹦跳起来，并且笑得直打哆嗦。“波列哈！波列哈！嘎，巴杰[②]，滚出去！窝囊废！你来干什么，窝囊废？”他哈哈笑着叫道。

可怜的庄稼人非常窘，已经准备站起来快点走掉，突然响起野人先生那铜钟般的声音：

“这讨厌的畜生是怎么回事儿？”他咬牙切齿地说。

“我没什么，”蠢货喃喃地说，“我没什么……我是随便……”

“嗯，好啦，那就别作声了！”野人先生说，“雅什卡，唱吧！”

雅什卡用手捏住喉咙。

“伙计，怎么有点那个……有点儿……唉……真不知道怎么有点儿……”

“哎，得了，别怯场嘛。太不大方了！……干吗扭扭捏捏的？……想怎么唱就怎么唱。”

于是野人先生低下头，等待着。

雅什卡沉默了一会儿，朝四下里看了看，用一只手捂住脸。

---

①波列西耶沼泽地带南部，即从波尔霍夫县与日兹德拉县交界处开始的长长的森林地带的居民，叫“波列哈”。他们的生活方式、性情和语言有很多特点。他们因为性情多疑和不爽快，被称为“窝囊废”。——作者注

②波列哈说话时，几乎每句话都加上惊叫声“嘎”和“巴杰”。——作者注

大家都用眼睛紧紧盯住他，尤其是包工头。包工头脸上那常有的自信和得到喝彩声后的得意神情之中，不由地流露出轻微的不安神色。他靠在墙上，又把两手掖到大腿底下，但是两条腿已经不再悠荡了。等到雅什卡终于露出自己的脸，那脸像死人一样煞白；一双眼睛透过下垂的睫毛隐隐射出亮光。他深深地舒一口气，就唱了起来……他的起音是微弱的，不平稳的，似乎不是从他的胸中发出来，而是来自很远的地方，似乎是偶然飘进这屋子里来。这颤抖的、金属般的声音对于我们所有的人都发生了奇怪的作用；我们你看看我，我看看你，尼古拉·伊凡内奇的妻子竟把身子挺得直直的。在起音之后紧接着是比较坚定和悠长的声音，但显然还是颤抖的，就好像弦突然被手指使劲拨动了一下，铮铮响过之后，还要颤动一阵子，并且很快地渐渐低下去；第二个音之后，是第三个音，于是，凄凉的歌声渐渐激昂起来，渐渐雄壮了，流畅了。“田野里的小道，一条又一条……”他唱着，我们都感到甜滋滋的，回肠荡气。说实话，我很少听到这样的声音：这声音像有裂纹似的，带有轻轻的碎裂声和叮当声；开头甚至有痛苦的意味儿；但是其中又有真挚而深沉的爱恋，又有青春气息，有活力，有甜蜜，又有一种令人销魂的悲怆意味儿。一个俄罗斯人的真挚而热烈的灵魂在歌声中回响着，呼吸着，紧紧抓住你的心，也直接抓着他那俄罗斯人的心弦。歌声越来越高亢，越来越嘹亮。雅什卡显然也陶醉了：他已经不胆怯了，他完全沉浸于幸福之中；他的声音不再颤抖，而是轻轻颤动，但这是像箭一般穿入听众心灵的激情的那种隐隐约约的内在的颤动，这声音越来越激昂，越来越高亢，越来越洪亮。记得有一天傍晚，在大海退潮的时候，远处波涛汹涌，我看到平平的沙滩上落了一只很大的白鸥，一动也不动，那丝绸一般的胸脯映着晚霞的红光，只是偶尔迎着熟悉的大海，迎着通红的落日，慢慢展一展它那长长的翅膀——我听着雅什卡的歌声，就想起那只白鸥。他唱着，完全忘记了自己的对手，也忘记了我们所有的人，但显然是受到我们无声的、热情的共鸣所鼓舞，就像游泳者受到波浪推撞，精神倍增。他唱着，声声给人以亲切和无比辽阔之感，就好像熟悉的草原在你面前展了开来，伸向无边无际的远方。我觉得，我的心中涌起泪水，涌向眼睛。突然有一阵低沉、压抑的哭声使我大吃一惊……我回头一看，是店主的妻子趴在窗子上哭。雅什卡急急地向她瞥了一眼，唱得比以前更响亮，更甜美了；尼古拉·伊凡内奇低下了头；眨巴眼儿扭过脸去；完全动了情的蠢货张大了嘴巴呆呆地站着；穿灰色长袍的庄稼人在角落里小声抽搭着，一面伤心地低语，一面摇头；就连野人先生那紧紧皱到一起的眉毛底下也涌出大颗的泪珠儿，在那钢铁般的脸上慢慢滚动着；包工头把握紧的拳头按到额上，就不动了……要不是雅什卡在一个很高的、特别尖细的音上突然结束，就像他的嗓音突然中断似的，我真不知道大家的陶醉怎样收场。没有一个人叫喊，甚至没有人动一动；大家似乎都在等待，看他是不是还唱；但他睁大了眼睛，似乎对我们的沉默感到惊讶，用询问的目光扫视了大家一遍之后，才看出是他赢了……

“雅什卡！”野人先生叫了一声，把一只手放在他的肩膀上，就不说话了。

我们都像呆子似的站着。包工头缓缓站起身来，走到雅什卡跟前。“你……是你……你赢了。”他终于好不容易说了出来，接着就从屋子里冲了出去。

他的迅速果断的行动似乎破解了魔力：大家一下子就热热闹闹、高高兴兴说起话来。蠢货朝上一蹦，嘟哝起来，两条胳膊抡得像风车翅膀一般；眨巴眼儿一瘸一拐地走到雅什卡跟前，跟他亲吻起来；尼古拉·伊凡内奇欠起身来，郑重地宣布：他自己再出一瓶啤酒；野人先生笑得那样可亲可爱，我怎样也没想到会在他脸上看到这样的笑容；穿灰色长袍的庄稼人用两只袖子擦着眼睛、两腮、鼻子和胡子，不时地在自己的角落里反复说着："好呀，真好，我敢发誓，真好呀！"尼古拉·伊凡内奇的妻子一张脸憋得通红，急忙站起来，走了开去。雅什卡像小孩子似的因为自己赢了而喜滋滋的；他的脸完全变了样，尤其他的眼睛，一直闪耀着幸福的光彩。几个人把他拉到柜台前；他把一直在哭的穿灰色长袍的庄稼人也叫过去，又叫店主人的儿子去找包工头，包工头却没有找到，大家也就开始喝酒了。"你还要给我们唱呀，你要给我们一直唱到晚上。"蠢货把手举得高高的，反复地叫着。

我又向雅什卡看了一眼，便走了出去。我不想留在这儿，我怕损坏了我的感受。但是依然热得难受。热气似乎形成浓重的一层，笼罩在大地上；透过细细的、几乎是黑色的灰尘，似乎有许多小小的、明晃晃的火星在深蓝色的天空回旋着。到处都寂静无声；在疲惫无力的大自然这种深深的静默之中，有一种无可奈何和受压抑的意味儿。我来到一个干草棚里，在刚刚割下、但差不多已经干了的草上躺下来。我很久不能入睡；我耳朵里很久都响着雅什卡那令人倾倒的歌声……终于还是炎热和疲惫占了上风，我睡着了，睡得死沉沉的。等我醒来，四周已经黑了下来；身旁散乱的草散发着浓烈的气味，而且有点儿潮润润的了；透过破棚顶那一根根细细的木条，可以看到闪烁着微弱光芒的苍白的星星。我走了出来。晚霞早已消失，天边那隐隐发白的是晚霞的余晖；透过夜晚的凉气，还可以感觉到原来炎热的空气热烘烘的，胸中还很闷热，希望有凉风吹一吹。没有风，也没有云；万里晴空黑得异常纯净，静静地闪烁着数不清的，但只是隐约可见的星星。村子里的灯火一闪一闪的；从不远处灯火通明的酒店里传来乱哄哄的喧闹声，我似乎听到其中有雅什卡的声音。那里面不时地爆发出哄堂大笑声。我于是走到窗前，把脸贴到玻璃上。我看到的是一种很不愉快的，虽然热闹和生动的场面：都喝醉了——从雅什卡起，都醉了。雅什卡袒露着胸膛，坐在板凳上，用嘶哑的嗓门儿唱着一支下流的舞曲，懒洋洋地弹拨着六弦琴的琴弦，湿漉漉的头发一绺一绺地耷拉在他那苍白得可怕的脸上。在屋子中央，完全“失控的”蠢货脱掉了上衣，对着那个穿灰色长袍的庄稼人跳花样舞；那个庄稼人也吃力地跺着和拖着一双发了软的脚，透过乱蓬蓬的大胡子呆呆地笑着，偶尔扬起一只手，似乎想说：“还行！”他的脸再可笑没有了；不论他怎样使劲扬自己的眉毛，那沉甸甸的眼皮却不肯往上抬，一直盖着那几乎看不出的、无神的，却又甜迷迷的眼睛。他正处在酩酊大醉的人那种可爱状态，这时不论哪个过路人看到他的脸，必然会说：“真够受，这家伙，真够受！”一张脸红得像虾子一样的眨巴眼儿，张大了鼻孔，在角落里怪笑着；只有尼古拉·伊凡内奇，到底是见过世面的酒店店主，仍然保持着一贯的冷静。屋子里又来了很多新人，但是我在屋子里没有看到野人先生。

我转过身，快步走下科洛托夫村所在的小山冈。这座山冈的脚下便是一片辽阔的平原；沉浸在茫茫夜雾中的平原更是显得广漠无垠，仿佛同黑暗下来的天空连成一片。我正顺着冲沟旁的大道大步往下走，忽然平原上很远的地方响起一个男孩子的清脆的声音。“安特罗普卡！安特罗普卡……啊……啊……”他用顽强而带泪音的绝望腔调叫喊着，把最后一个音拉得很长很长。

他停了一小会儿，又叫起来。他的声音在动也不动、似睡似醒的空气中响亮地回荡着。他叫安特罗普卡的名字至少叫了有三十遍，才突然从那片平地的另一头，仿佛从另一个世界，传来隐隐约约的回答声：

“什么事……事……事？”

那个男孩子马上就用又高兴又生气的声音叫起来：

“快到这儿来，你这鬼……东……西……西！”

“干什……什……么呀……呀？”那个声音过了老半天才回答说。

“因为爹要……揍……你。”第一个声音急忙叫道。

第二个声音再也没有回应，那个男孩子就又呼唤起安特罗普卡。等到天色完全黑下来，当我从离开科洛托夫村四俄里、围绕着我的村子的那片树林边走过的时候，还能听到他那越来越稀、越来越微弱的叫喊声……

“安特罗普卡……啊……啊……”这声音还在夜色已浓的空中隐隐约约回荡着。

彼得·彼得罗维奇·卡拉塔耶夫[1]

五六年以前，秋天，我在从莫斯科去图拉的路上，因为弄不到马，在驿站的屋子里待了差不多一整天。我是打猎回来，由于马虎大意，事先把自己的三匹马打发走了。驿站长是一个上了年纪的人，愁眉苦脸，头发一直耷拉到鼻子上，一双小眼睛迷迷糊糊的，不管我怎样诉苦，怎样请求，他都只是断断续续嘟哝几声，气嘟嘟地把门关得砰砰响，好像是在咒骂自己干的差事，并且走到台阶上去大骂手下的车夫，车夫们提着沉甸甸的马轭在泥泞中慢慢走着，或者坐在板凳上打呵欠，搔痒，不怎样理睬自己的上司的愤怒喝叫。我已经喝过三四次茶，几次想睡却没有睡着，把窗上和墙上的题字都念遍了：实在烦闷得要命。我正怀着冷冷的、灰心绝望的心情望着我的马车的竖起的辕杆，忽然听到车马铃声，就看到一辆套着三匹疲惫不堪的马的不大的马车来到台阶前停住。来人跳下马来，一面喊着："快点换马！"就走进屋里来。就

①最初刊于《现代人》杂志1847年第2期。

在他带着常有的惊讶表情听驿站长回答说没有马的时候，我已经怀着一个烦闷无聊的人所有的如饥似渴的好奇心把我这位新同伴从脚到头打量了一遍。看样子他将近三十岁。天花在他脸上留下无法消除的痕迹，那脸又干又黄，带有很不悦目的铜色；青黑色的长发在脑后一圈一圈地耷拉到衣领上，在前面卷成雄赳赳的鬓发；一双发肿的小眼睛呆呆地望着；上嘴唇有几根胡髭。他的穿戴像一个赶马市的放荡不羁的地主：一件油乎乎的花上衣，一条褪了色的雪青色绸领带，带铜纽扣的背心，一条大喇叭口裤脚的灰裤子，裤脚下勉勉强强露出没有擦过的靴子的尖儿。他身上散发着浓烈的酒气和烟草气味；在他那几乎被袖子遮住的又红又粗的指头上，有几枚银戒指和土拉戒指。这样的人物在俄罗斯可以一大批一大批地遇到。应该说老实话，同这样的人结识，毫无乐趣可言；然而，尽管我观察来人时抱有成见，却不能不注意他脸上那种发自内心的和善与热忱的表情。

“这不是，这位先生也在这儿等了一个多钟头了。”驿站长指着我说。

我心想：这家伙取笑我哩——何止一个多钟头呀！

“也许，这位先生不是非要不可呀。”来人回答说。

“那我们就不知道了。”驿站长阴沉地说。

“难道就毫无办法吗？真的没有马吗？”

“没有办法。一匹马也没有。”

“唉，那您就叫人给我烧茶炊吧。没法子，那就等吧。”

来人在板凳上坐下来，把帽子扔到桌子上，用手捋了捋头发。

“您已经喝过茶吗？”他问我。

“喝过了。”

“是否可以赏光再陪我喝两杯?”

我同意了。老大的棕红色茶炊第四次出现在桌子上。我拿出一瓶朗姆酒。我把我这个同伴看作小地产贵族,没有看错。他名叫彼得·彼得罗维奇·卡拉塔耶夫。

我们聊起来。他来到还没有半个小时,就已经推心置腹地对我讲起他的生平。

“现在我是上莫斯科去,”他在喝第四杯茶的时候,对我说,“我在乡下现在已经无事可做了。”

“怎么无事可做呀?”

“就是的,无事可做。家业败了,不瞒您说,我弄得庄稼人都破产了;年头不好:歉收,还有种种倒霉事儿……”他灰心丧气地朝旁边看了看,又说:“而且,说真的,我算什么当家人呀!”

“究竟为什么呀?”

“不行呀,”他打断我的话说,“哪有这样的当家人!”他把头扭向一边,一口接一口地吸着烟,又说下去,“您看着我,也许以为我也算那个……可是,不瞒您说,我只受过中等教育呀;又没有多大财产。请您原谅我,我是一个直率的人,而且到底……”

他没有说完他的话,就把手一甩。我就对他说,他不应该这样想,说我很高兴和他相遇,等等;后来又指出,经营家产似乎不需要过分高深的教育。

“我同意,”他回答说,“我同意您的说法。不过总还是需要有那样一种特殊的禀性!有的人拼命压榨庄稼人,反倒不错!可是我……请问,您是从彼得堡,还是从莫斯科来的?”

"我是从彼得堡来的。"

他用鼻子喷吐出长长的一股烟气。

"我是上莫斯科去谋差事。"

"您想谋什么样的差事呢?"

"我不知道,到那里再看。不瞒您说,我怕当差:一当差就要负责任。我一直住在乡下,就是说,习惯了……可是没有办法……穷呀!唉,穷得真难受呀。"

"可是您今后就住在京城里了。"

"在京城里……哼,我不知道,在京城里有什么好的。那就看吧,也许,在京城里很好……不过,恐怕没有什么会比乡下好。"

"难道您就不能在乡下再住下去吗?"

他叹了一口气。

"不能了。村子现在差不多已经不是我的了。"

"怎么一回事儿?"

"那儿有一个好人——一个乡邻……一张票据……"

可怜的彼得·彼得罗维奇用手摸了摸脸,想了想,摇了摇头。

"唉,还有什么说的呀!……"他沉默了一小会儿之后,又说,"不过,说实话,我怪不得谁,全怪自己。我喜欢充好汉!……就是喜欢充他妈的好汉!……"

"您在乡下过得快活吗?"我问他。

"先生,"他直盯着我的眼睛,一字一顿地回答说,"我有十二对猎狗,老实说,这样的猎狗是不多的。("不多的"他是拉长声音说的。)野兔儿一旦碰上,别想跑掉;逮起珍禽异兽,厉害极了!还有我的快马,也是可以夸口的。这都是过去的事了,用不着胡吹了。我也常常带枪去打猎。我有一条狗叫康捷斯卡,发现猎物时的伺伏姿势妙极了,嗅觉也极其灵敏。有时我一面朝沼地走,一面喊:“快去!”如果它不去找,你就是带一打狗去找,什么也休想找到!如果它去找,那就非找到不可!……而且在家里很懂礼貌。你用左手给它面包,并且说:犹太佬吃的,它就不要;如果用右手给它,说:小姐吃的,它就衔过去吃了。我还有这条狗生的一条小狗,也是极好的,我本来想带到莫斯科去的,可是一个朋友连狗带枪一起要去了;他说,伙计,你到莫斯科用不着这玩意儿,那里完全是另一回事儿了。我就连狗带枪一起交给了他;这样就把什么都留在那儿了。”

“您到了莫斯科也可以打猎呀。”

“不打了,打什么呀?以前不懂得节制,现在只有忍受了。不过,还是请您告诉我,莫斯科的生活程度怎么样,很高吗?”

“不,不太高。”

“不太高吗?……请问,莫斯科有茨冈人吗?”

“什么样的茨冈人?”

“就是在集市上跑来跑去的那些人。”

“有的,在莫斯科……”

“哦,那太好了。我喜欢茨冈人,他妈的,我真喜欢……”

彼得·彼得罗维奇的眼睛流露出豪爽的快活神气。可是他突然在板凳上不安地转动起来,接着就沉思起来,低下了头,并且把空杯子递给我。

“请把您的朗姆酒给我倒一杯。”他说。

“可是茶已经喝光了。”

“没关系，就这样，不用茶……唉！”

卡拉塔耶夫两手托住头，胳膊肘支在桌子上。我默默地望着他，已经在等待着喝醉的人最喜欢发出的那种伤感的叹息声，甚至流出的眼泪，谁知，等他抬起头来的时候，他脸上那种沉痛的表情实在使我大吃一惊。

“您怎么啦？”

“没什么……我是想起了往事。一件很不寻常的事呢……很想讲给您听听，可是我不好意思打扰您……”

“哪儿的话！”

“是啊，”他叹着气说下去，“是常常有一些巧事……比如说，我就遇到过。要是您愿意听的话，我就讲给您听听。不过，我不知道……”

“请您讲讲吧，亲爱的彼得·彼得罗维奇。”

“也许，这事儿有点那个……是这样……”他说起来，“不过，我真不知道……”

“好啦，得了吧，亲爱的彼得·彼得罗维奇。”

“好，讲就讲吧。可以说，这是我的巧遇。我住在乡下……忽然我看中一个姑娘，啊，多么好的一个姑娘……又漂亮，又聪明，而且心眼儿又是多么好呀！她的名字叫马特廖娜。可是她是一个普通的姑娘，您明白吗，就是说，是一个女奴，就是女奴。而且不是我家的，是别人家的——糟就糟在这里。嗯，我就是爱上了她——真的，有这样的稀奇事儿——而且她也爱上了我。于是马特廖娜就一再请求我，说，把她从女主人手里赎出来吧。而且我自己也已经在考虑这事儿……可是她的女主人是一个很有钱、很厉害的老太婆,住在离我十五六俄里远的地方。终于,有那么一天,我吩咐套起三套马车——我的辕马是一匹溜蹄马,特种亚细亚马,所以名字就叫兰布尔道斯——我穿起讲究的服装,坐上车就去找马特廖娜的女主人。我到了那里,一看:房子很大,有厢房,有花园……马特廖娜在大路转弯处等我,本来想跟我说说话儿,但只是吻了吻我的手,就走开了。于是我走进前室,问:'在家吗?……'一个个头儿很高的仆人说:'请问贵姓,怎样通报?'我说:'伙计,你就通报说,地主卡拉塔耶夫前来有事要谈谈。'仆人进去了;我就等着,心里想着:会不会有什么问题呢?也许,老鬼婆会漫天要价,别看她那么有钱。说不定会要五六百卢布。终于,那个仆人回来了,说:'请进吧。'我就跟着他走进客厅。安乐椅上坐着一个脸色黄黄的瘦小老太婆,眨巴着眼睛。'您有何贵干?'我起初认为应该说说'有缘结识,不胜荣幸'之类的话。'您弄错了,我不是这儿的女主人,我是她的亲戚……您有何贵干?'我就对她说,我是要和女主人谈谈,'马利娅·伊里尼奇娜今天不见客:她身体不舒服……您有何贵干?'我心想,没办法,那就把我的事对她说说吧。老太婆听我说完了,问:'马特廖娜吗?哪一个马特廖娜?''马特廖娜·菲多罗娃,就是库里克的女儿。''是菲多尔·库里克的女儿呀……那您怎么认识她的?''偶然认识的。''她知道您的意思吗?''知道。'老太婆沉默了一会儿。'这贱货,我要给她点颜色看看!……'说实话,我真吃了一惊。'这为什么,得了吧!……我愿意为她赎身,您就说个数目吧。'老东西发狠地嘟哝起来,'别拿这个当法宝:我们不稀罕您的钱!……我要给她点厉害的,我要把她……我要好好地教训教训她。'老太婆气愤得咳嗽起来。‘怎么，她在我们这儿还嫌不好吗？……哼，她这个女妖，上帝原谅我的口孽！’说实话，我真火了，‘您为什么要对可怜的姑娘发狠呀？她有什么过错？’老太婆画了一个十字，‘哎呀，我的上帝，耶稣基督！难道我不能管管我的奴仆吗？’‘她不是你的人呀！’‘哼，这是马利娅·伊里尼奇娜的事；先生，您管不着；我要叫马特廖娜看看，她是谁家的奴仆。’说实话，我差点儿朝可恶的老太婆扑过去，只是想到了马特廖娜，一双手才放了下来。我胆怯起来，胆怯得不得了；央求起老太婆：‘随您要多少吧。’‘您要她做什么呀？’‘我喜欢她，好大娘；请您设身处地替我想想吧……请允许我吻吻您的手。’我真的吻了老妖婆的手！‘好吧，’老妖婆嘟哝说，‘我就去对马利娅·伊里尼奇娜说说，看她怎样吩咐；您过两三天再来。’我就惶惑不安地回家了。我渐渐意识到，事情办得很不妥当，不应该让她们知道我的痴情，可是等我想到了已经迟了。过了几天我又去见女地主。仆人把我领进书房。无数鲜花，陈设极其华贵，女主人坐在一张极讲究的安乐椅上，头靠在软垫上；上次见到的那个亲戚也坐在这儿，另外还有一位穿绿色连衫裙、淡黄头发、歪嘴的小姐，想必是女伴当。老太婆用鼻音说：‘请坐吧。’我坐了下来。她就问起我来：多大年纪，在哪里当过差，前来有何事，那神气一直很高傲，很了不起。我一一回答了。老太婆从桌子上拿起一块手帕，挥了挥，指着自己，说：‘卡捷林娜·卡尔波芙娜已经把您的意思向我报告了；可是我立过一条家法：不放奴仆出去伺候人。这种事有失体统，而且这在体面人家是不相宜的，因为这是伤风化的事。我已经处理过了，您就不必再烦神了。’‘得了吧，烦什么神……是不是您很需要马特廖娜·菲多罗娃？’‘不，不需要她。’‘那您为什么不肯把她让给我呢？’‘因为我不愿意；不愿意就是不愿意。我已经处理过了：把她打发到草原村子里去了。’我好像被五雷轰顶。老太婆用法语对穿绿衣的小姐说了两句话，那个小姐走了出去。老太婆又说：‘我是一个规矩女人，而且我身体柔弱，受不了烦扰。您还是一个年轻人，我已经是老年人了，所以我应该开导您。您最好还是谋一个差事干干，娶一门亲，找一个相宜的女子；有钱的未婚女子很少，但是清贫而品行端正的女子是能够找到的。’我望着老太婆，却一点不明白她胡说的是什么？只听见她说的是娶亲，在我的耳朵里却一直回响着‘草原村子’这几个字。还娶亲哩！……娶他妈的什么亲呀……”

卡拉塔耶夫说到这里突然停止了，对我看了看。

“您没有娶亲吧？”

“没有。”

“嗯，当然，不用说，我忍不住了，就说：‘得了吧，大娘，您瞎说什么呀？还说什么娶亲呀？我只是想得到您的话，肯不肯把您的马特廖娜姑娘让给我？’老太婆叹起气来，‘哎呀，这人缠得我烦死了！哎呀，快叫他走吧！哎呀！……’那个女亲戚立刻跑到她身边，朝我大声呵斥起来。可是老太婆还在唉声叹气：‘我怎么这样晦气呀？……这样看来，我自己家里的事自己都做不了主啦？哎呀，哎呀！’我抓起帽子，像发了疯似的跑了出来。”

“也许，”卡拉塔耶夫又说下去，“您听到我这样热恋一个下层的姑娘，会不以为然；我也不想为自己辩解……反正已经是这么回事了！……您可相信，我日日夜夜心里都不安宁……真痛苦呀！我心想,为什么我害了这个不幸的姑娘！我一想到她穿了粗布衣裳放鹅,想到她在主人的淫威之下受着虐待,忍受着穿柏油靴子的庄稼汉村长的百般辱骂,浑身就出冷汗。终于我忍不住,打听到她被打发到哪一个村子,就骑了马到那儿去。第二天快到黄昏时候我才赶到。显然没有人想到我会有这样的行动,没有什么指示提防我的到来。我装作乡邻,径直去找村长。走进院子里,一看:马特廖娜坐在台阶上,用手托着头。她本要叫喊,我连忙打手势让她不要叫喊,并且朝后院,朝田野上指了指。我走进屋里,和村长聊了一会儿,胡乱说了一些废话,找了个机会就出来找马特廖娜。她这个可怜的人儿一下子就搂住我的脖子。我的马特廖娜瘦了,苍白了。我就对她说:'没什么,马特廖娜;没什么,不要哭。'然而我自己的眼泪也扑簌簌直流……可是我终于觉得不好意思了,就对她说:'马特廖娜,眼泪不能消除痛苦,要的是行动,就是说,断然地行动:你一定要跟我逃跑;非这样不可。'马特廖娜愣住了……'那怎么行呀！那我就完了,他们会要我的命的！''你真傻,谁又能找得到你呀?''他们找得到的,一定能找得到。谢谢你吧,彼得·彼得罗维奇,我一辈子也忘不了你的情义,不过你现在丢开我吧;看来,我就是这份儿命了。''哎,马特廖娜,马特廖娜,我一向认为你是一个性格刚强的姑娘。'的确,她的性格是十分刚强的……是有灵魂的,金子一般的灵魂！'你留在这里有什么意思呀！反正是一样,不会更糟的。比如,你就说说,村长的拳头你挨过吗,嗯?'马特廖娜的脸唰地红了,嘴唇也打起哆嗦。'可是,我家里的人会因为我活不成呀。''怎么,会把你家里的人……都流放吗?''会的,肯定会把哥哥流放。''父亲呢?''嗯,不会把父亲流放:我们这里只有他这一个好裁缝。''那还算好;你哥哥就算这样也不会完蛋的。'您要知道,我好不容易才把她说服了;可是她又想到,说,怕我会因为这事受累……我说:'那你就不要管了……'终于我还是把她带走了……不是这一次,而是另一次:一天夜里,我坐了马车来,就把她带走了。"

"您把她带走了吗?"

"带走了……就这样,她在我家里住下来。我的房子不大,仆人也少。不瞒您说,我的仆人都是很尊敬我的;无论什么代价都不会出卖我。我就快快活活地过起日子。我的马特廖娜休息了一阵子之后,健康也恢复了;我和她更是难分难舍了……而且这是一个多么难得的姑娘呀!谁知道是怎么一回事儿呀?又会唱歌,又会跳舞,又会弹六弦琴……我不让乡邻们看见她,因为难免有人会说出去!不过我有一位朋友,知己的朋友,名叫戈尔诺斯塔耶夫·潘捷莱,您不认识他吗?他对她爱慕得不得了:真的像对贵夫人一样吻她的手。我对您说,戈尔诺斯塔耶夫可不像我一样,他是一个有学问的人,普希金的作品他都读过;有时他跟马特廖娜和我谈起来,我们都听得出神。他教她学会了写字——他算得一个怪人!我给她穿戴打扮的呀——简直赛过省长夫人;给她做了一件毛皮镶边的大红丝绒外套……她穿起这件外套多好看呀!这件外套是莫斯科一名外国时装女裁缝照新式样做成的,带褶襞的。而且这个马特廖娜有多么怪呀!有时沉思起来,一连坐几个小时,望着地板,眉毛连动都不动;于是我也坐着,看着她,而且怎么也看不够,好像从来没见过似的……她一笑,我的心就颤动,好像有人在呵我的痒。有时她一下子咯咯笑起来,跳起舞,闹着玩儿;那样热烈地、紧紧地抱住我,使我如醉如痴。我常常从早到晚只是在想:我该怎样使她高兴?不知您是不是相信,我送东西给她,只是为了要看看我的心肝宝贝儿怎样高兴,高兴得脸蛋儿通红,看看她怎样试穿我给她做的新衣,怎样穿了新衣走到我跟前来吻我。不知怎的,她的父亲库里克知道了这事儿;老人家就来看我们,而且哭得很厉害……不过他是高兴得哭呀,您以为怎么样?我们给了他一些钱。她最后还亲自拿出一张五卢布钞票给他,他竟扑通一声向她跪倒了——他也算得一个怪人呀!我们就这样过了五六个月;我真希望就这样跟她过一辈子,可是我的命运实在太可恶了呀!"

彼得·彼得罗维奇停住不说了。

"到底出了什么事呀?"我很关切地问他。

他挥了挥手。

"全完了。是我把她害了。我的马特廖娜顶喜欢乘雪橇出去溜达,而且常常是自己赶雪橇;她穿起自己的外套,戴上托尔若克式绣花手套,就一路吆喝起来。我们总是晚上出去,您知道,这为的是不碰到什么人。有一次,选的是一个极好的日子,天气又冷又晴朗,没有风……我们就出门了。马特廖娜拿起缰绳。我就看着,看她赶着雪橇到哪儿去?难道她要到库库耶夫村,到她女主人的村子里去?是的,就是到库库耶夫村去。我就对她说:'你疯啦,上哪儿去?'她转头对我看了看,笑了笑。她说:'让我去闯闯吧。'我心想:'啊!就豁出去吧!……'从主人的宅院旁开过去是好玩的吗?您说说看,是好玩的吗?我们就坐着雪橇往前冲去。我的溜蹄马一直很平稳地跑着,两匹拉套的马,可以说,完全像旋风一般……一会儿，就看到库库耶夫的礼拜堂了；再一看，一辆老式绿色轿车沿着大路缓缓驶来，一名仆人站在车后脚镫上……是女主人，是女主人的车来了！我本来胆怯了，可是马特廖娜拿缰绳朝马身上使劲抽了几下，雪橇就朝着轿车直冲过去！那轿车的车夫看到一挂雪橇迎面飞驰过来，就想避开，可是转得太急，轿车一下子就翻倒在雪堆里。窗玻璃打碎了，女主人叫起来：'哎呀，哎呀，哎呀！哎呀，哎呀，哎呀！'女伴当尖声叫喊：'停车！停车！'我们就赶紧从旁边跑掉了。我们的雪橇飞奔着，我却在想：'糟了，我真不该让她到库库耶夫村来。'您猜怎么样？那老妖婆认出了马特廖娜，也认出了我，就告我的状，说她的逃亡女仆住在贵族卡拉塔耶夫家里；而且她还重重地送了一笔贿赂。没等多久，县警察局长来找我了；警察局长斯捷潘·谢尔盖伊奇·库佐夫金是我的熟人，是一个好人，这就是说，实质上是一个坏人。他一来到，就说：彼得·彼得罗维奇，如此这般，您怎么干出这种事呀？……这可是很严重的事，法律对此是有明文规定的。我就对他说：'哦，当然，这事儿咱们是要谈谈的，不过，您一路辛苦了，要不要吃点东西？'吃东西他倒是同意了，不过他说：'公事还是要公办，彼得·彼得罗维奇，您自己想想吧。''那当然，公事公办，'我说，'那当然……不过，我听说，您有一匹铁青色小马，是不是想换我那匹兰布尔道斯？……至于那个姑娘马特廖娜·菲多罗娃，她不在我这儿。''哦，'他说，'彼得·彼得罗维奇，姑娘是在您这儿，要知道，我们又不是住在瑞士……至于用我的马换兰布尔道斯倒是可以；或者，就这样把马带走也行。'这一次我好歹把他打发走了。可是老太婆闹腾得比原来更厉害了；她说，花一万卢布在所不惜。您可知道，她一看到我，立刻就生出一个念头，想要我娶她那个穿绿衣的女伴当——这是我后来才知道的，所以她才那样恼火。这些太太们什么念头想不出来呀！……大概是太无聊了。我的日子不好过了：我也不怕花钱，而且把马特廖娜藏起来——可是不行！把我折腾得够呛，真是死去活来。欠了债，身体也垮了……有一天夜里，我躺在床上，心想：‘我的天啊，我为什么受这样的罪呀？既然我不能把她丢开，那我怎么办呀？……嗯，不能，决不能！’突然马特廖娜跑进我房里来。这时候我本来是把她藏在离我家两俄里我的一个村子里的。我吓了一跳。‘怎么啦？是不是你在那儿也被他们发现了？’‘不是，彼得·彼得罗维奇，’她说，‘在布勃诺沃没有谁打扰我；不过，能这样长久下去吗？我的心简直要碎了，彼得·彼得罗维奇；我可怜你，我的亲爱的；我一辈子也忘不了你的情义，彼得·彼得罗维奇，不过，现在我是来向你告别的。’‘你怎么，你怎么，疯啦？……告什么别？告什么别呀？’‘是这样……我要去自首。’‘你疯了，那我就把你锁到阁楼上……还是你想把我毁了，想要我的命，是不是？’这姑娘再也不作声，只是看着地板。‘喂，你说话呀，说呀！’‘我不愿意再连累你了，彼得·彼得罗维奇。’唉，看样子，已经无法跟她商量了……‘可是你知道吗，傻子，你知道吗，疯……子……’”

彼得·彼得罗维奇很伤心地哭了起来。

“您猜怎么样？”他用拳头在桌子上一擂，又说下去，同时使劲皱着眉头，可是眼泪还是从火热的两腮上扑簌簌往下流，“姑娘真的自首了，真的去自首了……”

“先生，马准备好了！”驿站长走进来，得意扬扬地叫道。

我们两个人都站了起来。

“马特廖娜后来怎么样啦？”我问。

卡拉塔耶夫挥了挥手。

我和卡拉塔耶夫那次见面以后，又过了一年，我因事来到莫斯科。有一天午餐之前，我走进猎人市场后面的一家咖啡馆——这是莫斯科一家特殊风味的咖啡馆。在台球房里，在一团团烟气中晃动着一张张通红的脸、一撮撮小胡子、头发、一件件老式匈牙利外衣和新式斯拉夫外衣。穿着朴素常礼服的瘦小老头儿在看俄罗斯报纸。侍者们端着托盘很麻利地转悠着，轻轻悄悄地在绿色地毯上走着。商人们带着紧张得难受的心情在喝茶。忽然从台球房里走出来一个人，头发有些散乱，脚步也不怎么稳。他把两手插到口袋里，垂下头，茫然地朝周围望了望。

“哎呀，哎呀，哎呀！彼得·彼得罗维奇！……您近来好吗？”

彼得·彼得罗维奇几乎要扑上来搂我的脖子，他拉住我，身子微微摇晃着，将我拉进一个单独的小房间。

“就这儿，”他说着，亲热地拉着我坐到一张安乐椅上，“您在这儿要舒服些。茶房，拿啤酒来！不，拿香槟来！哎呀，说实在的，真没想到，真没想到……来很久了吗？要住很久吗？这真是所谓天生有缘……”

“是的，您该记得……”

“怎么不记得，怎么不记得，”他连忙抢着说，“过去的事……过去的事呀……”

“哦，那您现在在这儿干什么呀，亲爱的彼得·彼得罗维奇？”

“这不是，就这样过日子。在这儿日子过得不错，这儿的人都亲亲热热。我在这儿很安宁。”

他叹了一口气，抬起眼睛朝着天上。

“您在当差吗？”

“不，还没有当差，可是我想不久就要去就职了。不过当差有什么意思呀？……人——才是最重要的。我在这儿认识了一些多么好的人呀！……”

一名小厮用一个黑托盘托着一瓶香槟酒走了进来。

“这也是一个好人……不错吧，瓦夏，你是个好人？为你的健康干一杯！”

那小厮站了一会儿，很斯文地摇了摇头，笑了笑，就出去了。

“是的，这儿的人都很好，”彼得·彼得罗维奇又说下去，“有情感，有灵魂……您想不想认识？都是一些极好的哥儿们……他们都会很高兴认识您的。我告诉您……鲍布罗夫死了，这是很不幸的。”

“哪一个鲍布罗夫？”

“谢尔盖·鲍布罗夫。是一个极好的人；他曾经照顾过我这个没有知识的乡下人。戈尔诺斯塔耶夫·潘捷莱也死了。都死了，都死了！”

“您一直住在莫斯科吗？没有到您的村子里去过吗？”

“到村子里去呢……我的村子被卖掉了。”

“被卖掉了！”

“是拍卖的……真的，可惜您没有买！”

“那您以后靠什么生活呢，彼得·彼得罗维奇？”

“不会饿死的，上帝会保佑！我没有钱，朋友会有的。钱又算得什么呀？钱不过是尘土！黄金也是尘土！”

他眯起眼睛，用手在口袋里摸索了一会儿，掏出两枚十五戈比和一枚十戈比铜币放在手掌上，向我伸过来。

“这是什么？是尘土！（钱飞落到地板上。）哦，您还是告诉我，您读过波列扎耶夫的诗吗？”

“读过。”

“看过莫恰洛夫演哈姆莱特吗？”

“没有，没看过。”

“您没看过，没看过……（卡拉塔耶夫的脸一下子白了，眼睛惶惶不安地转动起来；他扭过脸去，嘴唇轻轻地哆嗦起来。）啊，莫恰洛夫，莫恰洛夫！‘死了——睡去了。’”他用低沉的声音说。

> 什么都完了；要是在这一种睡眠之中，
> 我们心头的创痛，以及其他无数血肉之躯
> 所不能避免的打击，都可以从此消失，
> 那正是我们求之不得的结局。死了，睡去了……①

“睡去了，睡去了！”他嘟嘟哝哝地重复了好几遍。

“请您说说，”我正想问他，可是他又满怀激情地念下去：

> 谁愿意忍受人世的鞭挞和讥嘲，
> 压迫者的凌辱，傲慢者的冷眼，
> 被轻蔑的爱情的惨痛，法律的迁延，官吏的横暴，
> 和微贱者费尽辛勤所换来的卑视，

---

①见《哈姆莱特》第三幕第一场（朱生豪译文，下同）。

要是他只要用一柄小小的刀子，
就可以清算他自己的一生？……在你的祈祷之中，
不要忘记替我忏悔我的罪孽。[①]

于是他把头耷拉到桌子上。他结结巴巴地胡乱说了起来。“过了一个月！”他又提起精神念起来。

短短的一个月以前
她哭得像个泪人儿似的，
送我那可怜的父亲下葬；
她在送葬时穿的那双鞋子还没有穿旧，
她就，她就……上帝啊！一头没有理性的畜生
也要悲伤得长久一些……[②]

他把一杯香槟酒举到唇边，但是没有喝酒，又念道：

为了赫丘琶！
赫丘琶对他有什么相干，他对赫丘琶又有什么相干，
他却要为她流泪？……
可是我，一个糊涂颟顸的家伙……
我是一个懦夫吗？谁骂我恶人？……
谁当面指斥我胡说？……
我应该忍受这样的侮辱，
因为我是一个没有心肝，

①见《哈姆莱特》第三幕第一场。
②见《哈姆莱特》第一幕第二场。

逆来顺受的怯汉……[1]

卡拉塔耶夫的酒杯从手里掉下去，他抓住自己的头发。我似乎已经了解他的心情了。

“唉，算了，”最后他说，“旧事何必重提呢……不是吗？（于是他笑起来。）为您的健康干一杯！”

“您要在莫斯科住下去吗？”我问他。

“我要死在莫斯科！”

“卡拉塔耶夫！”旁边房间里有人叫道，“卡拉塔耶夫，你在哪儿呀？到这儿来，好伙计！”

“他们叫我呢，”他说着，吃力地站起身来，“再见吧；如果有空，请到我那儿去坐坐，我住在……”

但是到第二天，我因为意外情况必须离开莫斯科，就没有和彼得·彼得罗维奇·卡拉塔耶夫再见面。

①见《哈姆莱特》第二幕第二场。

幽　会[1]

秋天，大约是在九月半，我坐在白桦树林里。从清早起就下毛毛细雨，一阵又一阵，不时被温暖的阳光取代；正是变幻无常的天气。天空有时整个被蓬松轻柔的白云遮住，有时有些地方会突然晴朗一会儿，这时会从散开的云彩后面露出蓝天，清澈而可爱，像美丽的眼睛。我坐着，眺望着周围，倾听着。树叶在我头顶上轻轻地响着；单凭树叶的响声就可以知道现在是什么季节。这不是春天那生机勃勃的欢声笑语，也不是夏天轻轻的窃窃私语、絮絮叨叨，不是深秋那胆怯而冷漠的嘟哝声，而是一种隐约可闻、引人入睡的闲聊声。微风轻轻地吹拂着树梢。太阳时而大放光芒，时而被云彩遮住，因此，被雨淋湿的树林里面也不停地变化着；有时整个树林里面亮堂堂的，里面的一切好像一下子都微笑起来：那不太稠密的白桦树的细细的树干突然泛出白绸一般柔和的光

①最初刊于《现代人》杂志1850年第11期。伊·阿克萨柯夫认为它属于《猎人笔记》中最优秀的作品之列。

泽,落在地上的小小树叶突然像乌金一般闪闪放光,已经染上熟透的葡萄般秋色的高大繁茂的羊齿植物那优美的杆儿也亮晶晶的,在眼前绕来绕去,纵横交错;有时周围一切又突然泛着淡青色:鲜艳的色彩顿时消失,白桦树只是白,没有了光泽,白得像刚刚落下、在寒冷中闪烁不定的、冬日阳光还没有接触到的新雪,于是毛毛细雨又悄悄地、调皮地在树林里飘洒起来,簌簌响起来。白桦树的叶子虽然明显的有些苍白了,但几乎全部还是绿的;只是有的地方有那么一棵小小的白桦树,整个都是红色的或金色的,你可以看到,当阳光突然闪烁变幻地穿过被晶莹的雨水冲洗过的细枝织成的密网时,那小小的白桦树在阳光中何等鲜艳夺目。听不到一声鸟叫:鸟儿都进了窝儿,不作声了;只是偶尔能听到山雀那铜铃般的带讥笑意味儿的声音。我来这片白桦林歇脚之前,我曾经带着我的狗穿过一片高高的白杨树林。说实话,我不怎么喜欢这种树——白杨树,不喜欢那白中泛紫的树干,那擎得高高的、像颤抖的扇子一般伸展在空中的金属般灰绿色叶子;不喜欢那些呆呆地挂在长叶柄上的凌乱的圆叶不停地摆动。只有在有些夏日的黄昏,当它孤零零地高高耸立在一大片矮矮的灌木丛之上,正对着落日的红光,闪烁着,颤动着,从根到梢染遍一样的黄红色,或者,在晴朗而有风的日子里,整个白杨树在碧空中飒飒摇动和絮絮低语,每一片叶子都充满急不可待的神气,仿佛都想挣脱,飞走,飞向远方——只有在这样的时候,白杨树才是可爱的。但是总的说,我不喜欢这种树,所以不在白杨树林里歇脚,而来到白桦树林里,来到一棵小树下,这棵树的枝条很低,因而可以给我遮雨。在欣赏了一会儿周围的景色之后,便睡着了,这样安稳和甜蜜的觉只有打猎的人才能领略到。

我不知道睡了多少时间，但是当我睁开眼睛的时候，整个树林里面充满了阳光，四面八方，透过快活地喧闹着的树叶，透露出似乎在冒着火星的明亮的蓝天；云彩被大起来的风吹散，无影无踪了；天放晴了，空气中有一种特殊的、干爽的气息，使人心中充满一种振奋感，几乎总是能够预示在一天阴雨之后会有一个宁静而晴朗的夜晚。我已经准备站起身来，再去试试我的运气，忽然我的眼睛看到一个不动的人形。我定神一看：那是一个年轻的农家姑娘。她坐在离我有二十步远的地方，低着头在沉思，两只手搁在膝盖上；其中一只半张开的手上放着很稠密的一束野花，她每呼吸一下，那束野花慢慢地往格子花裙上滑一下。领口和袖口都扣得紧紧的洁白衬衫在她的腰部形成许多短短的皱褶；老大的黄色珠串成两行从脖子上垂到胸前。这姑娘长得很不错。带有漂亮的浅灰色的浓密的浅色头发分成两个梳得很仔细的半圆形，上面束着窄窄的红色发带，发带束得很低，几乎压到白得像象牙一般的前额上；她的脸的其他部分被晒得隐隐泛着古铜色，只有细嫩的皮肤才会晒成这颜色。我看不见她的眼睛，因为她一直不抬起眼睛；但是我清清楚楚看到她那高高的、细细的眉毛和长长的睫毛：睫毛是湿的，而且在一边腮上有干了的泪痕在阳光中闪烁着，那泪痕一直延伸到有点儿苍白的嘴唇边。她的整个的头非常可爱，就是多少有点儿大而圆的鼻子也无伤大雅。我特别喜欢她脸上的表情：这表情是那样纯真和温柔，那样忧愁，而又对自己的忧愁充满孩子般的困惑不解。她显然是在等候什么人。树林里有什么东西发出轻微的沙沙声：她立刻抬起头来，朝四下里看了看;她那一双像鹿一样胆怯的明亮的大眼睛在透亮的阴影中很快地在我面前闪了闪。她睁大了眼睛注视着发出轻微响声的地方,倾听了一会儿,叹一口气,慢慢把头扭回来,把头垂得更低,并且慢慢拨弄起野花儿。她的眼睑红了,嘴唇痛苦地扭动了几下,就有新的泪珠儿从浓密的睫毛下滚出来,停留在腮上,闪闪发亮。就这样过了很长时间;可怜的姑娘动也没动,只是偶尔苦闷得挥一挥手,倾听着,一直倾听着……树林里又有什么声音响起来——她精神一振。那声音没有停息,而是越来越清楚,越来越近,终于变成坚定而迅速的脚步声。她挺直了身子,似乎胆怯了;她那凝神的目光颤抖起来,放射出期望的光彩。密林中很快闪现出一个男子的身影。姑娘定神一看,脸唰地红了,快乐而幸福地笑了笑,就想站起来,却立刻又低下头,脸也白了,发起窘来——直到那个男子来到她身边站住,她才抬起头,用颤抖的、几乎是恳求的目光望着他。

我怀着好奇的心情暗暗打量了他一下。老实说,他没有给我什么愉快的印象。从种种迹象来看,这是一位豪富的年轻地主所宠幸的一名侍仆。他的服装表明他喜欢追求时髦和漂亮潇洒:他穿着一件古铜色短大衣,纽扣一直扣到上面,看样子,那是主人的衣服;系一条两头雪青色的粉红色领带;戴一顶镶金边的黑丝绒帽子,帽子一直压到眉毛。白衬衫的圆领硬邦邦地撑着他的耳朵,扎着他的两腮;浆硬的袖口遮盖住他的手,一直抵到那红红的、弯弯的手指头,指头上戴着镶有绿松石勿忘草的银戒指和金戒指。他那红润、鲜艳而厚颜的脸,属于一种类型,据我观察,这种类型的脸几乎总是引起男子反感,可惜女子往往十分喜欢。他显然在尽量使他那粗野的相貌增添一种轻蔑而厌倦的表情：一直眯着那一双本来就很小的乳灰色眼睛，皱着眉头，耷拉着嘴角，不自然地打着呵欠，而且摆出漫不经心，虽然不怎么地道的潇洒姿态，时而用手拢拢卷得雄赳赳的火红色鬓发，时而揪揪翘在厚厚的上嘴唇上的黄黄的髭须——总之，做作得令人作呕。他一看到在等他的那个年轻农家姑娘，就开始装模作样了：他慢慢地迈着方步走到她跟前，站了一会儿，扭动了几下肩膀，把两手插进大衣袋里，勉强赏给可怜的姑娘匆匆的、淡漠的一瞥，就坐到地上。

“怎么，”他依然看着旁边什么地方，摇晃着腿，打着呵欠，开口说，“你来这儿很久了吗？”

姑娘没能够立刻回答他。

“很久了，维克托·亚历山大勒奇。”她终于用勉强听得到的声音回答说。

“噢！（他脱下帽子，高傲地用手捋了捋那浓密的、卷得紧紧的、几乎从眉边开始的头发，威严地朝四周望了望，又小心地把帽子盖在他那宝贵的头上。）我竟完全忘记了。而且，你瞧，又在下雨！（他又打了一个呵欠。）事情也多得很：不能件件事都照顾到，就这样主人还要骂呢。我们明天就要动身了……”

“明天吗？”姑娘说，并且用惊骇的目光盯着他。

“明天……好啦，好啦，好啦，别哭了，”他看到她浑声打起哆嗦而且慢慢低下头来，就连忙懊恼地接着说，“阿库丽娜，请你别哭吧。你知道，我受不了这个。（他皱起他那圆头鼻子。）要不然我马上就走了……你真傻，哭什么呀！”

“好，不哭，不哭了，”阿库丽娜急忙说，一面使劲儿吞着眼泪。“那么，您明天就走吗？”她多少停了一下之后，又这样说，“那什么时候才能跟您再见面呢，维克托·亚历山大勒奇？”

“咱们会见面的，会见面的。不是明年，就是以后。老爷大概是想到彼得堡去做官，”他漫不经心地并且有点儿用鼻音说，“也许，我们要到外国去。”

“您要忘记我了，维克托·亚历山大勒奇。”阿库丽娜伤心地说。

“不，怎么会呢？我不会忘记你的；只是你要懂道理，别稀里糊涂的，要听你父亲的话……我是不会忘记你的，决不会。”他泰然自若地伸了一个懒腰，又打了一个呵欠。

“别忘了我呀，维克托·亚历山大勒奇，”她又用恳求的声音说，“我真是爱您爱极了，简直是一切都为了您……维克托·亚历山大勒奇，您刚才说，我要听父亲的话……可是我怎么能听父亲的话呀……”

“为什么？”他仰面躺着，两手垫在头底下，这话仿佛是从胃里说出来的。

“怎么能听呀，维克托·亚历山大勒奇，您是知道的……”

她不说话了。维克托玩弄起他的钢表链。

“阿库丽娜，你不是一个傻姑娘，”他终于说起话来，“所以你不要说傻话。我是希望你好，你明白我的意思吗？当然，你不傻，可以说，不完全是乡巴女子；你母亲也并不一直是乡下娘儿们。不过你总是没有受过教育，所以，别人对你说什么，你应该听从。”

“可是真可怕呀，维克托·亚历山大勒奇。”

“咦……别瞎说，亲爱的，有什么可怕的！你这是什么，”他向她移近些，又说，“花儿吗？”

“是花儿。”阿库丽娜闷闷不乐地说。“这是我采的艾菊，”她多少提了提精神，又说道，“牛犊很喜欢吃。还有，这是鬼针草，可以治瘰疬的。您再看，这是多么好看的花儿；这样好看的花儿我还从来没见过呢。还有，这是勿忘草，这是香堇菜……还有这个，这是我给您的，”她说着，从黄黄的艾菊下面拿出一小束用细草扎好的浅蓝色矢车菊，“您要吗？”

维克托懒洋洋地伸出一只手，接了花，漫不经心地闻了闻，就在手里转悠起来，一面带着若有所思的高傲神气朝天上望着。阿库丽娜看着他……在她那惆怅的目光中有那么多的倾慕、痴心和爱恋之情。她又怕他，又不敢哭，又要和他作别，又要最后一次好好地看看他；他却像皇上一样摊开胳膊和腿躺着，而且带着宽宏大量的忍耐和俯就态度接受她的膜拜。说实话，我一直怀着愤怒的心情注视着他那张红红的脸，那张脸上，透过装出来的轻蔑淡漠表情，露出一种满足和烦腻的自负之色。阿库丽娜此时此刻非常动情：她整个的心灵又信任又热情地向他打开，向他表示依恋，表示亲热，可是他……他把矢车菊扔在草地上，从大衣旁边的口袋里掏出一片镶铜边的圆玻璃，往眼睛上装；但是不论他怎样皱拢眉头、耸面颊甚至耸鼻子，想把玻璃片卡住，那玻璃片还是往外溜，落到他的手里。

“这是什么？”惊讶的阿库丽娜终于问道。

“单眼镜。”他神气活现地回答说。

“干什么用的？”

“戴了可以看得更清楚。”

“让我看看。”

维克托皱起眉头,但还是把玻璃片递给了她。

“别打破,当心。”

“放心吧,不会打破的。(她胆怯地把玻璃片按到一只眼睛上。)我一点也看不见呀。”她天真地说。

“你把眼睛,把那只眼睛眯起来嘛。”他用不满意的老师的口气说。(她把罩上玻璃片的那只眼睛眯了起来。)“不是那只,不是那只,傻东西!是另外一只!”维克托叫道,而且没有让她矫正错误,就把单眼镜从她手里夺了过去。

阿库丽娜脸红了红,微微笑了笑,就扭过脸去。

“可见,不是我们这些人用的。”她说。

“那当然!”

可怜的姑娘沉默了一会儿,深深地叹了一口气。

“唉,维克托·亚历山大勒奇,您走了,咱们怎么办呀!”她突然说。

维克托用衣襟擦了擦单眼镜,就又装到口袋里。

“是啊,是啊,”他终于说起话来,“的确,你开头会非常难受的。(他带着以上对下的神气拍了拍她的肩膀;她轻轻地从自己的肩膀上拉下他的手,羞涩地吻了吻。)哦,是啊,是啊,你的确是一个好姑娘,”他得意地笑了笑,又说下去,“可是有什么办法呢?你自己想想看!我跟老爷不能留在这儿呀;现在冬天快到了,在乡下过冬天,你也知道,那简直够受。在彼得堡那就不同了!在那儿,真是妙极了,像你这样的傻姑娘,是做梦也想不到的。那样的房子，街道，来往的人，学问——简直不得了！……（阿库丽娜像孩子一般微微张着嘴，如饥似渴地在用心听他说。）不过，”他在地上翻了个身，又说，“我一个劲儿对你说这些干什么呀？反正你不会懂。”

“为什么不说呀，维克托·亚历山大勒奇？我懂，我全懂。”

“瞧你什么样子！”

阿库丽娜低下了头。

“您以前跟我说话不是这样，维克托·亚历山大勒奇。”她说，并没有抬眼睛。

“以前？……以前呢！竟说这话！……以前呢！”他似乎很恼火地说。

他们两个都不作声了。

“不过，我该走了。”维克托说过，已经用胳膊肘把身子撑起来……

“再等一会儿吧。”阿库丽娜用恳求的声音说。

“有什么等的？……我已经跟你告过别了。”

“等一会儿吧。”阿库丽娜又说一遍。

维克托又躺下了，而且吹起了口哨。阿库丽娜的眼睛一直没有离开他。我看得出，她渐渐激动起来：她的嘴唇哆嗦着，苍白的面颊有些红了……

“维克托·亚历山大勒奇，”她终于用断断续续的声音说起来，“您太不应该……您太不应该，维克托·亚历山大勒奇，真的！”

“有什么不应该的？”他皱起眉头问道，并且微微抬起头，把头转过来朝着她。

“太不应该了，维克托·亚历山大勒奇。至少在分别的时候对我说几句好话儿呀，哪怕对我这个无依无靠的苦命人说一句也好……”

“那我对你说什么呢？”

“我不知道；这您更清楚，维克托·亚历山大勒奇。您就要走了，总应该说句话呀……我怎么落得这种结果呀？”

“你真是多么怪呀？我又能怎样呢？”

“总应该说句话呀……”

“哼，你还是这一套。”他懊恼地说，并且站了起来。

“您别生气，维克托·亚历山大勒奇。”她勉强憋住眼泪，急忙说。

“我不生气，只是你太傻了……你想怎样呢？不就是我不能娶你吗？不就是不能吗？嗯，那你还想怎样呢？还想怎样？”他把脸伸出来，似乎是等候回答，并且张开手指头。

“我什么也……什么也不想，”她结结巴巴地回答说，并且好不容易壮着胆把一双打战的手向他伸过去，“在分别的时候，哪怕说句话儿也好呀……”

她的眼泪像泉水一样流下来。

“瞧，老是这样，又哭起来了。”维克托冷冷地说，并且把帽子从后面往前拉了拉，压到眼睛上。

“我什么也不想，”她抽搭着，并且用两手捂住脸，又说下去，“可是今后叫我在家里怎么办，怎么办呀？我今后会怎么样，我这个苦命人会怎么样呢？他们会把我这个无依无靠的人嫁给一个我不喜欢的人……我的命好苦啊!”

“老是这样,老是这样。”维克托在原地倒换着两只脚,小声嘟哝说。

“哪怕你说一句话也好呀,哪怕就一句……就说,阿库丽娜,就说,我……”

突然她撕心裂腑地痛哭起来,说不下去了;她趴在草地上,伤心地哭了起来……她的整个身子不住地抽搐着,后脑勺一个劲地颠动着……压制了很久的痛楚终于像巨流一般涌了出来。维克托在她旁边站了一会儿,又站了一会儿,耸了耸肩膀,转过身去,就大踏步走了。

过了一会儿……她不哭了,抬起头,腾地站起来,回头看了看,惊愕得把两手一挓挲,就想追上去,可是她两腿发软,跪到了地上……我忍不住,就向她奔过去;可是她一看见我,不知从哪里来了一股劲儿,轻轻叫了一声,站起身来,跑进密林中,只剩下撒在地上的野花儿。

我站了一会儿,拾起那束矢车菊,走出树林,来到田野上。太阳低低地挂在淡白色的明亮的天上,阳光似乎也淡了,冷了:阳光不是在照射,而是扩散成均匀的、几乎含有水分的光波。到黄昏不过半个钟头了,可是晚霞刚刚出现。一阵一阵的风穿过黄黄的、干枯的庄稼茬地,迎着我急急地吹来;一片片卷曲的小小树叶忙不迭地迎风扬起,从旁边穿过大路,贴着林边飞去;树林像墙壁一般面对田野的一边,全部颤抖着,泛着细碎的闪光,清楚而不明亮;在红红的草上,草秆上,麦秸上,到处都闪烁和晃动着秋蜘蛛的无头无尽的丝。我站了下来……我惆怅起来;透过渐渐凋零的万物的虽然清爽却不愉快的微笑，似乎可以看到不远的冬天那可怕的凄凉悄悄逼近了。一只小心谨慎的乌鸦，用翅膀沉重而猛烈地划着空气，从我头顶上高高地飞过，又转过头来，朝我斜睨了一眼，就朝上飞去，断断续续地嘎嘎叫着，飞到树林那边去了；一大群鸽子从打谷场上迅速飞过来，突然像圆柱一般旋转了一阵子之后，就纷纷在田野上落下来——这是秋天的特征！有人赶着车从光秃秃的小丘后面经过，那空车轰隆轰隆地响着……

我回家了；但是可怜的阿库丽娜的形象很久没有离开我的脑际；而且她的矢车菊，虽然早已枯萎了，但我至今还保存着……

希格雷县的哈姆莱特[1]

我有一次猎游中，富裕的地主和猎者亚历山大·米海雷奇·格×××邀请我去赴宴。他的村子离我那时住的小村子有五六俄里。我穿上燕尾服——凡是外出，哪怕出去打猎，燕尾服都是不可不穿的——就动身到亚历山大·米海雷奇家去。宴会原定在六点钟；我五点钟来到，就见到许许多多贵族，穿制服的，穿便服的，还有穿很难说是什么服装的。主人很亲热地把我迎住，却立刻又朝餐室管理人的房间跑去。他在等候一位显要的官员，心情有些激动，这种激动跟他那不依赖人的社会地位和财富完全不相称。亚历山大·米海雷奇从来没结过婚，而且也不喜欢女人；到他家里来的也都是光棍汉。他生活很阔绰，把祖宗传下来的高大房屋增筑和装修得富丽堂皇，每年从莫斯科定购约一万五千卢布的

---

①最初刊于《现代人》杂志1849年第2期。作品表现出屠格涅夫对俄罗斯知识分子命运的关注，这一题材在后来的中短篇和长篇小说中得到进一步的发展和深化。

酒，总的说，也有很高的威望。亚历山大·米海雷奇老早就退职了，而且也没有得到任何荣誉头衔……那么，究竟为什么非要请那位显要官员光临，为什么在举行盛宴这一天他从清早就如此激动呢？这就像我所认识的一位司法稽查官，当别人问他收不收一些人自动送他的贿赂时，他所说的：无可奉告。

我离开主人之后，就到各个房间里随便走走。几乎所有的客人都是和我素不相识的；有二十来个人已经坐上了牌桌。在这些牌迷之中，有两位气度高贵而相貌有点儿衰老的军人；有几位文官，领带扎得又紧又高，耷拉着的小胡子是染过的，这样的小胡子是刚强而心肠好的人才会有的（这几个好心肠的人一本正经地理着纸牌，也不转头，只是侧眼看看走来的人）；有五六位县城官吏，大肚子圆圆的，肥胖的手汗津津的，腿和脚规规矩矩的，一动也不动（这几位先生说话声音软软的，对四面八方亲切地微笑着，把牌拿得紧靠着胸衣，出王牌的时候也不敲桌子，而是相反，用波浪式的动作把牌扔到绿呢桌面上，在吃牌的时候，弄出的也只是轻轻的、非常斯文和有礼貌的嚓嚓声）。其余一些贵族坐在长沙发上，有一些成堆地挤在门口或窗前；有一位年纪已经不轻、外貌像女人的地主站在角落里，打着哆嗦，红着脸，忸怩不安地在肚子上转悠着自己的表坠上的小图章，虽然谁也没有注意他；还有几位先生，穿着莫斯科裁缝里永远无人能比的本行业高手、外国人菲尔斯·克留欣做的圆形燕尾服和格子纹裤子，极其随便和起劲地争论着，无拘无束地转悠着他们那又肥又光的后脑勺；有一个高度近视、头发淡黄的二十来岁的年轻人，从上到下穿的是一身黑衣服，显然很羞怯，然而却在很刻薄地微笑着……

不过我却开始觉得有些寂寞了，就在这时，忽然有一个叫韦尼津的人来跟我做伴了；这是一个没有毕业的青年学生，住在亚历山大·米海雷奇家里的，算是……很难说究竟算什么人。他的枪法很好，又善于训练狗。我还是在莫斯科认识他的。他属于这样一种青年：这种青年往往在任何考试中都“呆若木鸡”，就是说，不论教授问什么，都不回答一个字。为了好听起见，大家常常把这些先生称作“留络腮胡子的”。（诸位可以想见，这是很久以前的事了。）[①]事情往往是这样的：比如，叫韦尼津应试；韦尼津在这以前挺直身子一动不动地坐在自己的位子上，浑身热汗淋淋，眼睛茫然地、慢慢地朝周围打量着，听到喊名字，就站起来，急忙把制服纽扣扣好，侧着身子慢慢朝考试桌子前走去。“请拿一道考题。”教授和颜悦色地对他说。韦尼津伸过手去，战战兢兢地用手去摸一大堆考签。“请不要挑拣！”有一个来参加监考的外系的教授，一个很容易生气的小老头儿，忽然痛恨起这个不幸的“络腮胡子”，用气得打哆嗦的声音说。韦尼津只好听天由命，拿了一道考题，把号码报了报，就走到窗前坐下来，等候前面一个考生答完自己的考试题。韦尼津在窗前一直凝视着自己的考题，只是偶尔像刚才那样慢慢朝周围打量一下，然而身体一动也不动。可是，他前面的考生回答完了；教授们对他说：“好，你去吧。”或者甚至说：“好的，很好。”根据他的成绩而定。轮到韦尼津了；韦尼津站起来，迈着坚定的步子朝桌子走去。“请把考题念一遍。”教授对他说。韦尼津双手把考题捧到鼻子前，慢慢地念，手也慢慢耷拉

①1837年尼古拉一世下令不准文官留胡子。这条禁令也影响了大学生。因此到作品写作时，大学生早已不留胡子了。

下去。“好啦，请回答吧。”那位教授把身子向后仰了仰，两手交叉在胸前，懒洋洋地说。考场上一片死寂。“你怎么啦？”韦尼津还是不开口。外系的小老头儿不耐烦了。“多少讲一点儿呀！”这位韦尼津一声不响，好像麻木了。他那剃得光光的后脑勺迎着全班同学的好奇的目光，一动不动地、高高地耸着。外系的小老头儿的眼睛简直要蹦出来：他对韦尼津恨透了。“这倒是真奇怪，”另一个监考人说，“你怎么像个哑巴样呀？你不知道，是不是？那你就说嘛。”“请允许我另拿一道考题吧。”可怜的考生用低沉的声音说。教授们互相交换了一下眼色。“好，你拿吧。”主考人挥一挥手，说。韦尼津重新拿一道考题，又一次走到窗前，又一次回到考试桌前，又是像死人一般一声不响。外系的小老头儿恨不得把他活吞下去。终于他们叫他出去，打了个零分。诸位以为，至少现在他会走了吧？才不是呢！他又回到自己位子上，照旧一动不动地坐着，直到考试结束，而且往外走的时候还叫着：“真够呛！问题简直太难了！”整个这一天他就在莫斯科走来走去，有时抓住自己的头发，很伤心地咒骂自己的坏运气。当然，书本他是不会摸的，到第二天早晨依然如此。

就是这个韦尼津来跟我做伴了。我们谈了莫斯科的一些事，谈了谈打猎。

“要不要我给您介绍一下此地最风趣的一个人？”突然他小声对我说。

“好的，请吧。”

韦尼津领我去见的是一个矮个头儿的人，高高的额发，留着小胡子，穿咖啡色燕尾服，系花领带。他那尖酸刻薄的、机灵的外貌确实透露着聪明与辛辣之气。他的嘴唇不停地扭动，荡漾着一种讥诮人的笑。那黑黑的、眯着的小眼睛在长短不齐的睫毛下面流露出大胆的神色。他旁边站着一个地主，肩宽背厚，温温和和的，甜甜的，是一个真正的甜哥儿，而且是独眼龙。他不等这个矮个儿说俏皮话就先笑着，而且好像高兴得浑身都酥了。韦尼津把我介绍给这个最风趣的人；他的名字叫彼得·彼得罗维奇·卢比欣。我们认识了，互相表示了初见的敬意。

“请允许我把我的好朋友介绍给您，”卢比欣拉住那个甜甜的地主的手，突然用尖尖的声音说。“别走嘛，基利拉·谢里发内奇，”他又说，“人家又吃不了您。来吧，”他继续说着，这时发窘的基利拉·谢里发内奇却一个劲儿很不自在地鞠着躬，仿佛他的肚子一个劲儿往后躲似的，“来，我来介绍，这是一位了不起的贵族。五十岁以前他身体极好，可是忽然灵机一动，要医治自己的眼睛，因此就成了独眼。从那时候起，他医治自己的农人也取得同样的成效……不用说，他的农人也表现了同样的热忱……”

“瞧你这个人呀。”基里拉·谢里发内奇嘟哝说，并且笑了起来。

“您说下去呀，我的朋友，哎，您说下去呀，”卢比欣接下去说，“恐怕要选您当法官了，一定会选的，您瞧着吧。当然，到时候会有人替您动脑筋的，比如说，有陪审官；可是，不管怎样，您总是要说话呀，哪怕是别人的主意，也要说说明白。万一省长来了，问：怎么这位法官说话结巴呀？有人会回答说：他是得了麻痹症；那就给他放放血好啦。这在您的地位可是不大像样的，您自己也明白。”

甜甜的地主笑得捧腹。

“瞧，他笑呢，”卢比欣发狠地望着基利拉·谢里发内奇那颤动的肚子，继续说下去，“他怎么会不笑呀？”他又转身对我说，“吃得又饱，身体又好，又没有孩子，他的农人又没有典当出去——他还替他们治病呢——他的太太又是糊里糊涂的。(基利拉·谢里发内奇多少把脸往旁边扭了扭，装作没有听见，但一直在哈哈笑着。)我也笑嘛，因为我老婆跟一个土地测量员跑了。(他龇了龇牙。)这事儿您不知道吗？可不是嘛！她就这样一下子跑了，而且给我留下一封信，说：彼得·彼得罗维奇，亲爱的，原谅我吧；我爱得入了迷，所以跟我的心上人走了……而土地测量员所以能迷人，只是因为他不剪指甲，而且穿紧身裤子。您觉得奇怪吗？您会说，这人真直率……唉，我的天呀！我们乡下人就是老老实实说真话呀。不过咱们还是到一边去吧……干吗要紧靠未来的法官站着……”

他挽住我的胳膊，我们便走到窗前。

“这儿的人都说我爱说俏皮话儿，”他在谈话中对我说，“您别相信这话。我不过是对一切都不满，而且骂出声来，所以我一直无拘无束。说真的，我又何必拘谨呢？不论谁的见解，我都看得不值一文，而且我毫无所求；我是恶人——这又有什么呢？恶人至少不需要智慧。您恐怕不相信，做恶人很痛快呢……哦，比如，就看看咱们的主人吧！天呀，他为什么跑来跑去，不住地看表，又笑，又浑身冒汗，摆出一副郑重其事的神气，而让我们饿肚子呢？一个显贵人物——有什么稀罕的！瞧，瞧，又跑起来了，还一瘸一拐的呢，您瞧呀。”

于是卢比欣用尖嗓门儿笑起来。

“只是有一点不好，没有太太们，”他深深叹了一口气，又说下去，“光棍汉们的宴会——要不然我们这班人就热闹了。您看，您看，”他突然叫起来，“科捷尔斯基公爵来了——就是那个高个子男子，留大胡子、戴黄手套的。一眼就可以看出，他是到过外国的……他总是像这样迟到。我可以告诉您，他是很蠢的，他一个能抵两匹商人的马；要是换个场合，您可以看到，他和我们这班人说起话来多么盛气凌人，在回答饥饿的太太和小姐们的盛情时，笑得多么慷慨大方！……他有时也说说俏皮话儿，尽管他只是顺路在这儿住一住；可他是怎样说俏皮话儿呀！简直就像用钝刀子锯绳子。他非常不喜欢我……我要去见见他。”

卢比欣便跑去迎接公爵。

“哦，我的冤家对头来了，”他忽然回到我这儿，说道，“您可看到那个胖子，脸色发乌，头发像刷子一样的——哦，就是手里抓着帽子，贴着墙走路，像狼一样四面打量的。我把一匹值一千卢布的马，只卖四百卢布卖给了他，这个不声不响的家伙现在有充分的权利来轻视我了；其实他非常缺乏思考力，尤其是在早晨，喝茶以前，或者刚刚吃过饭以后，你要是对他说：您好，他就回答：有什么事？……哦，大官来了，”卢比欣说下去，“退职的大官，破产的大官。他有一个甜菜糖的女儿和一座生瘰疬的工厂……对不起，我说错话了……哦，您反正明白了。哎呀！建筑师也光临了！是个德国人，却留着胡子，而且对自己的一行一窍也不通——真是奇迹！……话说回来，他何必懂行呢？只要收收贿赂，替我们这些柱子贵族[1]多竖几根柱子就行了！”

卢比欣又哈哈大笑起来……可是突然整个房子里兴奋得慌乱起来。显要官员驾到。主人三步两步冲进前厅。跟他跑去的是几个忠诚的家人和热心的客人……闹哄哄的说话声变成柔和而愉快的低语，好像春天蜜蜂在蜂房里的嗡嗡声。只有一只不住声的黄蜂——卢比欣和一只堂皇的雄蜂——科捷尔斯基，没有把声音放低……终于蜂王进来了——显要官员进来了。一颗颗心都飞过去迎接他，一个个坐着的身子都站了起来；就连那个买卢比欣的马占了大便宜的地主，也把下巴贴到胸膛上。那位要员威风凛凛，神气十足：他一面不住地把头向后仰着，好像是点着头，说了几句嘉许的话，每一句话都用“啊”字开头，而且这个字是用鼻音拖长了说的；他带着愤慨至极的神情看了看科捷尔斯基公爵的大胡子，把左手食指伸给有工厂和女儿的、破产的大官。在接下来的几分钟里，那位要员已经把他没有迟到所以感到高兴的话说了两遍，然后大家都朝餐厅走去，大人物走在前面。

无须向读者赘述，怎样请那位要员坐上首位，坐在退职的大官和省首席贵族之间——省首席贵族是一个面带自由和长者表情的人，那表情同他那浆得笔挺的胸衣、肥大的背心和装有法国烟丝的圆形鼻烟匣十分相称——主人怎样张罗，跑来跑去地忙活，敬客，在经过要员身边的时候怎样朝他的脊背微笑，怎样像小学生一样站在角落里，匆匆地喝一碟子汤或者吃两块牛肉；仆役头儿怎样端上一条嘴里插花的一俄尺半长的鱼；穿号衣的仆役们怎样板着面孔、一本正经地向每一位贵族敬酒，一会儿敬马拉加

①即世袭贵族。原文“世袭”词根是“柱子”。

酒，一会儿敬马德拉酒；几乎所有的贵族，尤其是上了年纪的，怎样像勉强尽义务似的喝了一杯又一杯；还有，怎样打开香槟酒瓶，怎样举杯祝颂健康——这一切，想必读者是十分熟悉的。而我觉得特别值得一提的，是那位要员在全体主宾快乐的肃静气氛中讲的一个笑话。有一个人，好像是那个破产的大官，是懂得一些新文学的，提到女人的普遍影响，尤其是对青年人的影响。"是的，是的，"那位要员接话说，"这话不错；对青年人就是应该严加管束，不然的话，恐怕他们一见女人的裙子就要发疯。(所有客人的脸上都浮现出孩子般快活的微笑；有一个地主的目光中甚至流露出感激的神气。)因为青年人是愚蠢的。"(这位要员大概是为了摆威风，有时改变单词的通行的重音。)"就比如说，我的儿子伊凡，"他继续说，"这傻东西虚岁才二十岁，可是他有一天忽然对我说：'爹，让我娶亲吧。'我对他说：'傻东西，你先去当当兵吧……'于是他灰心丧气，哭鼻子……我可是……不那么客气……"(要员这句"不那么客气"与其说是用嘴说的，不如说是用肚子说的；他沉默了一下，威风凛凛地看了看坐在旁边的退职大官，而且把眉毛扬得太过分了，高得出乎一般人意料。退职的大官愉快地把头多少朝旁边歪了歪，并且特别迅速地眨巴起对着要员的那只眼睛。)"结果又怎样呢？"要员又说下去，"现在他自己给我写信，说，爹，谢谢你开导我这个傻子……就是应该这样办。"所有的客人自然都完全赞同他所说的话，而且似乎因为得到快乐和教导精神振奋起来……宴会完毕，大家都站起身来，带着更大的，但依然很有礼貌的、似乎此种场合允许的闹哄声朝客厅拥去……坐上了牌桌。

我好不容易等到晚上，吩咐过我的车夫在明天早上五点钟给我套车，就去睡觉。但是就在这一天里我还得结识一个值得注意的人。

因为来的客人很多，谁也不能单独睡一个房间。亚历山大·米海勒奇的仆役头儿领我走进一个绿色的、有些潮湿的小房间，这里已经住下另一位客人，衣服都脱了。他一看到我，就很敏捷地钻进了被窝，把被子一直盖到鼻子，在松软的鹅毛褥子上翻动了几下，就不动了，然而他那布睡帽的圆圆的边儿下面的眼睛却机警地注视着我。我走到另一张床前(这间房里一共有两张床)，脱了衣服，躺到潮乎乎的褥子上。和我睡同一房间的人在自己的床上辗转不停地翻动起来……我向他道了晚安。

过了半个钟头。不管我怎样想方设法入睡，怎么都睡不着：许许多多不必要的、模模糊糊的念头，排成不见头尾的长列，顽强而单调地一个接一个移动过来，像水车上的一个个水斗。

“您好像没睡着吧？”和我同房间的人说。

“是的，”我回答，“您也睡不着吧？”

“我从来就不想睡觉。”

“怎么会这样呀？”

“就是这样嘛。我自己也不知道自己怎么会睡着；我躺着，躺着，就睡着了。”

“既然您还不想睡，为什么早早地上床呀？”

“您说说看，还有什么事可做呢？”

我没有回答他的问题。

“我真觉得奇怪，”他在沉默了一小会儿之后，又继续说，“为什么这儿没有跳蚤。跳蚤好像总应该有吧?”

“您好像对跳蚤很怜惜呢。”我说。

“不,不是怜惜;不过我喜欢一切都合乎常规。”

我心想:真想不到,他使用这样的字眼儿。

他又沉默了一会儿。

“您愿意和我打赌吗?”他突然用很响的声音说。

“为什么事打赌?”

我开始觉得这人有意思了。

“哎……为什么事吗? 就为这个:我敢肯定,您把我当傻瓜。”

“哪有的事?”我吃惊地嘟哝说。

“把我当成乡下佬,当成大老粗……您说实话吧……”

“我还无缘跟您结识呢,”我回答说,“您为什么就能断定……”

“为什么哩! 单凭您说话的声音就行了:您这样漫不经心地回答我……不过,我完全不像您所想的那样……”

“请听我说……”

“不,还是请您听我说说。第一,我讲法语不会比您差,讲德语还会好些;第二,我在国外住过三年,光是在柏林就住了八个月。我研究过黑格尔,先生,熟读歌德的作品;不但如此,我还长期钟情于一位德国教授的女儿,回国后娶了害肺病、秃头,然而人品极好的一位小姐。就是说,我和您是一样的人;我不是您所想的那种乡巴佬……我也常常犹豫不定,我一点也不直率。”

我抬起头来,更留神地看了看这个怪人。在寝灯的幽暗的光线中,我勉强看清他的相貌。

“哦，您现在望着我，”他拉了拉自己的睡帽，又说下去，“想必您自己在问自己：我怎么今天就没有注意到他呢？我就对您说说为什么您没有注意到我吧——因为我不高声说话；因为我躲在别人后面，站在门后面，不跟任何人交谈；因为仆役头儿端着盘子经过我身边的时候，早已把胳膊肘举得同我的胸部一样高了……这都是因为什么？有两个原因：第一，是我穷；第二，是我安于寂寞……您说实话，没有注意到我吧？”

“我确实不曾有幸注意到……”

“就是嘛，就是嘛，”他打断我的话说，“我知道就是这样。”

他坐起来，交叉起两条胳膊，他那睡帽的长长的影子在墙上打了个弯儿，就伸到天花板上。

“请您老实说说，”他突然斜睨我一眼，又说道，“您一定觉得我是一个大怪人，就是所谓独特的人，或者，也许比这更怪；也许，您以为我是装成怪人吧？”

“我必须再一次对您声明：我还不认识您呀……”

他把头低了一小会儿。

“为什么我跟您，跟我素不相识的人，这样唐突地聊了起来——那就天知道，只有天知道了！（他叹了一口气。）并不是因为我们知心嘛！您我都是上等人，也就是自私的人：您不管我的事，我也不管您的事，不是吗？不过咱们俩都睡不着……为什么不可以聊聊呢？我现在很有兴头儿，这在我是极少有的。您是否看得出，我是很胆怯的，我胆怯并不是因为我是外省人，没有官职的人，穷人，而是因为我是一个自尊心极强的人。可是有时候，在一些偶然性的良好情况下，虽然这种情况是我无法确定和预知的，在这种情况影响下，我的胆怯会消失得无影无踪，比如，现在就是这样。现在就是叫我跟达赖喇嘛面对面，我也会向他要点儿鼻烟闻闻。不过，也许您想睡了吧？”

“正相反，”我连忙回答说，“我很高兴跟您聊聊。”

“您的意思是说，我使您开心……那就更好了……嗯，我先向您交代一下，这儿的人都叫我独特的人，就是说，这是有些人在说别的一些废话偶然提到我的名字时这样叫我。‘我的命运太没有人关心。’[①]他们是想刺激我……我的天呀！他们知道什么呀……我之所以倒霉，正因为我一点也不独特，除了有时有些做法有点儿冒失，就比如像现在我这样跟您聊天；不过这种冒失一点也算不了什么。这是最不值钱、最低级的一种乖僻。”

他把脸转过来朝着我，并且把两手挓挲起来。

“先生呀！”他叫起来，“我认为，总的说，只有独特的人才能在世上生活得好；只有乖僻的人才有权利活着。有人说：我的杯子不大，可是我用的杯子是自己的。[②]您瞧，”他小声插一句，“我的法语说得多么地道。就算你脑袋大，装的东西多，什么都懂得，知识渊博，跟得上时代，可是没有一点自己的、独特的、本身的东西，又算得什么呀！不过是在世界多了一个储存普通货物的地方——谁又能从其中得到什么乐趣呢？不，你就是蠢，也要蠢得与人不同。要有自己的味道儿，自己本来有的味道儿，就要这样！您不要以为，我对这种味道儿要求很高……才不是哩！这样的独特人多得很：不论你往哪儿看——都是独特的人；任何一个

①莱蒙托夫的抒情诗《遗嘱》中的一句。

②原文为法文，引自法国诗人缪塞的诗剧《杯与嘴》。

活人都是独特的人，可是我不在其内！”

“其实，”他多少沉默了一会儿之后，又说下去，“我在年轻时怀着多么大的抱负呀！我在出国之前，以及在回国之初，我是多么自命不凡呀！虽然我在国外兢兢业业，一直独立钻研，很像个样子，可是我们这班人就是这样，总是钻研，钻研，到头来什么也不懂得！”

“独特的人，独特的人！”他接下去说，并且带着责备的神气摇着头……“都说我是独特的人……可是事实上，世界上再没有比我更不独特的人了。想必我生来就是要模仿别人的……的的确确！我过日子也似乎是在模仿我所熟悉的各种各样的作家，活得很辛苦；我也上过学，也恋过女人，后来也结过婚，可似乎都不是自觉自愿，似乎是在履行一种义务，也许是在做功课——谁能分得清呢！”

他把睡帽从头上摘下来，扔在床上。

“要不要我给你讲讲我这一生？”他用断断续续的声音问我，“或者还是讲讲我这一生中几件值得一说的事？”

“那就请您说说吧。”

“要不，我还是给你讲讲我是怎样结婚的。结婚本是一件大事，是一个人的试金石；婚姻像一面镜子，能反映出……哦，这种比喻太陈腐了……对不起，我要闻闻鼻烟了。”

他从枕头底下掏出鼻烟匣，打了开来，却又说起话来，一面摇晃着打开鼻烟匣。

“先生，请您设身处地想想我的情况吧……您就想想，我能从黑格尔的百科全书中得到什么样的好处？您倒是说说，这部百科全书与俄罗斯的现实有什么共同之点？请问，怎么能把这，而且不光是这，不光是百科全书，而且整个的德国哲学……进一步说，整个德国科学，运用到我们的实际生活中呢？”

他在床上跳起来，发狠地咬着牙齿，小声嘟哝起来：

“啊，原来如此，原来如此呀！……那你为什么要上国外去呀？为什么不坐在家里，就地研究你周围的生活呀？这样你倒是可以知道生活的需求，知道前途，也可以弄清楚自己的所谓使命……不过，得了吧，”他又换了一种语调说下去，仿佛在为自己辩护，而且胆怯起来，“还没有一位圣贤写进书里的东西，叫我们这班人到哪儿去研究呀！我倒是很高兴向它，向俄罗斯现实生活学些东西，可是它，我的宝贝儿，不开口呀。它那意思是说，你就这样理解我吧；可是我没有这个本事啊，你们给我一个结论，帮我下一个断语吧……断语吗？有些人说，这就是断语：你听听我们莫斯科人说话吧——不是像夜莺一样吗？……可是糟就糟在他们说得像库尔斯克夜莺一样好听，却说的不是人话……所以我想了又想，觉得，科学似乎到处都一样，真理也是一样，于是我就打定主意到外国去，到异教徒那里去……有什么办法呢？因为年轻气盛，失去了理智。您要知道，我是不希望过早地肥胖起来，虽然有人说，肥胖也是好的。可是，话说回来，生来不长肉的人，是胖不起来的！”

“不过，”他多少想了一下，又说，“我好像说过要给您讲讲我是怎样结婚的。那您就听听吧。第一，我告诉您，我的妻子已经不在人世了；第二……第二吗，我看，我还得把我青年时代的情形讲给您听听，要不然您一点也不明白……哦，您不想睡觉吧？”

“不想，不想睡觉。”

“那太好了。您就听听吧……哦，隔壁房里康塔格留欣先生打鼾打得多么不文雅呀！……我是不怎么富裕的父母生的……我说父母，是因为，据说，我除了母亲，也有父亲。我不记得他了；据说，他是一个没什么本事的人，大鼻子，一脸雀斑，红头发，用一个鼻孔吸鼻烟；在我母亲的卧室里挂着他的肖像，穿着红色制服，黑黑的衣领抵到耳朵，相貌十分难看。我常常被拉着经过他的像前去挨打，在这种情况下母亲总是指着他的像说：要是他在，打得还要厉害些呢。您可以想见，这对我是一种什么样的鞭策。我没有兄弟，也没有姐妹；或者，照实说，有过一个不幸的弟弟，后来生佝偻病，不久就痛苦地死去了……这种英国病怎么会侵入库尔斯克省希格雷县来呀？不过问题不在这里。我的母亲怀着一个乡下女地主的满腔热切期望来培养我：她从我呱呱坠地的那一天就精心培养我，一直到我满十六岁……您是不是在听我讲呀？”

“当然啦，请继续讲吧。”

“哦，好的。就这样，等我满了十六岁，我母亲立刻毫不犹豫地辞掉了我的法籍家庭教师——从涅仁的希腊区来的一个名叫菲里波维奇的德国人。她把我带到莫斯科，到大学里给我报了名，她的灵魂就归天了，把我留给我的亲叔叔照管。我叔叔科尔东-巴布拉是一位监察官，不仅是希格雷一个县的有名人物。我的亲叔叔监察官科尔东-巴布拉照例把我的家产掠夺得干干净净……但问题也不是在这里。我进大学的时候——应该为我母亲说句公道话——已经有了很好的教养；但是那时候在我身上已经显示出缺乏特性。我的童年跟别的青年人的童年毫无差别：我也是好像躲在羽毛褥子底下糊里糊涂地、毫无生气地成长的，也是很早就开始背诵诗篇，并且开始消沉，借口喜欢幻想……幻想什么？——嗯，幻想美，等等。我在大学里没有走别的路：我立刻加入了一个小组。那时代与现在不同……不过，也许您不知道小组是怎么一回事儿吧？记得席勒在一首诗里说：

唤醒狮子十分危险，
老虎牙齿也令人胆寒，
但最最可怕的，
是发了疯的人！①

我可以肯定地对您说，席勒要说的不是这个；他要说的是莫斯科的'小组'！"

"您认为小组有什么可怕之处？"我问道。

他抓起他的睡帽，戴上去，往鼻子上拉了拉。

"我认为有什么可怕之处吗？"他叫起来，"我认为这样：小组——就是毁灭任何独立的发展；小组——是社交、女人、生活的丑恶的代用品；小组……哦，且慢，还是让我说说，小组是怎么一回事儿！小组——就是加上了正当事业的名义和外形的懒散和萎靡不振的生活；小组用议论代替闲聊，训练毫无意义的胡扯，不让你做独立的、有益的工作，让你害文学疥疮；到末了让你失去朝气和纯洁的心灵。小组——这就是庸俗与无聊，挂上了团结与友爱的幌子；就是以坦率和关心为借口的倾轧和野心的紧密结合；

①原文为德文。

在小组里，每一个朋友都有权在任何时刻把自己肮脏的手指一直插进同伴的内心深处，不论谁的心灵上都没有一处干净的、没有受到伤害的地方；在小组里崇拜的是空谈者、自命不凡的人、少年老头儿，吹捧的是庸碌无才而有‘隐秘’思想的诗人；在小组里，年轻人，十六七岁的男孩子谈女人和爱情可以谈得很精到、很奥妙，可是在女人面前却一声不响，要么和她们说话像和书本说话一样——而且他们谈的是什么呀！在小组里盛行的是诡辩；在小组里互相监视，不亚于监察官……啊，小组呀小组！你不是小组，你是一个魔法圈子，在这样的圈子里毁灭了不止一个正派人！”

“哎，请允许我说一句：您太夸张了。”我打断他的话说。

他一声不响地朝我看了看。

“也许是的，谁知道呢，也许是的。不过要知道，我们这种人只剩了一点乐趣，那就是夸张了。且说，我就这样在莫斯科过了四年。先生，我真无法给您描述，那段时光过得多么快，真是快得不得了；回想起来，都感到凄怆和懊恼。往往是，早晨一起来，就像乘了雪橇下山一样……眼睛一眨，已经飞到了山脚下；黄昏来临了；于是一个睡眼蒙眬仆人来帮你穿常礼服——你穿好衣服，大摇大摆地到朋友那抽抽烟，喝几杯淡茶，谈谈德国哲学、爱情、不朽的伟人以及其他一些不着边际的问题。不过在那里我也遇到过一些有特性和独立性的人：有的人，不论怎样摧残自己，压制自己，可是自己的本性仍然一直保持着；只有我不幸，像捏蜡泥一样把自己捏了又捏，我的可怜的本性竟毫无反抗！这时我已经满二十一岁了。我接管了我继承的家产，或者，更正确地说，接管了我继承的家产中我的保护人认为有必要留给我的那部分，就把全部领地托付给一个已经赎身的家仆瓦西里·库德里亚舍夫照管，我便出国，到了柏林。我在国外，正如我已经对您说过的，过了三年。可是又怎么样呢？我在那里，在国外，依然是一个很不独特的人。首先，不用说，我对欧洲本身，对欧洲的生活，毫不理解；我不过是在德国听德国教授讲课和读德国书……差别就在这里了。我过着孤独的生活，像一个修道士；我和几个退职中尉气味相投，他们也像我一样，渴求知识，可惜头脑非常迟钝，而且不善于辞令；我结交了奔萨省和其他一些丰产的省来的几户人家，头脑也都是很迟钝的；有时我到咖啡馆去坐坐，有时看看杂志，晚上去看看戏。我和当地人很少来往，同他们谈话有点儿紧张，他们也没有人到我这儿来，除了两三个纠缠不清的犹太裔的坏蛋，他们经常跑到我这儿来借钱——因为这个俄国佬[①]好骗嘛。终于，一个意外的机会使我来到我的一个教授家里。事情是这样的：我到他那里去报名听课，他一时兴起，邀请我参加他家的晚会。这位教授有两个女儿，都在二十七岁上下，天呀，那么矮壮，鼻子那样好看，鬈曲的头发，淡蓝色的眼睛，红红的手，白白的指甲。一个叫林亨，另一个叫明亨。以后我就常常到这位教授家去。应该说，这位教授并不笨，可是好像在精神上受过打击：在讲坛上讲起话来头头是道，可是在家里说话发音不清，而且老是把眼镜架在额头上；不过他是一个很有学问的人……您猜怎么样？忽然我觉得爱上了林亨，而且在整整六个月中我都有这样的感觉。我虽然很少和她说话——多半是凝神望着她，但是常常把各种各样动人的作品读给她听，偷偷地握握她的手，到晚上就跟她一块儿幻想，

①原文为德文。

凝望着月亮，或者只是仰望着天空。而且她煮咖啡煮得多么好呀！……似乎一切都该圆满了吧？只是有一点使我不安：在所谓无法形容的幸福时刻里，我的心口常常作痛，胃里发闷，发冷，一阵阵颤动。我终于忍受不了这种幸福，逃走了。这以后我又在国外过了整整两年：我到过意大利，在罗马看过'基督变容'，也在佛罗伦萨见过'维纳斯'；我突然陷入过分的狂热状态中，像着了魔一般：一到晚上就写诗，记起日记。总之，就在那时候我的所作所为，也和大家一样。可是，您瞧，就这样也算独特的人呢！比如说，我对绘画和雕塑一窍不通……这是我应该直截了当说出来的……可是不，那怎么行呀！要找个导游，去看看壁画……"

他又垂下头，又摘下睡帽。

"终于我回到祖国。"他用疲惫的声音说下去，"来到莫斯科。在莫斯科，我发生了惊人的变化。在国外我大都不怎么说话，可是在这里突然一下子就能说会道了，而且把自己看得天知道有多么高。有些宽厚的人，几乎把我看作天才，太太小姐们津津有味地听我信口胡扯；但是我不善于保持我的声望。有那么一天早晨，出现了诽谤我的流言(是谁编造出来的，我不知道：想必是哪一个男性的老处女——这样的老处女在莫斯科多的是)，一旦出现，就像草莓一样抽芽吐须。我被纠缠住，就想跳出来，扯断粘在身上的线——却怎么也不行……我就走了。就这一点也说明我是一个很荒唐的人。我应该平心静气地等待这一阵攻击过去，就像害荨麻疹，忍一忍也就过去了，那些宽厚的人又会对我张开怀抱，那些太太小姐们又会笑嘻嘻地听我胡扯……可是糟就糟在这里：我不是独特的人。您要知道，我的良知忽然觉醒了；我不好意思再胡扯，不住嘴地胡扯，昨天在阿尔巴特街胡扯，今天在喇叭街，明天在西夫采夫-符拉日街，扯来扯去都是老一套……可是如果有些人要的就是这一套呢？您就瞧瞧那些凭舌头闯天下的老将：他们对此并不在乎；倒是相反，他们就要这样；有的人卖弄舌头二十年，说的全是老一套……这就叫自信心和自尊心！自尊心我也有过，而且现在也还没有消失……但是我又要说，坏就坏在我不是一个独特的人，总是不好也不坏。上帝应该给我更多的自尊心，或者一点不给我。但是在开头那些日子里，我的处境确实很艰难；再加上到国外跑了一趟，我的财产消耗光了，我又不愿去娶一个年轻而身体已经像果子冻一般酥软的商家姑娘——于是我就远远地躲到自己的村子里去了。”他又斜看我一眼，补充说：“恐怕用不着我向您赘述乡村生活的最初感受：大自然的美、幽静的孤独生活的乐趣……”

“好的，好的。”我回答说。

“况且，”他继续说，“这一切都是胡扯，至少我感到是这样。我在乡下是很苦闷的，像一只被关着的小狗，虽然，不瞒您说，我在归来时第一次在春天经过我熟悉的白桦树林的时候，心中萌发了模模糊糊的甜蜜的希望，头脑晕乎乎的，心也怦怦跳起来。可是这种模模糊糊的希望，您知道，是永远不会实现的，相反，会出现的往往是另外一些完全意料不到的情形，例如，兽疫，欠租，拍卖，等等。我靠着总管雅科夫的操持，一天一天地凑凑合合过着日子。这总管是代替原来的管家的，到后来捞起油水至少不次于原来的管家，此外，他那涂柏油的长筒靴的气味简直使我受不了。有一天我想起我认识的邻村一户人家，这一家就是一位退职上校的夫人和两个女儿，我便吩咐套车，去拜访这一家。这天应该是值得我永远纪念的日子，因为六个月之后，我就娶了上校夫人的第二个女儿！……”

讲话的人低下头，把双手朝上举起。

“不过，”他十分激动地说下去，“我真不愿意让您对我的亡妻有不好的看法。千万不能那样！这是一个极高尚、极善良的人，非常爱我，而且能够做任何牺牲，虽然我应该对您说老实话，如果我不是不幸失去了她，恐怕我今天是不会跟您谈话的，因为我家棚屋的梁还在，我曾经不止一次想悬梁自尽！”

“有些梨，”他多少沉默了一下之后，又说起来，“要放在地窖里过一些时候，所谓真正的味道才能出来；我的亡妻显然也属于类似的大自然产物。只是现在我才能为她说句完全公道的话。只是现在，比如说，我回想起婚前同她一起度过的那些黄昏，不但不引起我丝毫苦楚，相反，使我动情地几乎要流眼泪。她们家境并不富裕；她们的房子是老式的，木结构，但是很舒适，建造在山坡上，在一个荒芜了的花园和一个野草丛生的院子之间。山脚下是一条河，透过茂密的枝叶，可以隐约看到河水。老大的凉台从房子通向花园，凉台前有一个鲜艳夺目的长满玫瑰花的椭圆形花坛；花坛两头各有两棵合欢树，已故的主人在合欢树还嫩的时候就把树盘成了螺旋形。多少远些的地方，在荒芜了的野生的马林果树丛中有一个亭子，亭子里面是精心粉刷过的，外面却破旧不堪，使人看到都觉得可怕。凉台上有一扇玻璃门是通客厅的；在客厅里引人注目的是：每个屋角都砌有瓷砖壁炉，右面有一架蹩脚钢琴，上面堆着一些手抄的乐谱；一张大沙发蒙着褪了色的白花纹浅蓝色花缎；一张圆桌；两个陈列架，上面摆着叶卡捷琳娜时代的瓷器玩具和琉璃球玩具；墙上挂着一幅有名的肖像画，上面画的是一个金发女郎，胸前抱一只鸽子，眼睛向上看着；桌上放一个花瓶，插着新鲜的玫瑰花……您瞧，我描写得多么详细呀。我的爱情的全部悲喜剧就在这客厅里，在这凉台上开场了。上校夫人本是一个泼妇，说话总是带着凶狠的嘶哑声，是一个强横的、好吵闹的女人；一个女儿叫薇拉，同普通的县城小姐没什么两样；另一个叫索菲亚——我爱上的就是索菲亚。姊妹俩另有一个房间，是她们共同的卧室，里面有两张单人木床，有黄黄的纪念册，有木樨草，有用铅笔画得很糟的男女朋友们的肖像画（其中有一位先生很突出，脸上的表情特别刚健有力，其签名更为刚健有力，年轻时曾经使人产生过不得了的期望，可是到头来同我们大家一样——一事无成），有歌德和席勒的半身像，有德文书，有干枯了的花环和其他一些留作纪念的东西。但是我很少进这个房间，也不喜欢进这个房间：我在那里面不知为什么觉得透不过气来。而且，真是怪事！当我背对索菲亚坐着，或者，当我在凉台上，尤其是在黄昏时候，想着她或者幻想着她的时候，觉得她最可爱。这时候我望着晚霞，望着树木，望着已经发暗、但在玫瑰色天空衬托下还显得很清楚的一片片小小的绿叶；在客厅里，索菲亚坐在钢琴边，不停地弹着她所喜欢的贝多芬作品中一个深沉而充满激情的乐句；凶恶的老太婆坐在长沙发上安静地打着鼾；在充满夕阳残照的餐室里，薇拉忙着煮茶；茶炊机灵地咝咝叫着，仿佛有什么高兴事儿；酥饼快活而清脆地断裂着，勺子碰得茶杯叮当响着；金丝雀不顾疲劳地唱了一整天，突然停了，只是偶尔啾啾叫几声，好像在问什么事情；从透明的薄云中偶尔掉下稀稀的雨点……我坐着，坐着，听着，听着，望着，我的心越来越开朗，我又觉得我是爱她的。于是，就在这样的黄昏影响之下，我有一次向老太婆请求娶她的女儿，过了两个来月，我就结婚了。当时我觉得我是爱她的……然而直到现在，本来早就应该知道的，真的到现在我也不知道，我到底爱不爱索菲亚。她是一个善良、聪明、沉默寡言的女子，有一颗暖人的心；但是天知道因为什么，是因为长住乡下，还是另有别的原因，在她的心底（如果心有底的话）有暗伤，或者不如说，有伤口在流血，这种伤无法医治，而且不论她，不论我，都说不出这种伤叫什么。当然，我是在结婚之后才猜测到这种伤的存在。不论我怎样费尽心机为她医治，一点也没有用！我童年时养过一只黄雀，有一次被猫抓住；把它解救出来，后来伤口也好了，可是我的可怜的黄雀再也不神气了；它闷闷不乐，萎靡了，不再唱歌了……结果，有一天半夜里，一只大老鼠钻进开着的笼子，咬掉了它的头，因此它才终于彻底死了。不知道是什么样的猫把我的妻子也抓了一下，所以她也一直闷闷不乐，萎靡不振，像我那只不幸的黄雀一样。有时她显然自己很想振作一下，在新鲜空气里，在阳光下，在自由天地里活跃一番；可是，刚刚试一下，就萎缩了。她也是爱我的，多少次恳切地对我说，她觉得幸福美满，再不希望什么了——呸，见鬼！她的眼睛仍然是暗淡无光的。我心想，是不是过去有过什么事情？我从各方面打听过：什么事儿也没有。嗯，请您说说看：假如是一个独特的人，也许会耸耸肩膀，叹两口气，就照旧过自己的日子；我却不是一个独特的人，所以就想到悬梁了。我的妻子已经深深地沾染了老处女的习气，如喜欢贝多芬、夜游、木樨草、和朋友们通信、纪念册等等，以至于怎么也无法习惯其他生活方式，尤其不习惯做家庭主妇；然而，一个已经出嫁的女子，整日里沉浸于无名的惆怅，一到晚上就唱‘你在黎明时不要唤醒她’，实在是可笑的呀。

“且说，我们就这样享了三年福，到第四年，索菲亚因为头产就死了，而且，说来奇怪，我似乎早就料到，她是不可能给我生一个女儿或者儿子，不可能给人间添一个新人的。现在我还记得她殡葬时的情形。那是在春天。我们教区的礼拜堂不大，而且很破旧，圣像壁发黑了，墙壁上的石灰全脱落了，有些地方的砖都掉了；每一个唱诗班席位上都供着一幅古老的大圣像。把棺材抬进来，放在正中央，在圣幛正门前面，蒙上褪了色的盖棺布，周围摆了三个蜡烛台。仪式开始了。一个脑后扎着小辫、低低地系着绿色腰带的老朽的教堂执事，在读经台前悲哀地念着经文；神甫也老了，相貌和善，眼也花了，穿着带黄色花纹的紫色法衣，兼做司祭和助祭。一个个敞开的窗户外面，倒垂的白桦树枝上那新鲜的嫩叶不停地摇曳着，簌簌低语着；从院子里飘来一阵阵草香；红色的蜡烛火焰在明媚的春光中显得非常暗淡；麻雀的喳喳叫声响彻整个礼拜堂，飞进来的一只燕子有时在圆顶下响亮地叫上几声。在阳光照耀下的金色灰尘中，为数不多的庄稼人那淡褐色的头很敏捷地扬起又低下，热心地为死者祈祷；香炉的洞孔里冒着一缕缕淡蓝色的烟。我看着我妻子那僵了的脸……我的天呀！就是死了，死也没有使她得到解脱，没有医好她的创伤：依然是那样一副痛苦、胆怯、默默无言的表情——似乎她就是进了棺材也还是很不自在……我的心痛楚得要出血。她这人多么善良呀，可是，对于她自己来说，还是死了好！”

他的脸一下子通红通红的，眼睛也模糊了。

“终于，”他又说下去，“我从丧妻的沮丧状态中振作起来，又想干一番所谓事业了。我在省城里找了个差事；但是在衙门里的大房子里，我的头痛得厉害，眼睛也不好使唤了；恰好又出现了其他事由……我就辞职了。本来想到莫斯科去，可是，第一，钱不够；第二……我刚才已经对您说过，我已经安于寂寞了。我这种安于寂寞是突如其来的，又不是突如其来的。在精神上我早已安于寂寞了，可是我的头还不肯低下去。我认为我的思想感情的内向，是乡村生活和不幸丧妻的影响……从另一方面说，我早就发现，差不多所有我的乡邻，不论年轻的、年老的，起初被我的学识、到过国外以及我的教养的其他条件吓住的，现在不但对我已经看惯了，而且开始对我不怎么客气，甚至对我轻慢起来，不耐烦听我议论，和我说话不再用恭敬的语调。我还忘记了对您说，在我婚后的第一年里，由于寂寞，我曾经尝试写作，并且还把一篇文章寄给杂志社，如果我没有记错的话，那是一个中篇小说；可是过了一些时候，我就收到编辑的一封很客气的信，信里说，毫无疑问我是很聪明的，但是缺乏才气，而从事文学是需要才气的。不但如此，我还听说，有一个过路的莫斯科人，而且是一个非常善良的年轻人，在省长家的晚会上顺便说起我，说我是一个毫无才气、不会有什么作为的人。但是我依然在半自愿地迷糊着：就是说，不愿意‘自打耳光’；终于有一天早晨，我睁开了眼睛。是这么一回事儿。县警察局长来到我家里，想要我注意我的领地上一座坍塌的桥，而这座桥我是绝对没有能力修复的。这个宽宏大量的秩序维持者一面就着鲟鱼干喝白酒，一面用长者的口气责备我太疏忽，然而也体谅我的境况，就劝我吩咐庄稼人往上面填些粪土，也就行了。说完正事，他就吸起烟来，并且谈起不久要进行的选举。当时正在活动角逐省首席贵族荣誉称号的是一个姓奥尔巴萨诺夫的，是一个牛皮大王，又是一个贪污分子。而且他也不是特别有钱，特别有声望。我说了说我对他的看法，甚至说得很不客气，因为，说实话，我瞧不起那位奥尔巴萨诺夫先生。县警察局长看了看我，亲热地拍了拍我的肩膀，很和善地说：'哎呀，瓦西里·瓦西雷奇，这样的人可不是您我应该议论的——咱们哪里配呀？……人人都应该知道自己的分量嘛。''算了吧，'我懊恼地反驳说，'我同奥尔巴萨诺夫先生有什么差别呀？'县警察局长从嘴里抽出烟斗，睁大了眼睛——扑哧一声笑起来。'哎呀，你这人真有意思，'终于他带着笑出的眼泪说道，'多么会开玩笑呀……哎呀！多么有意思呀！'一直到他离开，不住地挖苦我，有时还拿胳膊肘捅捅我的腰侧，而且说话也不用客气口吻了。他终于走了。我就差这一下子，心里翻腾起来。我在房间里来来回回走了好几趟，在镜子前面站下来，对着自己的发窘的脸看了很久很久，慢慢地伸出舌头，带着苦笑摇了摇头。我眼睛上的帷幕脱落了：我清楚地看到，比看镜子里的脸更清楚地看到，我是一个多么空虚、渺小和无用的人，一点也不独特的人！"

他沉默了一会儿。

"在伏尔泰的一出悲剧里，"他很沮丧地说下去，"有一位贵族因为达到不幸的极点而感到欢喜。虽然我一生没有什么悲剧性的遭遇，但是，不瞒您说，也有一些类似的感受。我在灰心绝望时有过刺激性的狂欢；我曾经从容地躺在自己床上，整个早晨都在诅咒自己的生辰，这时我感到多么甜蜜——我不能一下子就安于寂寞。而且事实上，您就想想吧：我因为无钱，不得不长期住在我所痛恨的乡下；产业，官职，文学——一切都和我无缘；不和地主们来往，书也读厌了；对于那些晃动着鬈发和起劲地反复说着'人生'这个字眼儿的肥胖而多愁善感的太太小姐们，自从我不再胡扯和瞎咋呼以后，我就成了毫无吸引力的人了；我不善于也不能过完全冷清的日子……您猜怎么样？我就开始常到乡邻们家里去走走。我好像沉醉于自轻自贱，常常故意去招引各种各样无谓的侮辱。斟酒时把我漏掉，又冷又傲慢地迎接我，到末了根本不理睬我；甚至大家说话时不让我插嘴，我也常常有意地躲在角落里对随便哪一个愚蠢至极的废话大王连声称是，而像这样的人当初在莫斯科能舔到我脚上的灰土或者大衣的边儿都会受宠若惊的……我甚至不准自己去想，我怎样陶醉于讽刺带来的苦涩的乐趣……算了吧，一个人冷冷清清，还谈什么讽刺！就这样，我一连过了好几年，而且至今还是这样过着……"

"这真是太不像话了，"康塔格留欣先生用带睡意的声音在隔壁房间里嘟哝说，"是哪个浑蛋在半夜里聊天？"

说话的人很麻利地钻进被窝，胆怯地朝外望着，伸出一个指头警告我。

"嘘……嘘……"他小声警告道，并且，似乎是朝着康塔格留欣的声音来的方向赔礼道歉似的，恭恭敬敬地说："知道了，知道了，真对不起……"接着又小声说："应该让他睡觉，他需要睡觉，他应该养养神，至少为了明天吃起东西还是那样津津有味儿。我们不应该打扰他。况且,我想说的,好像全对您说过了;恐怕您也想睡了,祝您晚安。”

说话的人急忙转过脸去,把头埋到枕头里。

“至少请您告诉我,”我说,“您的尊姓是……”

他很麻利地抬起头来。

“不,看在上帝面上,”他打断我的话说,“请不要问我姓什么吧,也不要去向别人打听。让我成为您永远不知道姓氏的一个不走运的、名叫瓦西里·瓦西雷奇的人吧。况且,我是一个不独特的人,也就不配有特别的姓名……但是如果您一定要给我一个什么称号,那您就叫我……就管我叫希格雷县的哈姆莱特吧。这样的哈姆莱特不论在哪个县里都有一些,不过另外一些也许您没有碰到过……对不起。”

他又钻进了被窝;到第二天早晨,有人来唤醒我的时候,他已经不见了。天不亮他就走了。

契尔托普哈诺夫和聂道漂斯金[1]

在一个炎热的夏日里，我打过猎坐马车回来；叶尔莫莱坐在我旁边迷迷糊糊地打着盹儿。两条睡得像死了一般的狗在我们脚下不住地颠动着。车夫不时地用鞭子驱赶马身上的马蝇。白茫茫的灰尘像轻云一般跟着马车飞跑。我们的马车进了灌木丛。道路更加崎岖不平了，车轮不时地碰着树枝。叶尔莫莱振作起精神，朝周围打量了一下……"嘿！"他叫起来，"这儿一定有松鸡，咱们下车吧。"我们就下了车，走进树丛里。我的狗找到一窝松鸡。我打了一枪，正要重新装弹药，忽然听到我身后响起很大的唰唰声，就看见一个骑马的人用手拨着树枝，朝我走来。"请问，"他用傲慢的声调说，"先生，您有什么权利在这儿打猎？"这个陌生人说话特别快，断断续续，而且带鼻音。我对他看了看：我有生以来没见过像这样的人。诸位亲爱的读者，我所看到的是一

---

①最初刊于《欧洲导报》1872年第11期。与《猎人笔记》中其他的作品不同，本篇及以下两篇创作于70年代初期。

个矮小的人，淡黄色头发，红红的狮子鼻，长长的红胡子。大红色呢顶的尖顶波斯帽一直抵到眉毛，把整个额头都盖住了。他穿的是一件破旧的黄色短上衣，胸前有一个黑色波斯绒弹药袋，所有的衣缝都镶着褪了色的银色绦带；他肩上背着一个号角，腰带上挂一把短剑。一匹瘦弱的高鼻子枣红马在他座下不要命地折腾着；两条瘦瘦的歪爪子猎狗也在马腿边不停地转悠着。这个陌生人的脸、目光、声音、每一个动作以及他整个的人，都流露着狂妄胆大和无与伦比、见所未见的傲慢味道儿；他那双无神的淡蓝色眼睛像醉汉眼睛似的不停地转悠着，斜睨着；他把头向后仰着，鼓着两腮，鼻子哼哧着，浑身颤抖着，好像威风得不得了——活像一只吐绶鸡。他把他的问话又重复了一遍。

“我不知道这儿不能打猎。”我回答说。

“先生，”他又说，“您是在我的地面上呀。”

“对不起，我这就走。”

“不过，请问，”他又说，“您也是贵族吗？”

我说了说我的姓名。

“要是这样的话，那就请您打猎吧。我自己也是贵族，很高兴为贵族效劳……我叫潘捷莱·契尔托普哈诺夫。”

他弯下身，大喝一声，照马脖子上抽了一鞭；那马晃了几下头，就竖起前蹄，朝旁边一冲，踩着了一只狗爪子。那狗尖叫起来。契尔托普哈诺夫生气了，恶狠狠地咕哝起来，用拳头照马的两耳中间捶了一下，比闪电还快地跳下马来，仔细看了看狗爪子，往伤口上涂了些唾沫，朝狗肚子上踢了一脚，让狗不要再叫，便抓住马鬃，把一只脚插进马镫。那马昂起头，扬起尾巴，侧着身子冲进灌木丛；他一只脚跟着马蹦了一会儿，终于跨上了马鞍，发狂似的挥舞了几下鞭子，吹起号角，便跑走了。我惊愕契尔托普哈诺夫意想不到的出现，还没有回过神来，突然又有一个四十来岁的胖胖的人骑着一匹青色小马几乎毫无声息地从灌木丛中走了出来。他勒住马，摘下绿色的皮帽，用尖细而柔和的声音问我，是不是看到一个骑枣红马的人？我回答说，看到的。

“那位先生朝哪个方向去了？”他还是用那样的声音说，而且还没有把帽子戴上。

“朝那边去了。”

“多谢您了。”

他吧嗒了一下嘴，两条腿擦着马肚子悠荡了几下，他的马便跨着小步嘚嘚地朝我所指的方向走去。我从后面望着他，一直到他那绿帽子隐没在枝丛中。这个新来的陌生人在外表上一点也不像先前那个陌生人。他的脸肉嘟嘟的、圆圆的，像一个皮球，显得很腼腆、很和善、很温顺；鼻子也是肉嘟嘟的、圆圆的，露出一条条青筋，表示他是一个好色之徒。在他的头上，前面一根头发也没有了，后面翘着稀稀拉拉的淡褐色发卷儿；好像是用芦苇叶子画出来的一双小小的眼睛，亲切地眨巴着；红润的嘴唇甜甜地笑着。他穿的一件有硬领和铜纽扣的常礼服非常破旧，但是十分干净；他的呢裤子吊得很高；长筒靴的黄色镶边之上，露出肥胖的小腿肚。

“这人是谁呀？”我问叶尔莫莱。

“这人吗？是季洪·伊凡内奇·聂道漂斯金。住在契尔托普哈诺夫家里的。”

"怎么,他是个穷人吗?"

"是没有什么钱;不过契尔托普哈诺夫也是一个铜子没有呀。"

"那他为什么要住在他家里呀?"

"啊,您没看到,他们俩多么要好吗?他们形影不离……真正是穿连裆裤的呀……"

我们走出灌木丛;突然在我们旁边有两条猎狗呜噜起来,一一只肥大的雪兔跑进已经长得很高的燕麦地里。紧跟着有几条猎狗,有灵猩,有撵山犬,从树丛中跳了出来,契尔托普哈诺夫也跟着狗跑了出来。他不叫喊,不吆喝狗去追捕,因为他气喘吁吁,上气不接下气了;他那张开的嘴巴里有时发出断断续续、毫无意义的声音;他瞪大了眼睛骑在马上奔跑着,用鞭子疯狂地抽打那匹可怜的马。几条猎狗撵上了雪兔……雪兔蹲了一下,陡地往后一转,就从叶尔莫莱身边跑过去,进入灌木丛……几条猎狗扑了个空。"快……追,快……追!"发呆的猎人好像口齿不清似的使劲儿嘟哝说,"伙计,注意!"叶尔莫莱开了一枪……中弹的雪兔像陀螺似的在平坦而干枯的草地上打了几个滚儿,朝上一蹦,就被扑上来的一条猎狗咬住,凄惨地叫了起来。一条条猎狗立刻都拥了过来。

契尔托普哈诺夫像翻筋斗似的跳下马来,拔出短剑,叉着两条腿跑到狗跟前,气呼呼地骂着,从几条狗嘴里夺出被撕得血肉模糊的兔子,一张脸不住地抽搐着,把短剑插进兔子的喉咙,一直插到剑柄……一插进去,就哈哈大笑起来。季洪·伊凡内奇也在树林边上出现了。"哈哈哈哈哈哈哈哈!"契尔托普哈诺夫又大笑起来……“哈哈哈哈!”他的同伴也悠然自得地跟着他笑。

“说实在话,夏天是不应该打猎。”我指着被踩得乱糟糟的燕麦,对契尔托普哈诺夫说。

“这是我的地。”契尔托普哈诺夫依然喘着粗气说。

他割下兔爪子,分给猎狗吃了,就把兔子拴到马鞍的皮带上。

“伙计,多谢你帮一枪。”他对叶尔莫莱说。“还有您,先生,”他还用那种断断续续的、尖尖的声音对我说,“也多谢了。”

他上了马。

“哦,请问……我忘了……尊姓大名?”

我又说了说我的姓名。

“非常高兴和您结识。如果有空,欢迎您到我家来玩儿……”然后他又气嘟嘟地说:“福姆卡这家伙到哪儿去了,季洪·伊凡内奇?追捕雪兔的时候他怎么不在?”

“他骑的马完蛋了。”季洪·伊凡内奇微微笑着回答说。

“怎么完蛋了?奥尔巴桑完蛋了吗?嘿,嘿!……他在哪儿?在哪儿?”

“在那边,林子后面。”

契尔托普哈诺夫用鞭子照马面上抽了一下,那马就拼命跑起来。季洪·伊凡内奇向我鞠了两个躬——一个是为他自己,一个是代表他的同伴,就又驱马走进了灌木丛。

这两位先生引起我强烈的好奇心……两个如此不同的人怎么会成为形影不离的密友呀?我就开始调查。我打听到的情况是这样的。

潘捷莱·叶列美奇·契尔托普哈诺夫是附近一带出了名的危

险和乖戾的人，头等的狂夫和莽汉。他在军队里只干了不长时间，就因为“不愉快的事”退职，退职时的军衔，按当时流行的说法，是“不算鸟的母鸡”[①]。他出身于一个原来很有钱的世家；他的祖辈生活十分阔绰，依照草原人的风俗，这就是说，盛情待客，不论请来的和不请自来的，都让他们吃饱喝足，还要给每位客人的车夫一俄石燕麦喂马；家里养着乐师、歌手、食客和狗，在节庆日子里让大家喝足葡萄酒和麦酒；每到冬天都坐着自己的马拉的沉重的马车到莫斯科去；然而有时候一连几个月没有一文钱，靠家禽度日子。潘捷莱·叶列美奇的父亲所继承的是已经衰败的家业；到他手上又尽情挥霍了一番，他死的时候，留给他唯一的继承人潘捷莱的，只是已经抵押出去的别索诺夫村和三十五名男性和七十六名女性农奴，另外还有科罗布罗道沃荒原上十四又四分之一俄亩无用的土地，不过在先人的文件柜中没有这片土地的任何地契。他的先父是以极其奇怪的方式破产的：是“经济核算”害了他。照他的见解，贵族不应该依靠商人、市民和诸如此类的所谓“强盗”；他在自己的村子里兴办了各种手艺作坊：“又好，又合算，”他常常说，“这就是经济核算！”他终身没有放弃这种极其有害的想法，正是这种想法使他破产的。然而他倒是开心了一番！不管什么稀奇古怪的想法他都试了试。在种种其他发明之外，有一次他根据自己的设想造了一辆老大的家庭马车，尽管把全村所有的农家马连同马的主人都找了来，一齐使劲来拖，然而一遇到斜坡那车就翻倒了，并且散了架。叶列美·卢基奇（潘捷莱的父亲）叫人在斜坡上立了一个纪念碑，不过他一点也不感到不安。

①指准尉。准尉不是正式军官。

他还别出心裁要造一座礼拜堂，当然是自己设计，不要建筑师插手。他烧砖瓦烧掉了整片树林，打的基础十分宽大，足够建造省城教堂，垒好墙，就开始架圆屋顶，圆屋顶却掉了下来；又架一次，又塌下来；又来第三次，第三次也垮下来。这位叶列美·卢基奇就寻思起来，心想：事情不对头……一定是有人兴妖作怪……于是他立刻下令鞭打村子里所有的老太婆。把老太婆都打过了，圆屋顶还是架不起来。他又开始按新的计划为农人改造住房，一切都依据经济核算；他让每三户在一起，摆成三角形，中央立一根竿子，竿子上装一个上油漆的椋鸟笼和一面旗。往往他每天都能想出一个新花样：有时用牛蒡叶子做汤，有时剪下马尾给家仆做帽子，有时想用荨麻代替亚麻，拿蘑菇喂猪……有一天，他在《莫斯科时报》上读到哈尔科夫的地主赫略克-赫鲁表尔斯基的一篇关于道德在农民日常生活中的效用的文章，第二天就下令要所有的农人立即把哈尔科夫地主的这篇文章读得能背诵。农人都读熟了；这位东家就问他们：是不是懂得文章里说的是什么？管家回答说：怎么不懂呀！就在这前后，他为了维护秩序和便于经济核算，吩咐把所有手下人都编成号，并且让每个人都在衣领上缝上自己的号码。任何人见到主人，都要喊：某某号到！主人就亲切地回答：好，你去吧！

然而，不管他怎样注重秩序和经济核算，还是渐渐地陷入十分困难的境地：先是把自己的几个村子抵押出去，后来就一个一个地卖掉了；而最后的祖居地，就是那个有一座未建成的礼拜堂的村子，是由官府拍卖的，幸而不是在叶列美·卢基奇生前——如果是在他生前，他是受不了这个打击的——而是在他去世后两个星期。他还来得及死在自己家里、自己的床上,有家里人围着,而且是在医生照料之下;但是可怜的潘捷莱得到的只是一个别索诺夫村了。

潘捷莱知道父亲生病的消息时,已经是在部队里,正纠缠在上述的“不愉快事件”中。他虚岁只有十九岁。他从小就没有离开过家,在极其善良而又极其愚蠢的母亲瓦西里萨·瓦西里耶芙娜的培养下,成为一个娇惯的小少爷。她一个人管他的教养;叶列美·卢基奇埋头于他的经济设想,顾不到这些。虽然有一次他因为儿子读错了字母也亲手打过他,不过这一天叶列美·卢基奇心里是有很深的隐痛,因为他的一条最好的狗撞到树上死了。其实,瓦西里萨·瓦西里耶芙娜对儿子教养的操心也只限于一次艰苦的努力:她费了很大劲儿给他请到一位家庭教师,阿尔萨斯的一个退伍军人,名叫比尔科普甫的。而且她直到死,都是战战兢兢地对待这位家庭教师,因为她想:他要是不干了,我就完了!那我怎么办呀?我到哪儿去另找老师呀?就这一个还是我好不容易从邻村女地主家里挖来的呢!比尔科普甫也是一个机灵人,立刻利用起自己的特殊地位:不要命地喝酒,一天到晚睡觉。潘捷莱一结束了“学业”,就去服役了。这时瓦西里萨·瓦西里耶芙娜已经不在人世了。她是在这件大事之前半年受惊而死的:她梦见一个穿白衣的人骑着一只熊,胸前有标志:“反基督者”。叶列美·卢基奇不久也随着自己的老伴走了。

潘捷莱一听到父亲生病的消息,急忙赶回家来,但是已经来不及同父亲见面了。当这个孝子完全意外地从富有的继承人变成穷人的时候,他又多么吃惊呀!没有多少人能够经受这样剧烈的变化。潘捷莱痴呆了,冷酷了。他原来虽然有些急躁、任性,但却是一个正直、善良而慷慨的人,现在变成了一个狂人和莽汉,不再和乡邻们往来了——他羞于见富人,又瞧不起穷人——而且对所有的人都极其粗鲁无礼,甚至对当权者也是如此,因为他觉得自己是世袭贵族。有一次警察局长没脱帽走进他的房里,差点儿被他开枪打死。当然,当权者对他也不会客气,一有机会就叫他尝尝当权者的厉害;然而大家还是有点儿怕他,因为他的脾气异常暴躁,一句话不合,便白刃相见。稍有不顺意,契尔托普哈诺夫的眼睛就骨碌碌直转,说话声音也不连贯了……"啊哇……哇……哇……哇……哇,"他含糊不清地说,"我这命不要了!"……简直就不顾死活了!虽然如此,他又是一个清白的人,从来不做什么见不得人的事。当然,没有什么人到他家来……然而他的心地是善良的,甚至自有其伟大之处:他路见不平,就挺身而出;他很能维护他的庄稼人。"怎么?"他常常发狂似的敲着自己的脑袋说,"想欺负我的人,欺负我的人吗?只要有我契尔托普哈诺夫在,休想!"

季洪·伊凡内奇·聂道漂斯金的出身不像潘捷莱·叶列美奇那样可以自诩。他的父亲是独院地主出身,只是在服役四十年后,才获得贵族称号。老聂道漂斯金先生是一个不走运的人,灾难像冤家对头似的到处紧紧地追随着他。这可怜的人在整整六十年中,从出生到死去,一直在同小人物所特有的种种贫困、疾病和灾祸作搏斗;他在困境中像鱼撞冰似的挣扎着,吃不饱,睡不足,弯腰低头,东奔西走,忧愁,憔悴,为挣每一个戈比而兢兢业业,为公务确实"鞠躬尽瘁",到头来死在不知是阁楼上,还是地窖里,既没有为自己，也没有为孩子们挣得可以糊口的东西。命运把他捉弄得筋疲力尽，简直像被猎狗追逐的兔子。他是一个善良而正直的人，收受贿赂也“规规矩矩”——从十戈比到两个卢布。老聂道漂斯金有过一个患肺病的瘦弱的妻子；也有过一些孩子；幸而大都不久就死掉了，只剩下季洪和女儿米特罗道拉；米特罗道拉外号“土里俏”，经历过许多可悲而又可笑的事情之后，嫁给了一个退职的司法监察官。老聂道漂斯金先生好歹在生前给季洪谋得一个编外办事员的职位；但是父亲一死，季洪就不干了。天天提心吊胆，时时刻刻要跟饥寒作痛苦的搏斗，天天看到母亲忧心忡忡，看到父亲苦苦挣扎，受着房东和店主粗暴的欺压——季洪无时无刻不生活在这种种痛苦之中，因此变得说不出的胆怯：一见上司就心惊胆战，好像一只被捉住的鸟儿。他就辞职不干了。漫不经心的，也许是喜欢开玩笑的造物主，往往在赋予人种种本性和爱好时，一点也不考虑其社会地位和财产；造物主凭着固有的关怀和仁爱之心，把这个穷官吏的儿子塑造成一个多愁善感、懒惰、温和、逆来顺受的人——一个特别注重享受、具有极其灵敏的嗅觉和味觉的人……造物主塑造好了，又精心加工一番之后，就让自己的作品去靠酸白菜和臭鱼生长了。这件作品长成了，就开始所谓“生活”。这就热闹了。折磨得老聂道漂斯金死去活来的命运，又折磨起儿子：显然，折磨出滋味来了。不过折磨季洪的方式有所不同：不是让他痛苦，而是拿他开心。命运从来不使他陷于绝望，从来不让他尝受饥饿的难受滋味，却驱使他在俄罗斯到处漂泊，从大乌斯秋格到皇科克舍斯克，离了一个低贱而可笑的职位，又换一个：有时命运照顾他，让他在又爱唠叨又暴躁的贵族女善人家里当“大管事”，有时安排他在又有钱又吝啬的商人家里做食客，有时委派他给一个暴眼睛、留有英国式剪发的先生当家庭秘书长，有时让他在养犬的猎人家里担任半家仆、半小丑的角色……总而言之，命运迫使可怜的季洪一滴一滴地喝尽了寄人篱下的苦涩的毒酒。他一生为贵族老爷们效劳，满足他们刁钻古怪的要求，为他们排解百无聊赖的烦闷……有多少次，成群的客人拿他开心取乐，尽兴之后把他放了，他一个人回到房间里，羞臊得无地自容，眼里噙着绝望的冷泪，发誓到第二天一定偷偷地逃走，到城里去试试自己的运气，哪怕当一个小小的抄写员也好，要么干脆饿死在大街上。可是，第一，他没有志气；第二，他一向胆小；还有第三，到底怎样去给自己谋职位，去求谁呢？“不会要我的，”这个苦命人常常灰心丧气地在床上翻来翻去，小声说，“不会要我呀！”于是到第二天他又硬着头皮干下去。他的状况之所以格外苦，还因为关怀他的造物主竟没有想到给予他起码的干小丑这一行不可或缺的本事和才能。比如，他不善于反穿熊皮大衣跳舞跳到要倒的程度，也不善于在面临皮鞭挥舞的情况下插科打诨，献献殷勤；在零下二十度的时候他一丝不挂，有时会伤风；他的胃既不能消化掺墨水和其他污水的酒，也不能消化加了醋的小小的蛤蟆菌和红菇。要不是他最后的恩人，一个发了财的专卖商，在高兴的时刻想起在遗嘱中添写了一笔，天知道以后季洪会怎样呢。那遗嘱中写的是：“至于焦济亚（即季洪）·聂道漂斯金，将我自购的别谢林杰耶夫村连同所属土地交给他作为永远的世袭产业。”几天之后，这位恩人就在喝鲟鱼汤的时候中风死了。一下子乱腾起来，法院来了人，把财产都查封了。家里人都来了；打开遗嘱;看过遗嘱,就叫人去找聂道漂斯金。聂道漂斯金来了。在场的人大部分都知道这位季洪·伊凡内奇是在恩人手下干什么的,所以大家都纷纷迎着他闹哄哄地叫喊,用嘲笑的口气向他祝贺。"地主来了,这不是,新地主来了!"另外一些继承人这样叫喊。"这就是那玩意儿,"一个出了名的爱说笑话和俏皮话的人接话说,"一点也不错,可以说……这的的确确就是……那玩意儿……就是所说的……那玩意儿……继承人。"于是大家都哄的一声大笑起来。聂道漂斯金很久不肯相信自己有这样的福气。他看了遗嘱,脸红了红,眯起眼睛,挓挲起两手,号啕大哭起来。大家的哈哈笑声变成闹哄哄的、连成一片的嚷嚷声。别谢林杰耶夫村总共有二十二个农奴;没有谁感到太可惜,那为什么不借此机会寻寻开心呢?只有一个彼得堡来的继承人,一个长着希腊式鼻子、带有十分高贵的面部表情的气概非凡的男子,叫罗斯济斯拉夫·阿达梅奇·什托别尔的,忍不住了,侧着身子来到聂道漂斯金跟前,傲慢地扭过头去看了看他。"先生,据我所知,"他轻蔑地、不大客气地说,"您是可敬的菲多尔·菲多雷奇手下的一名所谓凑趣的家仆吧?"这位彼得堡的先生是用极其清楚和干脆利落的言语说的。又伤心、又激动的聂道漂斯金没有听清楚他不认识的这位先生的话,但是其余的人立刻都不作声了;那个爱说俏皮话的人故作大度地笑了笑。什托别尔先生搓了搓手,又把他的问话重复了一遍。聂道漂斯金惊愕地抬起眼睛,张大了嘴巴。什托别尔先生恶狠狠地眯起眼睛。

"恭喜您呀,先生,恭喜你,"他又说,"虽然,可以说,不是每个人都愿意用这种方式挣得糊口之粮的;不过,不是每个人都一样,也就是说,各有各的口味……不是吗?"

后面有一个人由于又惊讶又高兴,很快地、然而不失礼貌地尖叫起来。

"请问,"什托别尔先生得到大家的笑声的有力鼓励,又接着说下去,"您有这样的福气,主要是靠什么样的才能呢?您说说吧,不要不好意思;我们这儿,可以说,都是自家人,自家人[①]。不是吗,诸位先生,我们这儿都是自家人[②]?"

什托别尔先生拿这话随便去问一位继承人,可惜那人不懂法语,所以只是带着赞同的神气轻轻地哼了一声。可是另外一个继承人,一个额头上有黄斑的年轻人,连忙接话说:"是的,是的[③],啦。"

"也许,"什托别尔先生又说,"您会两腿朝天用手走路吧?"

聂道漂斯金很苦恼地朝周围看了看:所有的脸都不怀好意地笑着,所有的眼睛都笑出了眼泪。

"要么,也许,您会学公鸡叫吧?"

立刻引起一阵哄堂大笑,而且立刻又鸦雀无声,等候下文。

"要么,也许,您会在鼻子上……"

"够了!"突然有一个又尖又响亮的声音打断什托别尔的话。"你们欺侮一个穷人,怎么不害臊!"

大家都回过头去看了看。门口站的是契尔托普哈诺夫。他是去世的专卖商人的远房侄儿,所以也收到请帖参加亲属集会。

---

①原文为法文。

②原文为法文。

③原文为法文。

在整个宣读遗嘱的时间里，他像往常一样，一直站在离别人相当远的地方。

“够了！”他傲然昂起头，又说一遍。

什托别尔先生急忙转过脸去，看到一个衣着寒酸，其貌不扬的人，就小声问旁边的一个人（小心谨慎总是不错的）：

“这是什么人？”

“契尔托普哈诺夫，不是什么了不起的人物。”那人对着他的耳朵回答说。

什托别尔便摆出不可一世的架势。

“您是什么人，敢在这儿发号施令？”他用鼻音说，并且眯起了眼睛。“请问，您是什么了不起的人物？”

契尔托普哈诺夫像火药碰到火星似的爆发了。他愤怒得连气都透不过来了。

“哧……哧……哧……哧……”他仿佛被卡住了似的，哧哧叫起来，可是突然又像雷鸣一般叫喊起来：“我是什么人？我是什么人？我是潘捷莱·契尔托普哈诺夫，是世袭贵族，我的祖先是为皇上效过力的，你又是什么人？”

什托别尔脸色煞白，向后退了两步。他没料到这样的回击。

“我是……我，我是……啊，啊，啊！……”

契尔托普哈诺夫冲上前去；什托别尔惊骇得连忙向后倒退，客人们一齐朝怒气冲天的地主涌过来。

“决斗，决斗，马上隔着一块手帕拿枪对射！”气得发了疯的潘捷莱叫喊着，“要么就向我赔礼，也向他赔礼……”

“赔礼吧，赔个礼吧，”惊慌失措的继承人们围着什托别尔咕唻说,“他可是一个不要命的人,说动刀子就动刀子。”

“对不起,对不起,我是不知道,”什托别尔讷讷地说,“我是不知道……”

“也向他赔礼!”不肯罢休的潘捷莱大声喝道。

“也请您原谅。”什托别尔又对聂道漂斯金说,这时聂道漂斯金正像害热病似的浑身打哆嗦。

契尔托普哈诺夫的气消了;他走到聂道漂斯金跟前,拉住他的手,旁若无人地朝四下里望了望,也不理睬任何人的目光,就在一片静默中带着死者自购的别谢林杰耶夫村的新主人威风凛凛地从房里走了出去。

就从这一天起,他们两人再也不分离了。(别谢林杰耶夫村离别索诺夫村只有八俄里。)聂道漂斯金无比感激的心情立刻化为卑躬屈膝的仰慕。软弱、温顺而不完全纯真的季洪对无所畏惧、公正无私的潘捷莱崇拜得五体投地。“真是不容易的事呀!”他有时心里想,“他跟省长说话,直看着他的眼睛呢……真的呀,直对着他看哩!”

他对他感到惊奇,惊奇得难以置信,百思不得其解,认为他是又聪明、又博学、非同寻常的人。倒也是的,契尔托普哈诺夫所受的教育不论多么差,比起聂道漂斯金所受的教育,还是要多得多。确实,契尔托普哈诺夫俄文书读得很少,法文也很差,差得不得了,以至于有一次一个瑞士家庭教师问他:“先生,您会法语吗?”[①]他回答得驴唇不对马嘴;然而他总还记得,世界上有一个富有机智的作家伏尔泰,记得法国人和英国人打过很多仗,还记得

---

①原文为法文。

普鲁士国王腓特烈一世也是一个战功赫赫的人。在俄罗斯作家中,他崇拜杰尔查文,喜欢马林斯基,并且给最好的一只狗取名为阿马拉特·贝克[①]……

我同这两位朋友初次见面之后,过了几天,就到别索诺夫村去拜访潘捷莱·叶列美奇。老远就看到他那不大的房子。这房子离村子半俄里,矗立在一片光秃的地方,正是所谓"孑然独立",像耕地上的一只老鹰。契尔托普哈诺夫的宅院共有四座大小不同的破旧房舍,即厢房、马厩、板棚和澡堂。每一座房舍都是独立的,自成一体,没有围墙,也没有大门。我的车夫犹豫不决地把车停在一口已经淤塞的、井栏烂了一半的井边。在板棚旁边,有几条瘦瘦的、毛蓬蓬的猎狗在撕啃一匹死马,大概那就是奥尔巴桑了;有一条狗抬了一下那血糊糊的嘴脸,匆匆叫了几声,就又啃起那露出来的肋部。马旁边站着一个十六七岁的小厮,一张浮肿的、黄黄的脸,光着脚,穿着侍童的服装;他一本正经地看着交给他照管的狗,有时用鞭子抽几下最贪嘴的狗。

"老爷在家吗?"我问道。

"谁知道他在不在!"那小厮回答说,"您敲敲门吧。"

我跳下马车,走到厢房的台阶前。

契尔托普哈诺夫先生住的房子的样子相当凄凉:一根根木头都发了黑,而且凸出"大肚子",烟囱坏了,屋角有些霉烂,而且倾斜了,灰蓝色的小窗户在耷拉下来的乱蓬蓬的屋檐下流露着萎靡不振的神气:有些老淫妇的眼睛就是这样的。我敲了敲门;没有人应声。不过我听到里面有刺耳的声音:

①马林斯基的代表作《阿马拉特·贝克》中的主人公。

“一，二，三；快念呀，笨东西，”一个嘶哑的声音说，“一，二，三，四……不对！一，二，三，四！快念，笨东西！”

我又敲了敲门。

刚才那个声音喊起来：

“进来，是哪个呀？”

我走进又空又小的前室，就从敞开的门里看到了契尔托普哈诺夫。他穿着油乎乎的布哈拉长袍、肥大的灯笼裤，戴着红色便帽，坐在椅子上，一只手抓住一条小狮子狗的头，另一只手拿着一块面包，伸在狗鼻子上面。

“哎呀！”他很庄重地说，而且坐着没有动，“欢迎欢迎。请坐吧。这不是，我在训练文佐尔呢……”他又提高嗓门儿说：“季洪·伊凡内奇，快到这儿来。客人来了。”

“就来，就来，”季洪·伊凡内奇在隔壁房里回答说。“玛莎，把领带拿来。”

契尔托普哈诺夫又转过脸去朝着文佐尔，并且把面包放到它的鼻子上。我朝四下里看了看。在这间屋里，除了一张有十三条长短不齐的腿的、歪歪扭扭的活动桌子和一张坐瘪了的草垫椅子以外，再没有别的家具；多年前粉刷过的、带有星形蓝色斑点的墙壁，有许多地方的石灰已经剥落了；两个窗户中间挂着一面镶有老大的红木框的破碎而模糊的镜子。角落里靠墙放着长烟杆和猎枪；天花板上挂着一条条又粗又黑的蜘蛛丝。

“一，二，三，四，五，”契尔托普哈诺夫慢慢念着，突然气呼呼地叫起来：“五！五！五！……多么蠢的畜生！……五！……”

然而倒霉的狮子狗只是浑身哆嗦着，就是不开口；它依然很别扭地蜷着尾巴坐着，歪着头，沮丧地眨巴眼睛，又把眼睛眯起来，好像在心里说：反正随您怎样吧！

“吃吧，给你！抓住！”没有住嘴的地主反复地说。

“您把它吓坏了。”我说。

“好啦，那就让它去吧！”

他踢了狗一脚。可怜的狗慢慢站起来，鼻子上的面包掉了下来；那狗仿佛踮着脚尖似的朝前室走去，一副无限委屈的神气。确也是的：陌生人第一次来，它就受到这样的对待。

另外一个房间的门小心地打开了，聂道漂斯金先生愉快地弓着身子、微微笑着走了进来。

我站起来，鞠了一个躬。

“请坐吧，请坐吧。”他讷讷地说。

我们都坐下来。契尔托普哈诺夫到旁边一个房间里去了。

“您来到我们这地方很久了吧？”聂道漂斯金用手捂着嘴咳嗽了一下，并且为了表示礼貌，手在嘴上捂了一会儿之后，才用柔和的声音说起话来。

“有一个多月了。”

“哦，是这样。”

我们沉默了一会儿。

“今天天气真好，”聂道漂斯金又说下去，并带着感激的神气看了看，似乎好天气是我带来的，“可以说，庄稼好极了。”

我点点头，表示赞同。我们又沉默了一会儿。

“潘捷莱·叶列美奇的猎狗昨天逮到了两只灰兔，”聂道漂斯金加大了嗓门儿说起来，显然是想说得起劲些，“是啊，两只老大的灰兔呢。”

“契尔托普哈诺夫的猎狗很好吗?”

“好得不得了!”聂道漂斯金得意地回答说,“可以说,是全省最好的。(他朝我跟前凑了凑。)哎呀呀!潘捷莱·叶列美奇这人真了不起呀!他只要希望什么,只要想到什么,瞧吧,什么都成了,什么都热腾起来。潘捷莱·叶列美奇这个人呀,我可以告诉您……”

契尔托普哈诺夫走了进来。聂道漂斯金笑了笑,不说话了,只是用眼睛示意要我好好看看他,好像是说:您自己会看出来的。我们就聊起打猎。

“您要不要看看我的猎狗?”契尔托普哈诺夫问我,不等我回答,就呼唤卡尔普。

走进来一个健壮的小伙子,穿的是一件蓝领和带号衣纽扣的绿色土布外套。

“传话给福姆卡,”契尔托普哈诺夫断断续续地说,“叫他把阿马拉特和赛加带来,要齐齐整整的,明白吗?”

卡尔普咧开大嘴笑了笑,应了一声,就出去了。福姆卡来了,头发梳得光光的,衣服穿得笔挺,穿着长筒靴,带着几条狗。我为了礼貌起见,对这些愚蠢的畜生赞赏了一番(这些猎狗都是特别愚蠢的)。契尔托普哈诺夫往阿马拉特鼻孔里吐了两口唾沫,然而看样子那狗对此一点也不感到愉快。聂道漂斯金也从后面抚摩着阿马拉特。我们又聊起来。契尔托普哈诺夫渐渐变得十分和善,不再雄赳赳气昂昂的了;他脸上的表情变了。他看看我,又看看聂道漂斯金……

“哎呀！”他突然叫起来，“她怎么一个人在那儿坐着呀？玛莎！喂，玛莎！快到这儿来！”

旁边的房间里有人走动起来，但是没有回答声。

“玛——莎，”契尔托普哈诺夫又亲热地叫道，“到这儿来呀。没关系，不要怕。”

门轻轻地开了，于是我看到一个二十岁上下的女子，亭亭玉立，一张茨冈人的黑黑的脸，黄褐色的眼睛，漆黑的辫子；又大又白的牙齿在丰满红润的嘴唇里面亮闪闪的。她穿着白色连衫裙；天蓝色的披肩在喉头处用金别针扣住，那披肩把她那又细又健壮的手臂遮住一半。她带着村野女子的羞涩神气向前跨了两步，就站下来，低下了头。

“哦，我来介绍一下，”潘捷莱·叶列美奇说，“说妻子不是妻子，可是和妻子差不多。”

玛莎的脸微微红了红，忸怩不安地笑了笑。我向她深深地鞠了个躬。我很喜欢她。那细细的鹰鼻和张开的半透明的鼻孔，那清秀的高高的眉毛，苍白而微微凹进去的两颊——她的相貌透露着一股执拗的劲头儿和无所顾忌的剽悍之气。那盘好的发辫底下有两绺短发耷拉在宽宽的脖子上——这是有血性和刚强的特征。

她走到窗前坐下。我不愿再使她发窘，就和契尔托普哈诺夫说起话来，玛莎悄悄转过头来，偷偷地、怯生生地、很快地打量了我一眼。她的目光像蛇芯子一般闪耀着。聂道漂斯金坐到她身旁，对着她的耳朵轻声说了两句话。她又笑了笑。她笑的时候，微微皱起鼻子，翘起上嘴唇，这样就使她的脸上出现了又像猫又像狮子的表情……

“啊，你真是一棵含羞草。”我在心里说，同时也偷偷地看着她那柔软的身躯、平平的胸部和似乎有些别扭的、快捷的动作。

“哦，玛莎，”契尔托普哈诺夫问道，“应该拿点东西出来款待款待客人，不是吗？”

“咱们有果酱。”她回答说。

“好的，就拿果酱来，再顺便把酒拿来。还有，你听我说，玛莎，”他在她背后叫道，“把六弦琴也拿来。”

“要六弦琴做什么？我又不唱歌。”

“为什么不唱？”

“不愿意唱。”

“哎，哪儿话，你会愿意的，只要……”

“只要什么？”玛莎立刻皱起眉头问道。

“只要请你唱。”契尔托普哈诺夫不免有些尴尬地把话说出来。

“噢！”

她走出去，很快就拿了果酱和酒回来，又在窗前坐下来。她的额头还有点儿皱着；两道眉毛一会儿扬起，一会儿落下，好像黄蜂的触须……读者朋友，您可曾注意到，黄蜂发起狠来是什么样子？我心想，啊呀，大雷雨要来了。谈话也谈不下去了。聂道漂斯金一声不响，勉强微笑着；契尔托普哈诺夫喘着粗气，红着脸，瞪着眼睛；我已经准备走了……玛莎突然站起来，砰的一声把窗子开了，探出头去，怒气冲冲地喊一个路过的娘儿们：“阿克西尼娅！”那娘儿们吓了一跳，本想转过身来，谁知滑了一跤，咚的一声跌倒在地上。玛莎身子向后一仰，哈哈大笑起来，契尔托普哈诺夫也笑了，聂道漂斯金高兴得尖叫起来。我们的精神都为之一振。只是打了一个闪电，大雷雨就过去了……天空又晴朗了。

半个钟头以后，我们就完全不同了：我们像孩子一般又乱扯又玩闹。玛莎玩得最起劲儿，契尔托普哈诺夫一直拿眼睛馋巴巴地盯着她。她的脸发了白，鼻孔张大了，那目光在同一时间里亮起来又暗下去。这村野女子玩得来了劲儿。聂道漂斯金拖着他那又粗又短的腿一拐一拐地跟在她后面，好像公鸭追赶母鸭。就连文佐尔也从前室里的大板凳底下爬出来，在门口站了一会儿，看了看我们，突然也跳起来，吠叫起来。玛莎飞也似的跑到另一个房间里，拿来六弦琴，扯下肩上的披肩，很敏捷地坐下来，抬起头，唱起茨冈歌儿。她的声音清脆而带有颤音，好像一只有裂纹的玻璃铃；那声音一会儿高昂，一会儿低沉……使人觉得又甜蜜又惊心动魄。“啊，燃烧吧，说吧！……”契尔托普哈诺夫跳起舞来。聂道漂斯金跺起脚，迈着碎步跳起来。玛莎浑身扭动着，仿佛火里的桦树皮；那细细的手指在琴弦上敏捷地来回滑动着，那黑皮肤的喉咙在双股的琥珀项链底下慢慢起伏着。有时她突然不唱了，无精打采地坐下来，好像无可奈何地拨弄着琴弦，契尔托普哈诺夫也停下来，只是耸动着肩膀，原地倒换着两只脚，聂道漂斯金就像瓷器人一般摇晃着脑袋；有时她又发了疯似的放开喉咙唱起来，挺得身子直直的，胸脯高高的，契尔托普哈诺夫又蹲到地上跳起来，跳得抵到天花板，像陀螺一般旋转着，高声叫着：“快呀！”……

“快,快,快,快!”聂道漂斯金像连珠炮似的跟着叫道。

那天晚上很晚我才离开别索诺夫村。

契尔托普哈诺夫的末路[1]

一

我那次拜访过契尔托普哈诺夫之后，过了两年，他的种种灾难开始降临了——是的，种种灾难。在这之前他也有一些不如意、失败甚至不幸的事，但是他对这些事没有在意，照样“逍遥自在”。首先使他震动的是最使他伤心的灾难：玛莎离开了他。

是什么原因使她抛开她似乎已经住惯了的这个家——那很难说。契尔托普哈诺夫到死都认定，玛莎所以背弃他，全怪一个年轻的乡邻，一个退役的枪骑兵大尉，外号叫亚甫的。用契尔托普哈诺夫的话来说，他所以能博得女人青睐，只是因为他不断地捻小胡子，香油涂得特别多，哼哼得格外响；然而，应该说，在这

①最初刊于《欧洲导报》1872年第11期。与《猎人笔记》中其他的作品不同，本篇及以下两篇创作于19世纪70年代初期。

方面起作用的主要是流浪的茨冈人的天性。不管怎样，反正在一个夏日黄昏，玛莎把一些零星东西收拾了一下，打成一个不大的包裹，便从契尔托普哈诺夫家里出走了。

在这之前，她有三四天坐在角落里，蜷缩着身子靠在墙上，像一只受伤的狐狸，对谁也不说一句话，只是不住地转悠着眼睛，沉思默想，有时挑挑眉毛，有时微微露一下牙齿，有时两手动来动去，仿佛要把自己裹起来。这样的"心情"她以前也有过，不过从来没有持续多久。契尔托普哈诺夫知道这一点，所以他并不担心，也不去打扰她。可是，当他听到管猎犬的仆人说最后两条猎狗死了，他到狗棚里去看过回来的时候，就碰到一名使女，那使女用打哆嗦的声音向他报告说，玛丽亚·阿金菲耶芙娜叫她向他问候，叫她说，她祝他一切平安如意，不过她再也不回到他家来了。契尔托普哈诺夫在原地转了两个圈儿，声嘶力竭地吼了一声，立刻就去追赶这个逃亡的女子，而且顺手带了一把手枪。

他在离家两俄里一片白桦树林边通县城的大道上追上了她。太阳低低地挂在天边，四周围的一切，树木、花草和大地，一下子全变红了。

"去找亚甫哩！去找亚甫哩！"契尔托普哈诺夫一看见玛莎就哼哼起来，"去找亚甫哩！"他一再地哼哼着，几乎一步一跌地向她跑过去。

玛莎站下来，转过脸朝着他。她背光站着，因此全身黑黑的，像是用乌木雕成的。只有眼白特别分明，像银色的扁桃仁，瞳仁却显得更加黑了。

她把自己的包裹丢到一旁，交叉起两条胳膊。

“你是去找亚甫，不要脸的东西！”契尔托普哈诺夫又说一遍，本想抓住她的肩膀，可是，一碰到她的目光，就心慌意乱，在原地踌躇起来。

“潘捷莱·叶列美奇，我不是去找亚甫先生，”玛莎又平静又轻地说，“只不过我再也不能跟您过下去了。”

“怎么不能过下去了？这是为什么呀？我难道有什么地方得罪了你吗？”

玛莎摇了摇头。

“您哪儿也没有得罪我，潘捷莱·叶列美奇，只不过我在您家里过得不耐烦了……过去您对我好，多谢了；可是我不能再过下去，不能了！”

契尔托普哈诺夫惊呆了；他甚至用手在大腿上狠狠拍了一下，蹦了起来。

“这究竟是怎么一回事儿呀？日子过得好好的，平平安安，快快活活，却突然不耐烦了！她，不耐烦就丢开他！说丢就丢，戴上头巾就走。你在各方面受到的尊敬可是不次于一位夫人……”

“这些我都用不着。”玛莎打断他的话。

“怎么用不着？从一个下贱的茨冈女成为一位夫人，还能说用不着吗？怎么用不着呀，你这天生的下流坯！这种货能叫人信得过吗？必定会偷人，偷人！”

他又恶狠狠地哼哧起来。

“我从来没想过什么偷人，也没有偷过人，”玛莎用她那清脆的声音说，“我已经对您说过：我是厌烦了。”

“玛莎！”契尔托普哈诺夫叫起来，并且用拳头捶了一下自己的胸膛，“唉，别这样吧，够了，叫我够难受了……唉，算了吧！真的！你就想想吧，季洪会怎么说呀；你至少也要可怜可怜他呀！”

“请您替我向季洪·伊凡内奇问候，就对他说……”

契尔托普哈诺夫把两手一挓挲。

“不行，别胡说了，你走不了！你那亚甫白等你！”

“亚甫先生，”玛莎正要说下去……

“什么亚甫先生，”契尔托普哈诺夫模仿着她的口气说，“他是一个不折不扣的流氓，骗子，他那副嘴脸就像个猴子！”

契尔托普哈诺夫和玛莎折腾了足足半个钟头。他时而走到她跟前，时而退回去；时而举起手要打她，时而向她弯腰鞠躬，又哭，又骂……

“我受不了，”玛莎斩钉截铁地说，“我太苦闷了……烦闷得难受。”她的脸上渐渐表现出非常淡漠的、几乎是昏昏欲睡的表情，以至于契尔托普哈诺夫问她，是不是有人给她吃了迷魂药？

“是厌烦了。”她第十次说。

“那我打死你，怎么样？”他突然叫道，并且从口袋里掏出手枪！

玛莎笑了笑；她的脸有了生气。

“这有什么？打死我吧，潘捷莱·叶列美奇，随您怎样；不过，回去我是不回去了。”

“你不回去吗？”契尔托普哈诺夫扳起枪机。

“不回去了，好先生。这一辈子不回去了。我说话是算数的。”

契尔托普哈诺夫突然把手枪塞到她手里，并且蹲在地上。

“好，那你就打死我吧！没有你，我也不想活了。你讨厌我，我也就对一切都讨厌了。”

玛莎弯下身子，拿起自己的包裹，把手枪放到草地上，让枪口不朝着契尔托普哈诺夫，就挨着他坐下来。

“唉，好先生，你何必伤心呢？你难道不了解我们茨冈女人吗？我们生性就是这样，我们这样惯了。只要一厌烦，一想离开，心就飞到十万八千里以外去了，哪里还会留下来呢？你就记住你的玛莎吧，这样的女伴你是找不到第二个的；我也不会忘记你，我的好人儿；可是咱们过的日子到头了！”

“我一直爱你呀，玛莎。”契尔托普哈诺夫用手捂着脸，从手指头缝儿里说……

“我也爱过您呀，我的好人儿潘捷莱·叶列美奇！”

“我过去爱你，现在也爱你，爱得发疯，爱得神魂颠倒。现在只要我一想到，你过得好好的，却要无缘无故离开我，去到处流浪，我就不能不觉得，如果我不是一个倒霉的穷光蛋的话，你是不会抛开我的！”

玛莎听到这话，只是笑了笑。

“你原来还管我叫不爱钱的女人呢！”她说过，使劲在契尔托普哈诺夫肩上打了一下。

他跳了起来。

“那么，至少让我给你一些钱呀，一个钱也没有怎么行呢？不过，最好你还是打死我吧！我对你说实在的：你一枪把我打死吧！”

玛莎又摇摇头。

“打死你？好人儿，何必让人家把我流放到西伯利亚去呢？”

契尔托普哈诺夫浑身打了个哆嗦。

“原来你就因为这个，因为怕服苦役呀……”

他又倒在草地上。

玛莎一声不响地在他旁边站了一会儿。

“我为你难过，潘捷莱·叶列美奇，”她叹着气说，“你是一个好人……不过，没有办法：再见吧！”

她转过身去，走了两步。黑夜已经来临，到处涌起模模糊糊的阴影。契尔托普哈诺夫腾地站起来，从后面抓住玛莎的两条胳膊肘。

“你就这样走啦，狠心的女人？你找亚甫去！”

“再见吧！”玛莎带感情而又决绝地重说了一遍，挣脱他的手，就走了。

契尔托普哈诺夫在后面望了望她，就跑到放手枪的地方，抓起手枪，瞄准了，开了一枪……不过他在扣扳机之前把手向上一抬，子弹就从玛莎头上呼啸而过。她一边走，一边回头朝他看了看，就继续往前走，不慌不忙地摇摆着，仿佛故意逗弄他。

他捂起脸，急忙跑了……

但是他还没有跑出五十步，就突然站下来，一动不动了。一一个熟悉的、太熟悉的声音向他飞来。是玛莎在唱歌。她唱的是：“青春时代，美好的时代……”每一个音都在夜晚的空气中回荡着，又凄怆又热烈。契尔托普哈诺夫凝神倾听起来。那声音越来越远；时而低下去，时而扬起来，隐隐约约，然而还是像热辣辣的细流……

“她这是故意刺激我，”契尔托普哈诺夫想道；然而他立刻又呻吟起来：“哎呀，不是的！她这是和我诀别。”于是他哗哗地流起眼泪。

第二天，他来到亚甫先生家。亚甫先生是一个真正的交际界人物，不赏识乡下的冷清，而住在县城里，如他自己说的，“离太太小姐们近些”。契尔托普哈诺夫没有见到亚甫先生：据他的侍仆说，前一天他上莫斯科去了。

“果然不错！”契尔托普哈诺夫愤怒地叫起来，“他们串通好了；她跟他跑了……可是，等着瞧吧！”

他不顾侍仆的拦阻，闯进年轻骑兵大尉的书房。在书房里的沙发上方，挂着主人穿枪骑兵制服的油画肖像。“哼，你这没尾巴的猴子，有什么好神气的！”契尔托普哈诺夫吼着，跳到沙发上，拿拳头在紧绷绷的画布上一擂，打出一个老大的窟窿。

“告诉你那混蛋东家，”他对那个侍仆说，“因为没见到他那副丑恶的嘴脸，贵族老爷契尔托普哈诺夫就砸坏了他的画像；如果他想要我赔偿的话，他是知道在哪儿可以见到契尔托普哈诺夫老爷的！要不然我就自己来找他！就是到海底我也能找到这个不要脸的东西！”

契尔托普哈诺夫说过这话，就从沙发上跳下来，威风凛凛地走了。

然而骑兵大尉亚甫并没有向他要求任何赔偿——他甚至没有在任何地方遇到过他——契尔托普哈诺夫也不想去找他的冤家对头，他们也就相安无事了。玛莎从那以后不知下落。契尔托普哈诺夫一度沉湎于酒，后来也“清醒”了。可是这时他又遭遇第二次灾难。

二

那就是，他的知心朋友季洪·伊凡内奇·聂道漂斯金死了。他在死前两年身体就渐渐差了：他害起气喘病，老是昏昏沉睡，醒来后，不能很快清醒；县里医生说他患的是“轻度中风”。在玛莎出走以前的三天里，即在她“不耐烦”的那三天里，聂道漂斯金躺在自己的别谢林杰耶夫村里，他患了重伤风。玛莎的出走对他是一种更加意外的打击，因为这对他的打击也许比对契尔托普哈诺夫更重。由于他生性温顺和胆怯，因此除了对好友尽力温存怜惜和近乎病态的困惑以外，并没有表现出什么……然而他的精神垮了，心灰意冷了。“她挖走了我的心。”他坐在自己喜欢的漆布沙发上，捻弄着手指头，小声自言自语。甚至在契尔托普哈诺夫恢复常态以后，聂道漂斯金还没有恢复常态，他依然觉得“心里空了”。“就是这里。”他指着胸部中央比胃高些的地方说。他就这样挨到冬天。刚刚开始冷的时候，他的气喘病轻了些，然而接着来的已经不是轻度中风，而是真正的中风了。他不是一下子就失去知觉；他还能认出契尔托普哈诺夫，听到好朋友绝望地叫喊：“季洪，你这是怎么啦，怎么跟玛莎一样，不等我答应就离开我？”他还能用发僵的舌头回答：“我，潘……莱·叶……奇，我……总……听你……的……”然而他就在这一天死去了，连县城来的医生也没有等到，那医生一看见他的刚刚冷了的身体，只能怀着人生短暂的感触，要些“白酒和鲟鱼干”了。可以想见，季洪·伊凡内奇把自己的产业遗赠他最尊敬的恩人和慷慨大度的保护者潘捷莱·叶列美奇·契尔托普哈诺夫;但是这产业并没有给最尊敬的恩人带来多大的好处,因为不久就被拍卖了——其中一部分钱是用来支付墓碑、雕像的花费。这雕像是契尔托普哈诺夫(在他身上显然表现出父亲的秉性!)主张建立在他的好友的墓前的。他在莫斯科定制的这座雕像,应该是一个正在祈祷的天使;但是人家介绍给他的那个经纪人,知道外省很少有雕塑行家,就不给他天使,而是把多年装饰在莫斯科附近一个荒芜了的叶卡捷琳娜时代的花园里的一座司花女神像给他送了来,而且这是经纪人没花钱弄到的,不过这座雕像十分优美,是洛可可风格的,圆滚滚的手臂,蓬松的鬈发,袒露的胸前有一串玫瑰花,身子微微向前弯着。这位神话中的女神至今优雅地抬着一只脚,站在季洪·伊凡内奇的墓前,带着真正的蓬帕杜式①的娇媚姿态望着在她周围游逛的小牛和绵羊,我们乡村墓地的这些常客。

三

契尔托普哈诺夫失去自己的忠实朋友之后,又沉湎于酒,而且这一次厉害多了。他的家业也走上末路。已经没有本钱打猎,最后一点钱也用光了,最后几名仆人也走掉了。潘捷莱·叶列美奇完全冷清了:连说句话的人都没有,更不用说倾诉衷肠了。只有他的骄傲没有减弱。相反,他的境况越差,他越傲慢、自视越

①蓬帕杜夫人是法国路易十五的情妇,在当时的艺术生活中起过重要作用。

高，越是使人难于接近。到末了，他变得完全孤僻了。他只剩了一点安慰，一件乐事，那就是他有一匹好得不得了的乘用马，灰色鬃毛，顿河种，他取名为马列克-阿杰尔，确实是一头很出色的牲口。

他这匹马还有一段来历。

有一天契尔托普哈诺夫骑着马从附近一个村子经过，听到一家酒店旁边有一群庄稼人在吵闹叫喊。在这群人中间，有几只强壮的手臂在同一个地方不断地扬起又落下。

“那儿出了什么事儿？”他用他特有的长官口气问一个站在自家门口的老娘儿们。

老娘儿们倚在门框上，像打瞌睡似的朝酒店那边望着。一个浅色头发的小男孩穿着印花布小褂，光光的胸膛上挂着一个柏木小十字架，叉开两条小腿，捏紧小小的拳头，坐在她的两只树皮鞋中间；一只小鸡就在旁啄食硬得像木头似的黑麦面包皮。

“谁知道呢，老爷子，”老娘儿们回答说，接着就朝前弯下身子，把她的一只皱巴巴、黑乎乎的手按到小男孩的头上，“听说是我们一些人在打一个犹太人呢。”

“怎么打犹太人？什么样的犹太人？”

“谁知道呢，老爷子。我们这儿来了一个犹太人；他是从哪儿来的——谁知道呀？瓦夏，到妈妈这儿来；嘘，嘘，这畜生！”

老娘儿们轰走了小鸡，瓦夏拉住她的裙子。

“他们就是在打他呀，我的老爷子。”

“怎么打他？为什么？”

“我不知道，老爷子，总是有原因吧。再说，怎么能不打呢？

老爷子,就是他把耶稣钉上十字架的呀!”

契尔托普哈诺夫大喝一声,拿马鞭照马脖子抽了一下,就向人群直冲过去,冲进人群,就不管三七二十一左右开弓地拿鞭子照庄稼人乱抽起来,一面用断断续续的声音喊着:

“无法……无天!无法……无……天!有法律在,不能……乱……来!法律!法律!法……律!!!”

不到两分钟,这一群人就跑散了,在酒店门前的地上只剩了一个瘦小的、皮肤黝黑的人,穿一件土布外套,头发蓬乱,遍体鳞伤……脸色煞白,眼睛向上翻着,嘴张着……这是怎么啦?是吓呆了,还是已经死了?

“你们为什么打死这个犹太人?”契尔托普哈诺夫威风凛凛地挥舞着鞭子,厉声叫喊道。

众人回答他的是嗡嗡的咕哝声。有的庄稼人抚摩着肩膀,有的抚摩着腰,有的抚摩着鼻子。

“打得好厉害!”后面有人说。

“用鞭子打呢!谁都受不了!”另一个声音说。

“为什么打死这个犹太人?我问你们呀,你们这些发疯的野蛮人!”契尔托普哈诺夫又问一遍。

可是就在这时候,那个躺在地上的人很敏捷地站了起来,跑到契尔托普哈诺夫后面,哆哆嗦嗦地抓住他的马鞍的边儿。

众人哄的一声大笑起来。

“才不会死哩!”后面又有人说,“跟猫一样!”

“大人,替我说说话,救救我吧!”这时那个不幸的犹太人把整个胸脯贴在契尔托普哈诺夫的一条腿上,喃喃地说,“要不然他们会打死我，打死我的，大人呀！”

“他们为什么打你？”契尔托普哈诺夫问。

“我实在说不上来呀！他们有些家畜死了……他们就疑心了……可是我……”

“哦，这事儿以后咱们会弄明白的！”契尔托普哈诺夫打断他的话说，“现在你抓住我的马鞍跟我走吧。喂，你们这些人！”他又转身对众人说，“你们认识我吗？我是地主潘捷莱·契尔托普哈诺夫，住在别索诺夫村——就是说，你们就去控告我吧，如果你们要告的话，当然，也可以连带控告这个犹太人！”

“有什么控告的呀？”一个举止庄重、活像古代族长的白胡子庄稼人深深地鞠着躬说。(虽然他刚才打犹太人一点也不比别人斯文。)“潘捷莱·叶列美奇老爷，我们都很熟悉您；您教训了我们，我们都很感激！”

“有什么控告的呀？”另外一些人也接话说，“至于那个反基督的家伙，我们自会收拾他！他逃不出我们的手心！我们对付他，就像对付田野上的兔子　　”

契尔托普哈诺夫翘了翘小胡子，哼了一声，就骑着马带了犹太人缓步朝自己的村子里走去。他就像当年救出季洪·聂道漂斯金那样，救出了这个受欺凌的犹太人。

四

过了几天，契尔托普哈诺夫家里剩下的唯一的小厮来报告他说，有一个骑马的人来了，想和他谈谈。契尔托普哈诺夫走到台阶上，看到他认识的那个犹太人骑着一匹出色的顿河马，那马一动不动地、雄赳赳地站在院心里。那犹太人没有戴帽子，他把帽子夹在腋下；两只脚不插在马镫里，却插在马镫的皮带里；他那外套的破烂的衣襟耷拉在马鞍的两边。他一看见契尔托普哈诺夫，就吧嗒起嘴唇，抽动起两肘，悠荡起两条腿。可是契尔托普哈诺夫不仅没有回礼，却恼火起来；一下子就火冒三丈：一个令人厌恶的犹太佬竟敢骑这样出色的马……成何体统？

“喂，你这混账东西！”他吆喝道，“赶快爬下来，要是你不愿意把你摔到烂泥里的话！”

犹太人立刻服服帖帖，像一个袋子似的从鞍上翻滚下来，就一只手握着缰绳，微笑着，鞠着躬，走到契尔托普哈诺夫跟前。

“你有什么事？”契尔托普哈诺夫很威严地问。

“大人，请您看看，这匹马怎么样？”犹太人一直鞠着躬说。

“嗯……马是一匹好马。你从哪儿弄来的？恐怕是偷的吧？”

“怎么会呀，大人！我是一个老老实实的犹太人，我不是偷的，我是为您大人采办的，真的！我花了不少气力，不少气力！不过这真是一匹了不起的马！这样的马在整个顿河地区决找不到第二匹！大人，您看看这是什么样的马！请到这边来！吁！……吁！……转过头来，侧过身来！咱们来把鞍子下了。多么漂亮呀！不是吗，大人？”

“马是一匹好马。”契尔托普哈诺夫装出淡漠的神气又说一遍，然而他的心已经在胸中怦怦直跳了。他是一个非常喜欢马的人，对于马十分内行。

“大人，您摸摸它吧！摸摸它的脖子，嘿嘿嘿！对啦。”

契尔托普哈诺夫好像不情愿似的把手放到马脖子上，拍了两下，然后用指头从鬐一直顺着脊梁摸过去，直到肾上面的那个地方，像内行人那样在这个地方轻轻按了一下。那马立刻拱起脊梁，用一只傲慢的黑眼睛朝契尔托普哈诺夫斜瞟了一下，噗地吹了一口气，倒换了几下前蹄。

犹太人笑起来，轻轻地拍起手来。

“它在认主人了，大人，认主人呢！”

“噢，别胡扯，”契尔托普哈诺夫懊恼地打断他的话说，“要我买你这匹马……又没有钱；要说送给我，我不但没有接受过犹太人的赠送，连上帝的赠送也没有接受过！”

“我怎么敢送您什么呀，哪儿会呢！”犹太人高声说，“您就买下吧，大人……钱吗，我以后来拿。”

契尔托普哈诺夫沉思起来。

“你要多少钱？”他最后从牙缝里说。

犹太人耸耸肩膀。

“就照我买进的价钱吧。两百卢布。”

这匹马应该值这个数目的两倍，也许三倍的价钱。

契尔托普哈诺夫把脸扭向一旁，非常激动地打了一个呵欠。

“那么，什么时候……付钱？”他故意皱起眉头，也不看犹太人，问道。

“随您大人的便。”

契尔托普哈诺夫把头向后一仰，却不抬眼睛。

“这不算回答。你要说清楚，龟孙子！怎么，难道要我欠你的情？”

“好，咱们就这样吧，”犹太人连忙说，“过六个月……您看，行吗？”

契尔托普哈诺夫什么也没有回答。

犹太人仔细看了看他的眼睛。

“行吗？是不是让我把马牵到马棚里去？”

“马鞍我不要，”契尔托普哈诺夫断断续续地说过，“把马鞍拿去，听见吗？”

“好的，好的，我拿去，我拿去。”犹太人高高兴兴地说，就把马鞍下了，背在肩上。

“钱吗，”契尔托普哈诺夫说下去……“再过六个月。而且不是两百，是两百五十。住嘴！两百五十，我说的算！我欠你的。”

契尔托普哈诺夫一直没有勇气抬眼睛。他的自尊心从来没有受到这样严重的损伤。“显然这是赠送，”他在心里说，“是为了报恩送来的，这鬼东西！”他真想拥抱这个犹太人，又恨不得打他一顿……

“大人，”那犹太人鼓起勇气，龇着牙笑着，又说道，“应该照俄罗斯风俗，手递手地交给……”

“亏你想得出！犹太佬……还说什么俄罗斯风俗！喂！谁在那儿？把马牵去，牵到马棚里。喂些燕麦。等会儿我要来看看。好吧，就给它取个名字——马列克-阿杰尔！”

契尔托普哈诺夫刚刚踏上台阶，突然陡地转过身来，跑到犹太人跟前，紧紧握了握他的手。那犹太人弯下身子，已经伸出嘴来，可是契尔托普哈诺夫急忙向后一闪，并且小声说了一句，“不要对任何人说！”就走进门里去了。

五

从这一天起，马列克-阿杰尔便成了契尔托普哈诺夫生活中主要的事情、主要的心思和乐趣。他爱这马，当初对玛莎都没有这样爱过；他亲近它，比对聂道漂斯金还亲近。不过这马实在太好了！性烈如火，甚至像火药，却又老成持重，有贵族之风！又能吃苦，又耐劳，不论叫它到哪里去，都很顺从；喂起来也不须操什么心：如果没有别的东西吃，蹄下的泥巴也可以嚼嚼。它慢步走的时候，仿佛抱着你一样；快步走的时候，仿佛让你坐摇篮；飞奔起来，连风也追不上它！它从来不气喘，因为通气孔很多。四条腿像钢铁一样；至于跌跌撞撞，那它从来不曾有过！至于过沟、跨栏，那算不了什么；而且它又多么聪明呀！一听到你的声音，它就昂起头跑过来；你叫它站着，你自己走开，它还是一动也不动；只要你一往回走，它就轻轻叫起来，仿佛说："我在这儿呢。"它什么也不怕：在最黑暗的夜里，在暴风雪中，都能找到路。它怎么也不会让陌生人靠近，如果陌生人动它，它会用牙咬！狗也别想靠近它，只要一靠近，它就飞起前蹄照狗头上一踢。那狗就休想活了！这马很有自尊心：除非为了点缀，拿鞭子在它头上晃两晃，根本不需要碰它一碰！不过这又何必多说，总之，这是一件无价之宝，不是平常的马！

契尔托普哈诺夫说起自己的马列克-阿杰尔，真是赞不绝口！而且他又是多么关怀它，心疼它呀！它浑身的毛泛着银色，而且不是旧的银色，而是新的银色，带有黑色光泽；用手在它身上抚摩起来——简直像丝绒一样！马鞍，鞍垫，笼头——所有的马具全都配得好好的，又整齐，又干净，简直无可挑剔！契尔托普哈诺夫对待它也没有说的，亲手给自己的爱马编额鬃，拿啤酒给它洗鬃毛和尾巴，甚至不止一次拿润滑油擦抹蹄子……

有时他骑上爱马出去走走，不是到乡邻家去——他依然不和他们来往——而是从他们的土地上、从他们的家门前经过……意思是说：傻瓜们，你们欣赏欣赏我的马吧！有时他听说什么地方有人打猎——是有钱的老爷准备到远处的田野上去——他立刻赶了去——在老远的天边骑着马矫健地驰骋，让所有的观者都惊羡他的马的雄姿和神速，并且不让任何人到他跟前来。有一次，有一个打猎的人竟带了手下所有的人马去追他；那人看到契尔托普哈诺夫躲避他，就一面拼命追着，一面使足劲儿大声呼喊："喂，你听着！把你的马卖给我，不论你要什么！几千卢布我也舍得！把老婆、孩子给你也行！把家底子全给你！"

契尔托普哈诺夫突然把马列克-阿杰尔勒住。那个打猎的人飞奔到他跟前。

"先生！"他高声说，"你说吧：要什么？我的亲爹！"

"你就是皇上，"契尔托普哈诺夫一字一顿地说（虽然他从来没有听说过莎士比亚[①]）"你拿全部国土来换我的马，我也不换！"他说过，就哈哈大笑起来，让马竖起前腿，单用后腿像陀螺一般在空中转了两圈，便飞驰而去！只能看到那马在割过庄稼的土地上一闪一闪的。那个打猎的人（据说是一位非常有钱的公爵）把帽

①莎士比亚的历史剧《理查三世》中有一处说："马呀！马呀！我愿拿一半国土换这匹马！"

子往地上一摔，一下子就把脸埋到帽子里！他就这样躺了有半个钟头。

契尔托普哈诺夫怎么能不珍视他的马呢？他又能在所有的乡邻面前表现出明显的优势、最后的优势，不是全亏了这匹马吗？

六

可是时间过得很快，付款的日期渐渐近了，契尔托普哈诺夫却不但没有二百五十卢布，就连五十卢布也没有。怎么办呢，怎样才好呢？"这有什么？"他终于打定主意，"要是那个犹太人不讲情面，不肯缓期，我就把房子和土地给他，我自己就骑上马，到哪儿算哪儿！宁可饿死，决不离开马列克-阿杰尔！"他非常激动，甚至心事重重；但是这一次命运——是第一次，也是最后一次——怜惜他，对他笑脸相迎：有一个远房姑妈，契尔托普哈诺夫连她的名字都不知道的，在遗嘱中留给他一笔在他看来很大的数目，足足两千卢布！而且他收到这笔钱，正是在所谓紧要关头：犹太人要来的前一天。契尔托普哈诺夫高兴得几乎发了疯——但是他想到的不是酒：自从他得到马列克-阿杰尔的那一天起，他就滴酒不沾了。他跑进马棚，吻了吻好朋友鼻孔上方的脸的两边，也就是马的皮肤最柔软的地方。"这一下子咱们再也不分离了！"他拍着马列克-阿杰尔那梳得整整齐齐的鬃毛下的脖子，高声说。他回到房间里，就数出两百五十卢布，用纸包好。然后他躺下来，抽着烟，考虑起如何使用其余的一些钱，就是说，他要去买什么样的狗：要真正的科斯特罗姆种的，而且一定要红斑的！

他甚至和别尔菲什卡聊了聊，答应给他一件镶黄条的卡萨金式上衣，然后就悠然自得地入睡了。

他做了一个不祥的梦。似乎他是出去打猎，但所骑的不是马列克-阿杰尔，而是一头像骆驼似的奇怪的畜生；有一只雪白雪白的狐狸迎着他跑来……他想扬起鞭子，想呼唤狗去捕捉，谁知他手里拿的不是鞭子，而是树皮，狐狸就从他面前跑过，而且伸出舌头逗弄他。他从他的骆驼上跳下来，打了几个趔趄，跌倒了……一直跌到一个宪兵手里，那宪兵带他去见总督，他认出这总督就是亚甫……

契尔托普哈诺夫醒了。屋子里黑漆漆的；公鸡刚刚叫过第二遍……

老远老远的地方有马嘶的声音。

契尔托普哈诺夫抬起头来……又听到一阵细细的马嘶声。

“这是马列克-阿杰尔在嘶叫！”他在心里说……“这是它的声音！可是为什么这样远呀？我的天……这不可能……”

契尔托普哈诺夫顿时浑身发冷，霍地从床上跳下来，摸到靴子和衣服，穿好了，又从枕头底下抓起马棚的钥匙，就跑到院子里。

七

马棚在院子的尽头，一面墙对着田野。契尔托普哈诺夫不是一下子就把钥匙插进锁里的，因为他的手在打哆嗦，也不是立刻就扭动钥匙……他屏住呼吸，一动不动地站了一会儿：门里面竟连一点响动声也没有!“马列克! 我的好马列克!”他小声叫道。鸦雀无声! 契尔托普哈诺夫不由得猛地扭动了一下钥匙,那门吱扭一声开了……看样子是门没有锁。他跨进门去,又唤了唤自己的马,这一回是呼唤全名;“马列克-阿杰尔!”但是忠实的伙伴没有应声,只有一只老鼠在草堆里沙沙响了两声。于是契尔托普哈诺夫冲进三马栏的马棚中马列克-阿杰尔所在的那个栏里。虽然四周黑得伸手不见五指,他还是一下子就进了这个栏……空空荡荡! 契尔托普哈诺夫的头旋转起来;他的脑子里仿佛有一口钟嗡嗡响起来。他想说些什么,但只是发出咝咝的声音,于是他呼哧呼哧喘着,弯着两膝,用手在上面摸摸,下面摸摸,两边摸摸,从一个马栏摸到另一个马栏……又摸到堆干草几乎堆到顶的第三个马栏,撞到一面墙上,又撞到另一面墙上,跌了一跤,又翻了一个筋斗,爬起来,突然从半开着的门里仓皇地跑到院子里……

“偷走了! 别尔菲什卡! 别尔菲什卡! 偷走了!”他不要命地大叫起来。

小厮别尔菲什卡只穿一件小褂,连滚带爬地从他睡的储藏室里奔出来……

主人和他唯一的小厮,两个人都像醉汉一样在院心里撞了个满怀;他们像发了疯似的,彼此相对着转起圈圈儿。主人也说不清是怎么一回事儿,仆人也不明白主人要他干什么。“糟了! 糟了!”契尔托普哈诺夫嘟嘟哝哝地说。“糟了! 糟了!”那小厮跟着他说。“拿提灯来! 快拿来,把提灯点着! 火! 火!”契尔托普哈诺夫那紧张得麻木了的胸中终于迸出这样的话。别尔菲什卡飞跑到屋子里。

但是取火点灯不是容易的事:黄磷火柴当时在俄罗斯还是稀罕东西;厨房里最后的余火也早已熄灭了;火刀和火石老半天才找到,而且很不灵光。契尔托普哈诺夫咬着牙从惊慌失措的别尔菲什卡手里夺过来,亲自打起火来:火花四处迸射,迸射得还要厉害的是骂声,甚至哼哼声——但是火绒要么点不着,要么立刻就熄灭,不论四个腮帮子和四片嘴巴怎样用劲儿吹,都没有用!终于,过了五六分钟,只多不少,那盏破提灯底上的蜡烛头才点着了。于是契尔托普哈诺夫由别尔菲什卡陪着,冲进马棚里,把提灯举到头顶上,向四下里仔细看了看……

到处空空的。

他急忙跑到院子里,在院子里到处跑了一遍——哪儿也没有马!他的宅院四周的篱笆早已破旧不堪,有许多地方已经倾斜,歪向地面……在马棚旁边有一俄尺长的一段完全倒在地上。别尔菲什卡把这地方指给契尔托普哈诺夫看了看。

“老爷!您瞧瞧这儿,今天白天不是这样的。瞧,桩子都从地里露出来了,显然是有人拔出来的。”

契尔托普哈诺夫提着灯跑过去,在地上照了照……

“马蹄,马蹄,马掌印子,是的,新鲜印子!”他急匆匆地嘟哝说。“是从这儿牵出去的,就是这儿,就是这儿!”

他一眨眼就跨过篱笆,大声呼喊着“马列克-阿杰尔!马列克-阿杰尔!”一直朝田野里奔去。

别尔菲什卡仍然在篱笆旁边彷徨。提灯的光圈很快在他眼前消失,被没有星月之夜的黑沉沉的夜色吞没了。

契尔托普哈诺夫那绝望的叫喊声越来越微弱了……

八

他回家的时候，朝霞已经出现。他没有人的样子了，浑身衣服上都是泥巴，脸的模样又粗野又可怕，眼睛流露着阴森而痴呆的神气。他用低低的嘶哑声把别尔菲什卡赶出去，便一个人待在房里。他疲惫得几乎站不住了，但是他没有躺到床上去，而是坐到门边一张椅子上，并且抓住头。

“偷掉了！……偷掉了！”

可是那贼究竟用什么办法在半夜里从上了锁的马棚里把马列克-阿杰尔偷走的呢？就是在白天任何生人都无法靠近的马列克-阿杰尔，怎么会无声无息就被人偷走了呢？连一条看家狗也没有叫，这怎么解释呢？虽然看家狗只有两条，两条小狗，而且因为又冷又饿蜷成一团——可是总应该叫几声呀！

“现在没有了马列克-阿杰尔，叫我怎么办呢？”契尔托普哈诺夫心里想。“现在我最后的乐趣也失掉了——到了死的时候了。好在现在有了钱，是不是另外买一匹？可是到哪儿能找到这样好的马呀？”

“潘捷莱·叶列美奇！潘捷莱·叶列美奇！”门外响起胆怯的叫唤声。

契尔托普哈诺夫霍地站起来。

“是谁？”他用变了音的嗓门儿喊道。

“是我，您的小厮，别尔菲什卡。”

“你有什么事？是不是找到了，跑回家来了？”

“不是的，潘捷莱·叶列美奇；是那个犹太人，卖马的那个……”

“噢？”

“他来了。”

“呵呵呵呵呵！”契尔托普哈诺夫大叫起来，一下子把门拉开。“把他拖到这儿来！拖到这儿来！拖到这儿来！”

站在别尔菲什卡背后的犹太人一看到他的“恩人”那副蓬头乱发、恶狠狠的模样一下子出现在他的面前，就想逃走，可是契尔托普哈诺夫猛追两步抓住了他，并且像老虎一般掐住他的喉咙。

“哼！你来要钱了！来要钱了！”他声嘶力竭地说，好像不是他在掐别人，而是别人在掐他。“夜里偷了去，白天来要钱吗？嗯？嗯？”

“哪有的事，大……人，”犹太人哼哼起来。

“你说，我的马在哪儿？你把马弄到哪儿去了？卖给谁了？你说，你说，你说呀！”

犹太人连哼哼也不哼哼了；他那发了青的脸上连恐怖的表情都没有了；两条胳膊耷拉下去；他那被契尔托普哈诺夫猛烈摇扯着的身子像芦苇一样向前向后晃动着。

“钱我会给你的，我会给你的，全部给你，一个戈比也不会少，”契尔托普哈诺夫叫道，“可是，如果你不马上说出来，我就掐死你，就像掐死一只小小的癞鸡……”

“您已经把他掐死了嘛，老爷。”小厮别尔菲什卡恭顺地说。

契尔托普哈诺夫这才清醒过来。

他放开犹太人的脖子；犹太人扑通一声倒在地上。契尔托普哈诺夫把他扶起来，让他坐到板凳上，往他的喉咙里灌了一杯酒，使他苏醒过来。他苏醒过来之后，就跟他谈起来。

原来，犹太人一点也不知道马列克-阿杰尔被盗，而且他何苦给“最尊敬的潘捷莱·叶列美奇”物色到这匹马又把马偷走呢？

于是契尔托普哈诺夫便领着他来到马棚里。

他们两人一起察看了马栏、食槽、门上的锁，翻了翻干草、麦秸，然后又来到院子里；契尔托普哈诺夫把篱笆旁边的马蹄印子指给犹太人看了看——突然，他在自己的大腿上猛地一拍。

“对了！”他叫起来。“这马你是在哪儿买的？”

“在小阿尔汉格尔县维尔霍辛的集市上买的。”犹太人回答说。

“买的什么人的？”

“一个哥萨克的。”

“对了！那个哥萨克是年轻的，还是年老的？”

“不年轻也不老，是一个中年人。”

“那人怎么样？模样怎么样？大概是一个狡猾的骗子吧？”

“也许是一个骗子，大人。”

“那个骗子他是对你怎么说的，这匹马他养了很久了吗？”

“记得他说，是养了很久了。”

“这就对了，别的人不会偷，肯定是他！你想想看，你到跟前来，听我说……你叫什么名字？”

犹太人抖擞一下，抬起他那双黑黑的小眼睛看了看契尔托普哈诺夫。

“我叫什么名字吗？”

“嗯,是的:你叫什么?”

“我叫莫舍尔·莱巴。”

“哦,莱巴,我的好朋友,你想想看:除了原来的主人,谁能叫马列克-阿杰尔乖乖地听话呢!他竟然给马上了鞍,戴了嚼环,还脱了马衣——马衣就丢在草堆上呢!……简直就像在自己家里一样,从容自如!要不是主人,任何别的人都会被马列克-阿杰尔踢死的!它会大叫怒吼,把全村都惊动!你看,我说的对吗?”

“很对,很对,大人……”

“这就对了,就是说,首先就是要找到那个哥萨克!”

“可是,大人,怎么能找到他呢?我总共见过他一次,现在他在哪儿呢?他叫什么名字呢?哎呀呀,哎呀呀!”犹太人悲伤地摇着他那耷拉下来的长鬓发说。

“莱巴!”契尔托普哈诺夫突然叫起来,“莱巴,你看看我吧!我已经失去理性,自己不能控制自己了!……你要是不帮助我,我就自尽了!”

“可是我怎么能……”

“你跟我一块儿去找那个贼吧!”

“可是咱们到哪儿去找呢?”

“到集市上,到大道上、小路上,到盗马贼那儿,到城市,到大镇、小村——到天边地角!至于钱,你不必操心:老弟,我得到一笔遗产!就是花尽最后一个戈比,也要找到我的好伙伴!那个坏蛋,那个哥萨克,休想逃出我们的手心!他到哪儿,咱们就到哪儿!他钻到地下,咱们就钻到地下!他跑到魔鬼那儿,咱们就一直去找魔王！”

“哎，找魔王干什么，”犹太人说，“不找魔王也行。”

“莱巴！”契尔托普哈诺夫接着说，“莱巴，你虽然是一个犹太人，是一个异教徒，可是你的心灵比有的基督徒还好！你就可怜可怜我吧！我一个人去没有用，我一个人办不了这件事。我脾气暴躁，你倒是有头脑，极好的头脑！你们这个民族就是这样的：什么事都能无师自通！也许你会怀疑，心想：他哪里有钱呢？咱们到我房里去，我把所有的钱给你看看。你把所有的钱都拿去，连我脖子上的十字架拿去都行，只要把马列克-阿杰尔给我弄回来，一定要弄回来，弄回来！”

契尔托普哈诺夫像发疟子一样浑身哆嗦着，汗珠像冰雹一样从脸上往下滚，和泪水混合在一起，消失在胡子里。他紧握着莱巴的手，恳求他，几乎要吻他……契尔托普哈诺夫发了狂。犹太人本来想劝阻他，想说明他无论如何不能离开这里，说明他有事……可是毫无用处！契尔托普哈诺夫什么话都不想听。没有办法，可怜的莱巴只好答应了。

第二天，契尔托普哈诺夫和莱巴一起驾着一辆农家马车，从别索诺夫村出发了。犹太人显得有些惶惶不安，一只手扶住车栏，整个衰弱的身子在摇摇晃晃的座位上不停地颤动着；另一只手揣在怀里，怀里是用报纸包着的一沓儿钞票；契尔托普哈诺夫像木偶一般坐着，只是用眼睛四下里扫着，张大胸膛呼吸着；腰里别着一把短剑。

“哼，坏蛋偷走我的伙伴，现在你试试看吧！”马车上了大道，他嘟哝说。

他把家托付给小厮别尔菲什卡和厨娘照管，厨娘是一个又老又聋的女人，他因为怜悯她才收养了的。

“我会骑着马列克-阿杰尔回来的，”他临走时朝他们叫道，“不然就永远不回来了！”

“你就嫁给我好啦！”别尔菲什卡用胳膊肘捣捣厨娘的肋骨，开玩笑说，“反正咱们别想等老爷回来啦，要不然真要寂寞死了！”

九

过了一年……整整的一年，潘捷莱·叶列美奇杳无音信。厨娘死了；别尔菲什卡已经准备丢下这所房子，投奔在城里一家理发店当学徒、一再叫他去的堂兄，忽然得到消息，说主人要回来了！本教区的执事收到契尔托普哈诺夫一封亲笔信，在信里说他就要回到别索诺夫村来了，请执事关照仆人做好应有的准备来迎接他。别尔菲什卡把这话理解为要把灰尘多少打扫一下，并不怎么相信这消息是真的。过了几天，等到契尔托普哈诺夫本人骑着马列克-阿杰尔来到自己的宅院里，他才不得不相信执事的话是真的了。

别尔菲什卡朝主人奔过去，抓住马镫，想扶他下马，可是主人自己跳下马来，得意扬扬地拿眼睛朝四周扫了扫，大声叫起来：“我说过，一定要找到马列克-阿杰尔——我就找到了，仇人和命运都拿我没办法！”别尔菲什卡走过来吻他的手，契尔托普哈诺夫却没有理会仆人的一番热忱。他牵着马列克-阿杰尔，大踏步朝马棚里走去。别尔菲什卡仔细看了看自己的主人,害怕起来:“哎呀,这一年里他瘦了多少,老了多少呀,他的脸又是多么阴沉可怕呀!”似乎契尔托普哈诺夫应该高兴了,因为他终于遂了心愿;而且他的确也是很高兴的……然而别尔菲什卡还是害怕起来,甚至感到恐怖。契尔托普哈诺夫把马放到原来的马栏里,轻轻拍了拍马的臀部,说:“好啦,你又回家了!以后当心点儿!……”当天他就从免除赋役的贫苦农人中雇了一个可靠的看守人;他在自己家里重新安顿下来,像原来那样过起日子……

然而,不能完全像原来那样了……不过,这一点以后再说。

契尔托普哈诺夫在回家之后的第二天,把别尔菲什卡叫来,因为别无其他人可谈,就对他说起他是怎样找到马列克-阿杰尔的,当然说得不失身份,而且是用粗嗓门儿。契尔托普哈诺夫在讲述的时候,一直脸朝窗子坐着,用长烟管吸着烟;别尔菲什卡则站在门槛上,倒背着两手,恭恭敬敬地望着主人的后脑勺,听他讲。他讲他在到处奔波和多次寻找落空之后,最后来到罗姆内的一个集市上,这时他已经是一个人,没有犹太人莱巴陪伴了,因为他胆小怕事,经受不住,丢下他跑掉了;他讲他在第五天,已经准备离开了,却在最后一次在一排排马车中间察看的时候,忽然在另外三匹马中间发现有一匹拴在车辕下燕麦口袋上的马,正是马列克-阿杰尔!他一下子认出它,马列克-阿杰尔也一下子认出了他,便嘶叫起来,挣扎起来,用蹄子在地上乱刨。

“它不是在哥萨克手里,”契尔托普哈诺夫继续说下去,依然没有转过头来,并且还是用那样的粗嗓门儿,“而是在一个茨冈马贩子手里;当然我立刻死死抓住我的马,就想强硬地把马夺回来;

可是那个狡猾的茨冈人就像烫伤了似的大叫起来，叫得惊动了整个市场，并且一再发誓，说这马他是从另一个茨冈人手里买来的，并且要找人来对证……我不理这一套，给他付了钱，就什么也不管了！在我来说，找到了我的好伙伴，精神上得到安宁，这是最宝贵的。原来我却听信了犹太人莱巴的话，在卡拉契夫县抓住一个哥萨克不放，认为他是偷我的马的贼，打了他一顿巴掌。谁知那个哥萨克是牧师的儿子，他要我赔偿名誉损失，我出了一百二十卢布。不过，钱算不了什么，主要的是：马列克-阿杰尔又回到我手里了！我现在福来运转，可以过过安乐日子了。不过，别尔菲什卡，我吩咐你一句话：万一你在附近一带看到那个哥萨克，什么也不要说，立刻跑回来把枪拿给我，我知道我该怎样办！”

契尔托普哈诺夫就是这样对别尔菲什卡说的；他嘴上这样说，心里却不像他说的那样安宁。

哎呀！他在内心深处并不完全相信他带回来的马确实就是马列克-阿杰尔！

十

契尔托普哈诺夫难受的时候来到了。就是说，他极少有什么安乐。虽然，心情安宁的日子也有：这时他觉得他产生的怀疑是荒唐的；他像驱除一只纠缠不清的苍蝇一样拼命驱除这种荒唐的念头，甚至还嘲笑自己的荒唐；然而也有很痛苦的日子：这时候萦绕心头的念头像地下的老鼠一样，又偷偷钻出来抓挠和撕咬他的心——于是他感到钻心一般的、深深的痛楚。在他找到马列克-

阿杰尔那值得纪念的一天里，契尔托普哈诺夫只是感到幸福快乐……但是，他在找到的宝马旁边过了整整一夜之后，第二天早晨，当他在旅店的低低的屋檐下给马上鞍的时候，有什么东西在他心上扎了一下……他只是摇了摇头，然而种子已经种下了。在回家的路上(他走了有一个星期)，他心中很少萌发怀疑；但是一回到自己的别索诺夫村，一来到以前真正的马列克-阿杰尔所住的地方，他的疑心更强烈，更明显了……一路上他多半是骑着马缓步走着，摇摇晃晃、四处眺望着，吸着短短的烟管，什么也不去想；只是有时在心里说："哼！我契尔托普哈诺夫这样的人，想怎样——就一定能做到！"并且得意地笑着；然而一回到家里，就不一样了。当然，这一切他都是隐藏在心里的；单是自尊心，也不容许他说出内心的烦恼。不论什么人，哪怕曲折暗示一下这匹马列克-阿杰尔似乎不是原来那一匹，他都会把他劈成两半。有时他碰到一些人，他们恭喜他"寻找顺利"，他接受这种恭喜，但是他不去寻求恭喜，而且比以前更不愿同人接触——那是不祥之兆！他几乎时时刻刻在对这匹马列克-阿杰尔进行考试，如果可以这样说的话。他骑上这马到远些的田野上去试验它；或者他悄悄走进马棚里，把门关上，站在马头前，注视着马的眼睛，小声问："你就是吗？你是吗？你是吗？……"要不然就一声不响地盯着它，而且是一连几个钟头目不转睛地盯着，时而高高兴兴地嘟哝着："是的！就是的！当然是的！"时而怀疑甚至惶惑不安起来。

使契尔托普哈诺夫惶惑不安的不仅是这匹马列克-阿杰尔和那匹马列克-阿杰尔在形体上的差异……况且，差异是不多的：原来那匹的尾鬃和鬣毛似乎要稀些，耳朵要尖些，蹄腕骨要短些，眼睛更明亮些——但就连这也只是似乎如此；使契尔托普哈诺夫感到困惑不安的，可以说是精神上的差异。原来那一匹的习惯不是这样的，整个癖性都不相同。比如，原来那匹马列克-阿杰尔每当契尔托普哈诺夫一进马棚，总要回过头来，轻轻地嘶叫；这一匹却只管吃草，若无其事，或者耷拉下头打瞌睡。在主人从马鞍上跳下来的时候，两匹马都是一动不动的；但是在主人呼唤的时候，原来那一匹立刻会闻声前来，这一匹却仍然像树桩一样站着。原来那一匹跑起来也是这样快，但是跳得更高更远些；这一匹慢步走起来更洒脱自如，然而快跑起来却颠晃得比较厉害，而且有时会磕碰马掌，也就是后蹄会碰到前蹄，原来那一匹从来没有这种丑事儿，绝对没有！契尔托普哈诺夫觉得这匹马老是耸耳朵，显得非常蠢，原来那一匹不同：把一只耳朵贴到后面，一直贴着，就这样注视着主人！那一匹往往一看到旁边不干净，立刻就用后蹄踢马栏的墙壁；这一匹却不在乎，就是粪便堆得抵到肚子也不理会。如果让那一匹迎着风，立刻会用整个肺部来呼吸，而且浑身抖动，这一匹只不过打打响鼻；那一匹不能忍受雨水潮湿，这一匹倒无所谓……这一匹粗野些，粗野得多！也没有那一匹那种风度。至于驾驭起来，那就更不用说了！那一匹马是可爱的，这一匹……

这就是契尔托普哈诺夫有时想到的，他一想到这些，就感到十分痛苦。可是在另外一些时候，比如，当他纵马在刚刚耕起的田野上飞驰，或者驱马跃过冲沟的沟底并且再从陡坡下跳上来的时候，他高兴得心都醉了，嘴里不住地高声大叫，这时候他认为，确实认为，他所骑的就是真正的、无可置疑的马列克-阿杰尔，因为除了马列克-阿杰尔，还有哪匹马能够这样呢？

然而这也避免不了失意和倒霉事儿。长期寻找马列克-阿杰尔，耗费了契尔托普哈诺夫许多钱；他已经不奢想什么良种猎狗，而只是像以前一样一个人骑着马在附近一带转悠转悠。有一天早晨，契尔托普哈诺夫在离别索诺夫村五俄里的地方又碰到那位公爵的猎队，就是一年半之前欣赏过他的骏马驰骋英姿的那位公爵的猎队。而且又偏偏出现了那样的情形：正如那一天一样，一一只灰兔从斜坡上的田塍下跳出来，跳到猎狗面前！"追，追，逮住它！"整个猎队就飞奔过去，契尔托普哈诺夫也纵马飞奔起来，只是不同他们在一起，而是在离开他们二百步左右的一旁，正和那时候一样。斜坡上有一条弯弯曲曲的大水沟横穿而过，拦住契尔托普哈诺夫的去路。水沟越往上去，渐渐狭窄些；然而就在他要跨过的地方——一年半之前他就是在这儿跨过的——也还有八九步宽，两俄丈深。契尔托普哈诺夫怀着胜利的预感，又一次辉煌胜利的预感，扬扬得意地大笑起来，挥舞起鞭子——那一群打猎的人一面放马飞跑，一面目不转睛地注视着这个勇猛的骑手——他的马像箭一般飞奔着……水沟已经来到眼前——瞧吧，瞧吧，像上次一样，一跃而过！……

可是马列克-阿杰尔猛地一停，陡地向左一转，顺着沟边跑去，不论契尔托普哈诺夫怎样朝水沟扭转它的头，都没有用了。

就是说，它胆怯了，自己气馁了！

这时契尔托普哈诺夫又羞惭又愤恨，几乎哭着，放松了缰绳，驱马一直朝前奔，朝山里跑去，要离开那群打猎的人远远的，但愿不要听到他们嘲笑他的声音，快点儿躲开他们那可恶的目光！

马列克-阿杰尔两肋带着鞭痕，浑身冒着汗珠跑回家来，契尔托普哈诺夫立刻就躲到自己房间里不出来了。

“不对，这不是，不是我的好伙伴儿！如果是原来那一匹，就是把命送了，也不会让我丢脸！”

十一

最后使契尔托普哈诺夫走到所谓“绝路”的，是下面一件事。有一天他骑着马列克-阿杰尔从别索诺夫村所属教区的礼拜堂旁边的僧侣村后面经过。他把皮帽子拉得低低的，弯着腰，两手放在鞍轿上，慢慢地前进；他心里又不愉快，又乱。忽然有人叫唤他。

他勒住马，抬起头来，看到是和他通过信的那个教堂执事。这位教堂执事那编成辫子的褐色头发上戴着一顶褐色风帽，身穿黄色土布外套，比腰低很多的地方束一条浅蓝色腰带，走出来看自己的庄稼垛；一看见契尔托普哈诺夫，认为应该向他表示自己的敬意，顺便也可以向他打听一些什么事儿。大家都知道，教会的人如果没有这一类的用心，是不会和世俗人说话的。

但是契尔托普哈诺夫却无心和教堂执事说话；他勉强回过他的礼，小声嘟哝了一句什么话，就扬起了鞭子……

“您的马多么气派呀！”教堂执事连忙接着说，“真是可以认为是荣耀的。真的，您是一个有了不起的头脑的男子汉，简直像一头狮子！”这位教堂执事一向以花言巧语闻名，这是使牧师十分懊恼的，因为牧师没有口才，就是喝了酒也沉默无语。“虽然因为坏人暗算丢掉了一头牲口，”教堂执事继续说下去，“您一点也不灰心，反而更相信天意，自己另外弄到一匹，一点也不比原来那匹差，甚至可以说更好些……所以……”

“你胡说什么？”契尔托普哈诺夫阴沉地打断他的话，“怎么是另外一匹？这就是原来那一匹；这就是马列克-阿杰尔嘛……我把它找回来的。别胡说……”

“哎！哎！哎！哎！”教堂执事一字一顿，好像拖腔似的说，一面捻弄着大胡子，用他那明亮而凝神的眼睛盯住契尔托普哈诺夫。“这是怎么一回事儿呀，先生？我还记得，您的马是去年圣母节[①]之后两个星期被偷掉的，现在已经是十一月底了。”

“嗯，是的，那又怎么样呢？”

教堂执事依然用手指捻弄着大胡子。

“就是说，从那时候到现在，已经过了一年多了，您的马那时候是灰色带黑斑的，现在还是这样；甚至似乎颜色更深了。这是怎么一回事儿呢？灰色马在一年里往往要淡很多呀。”

契尔托普哈诺尔浑身哆嗦了一下……仿佛有人用长矛戳了一下他的心。确实，灰鬃毛是要变淡的呀！这样简单的道理，他怎么一直没有想到呢？

“讨厌的家伙！去你的吧！”他突然大喝一声，像发疯似的瞪了瞪眼睛，转瞬间就跑得让大吃一惊的教堂执事看不见了。

“唉！一切都完了！”

现在确确实实一切都完了，一切都破灭了，最后一张牌也打输了！就因为“颜色要变淡”这句话，一下子全垮了！

---

①圣母节在旧俄历10月1日。

灰马的颜色是要变淡的呀！

跑吧，跑吧，该死的畜生！你跑不出这句话！

契尔托普哈诺夫驱马跑回家里，又躲进房里不出来了。

十二

这匹不中用的劣马不是马列克-阿杰尔，这匹马和马列克-阿杰尔没有一点相似之处，任何稍有头脑的人都能一眼看出这一点，他契尔托普哈诺夫是用最不光彩的办法弄错的，他是故意欺骗自己，蒙混自己——现在这一切都毫无疑问了！契尔托普哈诺夫在房间里前前后后地踱着，每到墙根下就用同样的姿势用脚后跟一转，像关在笼子里的野兽。他的自尊心受到难以承受的伤害；然而使他焦灼不安的不光是自尊心受到伤害的痛苦；他又灰心绝望，又满腔愤恨，顿时萌发了强烈的报复心。可是恨谁呢？报复谁呢？报复犹太人，亚甫，玛莎，教堂执事，偷马的哥萨克，所有的乡邻，所有天下人，乃至自己？他的头脑里全乱了。最后一张牌打输了！（他很喜欢这个比喻。）他又是一个最不值一文、最使人瞧不起的人了，成了众人的笑柄，可怜的小丑，十足的蠢货，教堂执事嘲笑的对象！！……他想象着，他清楚地想象到，那个讨厌的家伙会怎样对别人说起这匹灰马，说起愚蠢的马的主人……唉，真可恶呀！！……契尔托普哈诺夫拼命压制心中的怒火，都没有用；他一再要自己相信，这匹马……虽然不是马列克-阿杰尔，但总是……一匹好马，可以服侍他很多年——这也没有用，而且他立刻愤怒地驱逐这个念头，就好像这对于原来那匹马列克-阿杰尔是一种新的侮辱，因为他本来觉得已经对不起原来的马列克-阿杰尔了……可不是嘛！他竟像瞎子，像糊涂虫，把这样一匹糟糕的驽马和原来的马列克-阿杰尔同样看待！至于说这匹驽马还能服侍他……难道他什么时候还愿意去骑它？怎么也不会骑了！永远不会！！……把它送给鞑靼人，丢给狗吃，再没有别的用场了……对了！就这样最好！

契尔托普哈诺夫在自己房里踱了有两个多钟头。

“别尔菲什卡！”他突然发出命令，“你马上到酒店去，打半桶酒来！听见没有？半桶酒，快点儿！立刻给我把酒端上桌。”

酒很快就给契尔托普哈诺夫端上了桌，他便喝起酒来。

十三

当时如果有谁看一看契尔托普哈诺夫，如果有谁看到他一杯接一杯喝酒时那股阴沉的发狠神气，一定会不由自主地感到恐怖。天已经完全黑下来；桌上的蜡烛发出幽暗的光。契尔托普哈诺夫不再踱来踱去了；他坐着，满脸通红，眼睛模模糊糊的，有时望着地上，有时紧紧盯着黑乎乎的窗户；有时站起来，倒一杯酒，喝干了，又坐下来，又用眼睛盯住一点，一动也不动，只是呼吸越来越急促，脸越来越红。似乎有一种决心在他胸中渐渐成熟。这种决心使他自己惶惶不安，但他对这种决心也渐渐习惯了；就是这样一个念头顽强地、一停不停地涌过来，越来越迫近，就是这样一种做法在眼前显得越来越清楚，而在他心里，在火辣辣的酒劲儿沉重的压力下，愤恨已经渐渐变成极端残忍的感情，于是他的唇边出现了一种令人发悸的冷笑……

“嗯，不过该动手了！”他用一种郑重其事的、几乎是公事公办的语调说，“夜长了梦多！”

他喝干最后一杯酒，到床头拿起手枪——就是他打玛莎的那支手枪，装上弹药，又把几个引火帽放进口袋，以防万一，便朝马棚走去。

在他打开马棚的门的时候，那个看守人本待朝他跑过来，但是他朝他喝道：“是我！你没看见吗？走开！”看守人就往旁边多少闪了闪。“你去睡觉吧！”契尔托普哈诺夫又朝他喝道，“用不着你在这儿看守了！这算什么稀罕玩意儿，什么宝贝呀！”他走进马棚。马列克-阿杰尔……假的马列克-阿杰尔躺在草垫上。契尔托普哈诺夫踢了它一脚，说：“起来，蠢东西！”然后他解下拴在槽上的马笼头，脱下马衣，丢在地上，很粗暴地拉着听话的马在栏里转了一下身，就把马牵到院子里，又从院子里牵到田野里，使那个看守人惊愕不已，他怎么也不明白，主人在半夜里牵了这匹不戴笼头的马到哪儿去？他自然不敢问他，只是目送着他，一直到他在通向附近树林的大路的拐弯处一拐，就看不到了。

十四

契尔托普哈诺夫大踏步走着，不停步，也不回头；马列克-阿杰尔——咱们管它叫这个名字，就一直叫到底吧——乖乖地跟着他走。这天夜里相当明亮；契尔托普哈诺夫能够看到前面那像连绵的一个个黑点似的树林那锯齿形的轮廓。他迎着阵阵夜晚的冷风，要不是……要不是他整个身心沉浸在另一种更加强烈的醉意中，他一定会因为他所喝的酒醉昏过去的。他的头越来越沉重，血在喉咙和耳朵里嗡嗡直响，但是他走的步子很稳，而且明白他是往哪儿走。

他下决心打死马列克-阿杰尔；一整天他想的就是这件事……现在他的决心下定了！

他去干这件事，不但泰然自若，而且满怀信心，毫不动摇，就像一个人去履行应尽的义务。他觉得这"玩意儿"非常"简单"：消灭了这个冒牌货，他就一下子把什么问题都解决了：又惩罚了自己的愚蠢，又可以向自己真正的好伙伴谢罪，又可以向天下人（契尔托普哈诺夫很关心"天下人"）表明，跟他是不能开玩笑的……但主要的是，他要把自己连同冒牌货一起消灭，不然他活下去还有什么意思呀？这一切怎样出现在他的头脑里，为什么他觉得这事儿如此简单——那是不容易解释的，虽然也不是完全不能解释：他满腔委屈，冷冷清清，没有一个亲近的人，没有一个铜板，又加上喝了酒，血直往上涌，他已经接近精神错乱状态；毫无疑问，精神错乱的人的最乖张的举动在他们看来都是自有其道理的，甚至是正确的。契尔托普哈诺夫坚信自己是完全正确的；他毫不动摇，他急着去对罪犯执行枪决，然而却不清楚：他所说的罪犯实际上是谁？……说实话，他对于他要干的事情很少考虑。"必须，必须干掉，"他就是呆呆地、严厉地反复说着这句话，"必须干掉！"

无罪的罪犯乖乖地在他背后小步走着……但是契尔托普哈诺夫心中却没有一点怜悯感。

十五

契尔托普哈诺夫把马牵到离树林边不远处,这里有一条不大的冲沟,冲沟里有一半长满了小橡树棵子。他走下冲沟……马列克-阿杰尔绊了一下,几乎跌倒在他身上。

“你是不是想压死我,该杀的东西!”契尔托普哈诺夫叫起来,而且似乎为了自卫,从口袋里掏出手枪。他已经没有发狠的心情,而是有一种特别的麻木感,据说,一个人在犯罪之前就是有这样一种麻木感的。但是他自己的声音使他害怕——这声音在黑郁郁的枝丛笼罩下,在林中冲沟里的腐烂和沉闷的潮湿气息中显得多么粗野!此外,有一只大鸟突然在他头顶上的树顶上拍打起翅膀,回答他的叫声……契尔托普哈诺夫浑身哆嗦了一下。好像他惊醒了他这事的见证者——这又是什么地方呀?这是在他不应该碰到任何活物的荒僻的地方……

“去吧,你妈的,想到哪儿就到哪儿去吧!”他从牙缝里说,然后放开马列克-阿杰尔的缰绳,使劲儿用手枪把子在马的肩上打了一下。马列克-阿杰尔立刻向后一转,从冲沟里爬出去……就跑起来。但是过了不大的一会儿,就听不见它的蹄声了。一阵风吹来,把什么声音都混合和淹没了。

契尔托普哈诺夫也慢慢从冲沟里爬出来,走到树林边,顺着大路缓步朝家里走去。他很不满意自己;他的头脑里和心中的沉重感扩展到他的四肢;他又恼火,又忧郁,又不满意,又饿,好像有人欺负了他,夺去了他的猎物和食品……

自杀未遂的人,往往有这一类的感觉。

突然有什么东西从后面朝他两肩中间撞了一下。他回头一看……马列克-阿杰尔站在大路中央。它是跟着主人走来的,用头碰了碰他……报告自己来到……

"啊!"契尔托普哈诺夫叫起来,"是你呀,你自己找死来了!那就来吧!"

转眼间,他掏出手枪,扳起枪机,把枪口对准马列克-阿杰尔的额头,开了一枪……

可怜的马猛地闪到一旁,用后腿站起来,蹦跳了十来步,突然沉重地倒下去,抽搐着在地上打着滚,发出嘶哑的声音……

契尔托普哈诺夫用两手捂住耳朵,就跑起来。他两腿发软。他的醉意,他的狠劲儿,他的愚蠢的自信心——一下子都无影无踪了。只剩了羞惭和不光彩的感觉——再就是一种意识,一种明确的意识,意识到这一下自己也完了。

十六

五六个星期之后,区警察局长从别索诺夫村路过,小厮别尔菲什卡认为有必要把他拦下。

"你有什么事?"这位警官问。

"大人,请到我们家里来,"小厮深深地鞠着躬说,"我家主人好像要死了,所以我很害怕。"

"怎么?要死啦?"警察局长问。

"就是的。起初他天天喝酒,现在他躺到床上了,已经瘦得很了。我看，他现在什么也不明白了，一句话也不能说了。”

警察局长下了马车。

“你怎么样，至少去请过神甫了吧？你家主人忏悔过没有？领过圣餐吗？”

“没有。”

警察局长皱起眉头。

“你这是怎么回事儿呀，伙计？怎么能这样呀，嗯？难道你不知道，这种事儿……责任重大呀，嗯？”

“前天和昨天我都问过他呀，”胆怯的小厮接着说，“我说，潘捷莱·叶列美奇，是不是让我去请神甫？他说：‘住嘴，浑蛋。不是你的事你别管。’可是今天我对他说什么，他只是对我看看，动一动胡子。”

“他喝了很多酒吗？”

“多得很哩！还是劳您的驾，大人，到他房间里去看看吧。”

“好吧，你带路！”警察局长说过，就跟着别尔菲什卡走去。

等待着他的是令人吃惊的场面。

在潮湿而阴暗的后房里，契尔托普哈诺夫躺在一张很寒碜的床上，床上铺的是马衣，用毛茸茸的毡斗篷当枕头；他的脸色已经不是苍白，而是像死人那样的青黄色；一双眼睛深深地陷下去，眼里泛着油光；那乱蓬蓬的胡子上面的鼻子尖尖的，但还是有点儿红红的。他还穿着那件永不更换的、胸前有弹药袋的短上衣和吉尔吉斯式蓝色灯笼裤。大红顶的高高的毛皮帽盖住他的额头，一直抵到眉头。契尔托普哈诺夫一只手拿着猎鞭，另一只手里拿着一个绣花荷包，这是玛莎送给他的最后一件礼物。床边的桌子上放着一个空酒瓶;床上的墙壁上钉着两张水彩画:在其中的一张上,可以看得出,是一个手里拿着六弦琴的胖胖的人——大概是聂道漂斯金;另一张画画的是一个纵马飞驰的骑手……那马很像孩子们在墙壁上画的神话中的动物。但是那画得很仔细的鬃毛的圆斑和胸前的弹药袋,骑手那尖头长筒靴和大胡子,就使人没有怀疑的余地:这张画画的一定是骑着马列克-阿杰尔的契尔托普哈诺夫。

警察局长惊愕得不知如何是好。房间里死一般的寂静。"他已经死了吧,"他心想,于是他提高嗓门儿,叫道:"潘捷莱·叶列美奇! 喂,潘捷莱·叶列美奇!"

这时候出现了异常的情形。契尔托普哈诺夫的眼睛慢慢睁了开来,已经无神的眼珠先是从右边转向左边,然后从左边转向右边,最后停在来人身上,看到了他……在两眼的暗淡的眼白里似乎有什么东西闪烁着,似乎有视线射出;那发了青的嘴唇渐渐张了开来,发出一种嘶哑的、已经真的带有死气的声音:

"世袭贵族潘捷莱·契尔托普哈诺夫要死了;谁能够拦阻他呢? 他不欠任何人的债,他毫无所求……你们这些人,不要管他! 你们走吧!"

那拿鞭子的手几乎要举起来……却举不起来! 嘴唇又合上了,眼睛也闭上了——契尔托普哈诺夫把身子挺直了,把脚掌靠拢在一起,照旧躺在他那硬邦邦的床上。

"等他死了,你告诉我一声,"警察局长在从房间里往外走的时候,小声对别尔菲什卡说,"我看,现在可以去请神甫了。应该照规矩办事,给他涂圣油。"

别尔菲什卡当天就去请了神甫；到第二天早晨他就去报告警察局长：潘捷莱·叶列美奇昨天夜里就去世了。

殡葬的时候，护送他的棺材的有两个人：小厮别尔菲什卡和犹太人莱巴。契尔托普哈诺夫去世的消息不知怎样传到这个犹太人耳朵里，他不能不对他的恩人表示最后的心意。

活骷髅[1]

长期受难的故土——

你这俄国人民的土地!

菲•丘特切夫

法国有一句谚语:“干渔夫,湿猎人,一副狼狈相。”我一向不喜欢捕鱼,因此无法判断一个渔夫在晴朗的日子里感受如何,以及在阴雨天捕到很多鱼时的高兴如何远远超过浑身淋湿的不快。但是对于猎人来说,下雨的确是一种灾难。有一次我和叶尔莫莱到别廖夫县去打松鸡,正是遇到了这种灾难。从清晨起,雨一直没有停。为了避免淋雨,我们什么办法没有想呀!我们把橡胶雨衣几乎披到头上,也在树底下站了一阵子,为的是少淋些雨……不透水的雨衣,妨碍打枪是不必说的,竟也老实不客气地漏雨了;站在树下,起初的确好像淋不到雨,可是后来,聚集在树

①最初刊于1874年出版的《文学合刊》。

叶上的雨水一下子冲下来，每一条树枝都像落水管似的向我们浇起水来，一股冷水钻到领带底下，顺着脊梁往下流……正如叶尔莫莱说的，这真是糟糕不过的事了。

“不行，彼得·彼得罗维奇，”叶尔莫莱终于叫起来。“这样不行！……今天不能打猎了。狗鼻子一淋雨，就不灵了；枪也不发火了……呸！真倒霉！”

“那该怎么办呢？”我问。

“那就这样吧。咱们到阿列克谢耶夫村去。您也许不知道，有这样一个村子，也是老夫人的；离这儿有八九俄里。咱们就在那儿过夜，等明天……”

“明天再回到这儿来吗？”

“不，不到这儿来了……阿列克谢耶夫村那边许多地方我都很熟悉……在那儿打松鸡比这儿好多了！”

我也不细问我的忠实伙伴为什么开头不带我到那些地方去，就在这一天我们来到母亲的庄子上，说实话，在这之前我一点也不知道有这样一个田庄。这个庄子里有一座厢房，非常破旧，但因为没有人住，所以很干净；我就在这厢房里过了非常安宁的一夜。

第二天，我早早地醒来。太阳刚刚出来；天上没有一片云彩；周围的一切都闪耀强烈的、来自两方面的亮光：初升朝阳的亮光和昨日大雨的亮光。我趁着套马车的时候，信步到小园子里走走——以前这是一个果园，现在荒芜了，芳香而茂密的树丛从四面围住这座厢房。啊，在这新鲜空气中，在明朗的天空下，天空有云雀在歌唱，那清脆的声音像银珠儿一般从空中纷纷撒下，人在此情此景下,多么舒畅呀！那云雀的翅膀上一定带着露珠儿,那歌声似乎也是朝露滋润过的。我甚至脱下头上的帽子,张大胸膛快活地呼吸着……在一条不深的溪谷的斜坡上,紧靠篱笆,有一个养蜂场;通向养蜂场的一条羊肠小道弯弯曲曲地从密密丛丛的杂草和荨麻中穿过,在杂草和荨麻上面矗立着不知从哪儿来的许多暗绿色大麻的尖尖的秆儿。

我顺着这条小道走去;走到养蜂场。养蜂场旁边有一座柳条编成的小棚屋,即所谓过冬蜂房,是放蜂巢过冬的。我朝半开着的门里望了望:里面黑乎乎,静悄悄,十分干燥;散发着薄荷和蜜蜂花的香气。在角落里搭了一张板床,上面有一个小小的人体盖了被躺着……我就想走开了……

"老爷,喂,老爷！彼得·彼得罗维奇！"我听到一个微弱、缓慢而沙哑的声音,好像沼地上苔草的瑟瑟声。

我站住了。

"彼得·彼得罗维奇！请您到这儿来！"那声音又说。那声音是从角落里我看到的那张板床上向我发出的。

我走到跟前一看,吓呆了。在我面前躺的是一个活的人样的东西,但这算是什么样子呀?

头完全干瘪了,完全成了青铜色——活像古画中的圣像;鼻子细得像刀刃一样;嘴唇几乎看不出——只能看到白白的牙齿和眼睛,再就是头巾底下有几绺稀稀的黄头发披在额头上。下巴旁边,在被子的褶皱上,有两只也是青铜色的小小的手轻轻动着,细得像筷子一般的手指头慢慢摸弄着。我定神一看:一张脸不但不丑,甚至很美——然而很可怕,很不正常。而且我觉得这张脸尤其可怕的是，我看出，那青铜般的两腮使劲又使劲……使劲要笑，却笑不出来。

“您不认识我了吗，老爷？”那声音又轻轻地说；那声音好像是从勉强在动的嘴里冒出来的。“怎么能认得呀！我是露凯丽娅……您记得吗，在斯巴斯克庄上，在老夫人那里，跳轮舞的……记得吗，我还当领唱呢！”

“露凯丽娅！”我叫起来，“就是你吗？这怎么会呀？”

“是我，老爷，是我。我就是露凯丽娅。”

我不知道说什么好，茫然若失地望着这张黑乎乎的、一动不动的脸和盯着我的那一双明亮而毫无生气的眼睛。这怎么会呀？这具木乃伊就是露凯丽娅，我家所有仆役中的头号美女，就是那个苗条、丰满、雪白、粉红、能歌善舞、笑声朗朗的露凯丽娅！露凯丽娅，聪明伶俐的露凯丽娅，我们所有的小伙子都追求过的露凯丽娅，就连当时是一个十六岁孩子的我，也偷偷爱慕过的露凯丽娅！

“天啊，露凯丽娅，”我终于说出话来，“你这是怎么啦？”

“真是天降灾难呀！您可别嫌弃我，老爷，不要因为我的不幸厌恶我，请您坐到这个小木桶上，离我近些，不然您听不清我的话……瞧，我说话多么没有力气呀！……哦，我见到您多么高兴呀！您这是怎么到阿列克谢耶夫村来了？”

露凯丽娅说话声音又轻又微弱，但是没有停顿。

“是猎手叶尔莫莱带我到这儿来的。你还是对我讲讲……”

“讲讲我的灾难吗？好吧，老爷。我这事已经很久了，有六七年了。那时候我刚刚许配给瓦西里·波里亚科夫——您可记得，就是那个长得很匀称、鬈头发、给老夫人管餐室的？不过，您那时已经不在乡下，到莫斯科去念书了。我和瓦西里爱得很深；我一刻也忘不了他；到春天却出了事儿。有一天夜里……已经离天亮不远了……可是我睡不着：夜莺在花园里唱得那么美妙动听！……我忍不住，就起身走到台阶上去听夜莺唱歌。夜莺唱呀，唱呀……忽然我好像听到有人叫我，好像是瓦西里的声音，那声音轻轻的：'亲爱的露凯丽娅！……'我朝旁边一看，大概是因为没有完全清醒，一脚踩空了，就从台阶上跌下去，扑通一声跌到地上！当时似乎跌得不怎么厉害，所以我很快就爬起来，回到自己房间里。只是我身体里面，肚子里，好像有什么东西断了……让我歇一口气……请等一会儿……老爷。"

露凯丽娅不说了，我惊愕地望着她。特别使我惊愕的是，她在讲自己的往事的时候，几乎是愉快的，不叹息也不呻吟，一点也不是诉苦和恳求人同情。

"自从出了那件事以后，"露凯丽娅继续说下去，"我就渐渐消瘦，渐渐衰弱了；浑身发了黑；走路渐渐困难了，到后来两条腿就完全不中用了；不能站，也不能坐；只能天天躺着。不想吃，也不想喝，身子越来越坏。老夫人心肠好，又给我请医生，又送我去医院。可是我的病一点也不见好。甚至没有一个医生说得出我害的是什么病。医生什么办法没给我用过呀：用烙铁烫我的背，把我放在冰块堆里……全没有用。到末了我的身子完全僵了……那些先生们就断定，我的病没办法治了。而在主人家里是不能收留残废人的……所以就把我送到这里来了，因为这里有我的亲戚。这不是，我就这样活着。"

露凯丽娅又不说话了，并且又使劲要笑。

“你这种状况实在太可怕了！”我叫起来……再不知道说什么好，就问道：“瓦西里·波里亚科夫怎么样啦？”这话问得很蠢。

露凯丽娅把眼睛微微往旁边转了转。

“波里亚科夫怎么样吗？他悲伤了一阵子，过了一阵子，就娶了另外一个姑娘，格林村的一个姑娘。您知道格林村吗？离我们这儿不远。那姑娘叫阿格拉菲娜。他是很爱我的，可是到底还年轻呀，总不能一辈子独身。我怎么还能做他的妻子呢？而且他找的妻子也很好，很善良，他们已经有了孩子。他在邻近一户人家当管家：是老夫人给他身份证，放他出去的。托上帝的福，他现在过得很好。”

“你就这样一直躺着吗？”我又问。

“我就这样躺着，老爷，已经有六年多了。夏天就躺在这个小棚子里；等天冷起来，就把我抬到澡堂的更衣室里，我就躺在那儿。”

“谁服侍你？谁照料你呢？”

“这里也有一些好心人。不是没有人管我。再说，我也不需要很多照顾。吃东西，几乎不吃什么；至于水，这不是，杯子里是有的，总是有水准备着，而且是清洁的泉水。我自己能拿到杯子，因为我有一只手还能活动。哦，这里还有一个小姑娘，是一个孤儿，时常来看看我，真该感谢她。刚才她就来过……您没有碰见她吗？一个挺好看的、白白的小姑娘。她常常给我送花来；我太喜欢了，太喜欢花了。我们园子里没有花——过去是有的，可是现在没有了。不过野花也很好，比家花还香呢。就比如这铃兰花……这香味多么好闻呀!”

“我可怜的露凯丽娅,你不寂寞吗,不难受吗?”

“有什么办法呢?不瞒您说,起初是很苦恼的;可是后来就习惯了,忍受下来了,也就没什么了;有些人比我还糟呢。”

“这话怎么说?”

“有的人连安身的地方都没有呢!有的人还是瞎子或者聋子!可是我,托上帝的福,眼力很好,而且什么都能听得见。田鼠在地下挖洞,我都听得见。不管什么气味,哪怕是一点点儿气味,我都闻得出!田野里的荞麦一开花,或者园子里的椴树一开花,用不着谁告诉我,我第一个先闻到。只要有一点点风从那地方吹来就行。还有什么要怨恨上帝呢?世上不如我的人多着呢。再比如说:有的健康的人很容易犯罪;可是我谈不到犯罪了。前几天神父阿列克塞来给我授圣餐,他就说:‘你没有什么可忏悔的:你这种状况还会犯罪吗?’可是我回答他说:‘要是思想上犯罪呢,神父?’‘哦,’他说着,笑了,‘这种罪过算不了什么。’”

“不过,可以说,我连思想上的罪过也不怎么犯了,”露凯丽娅继续说下去,“因为我已经养成习惯:不去想,尤其不去想过去的事。这样时间就过得快些。”

说实话,我感到十分惊讶。

“露凯丽娅,你总是冷清清一个人;你怎么能不让你的脑子里想什么呢?是不是你一直在睡觉呢?”

“才不是呢,老爷!我不是总能睡得着的。虽然我身上不是十分疼痛,可是肚子里还是酸痛,骨头里也酸痛,不能好好地睡觉。不行呀……只能这样一直躺着,躺着,什么也不想;觉得我活着，在呼吸——这就行了。我就看看、听听。蜜蜂在蜂巢里又嘤嘤又嗡嗡；鸽子落到屋顶上，咕咕叫起来；有时一只母鸡带着一群小鸡来啄面包屑子；要么飞来一只麻雀或者一只蝴蝶——我都觉得很开心。前年还有燕子在那个屋角上做窝儿，孵出了小燕儿。那情景才好看哩！一只燕子飞进来，落到窝儿上，喂过小燕儿，就飞出去。一转眼，另一只燕子又飞进来接班了。有时燕子不飞进来，只是从开着的门前飞过，那些小燕儿立刻就叽叽喳喳直叫，而且张大了嘴巴……到第二年我还等燕子来，可是听说，此地有一个猎人开枪把燕子打死了。怎么这样贪心呀？一只燕子比甲虫大不了多少……你们这些打猎的先生多么狠心呀！”

“我是不打燕子的。”我连忙说。

“有一次，”露凯丽娅又说起来，“才好笑哩！一只兔子跑进来了，真的！也许是有狗在后面追，它就一直跑进门来了！……那兔子就蹲在我跟前，而且一直蹲了很久，一个劲儿耸动鼻子，翘胡子，活像一位军官！而且不住地朝我望着。就是说，它知道我是不会害它的。最后，它站起来，两蹦三蹦蹦到门口，在门口回头看了看，就一溜烟跑掉了！多么好笑呀！”

露凯丽娅抬眼看了看我……那意思是问：不是很有趣吗？我为了满足她的愿望，就笑了笑。她咬了咬干燥的嘴唇。

“嗯，到了冬天，我当然不怎么舒服，因为太暗了；点蜡烛有点儿可惜，况且点了有什么用呀？我虽然识字，而且一向喜欢看书，可是看什么书呀？这儿什么书也没有，就是有书，我怎么能拿着看呢？神父阿列克塞为了给我解闷儿，有一次拿了一本历书来；可是他看到没有用处，就又拿走了。不过，黑暗是黑暗，还是能听到一些什么：有蟋蟀叫了，或者老鼠在什么地方挖刨起来。这就好了：可以不想了！”

“要不然我就念念祈祷词，”露凯丽妞多少休息了一下，又说下去，“不过我知道的祈祷词不多。而且，何必打扰上帝呢？我能向上帝要求什么呢？我需要什么，上帝比我更清楚。他送给我十字架，就说明他是爱我的。我们就应该明白这一点。我一念《我们的主》《圣母颂》《赞美一切受难者》，就又安安静静地躺着，什么也不想了。也就没有什么了！”

过了有两三分钟。我也没有说话，坐在当座位的小木桶上一动也没动。躺在我面前这个不幸的活人那种残酷的、石头般的僵化也传染了我：我好像也僵住了。

“你听我说，露凯丽娅，”终于我开口说，“你听我说，我给你出个主意。我派人把你送到医院里，送到城里一家很好的医院去，你愿意吗？也许你的病还能治好，谁知道呢？反正你总不能一个人……”

露凯丽娅微微动了动眉毛。

“哎呀，不必了，老爷，”她用忧虑的口气小声说，“不要送我去医院，不要动我。我到了医院里只会更痛苦。我的病到哪儿也治不好！……有一回一位医生来到这里，想给我检查检查。我请求他：‘看在基督面上，不要打扰我吧。’他哪里听呀！就把我翻来翻去，把我的胳膊和腿又揉搓又弯曲；他说：‘我这是做科学研究；我是学者，是有职务的人，就是干这种事的！你不能不让我做研究，我因为做研究是得过勋章的，而且我就是为你们这些糊涂蛋效力。’他把我折腾来折腾去，折腾了一阵子，对我说了说我的病名——那病名很难懂——说过就走了。他走后整整有一个星期,我浑身的骨头都酸痛。您说,我是一个人,总是一个人。不,并不总是这样。常常有人到我这儿来。我安安静静,不妨碍什么人。有些农家姑娘来了,就聊一聊;有朝圣的香客来了,会说说耶路撒冷,说说基辅,说说圣城的事儿。而且我就是一个人也不觉得可怕。甚至还好些呢,真的!……老爷,请不要动我,不要送我去医院吧……谢谢您吧,您是一个好心人,只是请您不要动我,我的好老爷。"

"好吧,那就随你,那就随你,露凯丽娅。不过,我这是为你好呀……"

"我知道,老爷,知道是为我好。可是,好老爷呀,谁又能帮得了另外一个人?谁又能懂得另外一个人的心呢?一个人只能自己帮助自己!您恐怕不相信:有时我一个人这样躺着……觉得全世界除了我,再没有什么人了;只是我一个人是活着的!我似乎觉得,突然我灵机一动……我就沉思遐想起来——简直美妙得很呢。"

"这时候你想些什么呢,露凯丽娅?"

"这个吗,老爷,也是没办法说的:是说不清楚的,而且过后往往就忘了。一些想法来了,就像云彩一样,扩散开来,显得那样新鲜,那样美好,但究竟是怎么一回事儿,那就弄不清楚了!我只是想:如果我旁边有人,就根本不会有这种种想法,除了感觉我不幸,就不会有别的感觉。"

露凯丽娅很吃力地叹了一口气。她的胸膛也和别的肢体一样,不听她使唤了。

“老爷，我看您的样子，”她又说起来，“您是很可怜我的。不过，您不要太可怜我吧，真的！比如，我可以告诉您：就是现在，我有时候还……您还记得吧，我以前是多么快活的？是一个活泼姑娘哩！……您猜怎么样？就是现在我还唱歌呢。”

“唱歌？……你？”

“是的，唱歌，唱古老的歌、轮舞歌、覆盘歌、圣歌，各种各样的歌！我以前会唱很多歌嘛，现在还没有忘记；只是不唱伴舞歌了：在我现在的情况下唱伴舞歌没有用处。”

“你怎样唱呢？……在心里唱吗？”

“也在心里唱，也唱出声来。大声唱我是不行的，可是总能叫人听得清。我刚才对您说过：有一个小姑娘常到我这儿来，是一个聪明伶俐的孤儿。我就教她唱歌；她已经跟我学会了四支歌儿。您也许不相信吧？等一等，我这就给您唱……”

露凯丽娅鼓了鼓劲儿……我一想到这个半死的人要唱歌了，不由地产生一种恐怖感。但是不等我把话说出来，就有一种悠长、微弱、但清晰而准确的声音在我耳边颤动起来……紧接着是第二个音，第三个音。露凯丽娅唱的是“在牧场上……”她唱的时候，没有改变那石头般的脸的表情，甚至眼睛也一动不动。然而那又可怜又费劲、像一缕轻烟似的颤动着的嗓门儿却异常动听，她是多么想把全部心曲倾吐出来……我已经不感到恐怖，而是产生了一种说不出的痛心和怜惜感。

“哎呀，我不能唱了！”她突然说，“没有劲儿了……我看见您非常高兴。”

她闭上了眼睛。

我把一只手按到她那细细的、冷冰冰的手指上……她朝我看了看——她那像古代雕像一般带金色睫毛的黑黑的眼睑就又闭上了。过了一小会儿，那眼睑在幽暗中闪出亮光……是泪水把眼睑打湿了。

我依然一动没有动。

"我这人真是的！"露凯丽娅突然用出人意料的劲儿说，并且睁大了眼睛，拼命要把眼里的泪水眨巴掉。"这不难为情吗？我这是怎么啦？我很久没有这样了……自从去年春天瓦西里·波里亚科夫来看我那一天以后，就没有过。他坐在这儿跟我说话的时候，我倒没有什么；可是等他一走，我一个人哭得好厉害呀！不知从哪里来的那么多眼泪！……不过，我们女人的眼泪本来就是不值钱的。老爷，"露凯丽娅又说，"您大概有手帕……不要讨厌我，替我擦擦眼泪吧。"

我连忙满足了她的要求，并且把手帕留给了她。起初她不肯要……她说："我要这样的礼物做什么？"手帕是很普通的，但是又白又干净。后来她用瘦弱的手指头把手帕抓住，就再也不放开了。我们俩都在黑暗中，等我习惯了黑暗，就能清楚地看出她的面貌，甚至能看出透过她脸上的青铜色显露出来的微微的红晕，能够在这张脸上看出——至少我觉得这样——过去美貌的痕迹。

"老爷，您刚才问我，"露凯丽娅又说起来，"我是不是天天睡觉？我确实睡得很少，可是每次睡着了都会做梦，都是好梦！我从来不梦见自己生病；我在梦里总是非常健康、非常年轻的……只是有一点很痛苦：等我醒过来，就想好好地舒展一下，可是浑身就像被铸住了。有一回我做的梦可美妙哩！要不要我讲给您听听？……好，您听我说说……我梦见，我好像站在田野里，周围都是黑麦，高高的，金灿灿的，都已经熟透了！我好像带着一条火红色的狗，这狗凶得不得了，老是想咬我。我手里好像有一把镰刀，而且不是普通的镰刀，简直像月亮，也就是像镰刀时的月亮。我就是要用这月亮把黑麦割完。可是我热得非常难受，而且月亮照得我眼睛发花，所以我感到懒洋洋的；我周围长着许多矢车菊，那么大的矢车菊！而且所有的矢车菊都朝我转过头来。于是我想：我来采些矢车菊吧；瓦西里说定要来的——那我就先给自己编一个花冠，然后再割黑麦还来得及。我就开始采矢车菊，可是矢车菊一到我指头中间就消失了，就是采不到！我的花冠怎么也编不成。而且这时候我听到有人向我走来，走得很近了，并且叫我：'露凯丽娅！露凯丽娅！……'我心想：'哎呀，糟糕，来不及了！管它呢，我就把这月亮戴到头上，代替矢车菊吧。'我就像戴头巾一样把月亮戴到头上，我浑身立刻大放光辉，把周围田野全照亮了。我一看，有一个人从麦穗顶上快步向我走来——不过不是瓦西里，竟是基督驾临！为什么我认出这是基督，那我说不上来——画像上的基督并不是这样的——不过这就是基督！没有胡子，高高的，年纪很轻，一身白衣服——只有腰带是金色的——他向我伸过手来，说，'不要怕，我的打扮得漂漂亮亮的姑娘，跟我走吧；你要到我的天国里去跳轮舞，还要唱天堂的歌儿。'于是我紧紧贴住他的手！我的狗立刻贴到我的腿上……可是我们顿时飞腾起来！他在前面……他在空中展开翅膀，那翅膀像海鸥翅膀一样长——我就跟着他！那狗就只好离开我了。这时我才明白，这狗就是我的病，是不会去天国的。"

露凯丽娅停了一小会儿。

“我还做过一个梦，”她又说起来，“也许，这是我的幻觉——那我就不知道了。我仿佛觉得，我就躺在这间棚屋里，我那去世的双亲，就是我爹和我妈，来到我这里，并且深深地向我鞠躬，可是什么也不说。我就问他们：‘爹，妈，你们为什么向我鞠躬呀？’他们说：‘因为你在人世上受了很多苦，所以你不但解救了自己的灵魂，而且解除了我们很大的负担，我们在阴间就轻松多了。你已经完全赎清自己的罪过；现在你是在为我们补偿罪过了。’他们说过这话，又向我鞠了一个躬，就不见了：只能看见四面墙壁了。后来我非常疑惑，不知道我这是怎么一回事儿。甚至我在忏悔的时候说给神父听了，可是他认定这不是幻觉，因为幻觉只有神职人员才会有。”

“我还做过这样一个梦，”露凯丽娅又说下去，“我梦见，我好像坐在大路上，在一棵柳树底下，手里拿着一根光溜溜的手杖，背着背包，头上裹着头巾——简直是一个朝圣女！我要到很远很远的地方去朝圣。朝圣的人不断地从我身边走过：他们慢腾腾地走着，好像不乐意似的，而且都是朝同一方向走；他们的脸都带有愁容，而且都非常相像。我又看到：有一个女人在他们中间转悠着，前前后后地跑着，她比别人高出整整一个头，她的服装也很特别，好像不是我们俄罗斯的服装。她的脸也很特别，阴沉沉的，板得紧紧的。别的人好像都在躲她，她却猛地一转身，正对着我。她站定了，对我看着；她的眼睛像鹰眼睛，黄黄的，又大又明亮。我问她：‘你是什么人？’她对我说：‘我是你的死神。’我不但没有害怕，倒是相反，高兴极了，画起十字！那女人，也就是我的死神，对我说：‘我很可怜你，露凯丽娅，可是我不能把你带走。再见吧！’天呀！这一下我多么难过呀！……就说：‘把我带走吧，好大婶儿，把我带走吧。’于是我的死神又转过脸来朝着我，对我说起话来……我知道她是在指定我的死期，可是说得含含糊糊，叫人听不懂……说是在圣彼得节之后……这时候我就醒了……我就是常常做这样奇怪的梦！”

露凯丽娅向上抬了抬眼睛……沉思起来……

“我只是有一点很糟糕：有时一个星期过去，可是我一次也没有睡着。去年有一位夫人从这里路过，看到我，给了我一小瓶治失眠的药；她叫我一次服十滴。我服了这药很有效，我能睡觉了；可是这一小瓶药早就服完了……您是不是知道，这是什么药，怎样可以买到？”

路过的夫人给露凯丽娅的显然是鸦片。我答应给她送一瓶来，而且我还是又说了说，我对她的忍耐劲儿不能不表示惊讶。

“哎呀，老爷，”她回答说，“您怎么说这话呀？这算什么忍耐呀？苦行僧西蒙的忍耐精神才真了不起呢：他在柱头上站了三十三年！还有一位圣徒，叫人把他埋到地里，一直埋到胸口，还有许多蚂蚁咬他的脸……还有，一个读过许多经卷的人对我说的：有一个国家，受到阿拉伯人的侵略，所有的国民都受到压迫和折磨；国民们不论怎样，都无法解救自己。这时在这些国民中出现了一位神圣的童女；她拿起巨剑，穿起两普特重的甲胄，去迎战阿拉伯人，把他们统统赶到海的那边。等她把他们赶过海去，就对他们说：‘现在你们把我烧死吧，因为我许过这样的愿：我要为我国人民死于火中。’于是阿拉伯人把她抓起来，烧死了；可是人民从此永远获得自由。这才是了不起的！我算得什么呢！”

我心中暗暗吃惊，不知道为什么有关法国女英雄贞德的传说会流传得这样远，而且演变成这种形式。沉默了一会儿之后，我问露凯丽娅：多大岁数？

“二十八……也许是二十九……不到三十。还算岁数有什么意思呀？我还有一件事要对您说说……”

露凯丽娅突然低沉地咳嗽了一声，叹了一口气……

“你说话说得太多了，”我向她指出，“这样对你身体不好。”

“是的，”她用勉强能听得出的声音说，“咱们谈了不少了；不过有什么关系呢？等您走了，我可以休息个够。至少我说了说积攒在心里的话……”

我就向她告别，又说了说我一定给她送药来，并且再一次请她想想，告诉我：是不是还要什么？

“我什么也不要；感谢上帝，我什么都有了。”她十分吃力，然而非常感动地说。“但愿大家都健康！对了，老爷，您最好劝劝老夫人：这里的庄稼人都很穷，请她把他们的代役租减轻些，哪怕减轻一点点儿也好呀！他们的地不够，没有什么出息……如果能减轻一些，他们会为您祈祷的……我倒是什么都不需要，一切都满足了。”

我向露凯丽娅保证，一定实现她的心愿。我已经快要走到门口了……她又把我叫了回来。

“您记得吗，老爷，”她说，并且眼睛里和唇边闪过一丝动人的表情，“我以前的辫子是什么样的？您该记得——一直垂到膝盖呢！我很久下不了决心……那样好的头发嘛！……可是哪儿能梳呀？尤其在我这种情况下！……所以我就把头发剪掉了……哦……好啦，再见吧，老爷！我再不能说话了……”

就在这一天，在出猎之前，我和村子里的甲长谈起露凯丽娅。我从他嘴里了解到，村里的人都管她叫“活骷髅”，不过她从来不给人添麻烦；听不到她诉苦，也听不到她抱怨。“她什么要求也没有，倒是相反，她对什么都很感激；老老实实，真是老老实实，应该这样说。天生的傻姑娘，”甲长这样下结论说，“大概是因为前生有罪；不过这事儿我们管不着。要说她不好，那不是的，我们不能说她不好。那是她的事！”

几个星期之后，我听说露凯丽娅死了。死神还是把她带走了……而且是在“圣彼得节之后”。据说，她在死的那一天一直能听到钟声，虽然阿列克谢耶夫村离礼拜堂有五俄里还多，而且这一天也不是礼拜天。不过，露凯丽娅说，那钟声不是来自礼拜堂，而是“从上面”来的。大概，她不敢说是“从天上”来的。

大车来了①

这是在七月中旬,天气热得厉害;这天打松鸡十分顺手,但也十分疲惫,因此我一吃过午饭,就躺到行军床上,想多少休息一下,这时叶尔莫莱却走进小屋里来,对我说:“我向您报告:咱们的霰弹都用完了。”

我从床上跳起来。

“霰弹用完了!那怎么会呀?咱们从村子里出来,带了差不多有三十俄镑呢!满满一口袋呀!”

“一点不错,而且口袋很大:足够两个星期用的。可是谁知道是怎么回事儿呢!不知是不是口袋有了漏洞,反正霰弹没有了……就是说,剩下的不过十粒了。”

“那咱们现在怎么办呀?最好的去处就在前面——明天一天咱们本来有希望打到六窝鸟呢……”

“您让我到图拉去吧。离这儿不远:总共四十五俄里。只要

①最初刊于1874年出版的《屠格涅夫作品集》(1844—1874)。

您吩咐一声，我一口气就可以跑一趟，带一普特霰弹回来。”

“那你什么时候去呢？”

“马上去也行。何必磨蹭呢？不过就是要雇两匹马。”

“怎么要雇马！自己的马干什么？”

“自己的马不能用了。辕马的腿跛了……跛得才厉害呢！”

“从什么时候跛的？”

“就在前几天——车夫牵去钉过铁掌。铁掌是钉上了。想必碰到了蹩脚的铁匠。现在这马有一只蹄子都不能着地了。是一只前蹄。就一直蜷着前腿……像狗一样。”

“那怎么办？至少，把铁掌卸掉了吧？”

“没有，没有卸掉；不过，是应该把铁掌卸掉。恐怕是把钉子钉进肉里了。”

我吩咐把车夫叫来。叶尔莫莱说的果然不假：辕马确实有一只蹄子不敢着地。我立即吩咐把铁掌卸掉，让马站到潮湿的土地上。

“怎么样？要我雇马到图拉去吗？”叶尔莫莱盯着我问。

“在这样荒凉的地方，能雇到马吗？”我不由得烦恼地叫起来……

我们来到的这个村子，又偏僻又荒凉；所有的居民都显得非常贫穷；我们好不容易才找到这间说不上干净但还算宽敞的小屋。

“能雇到。”叶尔莫莱依然像平素那样沉着地回答说。“您说这个村子荒凉，是不错的；不过这儿原来有一个农人。很聪明！很有钱！他有九匹马。他这人已经死了，现在是大儿子当家。这人是蠢得不得了的，不过还没有把老子的家产糟蹋光。咱们可以从他那里弄到马。您让我去把他叫来吧。他有两个弟弟，据说是挺机灵的……不过他们还是听他的。”

“这又为什么呢？”

“就因为他是老大呀！做弟弟的，就要听话！”于是叶尔莫莱用一些过分的、难以形诸笔墨的话评论起一般做弟弟的。“我就去把他叫来吧。他是一个老实人，跟他没有什么事不好谈的！”

就在叶尔莫莱去叫“老实人”的时候，我的脑子里出现了一个念头：我亲自去一趟图拉，不是更好吗？第一，我接受教训，信不过叶尔莫莱了：有一回我派他到城里去买东西，他答应在一天内把我交代的事情全部办好，谁知他去了整整一个星期，喝酒把所有的钱都喝光，而且他是坐竞走马车去的，却步行回来了。第二，在图拉有一个马贩子跟我相识；我可以向他买一匹马，代替跛腿的辕马。

“这事就这样定了！”我在心里说，“自己去一趟；在路上也可以睡觉——好在四轮车是很平稳的。”

“把他叫来了！”过了一刻钟，叶尔莫莱一面喊着，一面闯进屋里来。跟着他走进来的是一个高大的汉子，穿着白衬衫、蓝裤子和树皮鞋，浅色头发，眼睛眯眯的，火红色山羊胡子，又长又肥的鼻子，咧得大大的嘴。确实是一副“老实”相。

“您和他谈谈吧，”叶尔莫莱说，“他有马，他愿意出租。”

“是的，就是的，我……”这汉子用有些嘶哑的声音讷讷地说起话来，一面摇晃着他那稀稀的头发，用指头拨弄着拿在手里的帽子的边儿。“我，就是……”

“你叫什么名字?”我问。

这汉子低下头,仿佛沉思起来。

“我叫什么名字吗?”

“是的,你的名字叫什么?”

“我的名字是——费洛菲。”

“嗯,是这样,费洛菲,伙计,我听说你有马。你去带三匹马到这儿来,把马套到我的车上——我的车是很轻的——你给我赶着车到图拉去一趟。现在夜里有月亮,很亮,赶车走路也凉快。你们这里的路怎么样?”

“路吗? 路倒也不错。从这儿到大路,总共不过二十俄里。只有一个地方……不大好;别的地方都没有什么。”

“什么样的地方不大好呢?”

“过一条小河,要蹚水。”

“怎么,您要自己到图拉去吗?”叶尔莫莱问。

“是的,我自己去。”

“哦!”我的忠心的仆人说过,又摇了摇头。“噢……噢!”他又说了一遍,啐了一口,就走出去了。

图拉之行显然对他已经毫无吸引力了;他觉得去图拉已经没有意思,去不去无关紧要了。

“你熟悉这条路吗?”我问费洛菲。

“我们怎么会不熟悉路呀! 不过我,就是说,随您吧,我不能……因为这样突然……”

原来叶尔莫莱在雇用费洛菲的时候,对他说明过,叫他放心,会给他这个傻瓜钱的……就这么一句话! 费洛菲虽然照叶尔莫莱的说法是一个傻瓜,却不满足于这样一句话。他向我讨五十卢布的高价,我还他十卢布的低价。我们就讲起价钱;费洛菲起初不肯让价,后来开始让价了,但还是很不爽快。这时进来待了一小会儿的叶尔莫莱就对我说起来,说“这个傻瓜(费洛菲听到了,小声说:‘瞧,就喜欢这样说!’)……一点不识数,不知道钱多钱少。”他并且顺便提到一件事:大约二十年前,我母亲在两条大路交叉的热闹地方开设的旅店完全垮了,就是因为派去经管旅店的那个老仆人真的算不清钱多钱少,而是按数算钱,比如说,他常常拿一个银卢布当做六个铜板付给人家,而且还要和人家大吵一顿。

“你呀,费洛菲,真是费洛菲!”叶尔莫莱终于叫起来,并且在临走的时候气嘟嘟地把门砰的一声带上。

费洛菲一句也没有反驳他,仿佛意识到自己的名字叫费洛菲确实不怎么妥当,一个人有这样的名字应该受指责,虽然实际上这应该怪牧师,大概因为在行洗礼的时候没有把牧师巴结好。

不过,我们最后还是讲定了二十卢布。他便去牵马;过了一个钟头,他牵来了五匹马让我挑选。马都很不错,虽然鬣毛和尾巴都乱蓬蓬的,肚子又大,又像鼓一样紧绷绷的。他的两个弟弟也跟着他来了,样子一点也不像他。他们小个头儿,黑眼睛,尖鼻子,确实是一副“机灵”模样,说话又多又快,正如叶尔莫莱说的,“嘴呱呱的”,但是他们都听老大的。

他们把四轮马车从敞棚下拖出来,就开始套车,忙活了有一个半钟头;一会儿把套绳放得松松的,一会儿又勒得紧紧的!两个弟弟一定要用“灰斑马”驾辕,因为“很会下坡”;费洛菲却拿定主意:用蓬毛马！于是就套上蓬毛马驾辕了。

他们往马车上装了不少干草,并且把跛腿辕马的轭塞到座位底下——如果在图拉买到新马的话,那是要用这副轭的……费洛菲还跑回家去了一趟,等他回来,已经穿起了父亲的白色的肥大的长袍,戴起高高的毡帽,穿起涂油的靴子;他神气活现地爬上驭座。我上了车,看了看表:十点一刻了。叶尔莫莱也不跟我告别,去打起他的狗来。费洛菲扯了扯缰绳,用尖细的声音吆喝起来:"嘿呀,你们这些鬼东西!"他的两个弟弟从两边跑过来,照两匹拉套的马的肚子抽了两鞭,马车就动了,出了大门来到街上;驾辕的蓬毛马本来想朝自家的院子里走,但是费洛菲教训了它几鞭——我们的马车就出了村子,上了十分平坦的、两旁都是密密丛丛的榛树棵子的大路。

这是一个宁静、晴朗、最适宜于赶路的夜晚。风有时在榛树丛中沙沙响几声,摇晃几下树枝儿,有时完全停息;天上有的地方有一动不动的、银色的云朵;月亮高高地挂着,照得四周清清楚楚的。我伸直身子在干草上躺下来,已经要打瞌睡了……可是想起那块"不大好的地方",猛地一哆嗦,又提起精神。

"怎么样,费洛菲？离河滩还远吗？"

"离河滩吗？有八九俄里。"

"八九俄里呢,"我心想,"一个钟头以内到不了。还可以睡一会儿。"

"费洛菲,这条路你很熟悉吧？"我又问。

"这条路怎么会不熟悉呀？又不是头一回走……"

他又说了几句什么话,但是我已经不去听他的……我睡着了。

有时自己想睡一个钟头，到时候往往就醒了；然而这一回使我惊醒的却是在耳边响起的一种虽然微弱、却很奇怪的噗唧声和哗哗声。我抬起头来……

多么奇怪呀？我依然躺在马车里，可是在马车周围，离车边不过半俄尺的地方，是一片平平的、波光粼粼的水面。我朝前面一看：费洛菲低着头，弓着背，像木偶似的坐在驭座上；再往前，在哗哗的流水之上，是弯弯的马轭、马头和马背。一切都停住不动，鸦雀无声，似乎中了魔法，似乎在梦中，在童话般的梦中……何等怪事呀？我撩起车篷朝后面一看……啊，我们正在河心里呢……河岸离我们有三十多步了！

"费洛菲！"我叫起来。

"什么事？"他回答。

"还什么事呢？得了吧！咱们这是在哪儿呀？"

"在河里。"

"我看到是在河里啦。像这样咱们一转眼就会淹死的呀。你就这样过河吗？嗯？你睡着啦，费洛菲！你说话呀！"

"我弄错了一点点儿，"我的车把式说，"偏了一点儿，大概是弄错了，现在要多少等一下了。"

"怎么还要等一下呀！咱们有什么好等的？"

"让这匹蓬毛马好好辨认一下：它往哪儿转头，那就是咱们该往哪儿走。"

我在干草上坐起来。辕马的头在河面上动也不动。在明亮的月光下，只能看见马的一只耳朵微微动着，有时向后，有时向前。

“你的蓬毛马也睡着了嘛!”

“没有,”费洛菲回答说,“它这是在闻水呢。”

一切又静了下来,只有河水轻轻地哗哗响着。我也呆住了。

月光,夜色,河水,再就是在河水里的我们……

“这是什么在嘎嘎地叫?”我问费洛菲。

“这个吗?是芦苇里的小鸭子……要不然就是蛇。”

忽然辕马的头晃动起来,耳朵竖了起来,那马打起响鼻,马身子动起来。

“喔……喔……喔……喔!”费洛菲突然扯开嗓门儿吆喝起来,并且直起身子,挥动马鞭。马车立刻离开原地,横穿流水朝前一冲,就摇摇晃晃走动起来……起初我觉得我们在往下沉,往深处去,然而颠了几下,过了几处坑洼之后,水面好像突然低了下去……水面越来越低,马车就从水里冒出来了——瞧,车轮和马尾巴也露出来了,瞧,三匹马扬着又猛又大的水花儿——在朦胧的月光中飞舞着的水花儿泛着金刚石般,不,不是金刚石般,而是蓝宝石般的光彩,快快活活、步调一致地把我们拉到河岸上,然后争先恐后地迈动着湿漉漉、亮闪闪的腿,顺着大路往坡上走去。

我不由地想:费洛菲现在恐怕要说,他没有错,或者类似这样的话吧?但是他什么也没有说。因此我认为也不必责备他疏忽大意了,就在干草上躺下来,又想睡觉。

可是我再也睡不着了——不是因为不曾打猎没有劳累,也不是因为一场虚惊赶跑了我的睡意——而是我们已经来到风光优美的地方。那就是辽阔、广大、低湿、青草肥美的草原,其中有无数的小草地、小湖泊、小溪、小河湾,河湾里一直到边都长满柳丛和野藤,是真正俄罗斯风光的、俄罗斯人最喜欢的地方,很像我国古代传说中的壮士骑着马射击白天鹅和灰鸭子的地方。平坦的道路像一条黄黄的绸带似的弯弯曲曲伸展开去,马轻快地跑着,我连眼睛也不能合一合,只管欣赏着!这一切在温柔的月光下,那样轻盈、那样优美地从一旁掠过。就连费洛菲也动情了。

“这一片在我们这儿叫圣耶戈尔草地,”他回过头来对我说,“再过去,就是大公草地;全俄罗斯再没有这样的草地了……有多么美呀!”这时辕马打了一声响鼻,并且哆嗦了一下……“上帝保佑你!”费洛菲庄重地小声说。“多么美呀!”他又说一遍,并且叹了一口气,然后却快活得咯咯叫起来。“很快就开始割草了,等到把这儿的干草耙到一起——真不得了呀!河湾里鱼也很多。鳊鱼有多肥呀!”他用唱歌般的声音说。“一句话:死不得的!”

他忽然举起一只手。

“瞧!往那儿瞧!湖面上……是不是有一只苍鹭?苍鹭难道夜里也出来逮鱼吗?哈哈!那是树枝儿,不是苍鹭!我看错了!月亮总是叫人看错。”

我们就这样走着,走着……可是已经来到草地的尽头,出现了一片片小小的树林,一块块耕起的田地;旁边有一个小小村子里闪烁着两三处灯火——到大路只有五俄里左右了。我睡着了。

我又不是自己醒来的。这一回是费洛菲把我唤醒的。

“老爷……喂,老爷!”

我爬起来。马车停在大路中央很平坦的地方;费洛菲坐在驭座上,把脸扭过来朝着我,眼睛睁得老大(我甚至吃了一惊,没想到他的眼睛会有这样大)，郑重而神秘地小声说：

“有大车来了！……大车来了！”

“你说什么？”

“我说：有大车来了！您弯下身子来听一听。听见吗？”

我从马车里伸出头去，屏住气息——果然听见我们后面很远的地方有轻微的断断续续的响声，好像是车轮滚动的声音。

“听见吗？”费洛菲又问道。

“嗯，是的，”我回答说，“是有一辆大车来了。”

“您还没听见……听！这不是……铃声……还有口哨声……听见吗？您把帽子脱下来……听得更清楚些。”

我没有脱帽子，但是侧起耳朵。

“嗯，是的……也许是。不过这又有什么呢？”

费洛菲把脸转过去，朝着马。

“来的是一辆大货车……没有装货的，铁皮轮子。”他说着，拿起缰绳，“老爷，这是坏人来了；在这里，在图拉附近，拦路抢劫的……多得很。”

“胡说什么！你凭什么断定，这一定是坏人？”

“我说得不错。带铃铛……而且坐的是不装货的大车……还能是什么人呢？”

“那怎么办，离图拉还很远吗？”

“还有十五六俄里呢，而且这里连一户人家也没有。”

“噢，那就赶快走吧，没什么好磨蹭的。”

费洛菲扬起鞭子，马车又动了。

我虽然不相信费洛菲的话，却再也睡不着了。万一是真的，那怎么办？我心中出现了一种不愉快的感觉。我在马车里坐起来——在这之前我是躺着的——并且朝四下里张望起来。在我睡觉的时候，涌来一片薄雾——不是涌向地面，是涌向天空；那雾停留在很高的地方，月亮挂在雾里，变成一个白白的点儿，好像笼罩在烟气中。一切都暗淡了，模糊了，虽然靠近地面清楚些。周围都是又平又荒凉的地方：田野，无尽的田野，有的地方是灌木丛，冲沟，然后又是田野，而且大都是休闲地，长着稀稀拉拉的杂草。空旷……死寂！连一声鹌鹑叫都听不到。

我们就这样走了有半个钟头。费洛菲不时地挥动鞭子和吧嗒嘴唇，可是不论他，不论我，都没有说一句话。我们终于爬上一座小丘……费洛菲勒住马，并且立刻就说道：

“大车来了……大车来了，老爷！”

我又把头伸到车外；不过就是在车篷里也能听得见了：那车轮轧轧声，人的口哨声，铃铛声以至马蹄声，虽然还远，但这会儿已经清清楚楚的了；我甚至好像听到了歌声和笑声。虽然风是从那边来的，但毫无疑问，那一伙不相识的过路人已经离我们近了有一俄里，也许有两俄里了。

我和费洛菲对看了一眼——他只是把帽子从脑后往前额上拉了拉，立刻把身子俯在缰绳上面，用鞭子抽起马来。几匹马大跑起来，但是没有能大跑很久，就又换成了碎步。费洛菲依然不断地拿鞭子打马。必须逃脱呀！

我自己也不明白，为什么我起初对费洛菲的疑虑不以为然，这一回一下子就认定跟在我们后面的就是坏人……我并没有听到任何别的声音：依然是那样的铃铛声，那样的不装货的大车的响声，那样的口哨声，那样的隐隐约约的喧闹声……但是我现在已经不再怀疑了。费洛菲的话是不会错的！

又过了二十来分钟……在这二十分钟时间里，我们透过自己马车的轧轧声和轰隆声，已经能听见另一辆马车的轧轧声和轰隆声了。

"停车吧，费洛菲，"我说，"反正一样——要完就完吧！"

费洛菲战战兢兢地向马吆喝了一声。几匹马立刻站定了，似乎很高兴可以休息一下。

天呀！铃声就在我们背后大响起来，大车轰隆声中还带有叮当声，一伙人又吹口哨，又叫喊，又唱歌，马在打响鼻，马蹄敲得地面嘚嘚直响……

追上了！

"糟了……"费洛菲加重语气低声说，并且犹豫不决地吧嗒了一下嘴，又打起马来。但就在这当儿，突然好像有什么东西炸了，一阵轰隆声和哐当声响过——一辆老大的摇摇摆摆的大车由三匹劲壮的马拉着，猛然像旋风一般超过了我们，又朝前跑了几步，就立刻换成了小步，挡住我们的去路。

"强盗就是这样干的。"费洛菲小声说。

说真的，我吓得呆住了……我就朝雾气弥漫的幽暗的月光地里紧张地打量起来。在我们前面的大车上，不知是坐着还是躺着六个穿着衬衫、敞着上衣的人；有两个人头上没有戴帽子；有几条粗大的腿耷拉在车边栏杆上，悠荡着；一条条胳膊胡乱地举起又放下……身子摇来晃去……很明显，这是一伙醉汉。有几个人在胡乱叫嚷着；有一个人在吹口哨，声音又尖又清脆；还有一个人在骂人;驭座上坐着一个穿小皮袄的大汉在赶车。他们的大车慢慢走着,他们似乎没有注意我们。

有什么办法呢?我们无可奈何……只有让马车跟着他们慢慢走。

我们的马车就这样走了有四分之一俄里。这种等待是很难受的……逃脱,自卫……哪里还谈得到呀!他们有六个人,而我手里连一根棍子也没有!转头往后走呢?他们立刻就会追上来。我想起了茹科夫斯基的诗句(在他写到卡敏斯基元帅被杀的地方):

强盗的斧头是卑鄙的……

要不然,就是用肮脏的绳子勒住喉咙……往沟里一丢……你就像落进套索的兔子一般,在沟里呻吟、挣扎吧……

哎呀,真糟糕呀!

可是他们的大车依然慢慢走着,他们没有注意我们。

"费洛菲,"我小声说,"你试试看,往右边偏一些,装作超车的样子。"

费洛菲试了试——往右边赶了赶……但是他们也立刻往右边偏了偏……超车不可能了。

费洛菲又试了试:往左边赶了赶……可是还是不让他超车。他们甚至笑起来。这就是说,他们是不会放我们过去的。

"一点不错,就是强盗。"费洛菲扭过脸来小声对我说。

"那他们还等什么呀?"我也小声问道。

"就在这前面,在洼地里,小河上有一座桥……他们就在那儿收拾我们！他们往往是这样……在靠近桥的地方。老爷，咱们会被剥得光光的！”他又叹着气说，“未必会把我们活着放走。因为在他们，主要的是灭口。老爷，我只是有一点很可惜：我这三匹马完了——我的两个弟弟得不到了。”这时候我倒是应该吃惊，费洛菲在这种时候怎么还能操心他的马呀；然而，说实话，我此刻已经顾不得去想他的事了……“他们真的会杀人吗？”我在心里一再地问，“为了什么呢？我把我所有的一切都给他们就是了。”

桥越来越近，越来越看得清楚了。

突然一声尖锐的吆喝，我们前面那辆马车好像腾空而起，飞奔起来，奔到桥边，一下子刹住，停在路上稍偏的地方，像被钉住似的。我的心一下子沉了下去。

“哎呀，费洛菲，伙计，”我说，“咱们只有死路一条了。原谅我吧，是我害了你。”

“怎么能怪你呀，老爷！该死该活，是逃不掉的！喂，蓬毛马，我的好伙计，”费洛菲转身对辕马说，“走吧，伙计，往前走！最后出一把力吧！反正一样……上帝保佑吧！”

于是他赶着三匹马快跑起来。

我们离桥，离那辆一动不动的、可怕的大车渐渐近了……那辆车上的一切都静了下来，似乎是有用意的。一点儿声息也没有！梭鱼，老鹰，一切凶禽猛兽，在猎物来到跟前的时候，就是这样静候的。我们终于和那辆大车走齐了……突然那个穿小皮袄的大汉跳下车，径直向我们走来！

他什么也没有对费洛菲说，但是费洛菲立刻勒住马……马车 停了下来。

那大汉把两只手按在车门上，把他那毛蓬蓬的头伸到前面，龇着牙，用缓慢而平静的语调和行帮人的口气说出下面一番话来：

“尊敬的先生，我们是参加了上等宴会，参加了婚礼回来的；就是说，我们给一个好小子办了婚事；把他安顿得好好儿的；我们哥儿们都年轻，都是一些大胆的家伙，喝酒喝了很多，可是没有什么可以醒酒；您肯不肯赏个脸，给我们几个小钱，好让每个弟兄买半瓶酒？那我们会为您的健康干杯，忘不了您这位好先生；要是您不肯赏脸，那就休怪我们不客气！”

“这是怎么一回事儿？”我心想……“是开玩笑？……还是嘲弄人？”

大汉依然站着，低下了头。就在这一会儿，月亮从雾里爬出来，照亮了他的脸。这张脸得意地笑着——眼睛和嘴都在笑。在这张脸上看不到有威胁的神气……倒是一脸戒备的神气……牙齿那样白又那样大……

“好的，好的……请吧……”我连忙说，一面从口袋里掏出钱包，从钱包里拿出两个银卢布：那时候在俄罗斯还通用银卢布。“收下吧，如果不嫌少的话。”

“多谢！”大汉像士兵那样大叫一声；他那粗大的手指头立刻抓住——不是我的整个钱包，只是那两个银卢布。“多谢！”他抖动了一下头发，就跑到大车跟前。

“哥儿们！”他叫道，“过路的先生赏给咱们两个银卢布！”那伙人一下子就哈哈大笑起来……大汉爬上了驭座……

“好了，没事了！”

他们一转眼就走掉了！三匹马猛然一用劲，大车轰隆隆上了坡——他们的大车在天与地模模糊糊的分界线上又闪了一下，就沉下去，不见了。

于是车轮声、叫喊声、铃声都听不见了……

顿时一片死静。

我和费洛菲没有立刻回过神来。

“哎呀，真是开玩笑！”他终于说道，并且脱下帽子，画起十字。“真的，开玩笑，”他又说，并且朝我转过脸来，一副喜洋洋的神气。“这一定是个好人，真的。喔，喔，喔，鬼东西！走快点儿！你们没事了！咱们都没事了！这是他不让我们过去的；是他驾着车。这小子真有意思！喔，喔，喔，喔！走吧！”

我没有作声，但是心里也高兴起来。“我们没事了！”我也在心里说，并且在干草上躺了下来。“侥幸过去了！”

我甚至都觉得不好意思起来：我为什么要想起茹科夫斯基那句诗呀？

我脑子里忽然出现一个念头：

“费洛菲！”

“什么事？”

“你娶亲了吗？”

“娶亲了。”

“有孩子了吗？”

“有孩子了。”

“你刚才怎么没想到老婆、孩子呀？你可怜你的马，怎么不可怜老婆、孩子呢？”

“他们有什么可怜的？他们又不会落到强盗手里。不过我一直想着他们——现在也想着……就是这样。”费洛菲沉默了一下。“也许……就因为他们，上帝才保佑咱们的。”

“也许这伙人不是强盗吧？”

“这怎么能知道呢？谁又能钻进别人的心里去？常言说，知人知面不知心嘛。不过，想着上帝总是好些。不……我经常想着自己的一家……喔，喔，喔，鬼东西，走吧！”

等我们来到图拉附近，天几乎已经大亮了。我迷迷糊糊地躺着……

“老爷，”费洛菲突然对我说，“您瞧呀：这不是，他们在酒店里呢……那就是他们的大车。”

我抬头一看……是的，是他们：是他们的大车，他们的马。酒店门口忽然出现了那个穿小皮袄的熟识的大汉。

“先生！”他挥舞着帽子叫起来，“我们在用您的钱喝酒哩！你怎么样，赶车的，”他向费洛菲点了个头，又说，“刚才恐怕受惊了吧？”

“这人太有意思了。”等我们的马车离开酒店二十几俄丈之后，费洛菲说。

我们终于来到图拉；我买了霰弹，顺便买了一些茶叶和酒，还买了马贩子一匹马。中午我们就往回走了。费洛菲因为在图拉喝了点酒，话多起来，甚至还给我讲了一些故事；在我们经过原来我们听到后面有大车响声的地方的时候，他突然笑起来。

“您可记得，老爷，我一个劲儿对您说：大车来了……大车来了……大车来了！”

他使劲把手甩了好几下……他觉得这话太好笑了。

当天晚上我们回到他的村子里。

我把我们遇到的事对叶尔莫莱说了说。这时他是清醒的,什么同情的话也没有说,只是哼了一声——是赞赏还是责备,我看,他自己也不知道。但是过了两天,他很高兴地向我报告说,就在我和费洛菲去图拉的那天夜里,也是在那条大路上,有一个商人被抢劫,并且被杀死了。我起初不相信这个消息,可是后来不能不信了:区警察局局长骑着马去调查此事,足以说明此事是真的。我们遇到的那一伙好汉是不是就是参加了这场“婚礼”回来,是不是他们,照那个开玩笑的大汉说的,就是把这个“好小子”安顿好了?我在费洛菲的村子里又待了五六天。每次我一碰到他,就要对他说:“怎么样?大车来了吗?”

“这人真有意思。”他每次都这样回答我,而且自己也笑起来。

树林与草原[①]

……于是他渐渐地巴不得转回去：
回到村子上，到幽静的花园里，
那儿一株株椴树高大又阴凉，
铃兰花散发着阵阵清香，
一丛丛爆竹柳排成行，
从岸边倒垂到水面上，
肥壮的地里生长着肥壮的橡树，
还有大麻和荨麻的气味儿……
回去，回去，到那辽阔的田野上，
那儿土地黑油油像丝绒一样，
那儿黑麦一望无际，
缓缓起伏，似轻柔的波浪。
从一朵朵透明的白云里

①最初刊于《现代人》杂志1849年第2期。

倾泻下重重的金黄色阳光；
那是好地方……

——摘自待焚的诗篇

我这些散记也许已经使读者感到厌倦了；赶快请读者放心，保证只限于已发表的一些片断，到此为止；但是在和读者告别的时候，不能不说几句关于打猎的话。

荷枪带狗去打猎，本身就是一件绝妙的事；就算您生来就不喜欢打猎，但您总是喜欢大自然的；因此，您不能不羡慕我们这些打猎的……那您就听我说说吧。

比如，您可知道，在春天里，黎明前乘车出猎何等惬意？您走到台阶上……黑灰色的天上有些地方还闪烁着星星；湿润的轻风有时会像细微的波浪一般飘过来；可以听见低沉而隐约的夜的絮语声；一棵棵笼罩在阴影中的树发出轻轻的响声。车毯铺好了，装茶炊的小箱子也放到了脚下。两匹拉套的马蜷缩着，打着响鼻，雄赳赳地倒换着四条腿；一对刚刚睡醒的白鹅静悄悄、慢腾腾地穿过大路。篱笆那边，花园里，更夫安静地在打鼾；每一个声音似乎都停在一动不动的空气中，停住不动。您坐上马车；几匹马一齐举步，马车隆隆响起来……您的马车走动了——马车过了教堂，下了坡，往右转弯——从堤上穿过……池塘上刚刚开始起雾。您觉得有点儿冷，就用大衣领子把脸遮住；渐渐打起瞌睡。马蹄踩到水洼里，发出很响的啪唧声；车夫吹起口哨。但这时您的马车已经走出四五俄里……天边渐渐红了；寒鸦渐渐醒来，很不灵活地在桦树林里来来回回地飞着；麻雀在黑乎乎的麦秸垛旁边叽叽喳喳叫着。空中越来越亮，道路更清楚了，天色越来越明净，云彩越来越白，田野越来越绿了。许多农舍里点起松明，松明发出红红的火光，可以听到大门里面那带有睡意的人语声。这时候朝霞燃烧起来；瞧吧，一条条金黄色光带伸向天空，山谷里升起一团团雾气；云雀嘹亮地歌唱着，黎明前的风吹动了——于是红红的太阳冉冉升起来。阳光像急流一般涌来；您的心像鸟儿一般跳跃起来。清新，悦目，可爱！四周都可以看得很远。瞧，那片树林过去是一个村子；再远些是另一个村子，那村子里有一座白色教堂，那山坡上有一片不大的桦树林；再过去是一片沼地，那就是您要去的地方……快点儿，马呀，快点儿！大步往前跑吧！……只有三俄里，不会再多了。太阳很快升起来；天上一点儿云彩也没有了……天气将是极好的。一群牲口出了村子，迎着您走来。您爬上山坡……又是一片什么样的景象！一条河蜿蜒伸展有十来俄里，透过朝雾可以隐隐看到蓝蓝的河水；河那边是一片片翠绿的草地；草地过去是一道道慢坡的山冈；远处有凤头麦鸡咯咯叫着在沼地上空盘旋；透过散布在空气中的带水分的阳光，远方的景物清清楚楚地显露出来……不像夏天那样。胸膛呼吸得多么舒畅，四肢动作多么带劲儿，一个人沉浸在春天清新的气息中，浑身多么矫健！……

啊，夏天的七月的早晨！除了打猎的人，谁又能体会到黎明时漫步在灌木丛中有多么愉快？您的足迹在露珠晶莹、发了白的草地上留下的是绿色的印子。您用手拨开湿漉漉的灌木丛，夜里蕴积的暖气会向您直扑过来；整个空气中充满野蒿清新的苦味儿、荞麦和三叶草的甜味儿；远处是一片橡树林，在阳光下亮闪闪的，红红的；这时还是凉爽的，但是已经感觉出渐渐要热起来了。闻着太多的香气，头脑晕晕乎乎的。灌木丛没有尽头……只是远处有黄黄的、已经成熟的黑麦，几块像长带似的红红的荞麦地。瞧，一辆大车轧轧响起来；一个汉子缓步走来，不等太阳升上来，就把马拴到树荫下……您同他打过招呼，就走开去……您后面响起镰刀叮当声。太阳越升越高。草地很快就干了。天已经热起来。过了一个钟头，又一个钟头……天边渐渐暗起来；一动不动的空气热烘烘的。

"大哥，这儿什么地方可以弄点儿水喝？"您问割草的人。

"那边山沟里有一口水井。"

您穿过缠着蔓草的密密丛丛的榛树棵子，走到沟底。果然，就在断崖下面有一股泉水；橡树棵子把它那掌形枝叶贪婪地伸展到水面上；老大的银色水泡不断地颤动着从水底往上冒，水底长满细小的、柔软的青苔。您一下子趴到地上，喝足了水，但是懒得再动了。您在荫凉里，呼吸着芬芳的湿气；您太舒服了，可是您对面的灌木丛在阳光下热得烫人，而且好像发了黄。不过，这是什么？风突然吹来，急急地吹过；四周的空气颤动起来；这不是雷声吗？您从山沟里走出来……天边那铅一般的一片是什么？是暑气越来越浓了？还是乌云涌上来？……哦，您瞧，一道微弱的闪电划过……啊，原来是大雷雨要来了！周围依然是明亮的阳光：还是可以打猎的。可是乌云涌上来了：那乌云前面的边儿像衣袖一般渐渐伸展开来，像穹隆似的压了过来。青草，灌木丛，周围的一切，一下子就变暗了……快跑！那边好像有一座干草棚……快跑！您跑到了，进去了……雨多么大呀！闪电多么亮呀！有的地方雨水透过草棚的顶滴到芳香的干草上……可是，您瞧，太阳又出来了。大雷雨过去了；您走了出来。我的天呀，周围多么鲜亮，空气多么清新、湿润，草莓和蘑菇的香味多么浓呀！……

哦，您瞧，黄昏来临了。晚霞像火一样燃烧起来，映红了半边天。太阳就要落山了。近处的空气不知为什么格外清澈，像玻璃一样；远处弥漫着柔和的、看来似乎很温暖的雾气；红红的落日余晖和露水一起落到不久前还洒满淡金色阳光的林中空地上；一株株大树、一丛丛树棵子、一个个干草垛投射出长长的阴影……太阳落山了；一颗星在落日的火海里燃烧起来，不停地颤抖着……瞧，那火海渐渐白了；天空渐渐蓝了；一个个阴影渐渐隐去，暮霭渐渐在空中弥漫开来。该回家了，回到您过夜的村子里的小屋里去了。您背起枪，不顾疲劳，快步往回走……这时夜色渐渐浓了；二十步之外已经什么也看不见了；狗在黑暗中隐隐发白。瞧，在一丛丛黑黑的灌木上方，天边模模糊糊地亮了……这是什么？是失火吗？……不，这是月亮要升上来了。下面，往右边看，村子里的灯火已经亮了……这不是，您过夜的小屋终于到了。您从小小的窗户里可以看到铺了白桌布的桌子、点着的蜡烛、饭菜……

要么您吩咐套上竞走马车，到树林里去打松鸡。乘车走在狭窄的路上，看着两边像墙一般的高高的黑麦，那是很愉快的。麦穗轻轻地打着您的脸，矢车菊不时挂住您的腿，鹌鹑在周围叫着，马懒洋洋地小步跑着。树林到了。又阴凉又宁静。一株株挺拔的白杨树高高地在您头顶上絮絮低语着；白桦树那长长的、耷拉下来的树枝轻轻晃动着；一株强壮的橡树站在美丽的椴树旁边,像一名卫士。您的马车在绿草如茵、阴影斑驳的小路上走着;老大的黄苍蝇一动不动地停在金黄色的空气中,又突然飞了开去;小虫儿成群成群地飞舞盘旋着,在阴影里亮闪闪的,在阳光中黑乎乎的;鸟儿安静地歌唱着。知更鸟亮开金嗓子,那声音带有天真而絮叨的欢乐意味儿,和铃兰的香气十分协调。再往前,再往前,往树林深处去……树林一下子没有声音了……心中顿时感到说不出的宁静;而且周围的一切都带有睡意,静悄悄的。可是,瞧,一阵风吹来了,树梢哗哗响起来,好像下落的波浪。有些地方,穿过褐色落叶,长出高高的青草;一个个蘑菇各自戴着自己的帽子站着。一只雪兔突然跳出来,狗高声叫着急忙追上去……

就是这片树林,在深秋,山鹬飞来的时候,有多么美好呀!山鹬不待在树林深处,找山鹬必须贴着林边走。没有风,也没有太阳,没有亮光,没有阴影,没有动作,没有声音;柔和的空气中弥漫着秋天的气息,像葡萄酒气味;远处黄黄的田野上笼罩着薄雾。透过光秃秃的褐色枝丛,可以看到宁静而发白的、一动不动的天空;椴树上有些地方还挂着最后几片金色的叶子。脚下潮湿的土地带有弹性;高高的干枯的野草一动也不动;长长的蛛丝在苍白的草上亮闪闪的。胸膛平静地呼吸着,心中却涌起一股奇怪的惆怅感。您贴着林边走着,注视着狗,这时却有许多可爱的形象,许多可爱的脸,有死去的,也有活着的,来到您的脑际,早已沉睡的印象突然苏醒过来;想象力像鸟儿一般展翅飞翔起来,一切都清楚地出现在眼前,并且活动起来。心有时突然颤抖起来,跳动起来,一心想往前奔,有时会沉入往事中,一个劲儿地沉。整个一生就会像画卷似的轻快地展开来;一个人会看透自己过去的一切，看透自己的全部感情、全部本领和自己的整个心灵。周围什么也不干扰他——不论太阳，不论风，不论响声……

而在清晨严寒、白天有点儿冷的晴朗的秋日里，白桦树像神话中的树一般，金光闪闪，在淡蓝色的天空中炫耀着优美的身姿。这时候低低的太阳已经没有暖意，然而却比夏天的太阳更加明亮。小片的白杨树林是透亮的，似乎觉得落光了树叶是轻松愉快的。洼地里还有白白的霜，轻风徐徐吹动，驱赶着打了皱的落叶——这时候河里欢快地翻腾着青青的波浪，有节奏地冲击着悠闲的鸭子和鹅；远处的水磨轧轧响着，那水磨被柳树遮住一半；一群鸽子在水磨上空迅速地盘旋着，在明亮的空气中闪耀着斑斓的色彩……

夏天有雾的日子也是很好的，虽然打猎的人并不喜欢这样的日子。在这样的日子无法打猎：有时鸟儿就从您的脚下飞起来，一转眼就消失在白茫茫的、动也不动的雾中。然而周围多么宁静，真是静极了！什么都醒来了，什么都静默无声。您从树旁走过，树动也不动，一副悠闲自在的神气。透过均匀地散布在空中的薄雾，您看到前面有黑郁郁的、长长的一大片。您以为那是远处的树林；等您渐渐走近了，树林却变成长在田塍上的高高的一排野蒿。在您的头顶上，您的周围——到处都是雾……可是，瞧，风轻轻吹动了——一小块淡蓝色的天透过越来越稀、似乎在冒烟的雾气模模糊糊显露出来，金黄的阳光一下子闯进来，像长长的流水似的倾泻下来，照射着田野，钻进树林——可是一会儿一切又被罩住了。这种搏斗要持续很久。但是当光明终于胜利，已经晒热的最后一股股雾气时而摇摇滚滚，像桌布似的铺开，时而缭绕上升，渐渐消失在蓝蓝的、散发着柔和的光辉的高空中的时候，这一天会渐渐变得多么壮丽，多么晴朗呀……

比如，您要到远离庄园的田野上，到草原上去。您坐马车在乡村土路上走了十来俄里，终于上了大道。您的马车和无数大车交错，经过一家家客店，客店大门敞开着，有水井，檐下有嗞嗞响的茶炊，过了一个村庄，又是一个村庄，穿过一望无际的原野，擦过一片片碧绿的大麻地，您的马车要走很久很久。喜鹊从一棵柳树飞到另一棵柳树上；娘儿们手里拿着长长的草耙，在田野上慢慢走着；行路人穿着破旧的土布褂子，背着行囊，迈着疲惫的步子艰难地行进着；地主家的沉甸甸的轿式马车，套着六匹高大而疲劳不堪的马，迎面飞奔过来。从车窗里露出车垫的角儿，而在车后脚镫上，一名穿外套的仆人侧身坐在一个口袋上，手抓着绳子，泥巴一直溅到眉毛。您来到小小的县城，一座座歪歪斜斜的木屋，看不见头尾的栅栏，没有人的石头店房，深沟上的古桥……再往前走，再往前走！……来到了草原地带。您站在坡上望去——好一派风光！一座座圆圆的、低低的丘冈，一直到顶都翻耕和播种了的，像一道道巨浪在翻腾；一条条灌木丛生的冲沟蜿蜒在一座座丘冈之间；一片片小小的树枝，像一个个椭圆形小岛；村庄与村庄有一条条小路相连；有白白的礼拜堂；柳丛掩映中有一条亮闪闪的小河，有四个地方筑有堤坝；远处田野上有一群大鸨一个挨一个站着；一座古老的地主家的房子，连同棚舍、果园和打谷场，紧靠着一口不大的池塘。不过，您的马车还要往前走，往前走。丘冈越来越小，几乎看不到有什么树了。终于到了，瞧，那不是——无边无际、望也望不尽的大草原！

在冬日里，就踩着高高的雪堆追逐兔子，呼吸寒冷刺骨的空气，柔软的雪那耀眼而细碎的光芒使您不由得眯起眼睛，欣赏着红红的树林之上那天空的碧色！……到了早春的日子，这时候周围一切都亮闪闪，冰雪开始消融了，透过融雪的浓重的水汽，可以闻到温暖的土地气息。在雪融尽了的地方，在斜射的阳光下，云雀悠然自得地歌唱着，流水欢乐地喧闹着、咆哮着，从这条山沟涌向另一条山沟……

不过，该结束了。正好我说到春天：春天里容易别离，春天里，就是幸福的人也很想到远方去……再见吧，我的读者；祝您永远称心如意。